Risk Management auf spekulativen Märkten

Wirtschaftswissenschaftliche Beiträge

Band 1: Christof Aignesberger
Die Innovationsbörse als Instrument zur Risikokapitalversorgung innovativer mittelständischer Unternehmen
1987. 326 Seiten. Brosch. DM 69,–
ISBN 3-7908-0384-7

Band 2: Ulrike Neuerburg
Werbung im Privatfernsehen
1988. 302 Seiten. Brosch. DM 69,–
ISBN 3-7908-0391-X

Band 3: Joachim Peters
Entwicklungsländerorientierte Internationalisierung von Industrieunternehmen
1988. 165 Seiten. Brosch. DM 49,–
ISBN 3-7908-0397-9

Band 4: Günther Chaloupek
Joachim Lamel und Josef Richter (Hrsg.)
Bevölkerungsrückgang und Wirtschaft
1988. 478 Seiten. Brosch. DM 98,–
ISBN 3-7908-0400-2

Band 5: Paul J. J. Welfens und Leszek Balcerowicz (Hrsg.)
Innovationsdynamik im Systemvergleich
1988. 466 Seiten. Brosch. DM 90,–
ISBN 3-7908-0402-9

Band 6: Klaus Fischer
Oligopolistische Marktprozesse
1988. 169 Seiten. Brosch. DM 55,–
ISBN 3-7908-0403-7

Band 7: Michael Laker
Das Mehrproduktunternehmen in einer sich ändernden unsicheren Umwelt
1988. 209 Seiten. Brosch. DM 58,–
ISBN 3-7908-0413-4

Band 8: Irmela von Bülow
Systemgrenzen im Management von Institutionen
1989. 278 Seiten. Brosch. DM 69,–
ISBN 3-7908-0416-9

Band 9: Heinz Neubauer
Lebenswegorientierte Planung technischer Systeme
1989. 183 Seiten. Brosch. DM 55,–
ISBN 3-7908-0422-3

Band 10: Peter Michael Sälter
Externe Effekte: „Marktversagen" oder Systemmerkmal?
1989. 196 Seiten. Brosch. DM 59,–
ISBN 3-7908-0423-1

Band 11: Peter Ockenfels
Informationsbeschaffung auf homogenen Oligopolmärkten
1989. 163 Seiten. Brosch. DM 58,–
ISBN 3-7908-0424-X

Band 12: Olaf Jacob
Aufgabenintegrierte Büroinformationssysteme
1989. 177 Seiten. Brosch. DM 55,–
ISBN 3-7908-0430-4

Band 13: Johann Walter
Innovationsorientierte Umweltpolitik bei komplexen Umweltproblemen
1989. 208 Seiten. Brosch. DM 59,–
ISBN 3-7908-0433-9

Band 14: Detlev Bonneval
Kostenoptimale Verfahren in der statistischen Prozeßkontrolle
1989. 180 Seiten. Brosch. DM 55,–
ISBN 3-7908-0440-1

Band 15: Thomas Rüdel
Kointegration und Fehlerkorrekturmodelle
1989. 138 Seiten. Brosch. DM 49,–
ISBN 3-7908-0441-X

Band 16: Konrad Rentrup
Heinrich von Storch, das „Handbuch der Nationalwirthschaftslehre" und die Konzeption der „inneren Güter"
1989. 146 Seiten. Brosch. DM 55,–
ISBN 3-7908-0445-2

Band 17: Manfred A. Schöner
Überbetriebliche Vermögensbeteiligung
1989. 417 Seiten. DM 98,–
ISBN 3-7908-0446-0

Band 18: Paulo Haufs
DV-Controlling
1989. 166 Seiten. DM 55,–
ISBN 3-7908-0447-9

Band 19: Rainer Völker
Innovationsentscheidungen und Marktstruktur
1989. 221 Seiten. Brosch. DM 65,–
ISBN 3-7908-0452-5

Band 20: Petra Bollmann
Technischer Fortschritt und wirtschaftlicher Wandel
1989. 184 Seiten. Brosch. DM 59,–
ISBN 3-7908-0453-3

Band 21: Franz Hörmann
Das Automatisierte, Integrierte Rechnungswesen
1989. 408 Seiten. Brosch. DM 89,–
ISBN 3-7908-0454-1

Band 22: Winfried Böing
Interne Budgetierung im Krankenhaus
1990. 274 Seiten. Brosch. DM 69,–
ISBN 3-7908-0456-8

Band 23: Gholamreza Nakhaeizadeh und Karl-Heinz Vollmer (Hrsg.)
Neuere Entwicklungen in der Angewandten Ökonometrie
1990. 248 Seiten. Brosch. DM 68,–
ISBN 3-7908-0457-6

Band 24: Thomas Braun
Hedging mit fixen Termingeschäften und Optionen
1990. 167 Seiten. Brosch. DM 55,–
ISBN 3-7908-0459-2

Band 25: Georg Inderst, Peter Mooslechner und Brigitte Unger (Hrsg.)
Das System der Sparförderung in Österreich
1990. 126 Seiten. Brosch. DM 55,–
ISBN 3-7908-0461-4

Band 26: Thomas Apolte und Martin Kessler (Hrsg.)
Regulierung und Deregulierung im Systemvergleich
1990. 313 Seiten. Brosch. DM 79,–
ISBN 3-7908-0462-2

Band 27: Joachim Lamel/Michael Mesch/Jiři Skolka (Hrsg.)
Österreichs Außenhandel mit Dienstleistungen
1990. 335 Seiten. Brosch. DM 79,–
ISBN 3-7908-0467-3

Fortsetzung auf Seite 203

Hartmut Wiethoff

Risk Management auf spekulativen Märkten

PC-gestützte Rohstoffpreis- und Devisenkurssicherung für kleine und mittlere Unternehmen

Mit 50 Abbildungen

Physica-Verlag Heidelberg

Reihenherausgeber
Werner A. Müller

Autor
Dr. Hartmut Wiethoff
Fachbereich Wirtschafts- und
Sozialwissenschaften
Universität Dortmund
Postfach 50 05 00
D-4600 Dortmund 50

ISBN-13: 978-3-7908-0549-9 e-ISBN-13: 978-3-642-46921-3
DOI: 10.1007/978-3-642-46921-3

CIP-Titelaufnahme der Deutschen Bibliothek

Wiethoff, Hartmut:
Risk Management auf spekulativen Märkten: PC-gestützte Rohstoffpreis- und Devisenkurssicherung für kleine und mittlere Unternehmen / Hartmut Wiethoff. - Heidelberg: Physica-Verl. 1991
(Wirtschaftswissenschaftliche Beiträge; 50)

NE: GT

7120/7130-543210

Selbst Götter und Unsterbliche
verlieren, wenn sie ständig
spielen.

(Chinesische Spruchweisheit)

VORWORT:

Die vorliegende Arbeit basiert auf der Idee, kleine und mittlere Unternehmen bei der Handhabung von Rohstoffpreis- und Devisenkursrisiken zu unterstützen. Gleichzeitig soll auch die bisher in der wissenschaftlichen Literatur nicht vollständig vollzogene Einordnung der Behandlung solcher Risiken in einem theoretischen Bezugsrahmen vorgenommen und diese Lücke damit geschlossen werden.

Die Verfolgung dieser Idee wurde von meinem Doktorvater, Herrn Prof. Dr. E. Jehle, wesentlich unterstützt. Ihm danke ich insbesondere dafür, daß er die Arbeit mit Interesse und Geduld betreut hat. Herrn Prof. Dr. U. Teichmann danke ich für die Übernahme des Koreferats.

Meinem Kollegen Herrn Dipl.-Kfm. R. Schweitzer möchte ich an dieser Stelle für seine Bereitschaft zu zahlreichen Diskussionen und seine sachliche Kritik an meiner Arbeit danken. Darüber hinaus danke ich auch den vielen studentischen Hilfskräften des Lehrstuhls Industriebetriebslehre für ihre Mitarbeit bei der Erfassung des umfangreichen Datenmaterials, daß im Rahmen der Untersuchung der Vorteilhafigkeit computergestützter Tradingstrategien benötigt wurde.

Dortmund, Dezember 1990 *Hartmut Wiethoff*

INHALTSVERZEICHNIS:

ABBILDUNGSVERZEICHNIS:

TABELLENVERZEICHNIS:

ABKÜRZUNGSVERZEICHNIS:

Abb.:	Abbildung
BddW:	Blick durch die Wirtschaft
BFuP:	Betriebswirtschaftliche Forschung und Praxis
Diss.:	Dissertation
DRAM:	Dynamic Random Access Memory
FAZ:	Frankfurter Allgemeine Zeitung

HB:	Handelsblatt
HdV:	Handwörterbuch der Versicherung
HdWW:	Handwörterbuch der Wirtschaftswissenschaften
HWProd:	Handwörterbuch der Produktionswirtschaft
JfB:	Journal für Betriebswirtschaft
KRP:	Kostenrechnungspraxis
MM:	Maschinenmarkt
o. V.:	ohne Verfasser
OTC:	Over-the-counter
real.:	realisierter
Tab.:	Tabelle
tats.:	tatsächlicher
VW:	Versicherungswirtschaft
WiSt:	Wirtschaftswissenschaftliches Studium
WiWo:	Wirtschaftswoche
ZfB:	Zeitschrift für Betriebswirtschaft
ZfbF:	Zeitschrift für betriebswirtschaftliche Forschung
zfo:	Zeitschrift für Organisation

1. Einführung in die Problemstellung und Gang der Untersuchung

1.1. Einführung in die Themenstellung

Jedes Unternehmen ist während seiner betrieblichen Tätigkeit einer Vielzahl von inner- und außerbetrieblichen Risiken ausgesetzt, die den Unternehmenserfolg beeinflussen können.[1] Das Risiko schwankender Rohstoffpreise und Devisenkurse ist den unternehmensexternen Risiken zuzurechnen. Durch die enge Verbundenheit der bundesdeutschen Wirtschaft mit den Weltmärkten sind viele Unternehmen von diesen Risiken betroffen.

Die rohstoffverarbeitende bundesdeutsche Industrie ist, insbesondere im Bereich der Metalle, zu fast 100 % auf den Import der benötigten Rohstoffe angewiesen.[2] Die Abb. 1.1 verdeutlicht die Importabhängigkeit bei wichtigen mineralischen Rohstoffen.[3]

ROHSTOFF	IMPORTABHÄNGIGKEIT IN %
Eisenerz	93,0 - 98,0
Kupfer	≈ 100,0
Aluminium	100,0
Blei	87,0
Zink	65,0 - 68,0
Zinn	100,0
Nickel	100,0
Wolfram	100,0
Phosphat	100,0
Platin	100,0
Titan	100,0
Chrom	100,0
Vanadium	100,0

Abb. 1.1: Importabhängigkeit der Bundesrepublik Deutschland bei metallischen Rohstoffen

Im Jahre 1987 betrug der Wert aller Importe 409,5 Mrd. DM und der Wert aller Exporte 527,0 Mrd. DM.[4] Diese Zahlen lassen erkennen, daß die Unternehmen in der Bundesrepublik eng mit dem Weltmarkt verbunden sind.

Vom Risiko schwankender Rohstoffpreise und Devisenkurse sind nicht nur Unternehmen betroffen, die ihre Käufe und/oder Verkäufe in Fremdwährung kontrahieren oder Rohstoffe wie Kupfer, Nickel, Zink u. a. beschaffen. Viele Einsatzstoffe (z. B. Kupferkabel) enthalten einen mehr oder minder hohen Anteil dieser Rohstoffe. Die Entwicklung der Preise dieser Einsatzstoffe hängt in der Regel wesentlich von der Preisentwicklung der in ihnen enthaltenen Rohstoffe ab. Deshalb ist es auch für Unternehmen, die diese Einsatzmaterialien beschaffen, notwendig, sich mit der Absicherung gegen die aus Preisschwankungen resultierenden Risiken zu beschäftigen.[5] Je stärker die Preisentwicklungen der zu verarbeitenden Einsatzstoffe und der Rohstoffe miteinander korrelieren, umso besser läßt sich die Absicherung durchführen.[6] Durch Schwankungen der Währungskurse können sich die Wettbewerbsverhältnisse verändern. Ausländische Produkte können durch einen Anstieg der DM billiger angeboten werden und höhere Marktanteile zu Lasten inländischer Produkte erreichen. Auf den Auslandsmärkten werden die deutschen Produkte teurer, so daß auch hier die Wettbewerbsfähigkeit sinkt.

Dieses Risikopotential wird wesentlich durch die *Volatilität* der Rohstoffpreise bzw. Devisenkurse determiniert.[7] Entwickelt sich der Preis- oder Kurstrend im Zeitablauf relativ konstant, so ist das Risiko als sehr gering einzustufen. Hierbei ist die Richtung des Trends ohne Bedeutung. Wenn die absoluten oder relativen Zuwachsraten der Preise im Zeitablauf konstant bleiben, dann resultieren aus solchen Entwicklungen für das Unternehmen keine schädlichen Wirkungen, da sie sich bei anstehenden Entscheidungen berücksichtigen lassen.

Auf den in dieser Arbeit betrachteten spekulativen Märkten erfolgen die Preis- bzw. Kursschwankungen dagegen stark und unregelmäßig, so daß der in einem zukünftigen Zeitpunkt gültige Preis nicht wie in obigen Fällen relativ sicher vorherbestimmt werden kann. Als *spekulativ* werden die Märkte bezeichnet, auf denen Rohstoffe oder Devisen auch von Spekulanten zum Zwecke der Spekulation erworben werden.[8] Die Abb. 1.2 und 1.3 zeigen beispielhaft die Stärke der Preis- und Kursschwankungen auf diesen Märkten.

Abb. 1.2: Entwicklung des Kupferpreises (US-ct/lb) im Zeitraum von 1983 - 1990

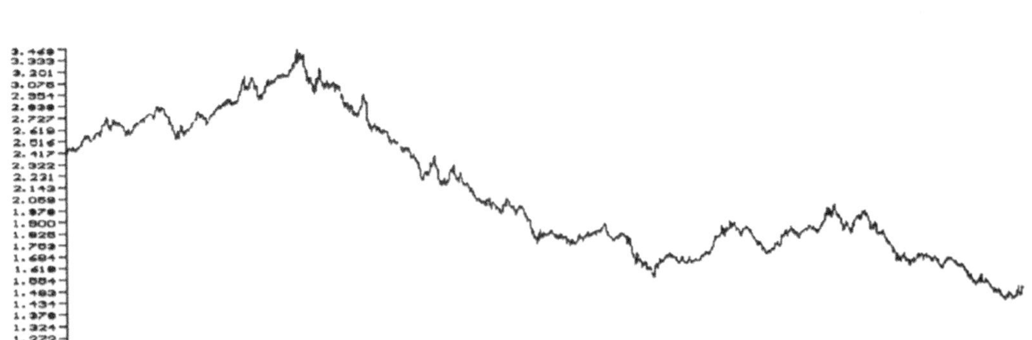

Abb. 1.3: Entwicklung des US-Dollars gegenüber der DM im Zeitraum von 1983 - 1990

Diese Schwankungen bergen ein hohes Risiko für die Unternehmen. Rohstoffeinkäufe können sich gegenüber der ursprünglichen Kalkulation erheblich verteuern, Exporterlöse fallen nach der Umrechnung in DM oft wesentlich niedriger aus. Eine Fehleinschätzung dieser Risiken kann schwerwiegende wirtschaftliche Folgen nach sich ziehen, wie nachfolgende Beispiele verdeutlichen:

- Die im **Kaffeehandel** tätige **BERNHARD ROTHFOS AG** erlitt 1986 durch Fehleinschätzungen der stark schwankenden Rohkaffeepreise Verluste in Höhe von 100 bis 150 Mio. DM. Die Folge war ein drastischer Kapitalschnitt im Verhältnis 100 : 1.[9]
- Die **Luftverkehrsgesellschaft DEUTSCHE LUFTHANSA AG** erlitt in den Jahren 1985 - 1986 aufgrund der falsch eingeschätzten Dollarkursentwicklung einen Verlust in Höhe von ca. 300 Mio. DM.[10]
- Das **Handelshaus KLÖCKNER & CO.** verlor 1988 durch Rohöl-Termingeschäfte ca. 600 - 700 Mio. DM. Diese Fehleinschätzung des Rohölmarktes brachte Klöckner & Co. an den Rand eines Konkurses, der nur durch eine Übernahme des Handelshauses durch die Deutsche Bank abgewendet werden konnte.[11]
- Die in der **Metallverarbeitung** tätige Gruppe der **XAVER BECHTOLD GMBH & CO. KABELWERKE** stellte Konkursantrag, weil sie vor allem wegen der stark gestiegen Kupferpreise in Zahlungsschwierigkeiten kam.[12]

Es ist daher notwendig, daß sich die vom Risiko schwankender Rohstoffpreise und Devisenkurse betroffenen Unternehmen mit der Prognose der Preis- und Kursentwicklung und den unterschiedlichen, zur Absicherung gegen diese Risiken zur Verfügung stehenden Instrumente beschäftigen.

1.2. Zielsetzung der Arbeit und Abgrenzung des Problembereichs

Großunternehmen sind gegenüber kleinen und mittleren Betrieben aufgrund ihrer personellen Kapazitäten und insbesondere aufgrund des wesentlich größeren Geschäftsvolumens eher in der Lage, für die Zwecke der Rohstoffpreis- und Devisenkurssicherung Personal- und Sachmittel bereitzustellen.[13] In einem Unternehmen kleiner oder mittlerer Größe fallen potentiell zu sichernde Geschäfte oft in relativ geringen Volumina oder in unregelmäßigen Abständen an. Dennoch ist der Anteil dieser Geschäfte am gesamten Beschaffungs- oder Absatzvolumen eines Klein- oder Mittelbetriebes oft bedeutend; der Unternehmenserfolg wird durch die Schwankungen der Rohstoffpreise und Devisenkurse ebenso nachhaltig beeinflußt, wie bei einem Großunternehmen.

Aus diesem Grunde ist es erforderlich für kleine und mittlere Unternehmen nach einem Sicherungskonzept zu suchen, das einerseits das Ziel der Absicherung verfolgt und andererseits kostengünstig realisiert werden kann. Um diese Ziele zu erreichen, wird hier versucht, ein PC-gestütztes System zur Sicherung gegen Rohstoffpreis- und Devisenkursrisiken für kleine und mittlere Unternehmen zu entwickeln, das in Klein- und Mittelbetrieben angewandt werden kann. Das Hauptziel dieses Sicherungssystems besteht in der Bestimmung der *Zeitpunkte*, zu denen das Unternehmen eine Absicherung gegen Preis- und Kursrisiken vornehmen sollte. Als Mittel hierzu dienen *Preis- und Kursprognosen*. Die entsprechenden Prognosemethoden sind in ihrer Verwendbarkeit nicht auf den Einsatz in kleinen und mittleren Unternehmen beschränkt. Während die in Großunternehmen angewandten Methoden der Preis- und Kursprognose häufig nicht für kleine und mittlere Unternehmen geeignet sind, können die hier vorgeschlagenen Prognosemethoden von Großunternehmen adaptiert werden.

In dieser Arbeit erfolgt eine Beschränkung der Betrachtung auf Rohstoffe und Devisen. Mit gewissen Modifikationen lassen sich die Ausführungen auf die Sicherung gegen Zinsrisiken übertragen.[14]

In der deutschsprachigen Literatur wird die Sicherung gegen Rohstoffpreisrisiken bisher kaum behandelt.[15] Es fehlt insbesondere die explizite Einordnung der Behandlung dieser Risikoart unter eine betriebswirtschaftliche Unternehmensfunktion sowie die Einordnung in die Organisationsstruktur eines Unternehmens.[16] Die wissenschaftlichen Arbeiten zur Sicherung gegen Währungskursrisiken gehen nicht auf die speziellen Probleme der kleinen und mittleren Unternehmen ein. Zudem erfordern viele Ansätze zur Bildung von Preis- oder Kursprognosen sehr spezielle Kenntnisse und sind für Klein- und Mittelbetriebe nicht praktikabel.

Ziel dieser Arbeit ist es deshalb, einerseits die Sicherungsfunktion in den allgemeinen Risk Management - Ansatz sowie in die Unternehmensorganisation einzuordnen. Andererseits sollen Möglichkeiten der PC-gestützten Bildung von Preis- und Kursprognosen als Grundlage für die Bestimmung von Sicherungszeitpunkten aufgezeigt werden, die einen von kleinen und mittleren Unternehmen tragbaren Personal- und Sachaufwand verursachen. Mit Hilfe dieser Methoden wird nicht ein fester Preis oder Kurs (*Punktprognose*), sondern die Richtung der Preis- bzw. Kursentwicklung (*Trendprognose*) prognostiziert.

1.3. Aufbau und Gang der Untersuchung

Die Arbeit ist in zwei größere Teilbereiche gegliedert. In den Kapiteln 2 - 4 werden die theoretischen Grundlagen für die Einführung eines Risk Managements auf spekulativen Märkten für kleine und mittlere Unternehmen herausgearbeitet. Der zweite Teil mit den Kapiteln 5 - 6 umfaßt eine empirische Untersuchung zum Absicherungsverhalten deutscher Unternehmen und eine Evaluierung der existierenden und im Rahmen dieser Arbeit weiterentwickelten Verfahren zur computergestützten Rohstoffpreis- und Devisenkursprognose auf Basis empirischer Daten.

Im Kapitel 2 wird zunächst eine Abgrenzung der Zielgruppe *kleine und mittlere Unternehmen* gegenüber *Großbetrieben* vorgenommen. Die Abgrenzung erfolgt anhand quantitativer und qualitativer Kriterien. In diesem Zusammenhang wird auch ein Vorschlag zur Verbesserung der Aussagekraft quantitativer und qualitativer Kriterien im Hinblick auf die ins Auge gefaßte Abgrenzungsproblematik unterbreitet.

Nach der Abgrenzung der Zielgruppe erfolgt eine Definition der Begriffe *Risiko* und *Risk Management*. Hier werden insbesondere die Objekte und Aufgaben des Risk Managements aufgezeigt und eine Einordnung dieser organisatorisch isolierbaren Einheit in die Unternehmensorganisation kleiner und mittlerer Betriebe vorgenommen. Die Rohstoffpreis- und Devisenkursrisiken lassen sich als besondere Ausprägung des unternehmerischen Risikos begreifen. Es wird dargelegt, aus welchen Gründen ihre Behandlung im Unternehmen dem Risk Management zuzuordnen ist.

Nach der Festlegung der grundsätzlichen Strategie zur Sicherung gegen Rohstoffpreis- und Devisenkursrisiken werden im weiteren Überlegungen zum Volumen der Sicherungsgeschäfte und zum frühest möglichen Sicherungszeitpunkt angestellt. Um dem Ziel der Sicherung gerecht zu werden, darf die Entwicklung der Rohstoffpreise, auch bei einer Fakturierung in DM, nicht auf Basis von DM-Preisen prognostiziert werden. Es wird herausgearbeitet, daß eine Zerlegung der DM-Rohstoffpreise in die Komponenten *Weltmarktpreis* und *Devisenkurs* unabdingbar ist, da beide Komponenten den Preis des Rohstoffs in DM unterschiedlich determinieren. Die Preisangebote inländischer Rohstoffanbieter auf DM-Basis schwanken in der Regel mit der Entwicklung der Weltmarktpreise und Devisenkurse. In diesem Zusammenhang wird deshalb herausgestellt, daß der Aufbau eines Risk Managements für die Sicherung gegen Preis- und Kursrisiken auch für solche Unternehmen notwendig ist, die die Rohstoffe nicht selbst importieren, sondern bei inländischen Lieferanten beschaffen.

Fragen der Wirtschaftlichkeit einer Sicherung gegen Rohstoffpreis- und Devisenkursrisiken werden am Schluß des zweiten Kapitels diskutiert. In diesem Zusammenhang wird die Führung des Risk Managements - Bereichs als **Profit Center** vorgeschlagen.

Zur Absicherung gegen die bestehenden Rohstoffpreis- und Devisenkursrisiken steht dem Risk Management eine Vielzahl von Instrumenten zur Verfügung. Diese lassen sich in interne und externe, d. h. am Markt erwerbbare Instrumente, differenzieren. Eine weitere Abgrenzung erfolgt anhand des Kriteriums *Sicherungswirkung* in risikovermeidende und risikomindernde Risk Management - Instrumente. Im Kapitel 3 erfolgt eine Darstellung und Beschreibung dieser Instrumente sowie eine Beurteilung bezüglich ihrer Eignung für den Einsatz in kleinen und mittleren Unternehmen.

Um die jeweiligen Einsatzzeitpunkte der genannten Sicherungsinstrumente sinnvoll bestimmen zu können, sind verläßliche Prognosen der Rohstoffpreis- und Devisenkursentwicklung erforderlich. Deshalb wird im Rahmen des vierten Kapitels auf die Methoden zur Bildung von Rohstoffpreis- und Devisenkursprognosen eingegangen. Hierzu werden die unterschiedlichen Prognoseansätze auf ihre grundsätzliche Eignung für die Unterstützung eines Risk Managers überprüft und gegebenenfalls für den Einsatz in Klein- und Mittelbetrieben modifiziert.

Ein möglicher Prognoseansatz resultiert aus der **Random Walk - Hypothese**. Mit Hilfe der *strengen Form* des Random Walk - Ansatzes lassen sich jedoch, wie aufgezeigt wird, keine zuverlässigen Preis- und Kursprognosen bilden. Hingegen ist in der *gemäßigten Form* des Random Walk - Ansatzes schon eher eine praktikable Methode zur Prognoseerstellung zu erblicken.

Weitere Verfahren zur Prognose der Rohstoffpreise und Devisenkurse sind die **Fundamental-Analyse** und die **Technische Analyse**; aufgrund ihrer Bedeutung für die Praxis liegt auf der Untersuchung dieser beiden Verfahren ein besonderer Schwerpunkt.

Die **Fundamental-Analyse** wird in der Literatur häufig in einem diametralen Gegensatz zur Technischen Analyse gesehen. Die fundamentalanalytische Vorgehensweise zur Bildung von Rohstoffpreis- und Kursprognosen basiert in der Regel auf ökonometrischen Modellen. Diese Modelle erscheinen für den Einsatz in Klein- und Mittelbetrieben nur bedingt geeignet, da ihre Anwendungsvoraussetzungen nur teilweise gegeben sind. Für diese Betriebe eignet sich vielmehr ein modifiziertes Verfahren der Fundamental-Analyse, beispielsweise in Form einer mehrstufigen Vorgehensweise in Anlehnung an die Nutzwertanalyse. Um dem Problem der Informationsbeschaffung im Rahmen dieses Ansatzes Rechnung zu tragen, wird eine weitere Vereinfachung des nutzwertanalytischen Verfahrens vorgestellt. Ein entscheidender Vorteil dieses vereinfachten Verfahrens ist die Möglichkeit der Einbindung von **subjektiven Einschätzungen** des Entscheidungsträgers im Hinblick auf Preis- und Kursentwicklungen.

Ein Teil der Methoden der **Technischen Analyse** versuchen auf unterschiedliche Weise marktpsychologische Aspekte bei der Bildung von Preis- und Kursprognosen zu berücksichtigen. Sie sind deshalb geeignet, Mängel der Fundamental-Analyse zu vermeiden. Die verschiedenen Methoden der Technischen Analyse werden in diesem Kapitel auf ihre Eignung für die computergestützte Preis- und Kursprognose untersucht. Die als algorithmierbar erkannten Methoden der Technischen Analyse werden weiterentwickelt, um die Gefahr von Fehlprognosen auf diesem Gebiet zu reduzieren.

Abschließend wird im vierten Kapitel auf die informatorischen Voraussetzungen für ein computergestütztes Risk Managements auf spekulativen Märkten eingegangen. Es wird insbesondere aufgezeigt, daß die Hard- und Software-Voraussetzungen für ein kleines oder mittleres Unternehmen kein Hindernis darstellen und die zur Preis- bzw. Kursprognose erforderlichen Informationen kostengünstig oder sogar kostenlos bereitgestellt werden können. Als mögliches Medium zur Übertragung der Rohstoffpreise und Devisenkurse wird der Bildschirmtext (**Btx**) vorgeschlagen.

Im Kapitel 5 werden die Ergebnisse einer empirischen Untersuchung des Sicherungsverhaltens deutscher Unternehmen vorgestellt und mit den Untersuchungsergebnissen einer Studie von SCHARRER/GEHRMANN/WETTER[17] über das Sicherungsverhalten bei Devisenkursrisiken verglichen. Zusätzlich wurden in dieser Untersuchung Daten über das Sicherungsverhalten bei Rohstoffpreisrisiken erhoben.

Die Ergebnisse einer Evaluierung der im Rahmen des vierten Kapitels ausgewählten algorithmierbaren Verfahren zur computergestützten Rohstoffpreis- und Devisenkursprognose auf Basis empirischer Daten werden im Kapitel 6 vorgestellt. Von besonderem Interesse ist hierbei, ob sich mit Hilfe der untersuchten mechanischen Strategien systematisch gute Prognoseergebnisse erzielen lassen, und inwieweit die Weiterentwicklung der Verfahren zu einer nachweisbaren Verbesserung der Prognoseergebnisse führt.

Abschließend erfolgt im Kapitel 7 eine zusammenfassende Beurteilung des Risk Managements auf spekulativen Märkten für kleine und mittlere Unternehmen. Als künftige Entwicklungsperspektive der computergestützten Bildung von Rohstoffpreis- und Devisenkursprognosen wird auf Expertensysteme eingegangen.

BEMERKUNGEN:

1 Zu den innerbetrieblichen und außerbetrieblichen Risikopotentialen sowie deren wachsender Bedeutung in der Industrie vgl. HOFFMANN, Klaus: Risk Management - Neue Wege der betrieblichen Risikopolitik, Karlsruhe 1985, S. 7 - 8.

2 Vgl. hierzu ENGELMANN, Ulrich: Die Rohstoffabhängigkeit der Bundesrepublik, in: Erschöpfbare Ressourcen, hrsg. v. Horst Siebert, Berlin 1980, S. 635 - 647, hier S. 636.

3 Vgl. SOHN, Karl-Heinz: Finanzierung, Management und lokale Beteiligung von Investitionen deutscher Unternehmen im Rohstoffbereich, in: Internationales Rohstoffmarketing, hrsg. v. Hans Günther Meissner und Karl-Heinz Sohn, Dortmund 1981, S. 9 - 35, hier S. 9; SIEBERT, Horst: Economics of the Resource-Exporting Country: Intertemporal Theory of Supply and Trade, Greenwich (Con.) - London 1985, S. 216.

4 Vgl. O. V.: Die Bundesrepublik Deutschland in Zahlen, hrsg. von Commerzbank AG, Frankfurt 1988.

5 Vgl. hierzu beispielsweise die Überlegungen von Cleverly, der die Möglichkeit der Absicherung gegen Schwankungen der Beschaffungskosten von Röntgen-Filmmaterial für Krankenhäuser untersucht. Aufgrund des hohen Silbergehaltes hängt der Materialpreis von der Entwicklung der Silberpreise ab. (Vgl. hierzu CLEVERLY, William O.: Minimizing Price Exposure Risk Through the Commodities Markets, in: Hospital & Health Services Administration, 27. Jg. (1982), H. 5, p. 55 - 66.

6 Vgl. CLEVERLY, William O.: Minimizing Price Exposure Risk ..., a. a. O., hier p. 66.

7 Die Volatilität (Flatterhaftigkeit) der Rohstoffpreise und Devisenkurse kann mit Hilfe des *Beta-Koeffizienten* gemessen werden. Vgl. hierzu beispielsweise SCHNEEWEIß, Hans: Ökonometrie, 3. Aufl., Würzburg - Wien 1978, S. 44.

8 Zum Begriff der Spekulation und der Bedeutung der Spekulanten für die spekulativen Märkte vgl. LAPLANTE, J. Duncan: Growth and Organisation of Commodity Markets, in: Handbook of Futures Markets - Commodity, Financial, Stock Index, and Options -, ed. by Perry J. Kaufman, New York - Chichester - Brisbane - Toronto - Singapore 1984, p. 1.1 - 1.54, hier p. 1.20 - 1.21.

9 Vgl. O. V.: B. Rothfos AG: Das Geschäftsjahr 1986 brachte einen Rekordverlust, in: HB, Nr. 87 v. 07.05.1987, S. 16.

10 Vgl. O. V.: Teure Kurssicherung für Lufthansa-Flugzeuge, in: FAZ, Nr. 43 v. 20.02.1986, S. 15. Die - Lufthansa AG sicherte einen Teil des Währungsrisikos ab, das durch die Bestellung von Flugzeugen in den USA entstanden war. Aus dieser Sicherung resultierte ein Verlust in Höhe von ca. 300 Mio. DM durch nicht realisierte Währungsgewinne.

11 Vgl. hierzu RADZIO, Heiner: Klöckner & Co. - Peter Henle nimmt zu dem riesigen Rohölspekulationsverlusten Stellung, in: HB, Nr. 199 v. 14./15.10.89, S. 23.

12 Vgl. hierzu FAZ, Nr. 295 v. 19.12.1988, S. 14.

13 Büschgen sieht in den Organisationskosten für die Kurssicherungsfunktion den wesentlichen Grund dafür, daß kleine und mittlere Unternehmen ihre Verträge auf DM-Basis abschließen oder Währungsgeschäfte über spezialisierte Unternehmen abwickeln. Vgl. BÜSCHGEN, Hans E.: Internationales Finanzmanagement, Frankfurt a. M. 1986, S. 186.

14 Zu den Möglichkeiten der Absicherung gegen Zinsrisiken vgl. beispielsweise BÜSCHGEN, Hans E.: Zinstermingeschäfte - Instrumente und Verfahren zur Risikoabsicherung auf Finanzmärkten, Frankfurt a. M. 1988; WÖRNER, Elisabeth: Termingeschäfte als Instrumente des Zinsrisiko-Managements, Frankfurt a. M. - Bern - New York - Paris 1988; CORDERO, Ricardo: Der Financial Futures Markt, 2. Aufl., Bern - Stuttgart 1987; WONDRAK, Bernhard: Management von Zinsänderungschancen und -risiken, Heidelberg 1986; BÜHLER, Wolfgang: Steuerung von Zinsänderungsrisiken mit Hilfe synthetischer Optionen, in: Zeitaspekte in betriebswirtschaftlicher Theorie und Praxis, hrsg. v. H. Hax, W. Kern und H.-H. Schröder, Stuttgart 1988, S. 247-259.

15 Vgl. hierzu beispielsweise HOFFMANN, Klaus: Risk Management ..., a. a. O.; Hoffmann erkennt zwar das Problem des Preisrisikos im Beschaffungsbereich (Vgl. S. 35 und S. 204), schenkt diesem Bereich allerdings keine weitere Beachtung, sondern wendet sich den im Rahmen der Beschaffung üblicherweise geführten Betrachtungen des Lieferantenausfallrisikos und des Qualitätsrisikos zu. Über diese Betrachtung kommt beispielsweise auch SEIFERT, Werner G.: Effizienzsprung durch systematische Risikopolitik, in: Risiko-Management, hrsg. v. Herbert Jacob, Schriften zur Unternehmensführung, Bd. 33, Wiesbaden 1986, S. 95 - 116, hier S. 100 und S. 104, nicht hinaus, obwohl auch er das Risiko der Veränderung von Rohstoffpreisen sieht (Vgl. S. 99).

16 Hoffmann ordnet die Rohstoffpreis- und Devisenkursrisiken zwar implizit als mögliche Risiken dem Risk Management zu, begründet wird diese Zuordnung jedoch nicht. Vgl. HOFFMANN, Klaus: Risk Management ..., a. a. O., S. 35; Vgl. auch SEIFERT, Werner G.: Risk Management: Die Zukunft hat noch kaum begonnen, in: Versicherungswirtschaft, 36. Jg. (1981), H. 11, S. 746 - 759, hier S. 750 - 751. Seifert versucht ansatzweise zu verdeutlichen, daß diese Risikoarten dem Risk Management zugeordnet werden können. Anders hingegen beispielsweise BRÜHWILER, Bruno: Risk Management - eine Aufgabe der Unternehmensführung, Bern - Stuttgart 1980; FARNY, Dieter: Risiko-Management (Meinungsspiegel), in: BFuP, 30. Jg. (1978), H. 4, S. 324 - 340; HALLER, Matthias: Risiko-Management (Meinungsspiegel), in: BFuP, 30. Jg. (1978), H. 4, S. 324 - 340.

17 Vgl. SCHARRER, Hans-Eckart - GEHRMANN, Dieter - WETTER, Wolfgang: Währungsrisiko und Währungsverhalten deutscher Unternehmen, Hamburg 1978.

2. Konzeption des Risk Managements auf Rohstoff- und Devisenmärkten für kleine und mittlere Unternehmen

Die verschiedenen Risiken, denen unternehmerisches Handeln unterliegt, unterscheiden sich sowohl in bezug auf die Prognostizierbarkeit als auch in bezug auf die wirtschaftlichen Folgen für die Unternehmung. Ebenso unterschiedlich wie die Risiken selbst sind auch die Instrumente zur Analyse dieser Risiken und die Instrumente zur Risikoabwehr. In der deutschsprachigen Betriebswirtschaftslehre hat sich daher ab etwa Mitte der 70er Jahre eine spezielle Forschungsrichtung, das Risk Management, herausgebildet. Es wurde zunehmend erkannt, daß eine wissenschaftlich-systematische Vorgehensweise bei der Identifikation, Bewertung und Handhabung der Risiken in Unternehmen unabdingbar ist.

2.1. Die Klein- und Mittelbetriebe als Zielgruppe dieser Arbeit

Klein- und Mittelbetriebe sind für die Volkswirtschaft der Bundesrepublik Deutschland von entscheidender Bedeutung.[1] 99,8 % aller Unternehmen beschäftigen weniger als 500 Mitarbeiter. Über 60 % aller Erwerbstätigen produzieren in diesen Unternehmen mehr als 50 % des Bruttoinlandsproduktes.[2] Viele dieser Unternehmen sind ebenso wie Großunternehmen in Beschaffungs- und Absatzprozesse involviert und deshalb in der Regel von Rohstoffpreis- und Devisenkursschwankungen betroffen.

Den kleinen und mittleren Unternehmen mangelt es weniger am Risikobewußtsein, als vielmehr an den Kenntnissen über Möglichkeiten, diesen Risiken im Rahmen eines Rohstoffpreis- und Devisenkurs - Risk Management zu begegnen. In dieser Arbeit soll gezeigt werden, daß der Aufbau eines Risk Managements in den genannten Unternehmen zum Zwecke der Preis- und Kurssicherung unbedingt notwendig und realisierbar ist.

2.2. Abgrenzung kleiner und mittlerer Betriebe von Großbetrieben

Die Begriffe *Kleinbetrieb* und *Mittelbetrieb*[3] werden in Theorie und Praxis oft verwendet; eine einheitliche Definition dieser Begriffe ist aber nicht erkennbar.[4] Eine solche wird zudem durch politisch-ideologisch motivierte Begriffsprägungen erschwert.[5] Deshalb ist es in dieser Arbeit erforderlich, zur Abgrenzung der Gruppe der Klein- und Mittelbetriebe gegenüber den Großbetrieben einen eigenen Begriffsvorschlag zu erarbeiten. Demgegenüber erscheint eine Differenzierung zwischen kleinen und mittleren Unternehmen für den Zweck dieser Abhandlung als nicht notwendig. Diese begriffliche Abgrenzung von Klein- und Mittelbetrieben einerseits und Großbetrieben andererseits wird auf Basis quantitativer und qualitativer Kriterien vorgenommen.[6]

2.2.1. Quantitative Kriterien

Im folgenden wird zunächst versucht, die Klein- und Mittelbetriebe anhand *quantitativer* Kriterien gegenüber den Großunternehmen abzugrenzen. Für diese Abgrenzung werden regelmäßig die zwei folgenden quantitativen Kriterien herangezogen:[7]

- Anzahl der Beschäftigten
- Umsatz

Bei der Abgrenzung auf Basis der Beschäftigtenzahl sind folgende Klassen weit verbreitet (Abb. 2.1):[8]

UNTERNEHMENSTYP	BESCHÄFTIGTENZAHL
Klein- und Mittelunternehmen	1 - 499
Großunternehmen	500 und mehr

Abb. 2.1: Betriebsgrößen nach **Beschäftigtenzahl**

Zur Abgrenzung anhand des Umsatzes können folgende Klassen herangezogen werden (Abb. 2.2):[9]

UNTERNEHMENSTYP	UMSATZ in DM
Klein- und Mittelunternehmen	weniger als 25 Mio.
Großunternehmen	25 Mio. und mehr

Abb. 2.2: Betriebsgrößen nach **Umsatz**

Darüber hinaus werden in der Literatur eine Reihe weiterer quantitativer Kriterien vorgeschlagen, von denen die wichtigsten sind:[10]

- Bilanzsumme[11]
- Gewinn
- Anzahl der Hierarchieebenen
- Anzahl der Verkaufsabschlüsse
- Anzahl der Kunden
- Anzahl der Maschinen
- Anzahl der Lieferanten
- Forschungs- und Entwicklungsaufwand
- Ausbringungsmenge
- Kapitaleinsatz
- Brutto-Wertschöpfung

Diese zusätzlichen quantitativen Kriterien sind, im Gegensatz zur Zahl der Beschäftigten und dem Umsatz, teilsweise nur schwer zu erheben. Zudem führt eine Abgrenzung auf der Grundlage dieser Kriterien nicht selten zu fragwürdigen Ergebnissen. So kann beispielsweise das Kriterium **Gewinn** durch unterschiedliche Gewinnermittlungsmethoden oder verdeckte Ausschüttungen beeinflußt werden.[12]

Der Vorteil einer Abgrenzung von Klein- und Mittelbetrieben gegenüber Großbetrieben auf Basis der Kriterien **Beschäftigtenzahl** und **Umsatz** liegt im wesentlichen in der einfachen statistischen Erhebbarkeit der Daten. Obwohl sich auch gegen diese Kriterien Bedenken äußern lassen, kann auf sie im Rahmen der empirischen Untersuchung des Sicherungsverhaltens deutscher Unternehmen in dieser Arbeit aus pragmatischen Gründen nicht verzichtet werden.[13]

2.2.2. Vorschlag zur Verbesserung der Aussagekraft quantitativer Abgrenzungskriterien

Als problematisch wird häufig herausgestellt, daß die genannten Grenzen nicht einheitlich zugrunde gelegt, sondern je nach speziellem Untersuchungsziel und Branche festgelegt werden und somit keine Allgemeingültigkeit besitzen.[14] Bei genauerer Betrachtung ist diese variable Einteilung durchaus sinnvoll, da in Abhängigkeit von der Branche die durchschnittliche und die maximale Beschäftigtenzahl stark schwanken. Ein Unternehmen mit 100 Beschäftigten kann in der einen Branche relativ klein, in der anderen Branche bereits sehr groß sein. Eine einheitliche Größeneinteilung nach den genannten Abgrenzungskriterien für alle Betriebe einer Volkswirtschaft unter Rückgriff auf absolute Zahlen ist daher wenig sinnvoll.[15]

Um beispielsweise auf der Grundlage des Kriteriums **Beschäftigtenzahl** eine bessere Klassifizierung zu ermöglichen und allgemeingültige Klassengrenzen zu erhalten, erscheint es sinnvoll, keine absoluten, sondern relative Werte zugrunde zu legen.[16] Zur Bildung dieser **relativen** Beschäftigtenzahlen kann die Beschäftigtenzahl des betrachteten Betriebes einer Branche beispielsweise auf die durchschnittliche Beschäftigtenzahl der drei größten Betriebe der betreffenden Branche bezogen werden.[17] Der Durchschnitt sollte gebildet werden, um einen eventuellen *Ausreißer* bei der Beschäftigtenzahl des größten Betriebes zu nivellieren. Ohne eine solche Nivellierung besteht die Gefahr, daß ein Betrieb mit sehr vielen Beschäftigten dominiert und dadurch bedingt zu viele Betriebe als **klein** oder **mittel** eingestuft werden.

Die relative Beschäftigtenzahl läßt sich wie folgt berechnen:

$$Br_{ij} := \left[\sum_{k=n-2}^{n} Ba_{kj} \right]^{-1} \cdot 300 \cdot Ba_{ij}, \qquad \text{mit } i = 1, \ldots, n$$

wobei

Br_{ij} : relative Beschäftigtenzahl (Br) des Betriebes i in der Branche j

Ba_{kj} : absolute Beschäftigtenzahl (Ba) des Betriebes k in der Branche j

n : Rangziffer des Betriebes einer Branche j mit der höchsten Beschäftigtenzahl

Beträgt die Zahl der Beschäftigten der drei größten Betriebe in der Branche A (insgesamt 100 Betriebe) beispielsweise 2000, 2500 und 7500 Mitarbeiter und die Zahl der Mitarbeiter des betrachteten Betriebes **a** 500, so ergibt sich eine relative Beschäftigtenzahl von

$$Br_{aA} = \left[\sum_{k=100-2}^{100} Ba_{kA} \right]^{-1} \cdot 300 \cdot Ba_{aj}$$

$$Br_{aA} = \frac{1}{2000 + 2500 + 7500} \cdot 300 \cdot 500$$

$$Br_{aA} = \underline{12{,}5\ \%}$$

Die Einteilung in Klein-, Mittel- und Großunternehmen kann aufgrund der Relativierung und Nivellierung *branchenneutral* und in *allgemeingültiger* Form beispielsweise wie in Abb. 2.3 dargestellt angegeben werden.

UNTERNEHMENSTYP	BESCHÄFTIGTENZAHL
Kleinunternehmen	< 2 %
Mittelunternehmen	2 - 10 %
Großunternehmen	> 10 %

Abb. 2.3: Betriebsgrößen nach **relativer** Beschäftigtenzahl

Der im Beispiel betrachtete Betrieb a aus der Branche A wäre demnach als Großunternehmen einzustufen, da seine relative Beschäftigtenzahl größer als 10 % ist. Analog zur

Berechnung einer relativen Beschäftigtenzahl kann bei dem quantitativen Abgrenzungskriterium *Umsatz* verfahren werden, da auch diese Zahlen nicht unabhängig von der jeweiligen Branche miteinander verglichen werden sollten.

Sofern die Klassifizierung der Betriebe auf Basis der Beschäftigtenzahl und des Umsatzes nicht zu widersprüchlichen Einstufungen führt, können diese beiden Kriterien als ausreichend angesehen werden. Neben den genannten quantitativen Abgrenzungskriterien läßt sich eine Klassifizierung der Betriebe auch auf Basis qualitativer Kriterien vornehmen.

2.2.3. Qualitative Kriterien

Um einen Betrieb als Klein- oder Mittelbetrieb klassifizieren und gegenüber Großbetrieben abgrenzen zu können, reicht in der Regel die Zugrundelegung weniger qualitativer Kriterien, im Gegensatz zu den quantitativen Kriterien, nicht aus.[18] Mehrere unterschiedliche qualitative Kriterien können gleichermaßen vom Klein- und Mittelbetrieb und vom Großunternehmen erfüllt werden. So wird zwar in der Regel ein Klein- oder Mittelbetrieb flexibler auf Veränderungen der Unternehmensumwelt reagieren als ein Großbetrieb. Es gibt aber auch Großunternehmen, die flexibler als Klein- und Mittelbetriebe reagieren. Aus diesem Grunde werden in der Literatur häufig ausgewählte qualitative Kriterien zu *Merkmalsbündeln* zusammengefaßt. Diese Bündelung der klassifizierenden qualitativen Merkmale erfolgt mehr oder weniger willkürlich und ist subjektiv determiniert.[19] Entsprechend differieren die in der Literatur vorgeschlagenen qualitativen Kriterien zur Klassifizierung einer Unternehmung als Klein- oder Mittelbetrieb mehr oder minder stark.[20] Es fehlen hierbei insbesondere Hinweise zur methodischen Verarbeitung dieser Kriterien. Im folgenden wird deshalb auf eine **subjektive** Bündelung der Merkmale verzichtet; die Verarbeitung der in der Literatur gefundenen quantitativen Kriterien erfolgt im Rahmen eines vereinfachten Scoringmodells bzw. einer Checkliste.[21]

PFOHL/KELLERWESSEL haben eine Vielzahl von Veröffentlichungen zu betriebsgrößenbezogenen Problemen ausgewertet und die dort aufgefundenen qualitativen Abgrenzungsmerkmale zusammengestellt.[22] Auf diese Zusammenstellung wird im folgenden zurückgegriffen. Die bei PFOHL/KELLERWESSEL aufgeführten Abgrenzungskriterien wurden überarbeitet und in Form von Checklisten aufbereitet; es wurden dabei auch einige logische Ungereimtheiten beseitigt, so beispielsweise doppelte Zuordnungen oder solche Kriterien, die sich quantifizieren lassen, z. B. die *Beschäftigtenzahl*.

Während sich die in der Literatur genannten qualitativen Kriterien eines Merkmalsbündels nur selten in Gruppen zusammenfassen lassen, gelang PFOHL/KELLERWESSEL die Bildung von funktionsorientierten Kriteriengruppen, in die sich die aufgefundenen qualitativen Abgrenzungsmerkmale einordnen lassen.[23] Diese Kriteriengruppen sind:

- Organisation
- Unternehmensführung
- Finanzierung
- Beschaffung und Materialwirtschaft
- Produktion
- Absatz
- Personal
- Forschung und Entwicklung[24]

Durch die Bildung dieser Kriteriengruppen läßt sich ein wesentlich besserer Überblick über die Vielzahl der qualitativen Kriterien gewinnen (Abb. 2.4):[25]

FUNKTIONSBEREICH	qualitatives Abgrenzungskriterium	Ausprägung des Kriteriums im			
		Klein- und Mittelbetrieb	Großbetrieb	K/M	G
Organisation	-Organisationstyp	personenorientiertes Einliniensystem	sachorientierte komplexe Organisationsstruktur	☐	☐
	-Bildung von Abteilungen	kaum ausgeprägt	stark ausgeprägt	☐	☐
	-Informationswege	kurz, direkt	eher lang, inflexibel	☐	☐
	-Personenbindung	stark ausgeprägt	schwach ausgeprägt	☐	☐
	-Weisung und Kontrolle	unformalisiert, direkter personenbezogener Kontakt	stark formalisiert, unpersönlich	☐	☐
	-Koordination der Aufgaben	eher unproblematisch	eher Probleme	☐	☐
	-Formalisierungsgrad	gering	hoch	☐	☐
	-Flexibilität	hoch	gering	☐	☐
Unternehmensführung	-Führungsperson	Eigentümer	Manager	☐	☐
	-Führungskenntnisse	kaum vorhanden	fundierte Kenntnisse	☐	☐
	-Ausbildung der Führung	technisch orientiert	kaufmännisch/ technisch	☐	☐
	-formalisiertes Informationswesen	nur unzureichend	gut ausgebaut	☐	☐
	-Führungsstil	patriarchalisch	Management-by-Prinzipien	☐	☐
	-Entscheidung in Gruppen	selten	häufig	☐	☐
	-Bedeutung von Improvisation und Intuition	relativ hoch	relativ gering	☐	☐
	-Tiefe von Planungen	relativ gering	relativ hoch	☐	☐
	-Grad der Arbeitsteilung	Tendenz zur Funktionshäufung	hochgradig sachbezogene Arbeitsteilung	☐	☐
	-Teilnahme am Betriebsgeschehen	relative Nähe	relative Ferne	☐	☐
	-Kompensation von Fehlentscheidungen	kaum möglich	in der Regel gut möglich	☐	☐
	-Austauschbarkeit der Führung	kaum möglich	in der Regel gut möglich	☐	☐
Finanzierung	-Eigentumsverhältnisse	in der Regel Familienbesitz, wenige Eigentümer	viele Eigentümer, breit gestreuter Besitz	☐	☐
	-Finanzierungsmöglichkeiten	kaum Zugang zum anonymen Kapitalmarkt, begrenzte Finanzierungsmöglichkeiten	weitgehend ungehinderter Zugang zum anonymen Kapitalmarkt, vielfältige Finanzierungsmöglichkeiten	☐	☐
	-Staatliche Subventionen in Krisensituationen	keine unternehmensindividuellen, kaum allgemeine	unternehmensindividuelle Subventionen wahrscheinlich	☐	☐

Beschaffung und Materialwirtschaft	-Position am Beschaffungsmarkt	schwach	stark	☐	☐
	-Auftragsbezogenheit der Materialbeschaffung	häufig, (ausgenommen Handel)	selten, Absicherung durch langfristige Lieferverträge	☐	☐
Produktion	-Produktionsfaktoreinsatz	arbeitsintensiv	kapitalintensiv	☐	☐
	-Arbeitsteilung	gering	hoch	☐	☐
	-Kostendegression bei steigendem Output	gering	stark	☐	☐
	-langfristige Bindung an eine Basisinnovation	häufig	in der Regel nicht gegeben	☐	☐
Absatz	-Größenordnung der Nachfragemengen	eher kleindimensioniert	eher großdimensioniert	☐	☐
	-Räumliches Absatzgebiet	eher stark eingegrenzt	groß	☐	☐
	-Anzahl und Art der Produkte	wenige gleichartige	viele unterschiedliche	☐	☐
	-Wettbewerbsadaption	sehr unheitlich	gut	☐	☐
Personal	-Anteil un- und angelernter Arbeitskräfte	eher gering	eher hoch	☐	☐
	-Anteil akademisch gebildeter Beschäftigter	sehr gering	relativ hoch	☐	☐
	-Wissensbreite	breites Fachwissen wissen	Tendenz zum Spezialwissen	☐	☐
	-Persönliche Kontakte zwischen den Beschäftigten	ausgeprägt vorhanden	in der Regel nur innerhalb von Gruppen möglich	☐	☐
	-Grad der Arbeitszufriedenheit	relativ hoch	relativ gering	☐	☐
Forschung und Entwicklung (F&E)	-Dauerhaft institutionalisierte F&E-Abteilung	kaum vorhanden	häufig vorhanden	☐	☐
	-systematische F&E-Aktivitäten	eher kurzfristig intuitiv	eher langfristig systematisch	☐	☐
	-Grundlagenforschung	selten, fast ausschließlich bedarfsorientierte Produkt- und Verfahrensentwicklung	häufig, Produkt- und Verfahrensentwicklung in engem Zusammenhang mit der Grundlagenforschung	☐	☐
	-Zeitraum zwischen Erfindung und wirtschaftlicher Nutzung	relativ kurz	relativ lang	☐	☐

Abb. 2.4: Checkliste zur Betriebsgrößen-Klassifizierung anhand *qualitativer Kriterien*

Um einen Betrieb als Mittel- oder Kleinbetrieb klassifizieren zu können, ist es nicht notwendig, daß alle Kriterien erfüllt sind. Es ist ausreichend, wenn für die **Mehrzahl** der Kriterien eine Einstufung als Klein- und Mittelbetrieb erfolgte.

Eine verbesserte Aussagekraft dieser Checklisten, die letztlich nichts anderes als ein vereinfachtes Scoring-Modell mit gleichen Gewichtungen und alternativen

Null-Eins-Bewertungen darstellen, läßt sich durch die unterschiedliche Gewichtung der einzelnen Abgrenzungskriterien erreichen. Diese Gewichtung muß nicht wie bei den quantitativen Kriterien branchenabhängig erfolgen, da die Branchenabhängigkeit bereits implizit in den Checklisten enthalten ist und durch die Verwendung von Begriffen wie *relativ* oder *eher* zum Ausdruck gebracht wird.

Durch die Erfassung aller Kriterien, wie sie von PFOHL/KELLERWESSEL zur möglichst treffenden Klassifizierung der Betriebe vorgeschlagen wird, wirken die Checklisten überfrachtet und wenig praktikabel. Die Betriebe werden nicht in bezug auf alle Kriterien Auskunft erteilen wollen, da sie teilweise Betriebsgeheimnisse berühren. Es ist daher im Rahmen empirischer Untersuchungen wenig sinnvoll, nur für den Zweck der Betriebsgrößeneinteilung bereits das Betriebsgeheimnis berührende Fragen zu stellen. Darüber hinaus sollte auch beachtet werden, daß durch die Vielzahl der Kriterien die notwendige Zeit für die Beantwortung erhöht wird, so daß die Gefahr einer Verweigerung der Teilnahme eines Betriebes an einer empirischen Untersuchung wächst. Aus diesem Grund wird im folgenden ein Vorschlag zur Reduzierung der genannten qualitativen Kriterien unterbreitet.

2.2.4. Vorschlag zur Verwendung objektiver qualitativer Abgrenzungskriterien

Als ein Hauptargument gegen die Abgrenzung mittels qualitativer Kriterien führt WEBER die Unbrauchbarkeit dieser Kriterien für empirische Untersuchungen an.[26] Er kritisiert darüber hinaus, daß die bekannten Probleme der Meßbarkeit solcher Kriterien auftreten.[27] Zudem ist die Zuordnung nicht immer eindeutig möglich. So kann beispielsweise in einem schlecht geführten Klein- oder Mittelbetrieb die Zeit zwischen Erfindung und wirtschaftlicher Nutzung eines Verfahrens oder Produktes länger sein, als in einem Großbetrieb.

Trotzdem sind gerade diese qualitativen Kriterien zur Erfassung des *Wesens* der Klein- und Mittelbetriebe geeignet. RIEKER spricht in diesem Zusammenhang zu Recht davon, daß durch die qualitativen Kriterien mehr ein bestimmter Betriebstyp als eine quantifizierbare Betriebsgröße determiniert wird.[28] Ein Ausweg aus diesem Dilemma läßt sich durch die Auswahl der objektiv erfaßbaren Kriterien realisieren (Abb. 2.5).[29]

Die erforderlichen Informationen zur Klassifizierung eines Betriebes auf Basis dieser ausgewählten qualitativen Kriterien lassen sich zum Teil sogar aus Unternehmenspublikationen entnehmen, sofern die Unternehmen publizitätspflichtig sind oder freiwillig publizieren. Sie dürften zudem keine Betriebsgeheimnisse berühren. Insgesamt kann diese Checkliste als relativ gut handhabbar bezeichnet werden. Die bereits kritisierte subjektive Bündelung qualitativer Kriterien wird ebenfalls vermieden; das Kriterium für die Auswahl ist die objektive Erfaßbarkeit der Kriterien. Die ausgewählten qualitativen Abgrenzungskriterien können deshalb auch als *objektives Merkmalbündel* bezeichnet werden.

Eine alleinige Abgrenzung aufgrund qualitativer Kriterien oder quantitativer Kriterien ist in der Regel nicht sinnvoll. Es ist daher notwendig quantitative und qualitative Kriterien zu verknüpfen. Diese Verknüpfung kann analog zu dem Verfahren der Nutzwert-Analyse durchgeführt werden. Durch die Gewichtung der einzelnen Kriterien wird eine differenziertere Betrachtung möglich. Im Rahmen der Checkliste sind die verschiedenen Kriterien hingegen gleich gewichtet. Werden der erreichte Punktwert und der maximal mögliche Wert zueinander ins Verhältnis gesetzt, so kann über die Verhältniszahl beurteilt werden, ob es sich um einen kleinen/mittleren oder um einen großen Betrieb handelt.

FUNKTIONS-BEREICH	objektiv erfaß-bares Abgren-zungskriterium	Ausprägung des Kriteriums im		K/M	G
		Klein- und Mittelbetrieb	Großbetrieb		
Unter-nehmens-führung	-Führungsperson	Eigentümer	Manager	X	
	-Führungsstil	patriarchalisch	Management-by-Prinzipien	X	
Organi-sation	-Organisationstyp	personenorien-tiertes Ein-liniensystem	sachorientierte komplexe Organisa-tionsstruktur	X	
	-Anzahl an Abteilungen	relativ wenig	relativ viel	X	
Finan-zierung	-Eigentumsver-hältnisse	in der Regel Familienbesitz, wenige Eigentümer	viele Eigentümer, breit gestreuter Besitz	X	
	-Finanzierungs-möglichkeiten	kaum Zugang zum anonymen Kapital-markt, begrenzte Finanzierungs-möglichkeiten	weitgehend ungehinder-ter Zugang zum anony-men Kapitalmarkt, vielfältige Finan-zierungsmöglichkeiten	X	
Beschaf-fung und Material-wirtschaft	-Auftragsbezogen-heit der Mate-rialbeschaffung	häufig, (ausge-nommen Handel)	selten, Absiche-rung durch lang-fristige Liefer-verträge		X
Produktion	-Maschineneinsatz	überwiegend Universal-maschinen	überwiegend Spezialmaschinen		X
Absatz	-Räumliches Absatzgebiet	eher stark eingegrenzt	groß		X
	-Anzahl der Produkte	wenige gleich-artige	viele unter-schiedliche	X	
Personal	-Anteil un- und angelernter Arbeitskräfte	eher gering	eher hoch	X	
	-Anteil akade-misch gebildeter Beschäftigter	sehr gering	relativ hoch	X	
Forschung und Entwik-klung (F&E)	-Dauerhaft insti-tutionalisierte F&E-Abteilung	kaum vorhanden	häufig vorhanden	X	

Abb. 2.5: Beispielhafte Checkliste zur Erfassung *objektiver, qualitativer Kriterien*

Im Rahmen dieser Arbeit wird im Rahmen der empirischen Untersuchung auf die Kriterien *Beschäftigtenzahl* und *Umsatz* in ihrer absoluten Ausprägung lediglich aus Gründen der Vergleichbarkeit mit einer anderen empirischen Untersuchung zurückgegriffen, nicht hingegen aus Gründen der Praktikabilität.

2.3. Das Risk Management als Bestandteil der strategischen Unternehmensführung

Eine Unternehmensführung muß eine Vielzahl von Entscheidungen unter Risiko bzw. unter Unsicherheit treffen. Die Betriebswirtschaftslehre sollte ausgehend von den verschiedenen Risikoarten Instrumente entwickeln, die der Unterstützung des risikobehafteten Entscheidungsprozesses dienen. Zur besseren Bewältigung zumindest eines Teils der Risiken ist im Unternehmen der Aufbau eines Risk Managements erforderlich, das die latent vorhandenen und potentiellen zukünftigen Risiken erkennt, analysiert und Lösungen zu deren Verminderung oder Eliminierung bereitstellt.

Bevor im weiteren der Begriff des Risk Managements näher untersucht wird, soll zunächst der Risikobegriff bestimmt werden.

2.3.1. Risikobegriff und Begriff des Risk Managements

In der Literatur existieren zahlreiche, sich teilweise nur um Nuancen unterscheidende Definitionen des Risikobegriffs. Wird von dieser Begriffsvielfalt abstrahiert und versucht Gemeinsamkeiten in den einzelnen Begriffsdefinitionen zu finden, so lassen sich drei Kategorien des Risikobegriffs unterscheiden.

Eine erste Gruppe von Autoren verwendet in Anlehnung an KNIGHT[30] die Meßbarkeit des Risikos als Unterscheidungskriterium.[31] Ein **Risiko** liegt dann vor, wenn von dem Entscheider für das Eintreten eines bestimmten Umweltzustandes eine *objektive* oder *statistische* Wahrscheinlichkeit angegeben werden kann. Im Falle der **Unsicherheit** liegen nur *subjektive* oder *keine* Wahrscheinlichkeiten vor.[32] Gelegentlich wird in diesem Zusammenhang auch von **Ungewißheit** gesprochen. Entscheidungen unter Risiko und Entscheidungen unter Ungewißheit werden nach dieser Begriffsauffassung allgemein als Entscheidungen unter Unsicherheit bezeichnet.[33] Eine Differenzierung der Begriffe Unsicherheit und Ungewißheit erscheint allerdings nicht sinnvoll.[34]

Eine zweite Autorengruppe stellt bei ihrer Definition des Risikobegriffs auf den Entscheidungsbezug ab. Durch eine bestimmte Entscheidung (Ursache) wird ein entsprechendes Ergebnis (Wirkung) erzielt. Im Lichte dieses Ansatzes kann Risiko im Hinblick auf die risikoauslösenden *Ursachen* als **Gefahr einer Fehlentscheidung** und in bezug auf den *Wirkungsaspekt* als **Gefahr eines Schadensereignisses** betrachtet werden.[35] MAG weist darauf hin, daß diese Varianten des Risikobegriffs keine Gegenpositionen darstellen, sondern lediglich aus dem unterschiedlichen Blickwinkel des Betrachters resultieren.[36] Im Gegensatz zur ersten Autorengruppe, die Unsicherheit und Risiko als gleichartige Begriffe verstand, ist Unsicherheit nach der Begriffsauffassung der zweiten Gruppe von Autoren die *Voraussetzung* für das Entstehen von Risiken.[37] Die Unsicherheit einer Entscheidungssituation resultiert nach dieser Sichtweise aus der Unvollkommenheit der Informationen.[38] Ohne dieses Informationsdefizit bezüglich der tatsächlich erfolgten Entwicklung wäre unter Umständen eine andere Entscheidung getroffen worden.[39] Es wird angenommen, daß sich die Unsicherheit und daraus resultierend das Risiko durch Informationsbeschaffung beseitigen lassen.[40] Die Grenzen der Informationsbeschaffung sind regelmäßig durch die Wirtschaftlichkeit dieser Bemühungen bestimmt.[41]

Von einer dritten Autorengruppe wird keine Differenzierung zwischen den Begriffen **Risiko und Unsicherheit** vorgenommen.[42]

Im Rahmen dieser Arbeit wird der von der zweiten Autorengruppe vertretenen Begriffsauffassung gefolgt und Risiko als Folge der unvollkommenen Informationen betrachtet.

Diese Definition des Risikobegriffs weist zudem den Vorteil auf, daß sie dem allgemeinen Verständnis der Begriffe **Risiko** und **Unsicherheit**, im Gegensatz zu den Definitionen der beiden anderen Autorengruppen, nicht widerspricht.[43]

Die Vertreter der hier zugrundegelegten Begriffsdefinition interpretieren implizit Risiko **einseitig** als ein schädliches Ereignis für das Unternehmen.[44] Hierbei wird vernachlässigt, daß aus der Unsicherheit **häufig** auch Chancen resultieren, die zu einer besseren Zielerfüllung im Form zusätzlicher Gewinne führen können.[45] Die Chance kann dementsprechend als eine positive Zielverfehlung interpretiert werden.[46] Andere Autoren differenzieren in diesem Zusammenhang auch zwischen *positiven* und *negativen* Risiken.[47]

Aus der Unsicherheit resultieren nicht immer Risiken und Chancen gemeinsam, wie dies von RESCHER behauptet wird.[48] Die Risiken, bei denen lediglich der Eintritt eines Schadensereignisses möglich ist, werden in der Literatur auch als **reine Risiken** *(pure risks, static risks)* bezeichnet. In Abgrenzung dazu wird bei den Risiken, denen eine Chance auf Besser-Erfüllung des geplanten Zieles gegenübersteht, von **spekulativen Risiken** *(speculative risks, dynamic risks)* gesprochen.[49]

Im Rahmen dieser Arbeit wird die Möglichkeit einer negativen Zielverfehlung mit ihren schädlichen Auswirkungen auf den Unternehmenserfolg als Risiko, und die Möglichkeit einer positiven Zielverfehlung als Chance bezeichnet. Demgegenüber liegt eine Zielerreichung vor, wenn das Ergebnis dem Planwert entspricht.[50]

Auch die Auslegung des Begriffs **Risk Management** oder Risiko-Management ist in der einschlägigen Literatur nicht einheitlich. Die Vielfalt der verschiedenen Definitionen ist hier sogar noch erheblich größer, als beim Risikobegriff. Der Begriff des Risk Managements wurde zuerst in der amerikanischen Literatur verwendet und erst anschließend, etwa Mitte bis Ende der 70er Jahre, ins deutschsprachige Schrifttum übernommen.[51]

Hier wird der Begriff des Risk Managements häufig auf die versicherbaren oder reinen Risiken bezogen.[52] Dies liegt vermutlich in der Entstehung des Risk Managements aus dem Versicherungsmanagement begründet.[53] Eine Beschränkung des Risk Managements auf versicherbare Risiken wird von HELTEN mit Recht als zu eng kritisiert. Nach seiner Auffassung sollte das Risk Management die "systematische Analyse und koordinierte Führung **aller** betrieblichen Risiken" umfassen.[54] Das Risk Management ist dieser Auffassung zufolge, als ein wesentlicher Teil der Unternehmensführung zu verstehen.[55] HELTEN verzichtet lediglich deshalb auf eine Gleichsetzung von Risk Management und Unternehmensführung, weil nicht alle unternehmerischen Tätigkeiten mit einem Risiko behaftet sind.[56] Ähnlich umfassend definiert auch KOSNICK die Funktion des Risk Managements; er nennt als wesentliches Kriterium zur Abgrenzung der durch das Risk Management zu behandelnden Risiken die Möglichkeit diese Risiken auszuschalten oder zu verringern.[57]

Eine solche Einbeziehung aller betrieblichen Risiken in das Risk Management erscheint jedoch nicht angebracht.[58] Dadurch würde das Risiko der vergeblichen Angebotsabgabe genauso erfaßt, wie das Risiko eines Lieferanten- oder Anlagenausfalls. Die Handhabung dieser Risiken erfordert keineswegs eine koordinierte Behandlung durch das Risk Management. Ohne jeden Schaden kann die Handhabung derartiger Risiken bei den jeweiligen Unternehmensbereichen verbleiben. Es ist deshalb notwendig, diesen Aspekt bei der Einschränkung der durch das Risk Management zu behandelnden Risiken zu berücksichtigen.

Diese Einschränkung der Objekte des Risk Managements auf die versicherbaren Risiken hält auch SEIFERT für zu eng. "Damit wird eine verengte Perspektive erzeugt, die der Komplexität realer Risikosituationen nicht gerecht wird".[59] Er sieht in diesem Zusammenhang insbesondere praktische Probleme, da die Grenzen der Versicherbarkeit fließend sind und sich die Frage stellt, wie die spekulativen Risiken gehandhabt werden sollen.[60] Deshalb wird hier vorgeschlagen, sowohl *reine* als auch *spekulative* Risiken im Rahmen des Risk Managements zu erfassen.[61]

Die von HALLER getroffene Einschränkung auf die Behandlung existenzbedrohender Risiken ist hingegen wenig praktikabel, da nicht im voraus jedes Risiko hinsichtlich seiner Existenzbedrohung beurteilt werden kann.[62]

Eine andere Abgrenzung nehmen MÜLLER/SEIFERT vor. Kennzeichnend für die durch das Risk Management zu behandelnden Risiken ist danach die Möglichkeit zur Herauslösung gleichartiger Risiken aus den unterschiedlichen Unternehmensbereichen und die Zusammenführung dieser Risiken in einer organisatorischen Einheit zur eigenständigen, koordinierten Behandlung.[63] Die Unternehmensfunktion Risk Management wird dadurch gleichzeitig zur Institution.[64] Die Zusammenfassung aller gleichartigen Risiken erscheint sinnvoll, weil dadurch eine effizientere Risikoanalyse und -handhabung möglich ist.

Im Rahmen dieser Arbeit werden deshalb dem Risk Management sowohl reine als auch spekulative Risiken zugeordnet, die ihrer Art nach **nicht auf einen Teilbereich des Unternehmens beschränkt** sind und deren Behandlung deshalb **koordinierte Maßnahmen** erfordern (Abb. 2.6).

Abb. 2.6: Objekte des Risk Managements

Die Behandlung der übrigen Risiken verbleibt in den Unternehmensbereichen, in denen sie entstehen.

2.3.2. Die Aufgaben des Risk Managements

Die Aufgaben des Risk Managements sind nach DOHERTY die Risikoidentifikation, -bewertung und die -handhabung durch geeignete Sicherungsinstrumente.[65] Hierbei soll die Risikohandhabung die Entwicklung, Auswahl, Implementierung und Überwachung der Sicherungsinstrumente umfassen.[66] Die Aufdeckung möglicher Risiken und deren Bewertung wird in der Literatur auch als *Risikoanalyse* bezeichnet.[67] Die Risikoanalyse dient zudem der Schaffung eines Risikobewußtseins.[68]

WILLIAMS/HEINS verstehen darüber hinaus auch die laufende Überwachung der im Rahmen des Risk Managements getroffenen Entscheidungen als Aufgabe des Risk Managements.[69] Hierdurch soll sowohl die Vorteilhaftigkeit der getroffenen Entscheidungen überprüft als auch die Änderung der Entscheidungsparameter berücksichtigt werden. Da diese umfassendere Begriffsdefinition sinnvoll erscheint, wird sie im weiteren zugrundegelegt.

2.3.2.1. Risikoidentifikation und Schaffung eines Risikobewußtseins

Das Erkennen von Risiken darf nicht erst dann erfolgen, wenn bereits eine schädigende Auswirkung durch den Verlauf der Ereignisse eingetreten ist. Um dies zu vermeiden, ist es notwendig, in der Unternehmung ein Risikobewußtsein zu schaffen. Wenn ein Risk Management bereits eingeführt ist, kann davon ausgegangen werden, daß sich die Unternehmensmitglieder der grundsätzlichen Risikoproblematik bewußt sind. Trotzdem kann es vorkommen, daß in einigen dieser Unternehmen die Risiken nicht vollständig hinsichtlich Art, Ausmaß und Häufigkeit erfaßt werden.

Die aufzudeckenden Risiken können in *latent vorhandene* und *potentielle, zukünftige* Risiken unterschieden werden.[70] Während die latent vorhandenen inner- und außerbetrieblichen Risiken, z. B. das Risiko des Brandes bestehender Gebäude oder das Risiko des Ausfalls wichtiger Persönlichkeiten im Unternehmen durch Krankheit oder Tod, den Unternehmenserfolg jederzeit beeinträchtigen können, werden die potentiellen, zukünftigen Risiken erst später wirksam. Zu diesen Risiken können beispielsweise das Brandrisiko geplanter Gebäudeteile nach deren Fertigstellung oder das Risiko von Gesetzesänderungen gerechnet werden. Die Schaffung eines Risikobewußtseins auch für die potentiellen, zukünftigen Risiken neben den latent vorhandenen ist eine wichtige Aufgabe des Risk Managements.

Die Risikoerkennung ist die Vorstufe für die Entwicklung und Auswahl der Instrumente zur Abwehr dieser Risiken. Zur Risikoidentifikation ist es daher notwendig, die Unternehmensabläufe und die Unternehmensumwelt systematisch zu analysieren. Als Methoden der systematischen Risikoerkennung werden in der Literatur häufig die **Besichtigungsanalyse**, die **Dokumentenanalyse**, die **Organisationsanalyse**, die **Befragung von Mitarbeitern** und die **Überprüfung mittels Checklisten** vorgeschlagen.[71] Im einschlägigen Schrifttum werden diese Instrumente vorzugsweise zur Erkennung von reinen Risiken angewandt, obwohl ein Teil von ihnen, beispielsweise die Dokumentenanalyse oder die Überprüfung mittels Checklisten, auch für die Identifikation von spekulativen Risiken eingesetzt werden kann. Im Rahmen dieser Arbeit wird jedoch auf eine Beschreibung der einzelnen Methoden verzichtet, da sie hier nicht zur Risikoerkennung zugrunde gelegt werden.

Zur Erkennung spekulativer Risiken kann, unabhängig von der Behandlung der Risiken durch das Risk Management oder durch die einzelnen Unternehmensbereiche, in denen diese Risiken wirksam werden, die **Sensitivitätsanalyse** eingesetzt werden.[72] Hierbei wird durch Variation der eine bestimmte Entscheidungssituation beeinflussenden Variablen ausgetestet, welche dieser Variablen bereits bei relativ kleinen Änderungen zu einer erheblichen negativen Zielverfehlung führen können.[73] Die betreffenden Variationen werden mit einem festen Prozentsatz durchgeführt. So kann beispielsweise das aus Preissteigerungen resultierende Risiko ermittelt werden. Für die zu beschaffenden Teile wird untersucht, ob durch eine Erhöhung der Kosten für fremdbezogene Zwischenprodukte um beispielsweise 10 Prozent eine wesentliche Auswirkung auf den Unternehmenserfolg resultiert. Beträgt beispielsweise beim Produkt A der Anteil der Kosten für das fremdbezogene Zwischenprodukt a 50 Prozent der gesamten Herstellkosten des Produktes, dann steigen diese Herstellkosten bei der betrachteten 10-prozentigen Preiserhöhung um 5 Prozent. Beim Produkt B beträgt der Anteil des Zwischenproduktes b an den Herstellkosten dagegen 10 Prozent; die Herstellkosten steigen nur um 1 Prozent. Durch die Zugrundelegung eines festen Prozentsatzes ist die Vergleichbarkeit der Sensitivität bezüglich unterschiedlicher Risiken gewährleistet. Diese Art der Sensitivität soll hier als *Grundsensitivität* des Unternehmenserfolgs in bezug auf die Änderung bestimmter, risikobehafteter Variablen bezeichnet werden. Diese dient in erster Linie einer Vorauswahl der im weiteren genauer zu untersuchenden Risiken. Produkt A weist mit 5 Prozent eine erheblich höhere Grundsensitivität auf, als Produkt B mit 1 Prozent. Nur Risiken aus denen eine Grundsensitivität von beispielsweise mehr als einem Prozent resultiert, werden als Risiko eingestuft und der weiteren Untersuchung zugeführt.

Die erkannten Risiken sind anschließend daraufhin zu überprüfen, inwieweit sie im Rahmen des Risk Managements zu behandeln sind oder inwieweit ihre Behandlung den einzelnen Unternehmensbereichen überlassen bleibt.

2.3.2.2. Risikobewertung

Die einzelnen, im Rahmen des Risk Managements weiter zu behandelnden Risiken müssen sodann hinsichtlich ihres Einflusses auf den Unternehmenserfolg beurteilt werden. Die Bewertung erfolgt mehrstufig:[74]

1. Ermittlung des Schadensausmaßes
2. Ermittlung der Schadenshäufigkeit
3. Abschätzung der Möglichkeiten der Risikostreuung (Ausgleichsrisiko)

Die denkbaren schädlichen Auswirkungen lassen sich grob vereinfachend in folgende Kategorien untergliedern:[75]

1. Abhandenkommen und Beschädigung von vorhandenen, materiellen oder immateriellen Vermögensgegenständen (Goodwill, Know How, Patente etc.)
2. Nichterzielung von geplantem Kapital im Sinne einer negativen Abweichung zwischen Ist- und Plan-Kapital. Durch sie wird gleichzeitig das Potential zur Erreichung von Unternehmenszielen in der Zukunft verringert
3. Verlust von Kapital durch Schadenersatz
4. Personenschäden

Nicht alle möglichen Schäden lassen sich ohne weiteres monetär quantifizieren. Im Falle der Bewertung eines Brandrisikos für eine Anlage ist z. B. das maximale Risiko nicht einfach durch den Ansatz der Wiederbeschaffungskosten oder des Bilanzwertes der Anlage zu bestimmen. Die Anlage ist, sofern sie nicht als Reserveanlage bereitgehalten wird, Bestandteil des Produktionspotentials der Unternehmung.[76] Durch den Ausfall der Anlage im laufenden Produktionsprozeß kann es unter Umständen zu Lieferterminüberschreitungen oder Nichterfüllung von Lieferverträgen kommen. Hieraus können langfristige Absatzeinbußen resultieren, die im voraus nur schwer abschätzbar sind.

Insbesondere die spekulativen Risiken lassen sich hinsichtlich des Risikoausmaßes nur selten genau determinieren. Um den Schadensverlauf in Abhängigkeit von unterschiedlichen Entwicklungen solcher Risiken abschätzen zu können, erscheint es sinnvoll, die **Sensitivitätsanalyse** einzusetzen. Während zur Risiko**erkennung** lediglich die **Grund**sensitivität ermittelt und dadurch eine Vorauswahl der hier zu bewertenden Risiken getroffen wurde, werden nun konkrete Abweichungen zwischen ursprünglichem und revidiertem Prognosepreis oder -kurs zugrundegelegt. Wird keine oder nur eine sehr geringe Rohstoffpreis- oder Devisenkursänderung erwartet, so ist auch die mögliche Zielverfehlung, trotz hoher **Grund**sensitivität, relativ gering. So kann beispielsweise für das bereits betrachtete Zwischenprodukt a eine Preiserhöhung von 2 Prozent erwartet werden. Die Sensitivität beträgt in diesem Fall 1 Prozent. Werden wiederum nur die Risiken mit einer Sensitivität von mehr als einem Prozent einer weiteren Behandlung zugeführt, wäre das Risiko der Preisänderung zu gering, um es durch geeignete risikopolitische Handlungsstrategien zu vermeiden oder zu mindern. Der Einsatz von Instrumenten zur Risikoabwehr ist in einem solchen Fall in der Regel aus wirtschaftlichen Überlegungen nicht sinnvoll.

2.3.2.3. Entwicklung und Auswahl risikopolitischer Handlungsstrategien

Zur Entwicklung und Auswahl von Instrumenten der Risikoabwehr ist es sinnvoll, die Risiken hinsichtlich der **Abwendbarkeit** in folgende Kategorien zu differenzieren:

1. *unvermeidbare* Risiken, gegen die sich das Unternehmen **nicht** absichern kann
2. *unvermeidbare* Risiken, gegen die sich das Unternehmen absichern kann (--> **wirkungsbezogene** Instrumente)
3. Risiken, deren Entstehung *verhindert* werden kann (--> **ursachenbezogene** Instrumente)

Zu der ersten Kategorie zählen Risiken, gegen die sich kein Unternehmen wirksam schützen kann, beispielsweise das Risiko, gerade ein neues Produkt entwickelt zu haben, welches innerhalb relativ kurzer Zeit nach seiner Einführung im Markt durch eine technische Weiter oder Neuentwicklung abgelöst oder zumindest in seiner Umsatzentwicklung stark eingeschränkt wird. Als aktuelles Beispiel hierfür kann die Bedrohung der stark expandierenden CD-Technik durch das Digital-Audio-Tape (DAT) gelten.[77] In einem solchen Fall besteht die Gefahr, daß das Produkt einen stark verkürzten Lebenszyklus aufweist, so daß die Gewinnzone nicht erreicht wird und die hohen Forschungs- und Entwicklungskosten verloren sind. Risiken dieser Art sind im weiteren nicht von Interesse; die Risikoerkennung hat, sofern sie überhaupt möglich ist, lediglich informatorischen Charakter für das Unternehmen.

Die zweite Kategorie umfaßt alle Risiken, gegen die sich das Unternehmen, im Gegensatz zur ersten Risikokategorie, absichern kann. Hierzu gehören beispielsweise Schäden durch Feuer, Sturm, Wasser usw., aber auch Risiken durch schwankende Rohstoffpreise und Devisenkurse.[78] Wichtige (*wirkungsbezogene*) Instrumente des Risk Managements zur Risikovermeidung[79] oder -minderung sind beispielsweise die Fremdversicherung, die Selbstversicherung, die Diversifikation, Preis- und Kurssicherungsgeschäfte und die Reservenhaltung.[80] Die Auswahl der einzelnen Instrumente erfolgt situativ und ist von der Art und dem Umfang der Risikowirkung und den Kosten der Instrumente im Verhältnis zur erzielbaren Sicherungswirkung abhängig.[81]

Für die dritte Kategorie der Risiken sind Instrumente zu entwickeln, die in der Entstehungsphase des Risikos ansetzen und dessen Entstehung verhindern (*ursachenbezogene* Instrumente). Hierzu zählen beispielsweise Maßnahmen des vorbeugenden Arbeitsschutzes, die das Risiko eines Arbeitsunfalls vermindern sollen.

2.3.3. Organisatorische Einordnung des Risk Managements in das Unternehmen

Als Organisationsform für das Risk Management wird häufig die Matrix-Organisation vorgeschlagen.[82] Diese Organisationsform ist aber erst ab einer bestimmten Unternehmensgröße sinnvoll einsetzbar und für kleine und mittlere Unternehmen in der Regel nicht geeignet.[83]

Für kleine und mittlere Unternehmen ist die Ein-Linien-Organisation und die Stab-Linien-Organisation typisch.[84] Die Anzahl der Organisationsebenen ist hierbei von der Betriebsgröße abhängig (Abb. 2.7).[85] Die Einlinien-Organisation (Typ A und B) entspricht nicht dem Gedanken, bestimmte Risiken aus den einzelnen Unternehmensfunktionen herauszulösen und

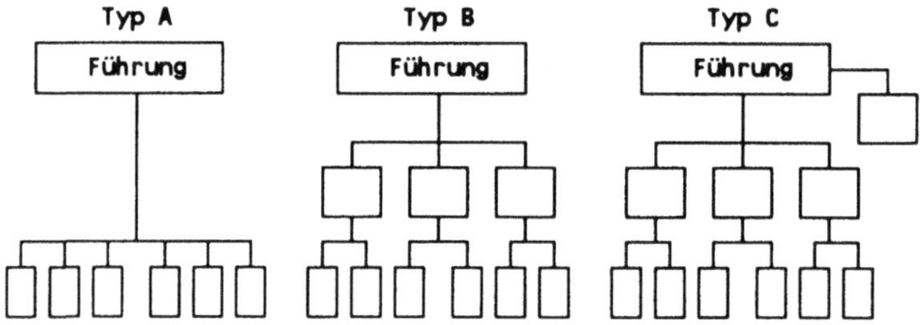

Abb. 2.7: Typische Organisationsstruktur von Klein- und Mittelunternehmen

als eigenständigen Problembereich zu behandeln. Dementsprechend ist das Risk Management in kleinen und mittleren Unternehmen als Stabstelle auf oberster Managementebene (Typ C) einzuordnen.[86] Eine mangelnde fachliche Kompetenz für eine Reihe von Risk Manage-ment - Aufgaben kann durch die Übertragung dieser Aufgaben an externe Berater ausgeglichen werden.[87]

2.4. Die Sicherung gegen Rohstoffpreis- und Währungskursrisiken als spezielle Komponente eines Risk Managements

Durch die Schwankungen der Rohstoffpreise und Devisenkurse entstehen für ein Unternehmen Risikopotentiale, die sich in der Regel nicht auf eine bestimmte Unternehmensfunktion eingrenzen lassen. Betroffen sind vorwiegend die Beschaffung, der Absatz und die Lagerhaltung. Neben der von der Unternehmensgröße unabhängigen Streuung dieser Risiken über unterschiedliche Unternehmensbereiche, sind in kleinen und mittleren Unternehmen die absoluten Volumina der einzelnen Risikopositionen in den einzelnen Bereichen gegenüber Großunternehmen relativ gering. Es erscheint daher wenig sinnvoll, eine Absicherung gegen diese Risiken in jedem Bereich getrennt durchzuführen, wie es in Großunternehmen mitunter vorkommt.[88]

Die aus den Preis- und Kursveränderungen resultierenden Risiken lassen sich aus den Unternehmensbereichen, in denen sie entstehen, herauslösen. Das Risk Management bietet eine Möglichkeit zur koordinierten Handhabung dieser isolierten Risiken; deshalb wird die Sicherung gegen Rohstoffpreis- und Währungskursrisiken als Teilaufgabe dem Risk Management zugeordnet.[89] Die Entscheidungen auf diesem Gebiet obliegen jedoch in kleinen oder mittleren Unternehmen letztlich dem Unternehmenseigentümer bzw. der Unternehmensleitung.[90]

Diese Zuordnung erlaubt eine erheblich höhere Flexibilität der Entscheidungen im Rahmen der Rohstoffpreis- und Devisenkurssicherung gegenüber einem entsprechenden Risk Management in Großunternehmen, vor allem weil der Eigentümer seine Risikobereitschaft selbst bestimmen kann und die Durchführung der Preis- und Kurssicherungsgeschäfte in Großunternehmen häufig einem mehr oder minder starrem Regelwerk unterliegt.[91] Darüber hinaus schwächt sich in einem Mittelbetrieb auch das Kontrollproblem im Hinblick auf diese Geschäfte wesentlich ab.[92]

2.4.1. Klärung untersuchungsrelevanter Begriffe

Bevor auf die Aufgaben der Rohstoffpreis- und Devisenkurssicherung im Rahmen des Risk Managements eingegangen wird, sollen zunächst wichtige grundlegende Begriffe geklärt werden.

2.4.1.1. Rohstoff

Der Begriff *Rohstoff* wird in der Literatur mit unterschiedlichen Inhalten belegt. Hierbei werden durch **Urproduktion gewonnene, unbearbeitete Grundstoffe**[93] und **in den Fertigungsprozeß eingehende Ausgangs- und Grundstoffe** unterschieden.[94]

Die erste Begriffsauslegung grenzt Halb- und Fertigprodukte aus.[95] Diese Stoffe (z. B. Benzin, Heizöl oder gefrorenes Orangensaftkonzentrat) werden aber ebenfalls auf spekulativen Märkten gehandelt, unterliegen starken Preisschwankungen und sind deshalb Objekte der Rohstoffpreis- und Devisenkurssicherung. Unternehmen, die nur Halb- und Fertigfabrikate einsetzen, sind an einer Absicherung nicht minder interessiert. Als gutes Beispiel hierfür läßt sich die Computerindustrie anführen. Ein kostenmäßig nicht unwesentlicher Bestandteil der Computer sind die Speicherbausteine. Diese Chips unterliegen starken Preisschwankungen. Der Preis für einen 256-KB-Chip stieg im Laufe des Jahres 1988 innerhalb weniger Monate von ca. 8 DM/Stück auf 30 DM/Stück und fiel in den ersten neun Monaten des Jahres 1989 auf weniger als 10 DM/Stück zurück. Damit die Marktteilnehmer in Zukunft ihre Bedürfnisse nach Preissicherung auch in diesem Bereich befriedigen können, ist die Aufnahme in den Börsenterminhandel geplant.[96] Eine japanische Zeitung veröffentlicht die Preise der Chips bereits unter den *Rohstoffnotierungen*.[97]

Die zweite Auslegung des Begriffs *Rohstoff* ist weiter gefaßt und läßt auch Halb- und Fertigfabrikate zu. Sie unterscheidet zwischen Roh-, Hilfs- und Betriebsstoffen.[98] Der gleiche Stoff kann je nach Verwendungszweck unterschiedlich bezeichnet werden. So geht zum Beispiel Rohöl bei der Herstellung von Kunststoffen als wesentlicher Bestandteil in das Produkt ein und ist damit ein Rohstoff; wird dagegen zunächst aus dem Rohöl Heizöl bzw. Diesel hergestellt, so werden diese zwar im Rahmen des Produktionsprozesses eingesetzt, beispielsweise zum Betreiben von Dieselaggregaten oder zum Beheizen der Fabrikations- und Verwaltungsgebäude, gehen aber nicht in das Produkt mit ein und bilden dementsprechend keinen stofflichen Bestandteil desselben. Diese Stoffe wären demnach im Sinne dieser Definition nicht als Rohstoff, sondern als Betriebsstoff einzustufen. Eine solche Definition erscheint unzweckmäßig, da nur im ersten Fall eine Preissicherung in Erwägung gezogen würde.[99]

Im Interesse einer pragmatischen Begriffsdefinition wird daher in dieser Arbeit ein wesentlich weiter gefaßter Rohstoffbegriff benötigt. Es ist notwendig, daß alle Einsatzstoffe unter dem Begriff *Rohstoff* erfaßt werden können, unabhängig davon, ob es sich um Stoffe der Urproduktion, um Halb- und Fertigfabrikate oder um Hilfs- und Betriebsstoffe handelt. Rohstoffe im Sinne dieser Arbeit sind **sämtliche gegen Hingabe oder Erhalt monetärer oder nicht-monetärer Mittel getauschten materiellen Objekte**. Auch Waren und Material sind Rohstoffe in diesem Sinne.[100] Durch diese relativ weite Fassung des Rohstoffbegriffs soll vermieden werden, daß einige Rohstoffe aufgrund einer zu engen Begriffsfassung von der Risikoanalyse ausgeschlossen werden.

2.4.1.2. Devisen

Unter Devisen werden Forderungen verstanden, die auf ausländische Währung lauten und an einem ausländischen Platz zahlbar sind.[101] Abzugrenzen hiervon ist der Begriff der Sorten, die ausländisches Zentralbankgeld in Form von Banknoten oder Münzen darstellen.[102] In der Regel nimmt ein Unternehmen am bargeldlosen Zahlungsverkehr teil. Eventuelle Sortenpositionen dürften somit unbedeutend sein; deshalb wird im weiteren auf eine Betrachtung der Sicherung von Sorten verzichtet.

Im Rahmen dieser Arbeit werden synonym zu dem Begriff *Devisenkurs* die Begriffe *Währungskurs* und *Wechselkurs* zur Beschreibung des Austauschverhältnisses zweier Währungen verwandt.[103]

2.4.1.3. Rohstoffpreis- und Währungskursrisiko

Das *Rohstoffpreisrisiko* ist Teil der allgemeinen Beschaffungsrisiken und neben dem *Versorgungs-* und *Qualitätsrisiko* eine wichtige Risikokomponente, durch die der Unternehmenserfolg wesentlich beeinflußt werden kann. Die genannten Risiken sind von unterschiedlicher Natur. Während das Versorgungs- und Qualitätsrisiko nur die Möglichkeit einer negativen Zielverfehlung aufweist und damit zu den statischen oder reinen Risiken gehört, handelt es sich beim *Rohstoffpreisrisiko* um ein dynamisches oder *spekulatives Risiko*, dem auch Chancen gegenüberstehen können. Durch die Rohstoffpreisschwankungen kann der bei der Beschaffung realisierte Preis sowohl über als auch unter dem im Rahmen der Kostenplanung zugrundegelegten Preis liegen.

Das Währungskursrisiko läßt sich in das *Translationsrisiko*, das *ökonomische Währungskursrisiko* und das *Transaktionsrisiko* differenzieren und ist Teil der allgemeinen Währungsrisiken.[104] Mit dem Translationsrisiko wird das Risiko der Wertminderung des im Ausland investierten Vermögens bezeichnet[105], wobei dieses Risiko auch von der gewählten Konsolidierungsmethode im Rahmen der Bilanzierung abhängt.[106] Von diesem Risiko sind in der Regel nur multinationale Unternehmen betroffen.[107] Während das Translationsrisiko auf die negative Wertänderung des Vermögens abzielt, bezeichnet das ökonomische Währungskursrisiko die nachteiligen Auswirkungen der Währungskursänderungen auf den künftigen Zahlungsstrom (Cash Flow), der mit den im Ausland befindlichen Vermögensgegenständen verbunden ist.[108]

Beide Risikotypen sind für kleine und mittlere Unternehmen kaum von Bedeutung. Im weiteren Verlauf dieser Arbeit wird deshalb nur das Transaktionsrisiko als Währungskursrisiko bezeichnet und behandelt. Es resultiert aus der Veränderung des Währungskurses zwischen den Zeitpunkten der Kalkulation und der Erfüllung des Geschäfts.[109]

Die Rohstoffpreise und Währungskurse unterliegen im Zeitablauf Veränderungen. Aufgrund mangelnder Informationen herrscht in der Regel Unsicherheit über die künftige Kursentwicklung. Es kann deshalb nicht mit Sicherheit vorhergesagt werden, zu welchem Preis beispielsweise Kupfer an der New Yorker Börse in einem Monat notiert wird. Unter dem aus dieser Unsicherheit resultierenden Rohstoffpreis- und Währungskursrisiko ist die *nachteilige* Auswirkung auf den Unternehmenserfolg durch Veränderungen gegenüber dem geplanten Rohstoffpreis oder Währungskurs zu verstehen.[110] Als Pendant hierzu werden dem Unternehmenserfolg begünstigende Veränderungen als Preis- bzw. Kurschancen bezeichnet.

2.4.1.4. Hedging

Die traditionelle Form des Hedgings, wie sie beispielsweise in den Arbeiten von KEYNES, KALDOR und HICKS zum Ausdruck kommt, ist durch folgende Merkmale charakterisiert:[111]

1. Hedging dient der Gewinnung von **Sicherheit** durch Kauf oder Verkauf auf Termin.
2. Der Hedger handelt **nicht** aufgrund von Preiserwartungen.
3. Es wird immer der **gesamte** Umfang einer Position gehedgt, nicht mehr und nicht weniger (full hedge).

Die Vertreter der traditionellen Form betrachten die Rohstoffpreis- und Devisenkursschwankungen einseitig als schädliches Ereignis und vernachlässigen die aus der Preis- und Kursunsicherheit resultierenden Chancen. Deshalb wird diese enge Auslegung des Hedging-Begriffs hier abgelehnt.

In neueren Konzeptionen wird Hedging demgegenüber definiert als: "establishing a position in a futures contract approximately equal, but opposite to, an already existing or anticipated net cash position to protect profit margins against an adverse change in price. Essentially, a hedge is a temporary substitute for a cash position to be taken at a later date".[112]

Obwohl nach dieser neueren Begriffsauslegung das Hedgen aufgrund von Rohstoffpreis- und Devisenkursprognosen möglich ist und das Hedgevolumen nicht mit dem Volumen der zu sichernden Position übereinstimmen muß, werden auch durch diese Definition die zur Sicherung gegen die Preis- und Kursrisiken zur Verfügung stehenden Instrumente des Risk Managements stark eingeschränkt. Deshalb wird hier vom speziellen Instrument der Futures (temporary substitute for a cash position) abstrahiert.[113] Als Sinngehalt dieser Definition verbleibt danach die Sicherung gegen die schädlichen Auswirkungen von Preis- und Kursänderungen. Darauf aufbauend kann Hedging allgemein definiert werden:

Hedging ist die Sicherung von gegenwärtigen und künftigen Geschäften gegen Preis- und Kursrisiken durch geeignete Instrumente des Risk Managements; die Eignung ist situativ zu entscheiden.

Diese weite Auslegung des Begriffs Hedging wird der Praxis besser gerecht, da sie berücksichtigt, daß die Sicherung durch unterschiedliche Instrumente erfolgen kann.[114] Darüber hinaus ist auch die Wahrnehmung von Gewinnchancen nicht ausgeschlossen.[115] Die Entscheidung über eine Absicherung erfolgt in Abhängigkeit vom erwarteten Preis- oder Kursrisiko. Wird das Rohstoffpreis- und Devisenkursrisiko als relativ gering eingeschätzt und überwiegen zudem die Preis- und Kurschancen, erfolgt **keine** Absicherung. *Hedging* kann deshalb auch als **Sonderform der Spekulation** bezeichnet werden.[116] Ein hedgendes Unternehmen spekuliert auf eine **nachteilige** Preis- oder Kursentwicklung. Eine Absicherung ohne die Erwartung einer ungünstigen Risiko/Chancen-Relation wäre wirtschaftlich nicht sinnvoll.

2.4.2. Aufgaben eines Hedge - Risk Managements

Die Aufgaben eines Risk Managements für die Zwecke der Sicherung gegen Rohstoffpreis- und Devisenkursrisiken sollten die Planung, Steuerung und Überwachung des Hedgings umfassen. Innerhalb dieser Aufgabengebiete können folgende Teilaufgaben spezifiziert werden:

1. Festlegung der grundsätzlichen Hedging-Strategie.
2. Differenzierung des Rohstoff-DM-Preises in den Rohstoff-Weltmarktpreis- und Devisenkursanteil.
3. Auswahl der zu hedgenden Rohstoff- und Devisenpositionen im Rahmen einer Risikoanalyse.
4. Bestimmung des Hedgevolumens.
5. Festlegung des frühest möglichen Hedging-Zeitpunktes.
6. Entwicklung neuer oder Auswahl geeigneter existierender Hedging-Instrumente.
7. Festlegung des tatsächlichen Hedging-Zeitpunktes in Abhängigkeit vom prognostizierten Rohstoffpreis- und Devisenkursrisiko.

Die im Rahmen der Erfüllung dieser Aufgaben vom Risk Manager getroffenen Entscheidungen sollten, vor allem im Hinblick auf die Gültigkeit der involvierten Entscheidungsprämissen, einer laufenden Überwachung unterzogen werden.

Der Erfolg des Hedgings wird durch Entscheidungen innerhalb der genannten Aufgabengebiete in unterschiedlichem Maße beeinflußt.[117] Die Auswahl der Hedging-Instrumente und die Qualität der Rohstoffpreis- und Devisenkursprognosen beeinflussen diesen Erfolg in besonderem Maße. Sie werden deshalb in getrennten Kapiteln behandelt. Die übrigen Teilaufgaben werden im folgenden näher erläutert.

2.4.2.1. Wahl der Hedging-Strategie

Es lassen sich im wesentlichen drei Formen von Hedging-Strategien unterscheiden:

- Hedging durch internen Gewinn- und Verlustausgleich.
- Routine-Hedging.
- Selektiv-Hedging.[118]

Im folgenden werden die Merkmale und Unterschiede dieser Hedging-Strategien aufgezeigt.

2.4.2.1.1. Hedging durch internen Gewinn- und Verlustausgleich

Bedingt durch mögliche Veränderungen der Rohstoffpreise und Währungskurse zwischen dem Kalkulations- und dem Erfüllungszeitpunkt eines Geschäftes können im Zeitablauf bei den einzelnen Geschäften Ergebnisse erzielt werden, die über oder unter den geplanten Ergebnissen liegen. Hierauf baut die Strategie des Hedgings durch internen Gewinn- und Verlustausgleich auf.[119] Es wird unterstellt, daß sich erzielte Gewinne und Verluste, über einen langen Zeitraum betrachtet, weitgehend ausgleichen.[120] Die anfallenden Gewinne, beispielsweise durch einen gegenüber der Planung günstigeren Preis im Rohstoffeinkauf, werden einer hierfür bestimmten Rücklage zugeführt. Treten dagegen Verluste auf, werden diese durch die Entnahme aus der Rücklage gedeckt.[121]

Der Vorteil dieser Strategie liegt in den eingesparten Kosten für den Einsatz anderer Sicherungsinstrumente und dem vermiedenen Risiko, durch Ausfall des abgesicherten Geschäftes eine offene Position in dem betreffenden Rohstoff oder der Währung zu erhalten und möglicherweise hohe Verluste zu erleiden.[122] Die eingesparten Kosten sollten ebenfalls der Rücklage zugeführt werden.

Die mit der Strategie des internen Gewinn- und Verlustausgleichs verbundenen Gefahren dürfen jedoch nicht übersehen werden. Langfristig werden sich Gewinne und Verluste bei regelmäßig anfallenden Rohstoff- und Devisentransaktionen zwar in etwa ausgleichen. Es können aber beispielsweise, gerade bei nur sporadisch anfallenden Devisentransaktionen in einer Währung, hohe Verluste auftreten, bevor Gewinne angesammelt werden konnten.[123] Die Ausgleichskraft des Unternehmens kann dadurch überfordert werden.[124] Hierdurch kam es beispielsweise 1974 zum Konkurs des Bankhauses Herstatt. Theoretisch hätten die Verlustpositionen langfristig wieder ausgeglichen werden können, aber "they did not break even in the long run because there was no long run".[125]

Die angesammelten Rücklagen erbringen in der Regel eine vergleichsweise geringe Rentabilität, auch wenn dieses Kapital in kurzfristigen festverzinslichen Wertpapieren angelegt wird. Der Unternehmenseigentümer kann der Versuchung erliegen, das angesammelte Kapital anderweitig rentabler zu verwenden.[126] Das Hedgen durch internen Gewinn- und Verlustausgleich erscheint daher lediglich im Hinblick auf Geschäfte sinnvoll, die nicht auf Basis anderer Strategien gesichert wurden. Hierzu können auch die Geschäfte gerechnet werden, die im Rahmen der Risikoanalyse zunächst als nicht zu hedgende Geschäfte eingestuft wurden, weil entweder ihr **Volumen** als **zu gering** oder die **Preise oder Kurse** als nur **gering schwankend** eingestuft werden. Diese Strategie bietet sich deshalb insbesondere für Währungen mit festem oder stufenfixem Wechselkurs, wie beispielsweise im Europäischen Währungssystem, an.[127]

2.4.2.1.2. Routine-Hedging

Im Rahmen eines Routine-Hedging werden alle Geschäfte in vollem Umfang und unabhängig von Preis- oder Kurserwartungen abgesichert. Ein solches routinemäßig durchgeführtes Hedging dient der Gewinnung von Sicherheit und resultiert häufig aus einem risikoaversen Verhalten, bei dem auf die Wahrnehmung möglicher Chancen verzichtet wird. Es kann deshalb auch als der Versuch einer Risikoumgehung bezeichnet werden.[128] Die abzusichernden Geschäfte lassen sich hinsichtlich der *Frequenz* in **regelmäßig** oder **unregelmäßig anfallende Geschäfte** und in bezug auf das *Volumen* in Geschäfte mit **konstantem** oder **wechselndem Volumen** unterscheiden.

Fallen die Geschäfte in festen zeitlichen Intervallen mit einem konstanten Volumen[129] an, so ist ein Routine-Hedging grundsätzlich ineffizient, wie die folgenden Ausführungen zeigen sollen.[130]

Im Rahmen eines routinemäßig durchgeführten Hedging wird unabhängig von Preis- oder Kurserwartungen gehedgt. So wird beispielsweise bei Abschluß eines Exportgeschäfts durch ein Hedging der bei Geschäftsabschluß im Zeitpunkt t_0 aktuelle Devisenkurs bis zu einem bestimmten Zeitpunkt in der Zukunft (t_1), dem Zeitpunkt des Geldeingangs, festgeschrieben. Bei der Betrachtung eines längeren Zeitraumes der Unternehmenstätigkeit läßt sich feststellen, daß ein routinemäßiges Hedgen lediglich zu einer Verschiebung der Preis- bzw. Kurskurve führt.[131] Die Verschiebung der Kurve erfolgt um z Zeiteinheiten, wobei die Größe **z** sich aus der Länge des Hedge-Zeitraumes ($t_1 - t_0$) ergibt (Abb. 2.8).

Die Abbildung verdeutlicht, daß eine Absicherung beispielsweise gegen steigende Rohstoffpreise oder Devisenkurse vorteilhaft ist, solange der Preis- bzw. Kurstrend aufwärtsgerichtet verläuft. Während des Aufwärtstrends wird in der Regel ein deutlich geringeres Preis- bzw. Kursniveau realisiert. Im Verlauf eines Abwärtstrends ist dagegen die Absicherung unvorteilhaft, weil das durch die Absicherung erreichte Preis- oder Kursniveau regelmäßig über dem Niveau liegt, welches auch ohne Hedging erreicht worden wäre.

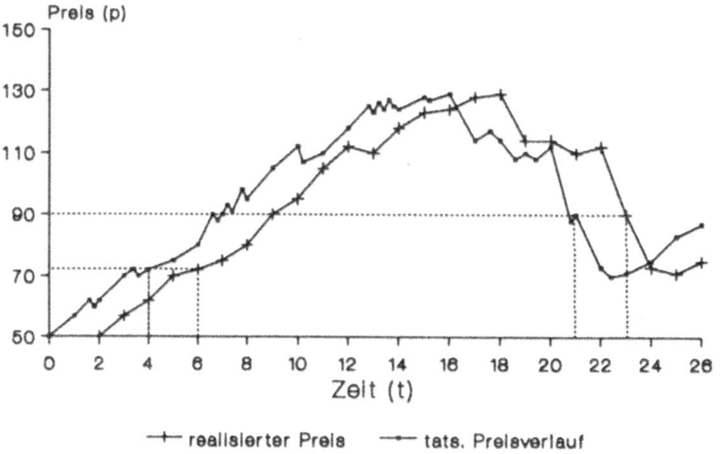

Abb. 2.8: **Beispiel der Verschiebung der Preiskurve um z = 2 Zeiteinheiten im Falle des Routine-Hedging**

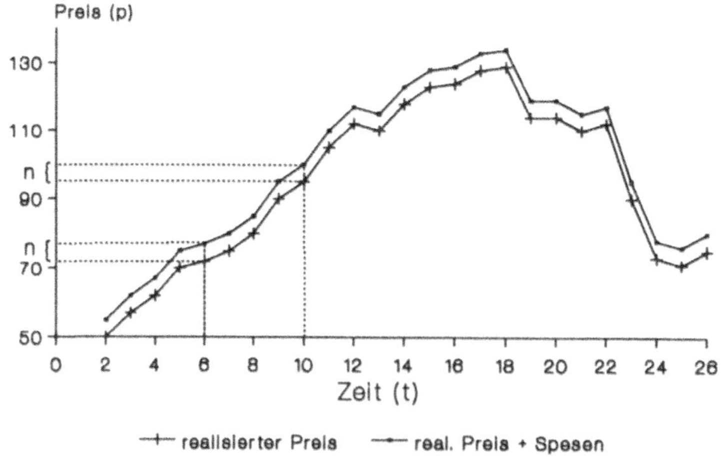

Abb. 2.9: **Routinemäßiges Hedgen unter Berücksichtigung der Sicherungskosten**

Unter Berücksichtigung der pro gesicherter Rohstoff- oder Deviseneinheit anfallenden Kosten einer Absicherung (Kommission, Terminaufschlag/-abschlag, Verzinsung etc.) in Höhe von n Geldeinheiten verschiebt sich die Preis- bzw. Kurskurve um n Geldeinheiten nach oben (Abb. 2.9). Hierdurch wird die Ineffizienz noch größer.

Fallen die Geschäfte dagegen in zeitlich regelmäßigen Intervallen mit wechselnden Volumina an, läßt sich bezüglich der Vorteilhaftigkeit eines Routine-Hedging nur dann eine Aussage treffen, wenn die Volumina nicht zu stark um den Mittelwert streuen. In diesen Fällen ist ebenfalls von einer Ineffizienz des Routine-Hedgings auszugehen, da hier analoge Überlegungen wie im Fall regelmäßiger Volumina gelten.

Bei unregelmäßig anfallenden Geschäften ist es rein zufallsabhängig, ob das Hedgen dieser Geschäfte vorteilhaft ist oder nicht. Empirische Untersuchungen legen aber den Schluß nahe, daß ein Routine-Hedging dem Non-Hedging **langfristig regelmäßig unterlegen** ist.[132] Routine-Hedging kann also das Ziel der Risikoumgehung nicht erreichen.

Wie Gespräche des Verfassers mit einigen Unternehmensvertretern gezeigt haben, besteht in der deutschen Industrie eine hohe Risikoaversion gegenüber Preis- und Kursrisiken.[133] Dies erklärt die große Verbreitung dieser Sicherungsstrategie in der Praxis. Als Argument für die Routineabsicherung wird von den Verfechtern dieser Strategie häufig die Sicherstellung der kalkulierten Ergebnisse angeführt. Eine Nichtabsicherung wird von ihnen als Spekulation eingestuft und deshalb abgelehnt.[134] Diese Denkweise entspricht der alten Konzeption des Hedgings und resultiert häufig aus mangelnden Kenntnissen der Unternehmensleitung auf diesem Gebiet.[135]

Es sollte aber nicht übersehen werden, daß ein Unternehmen, welches das aus schwankenden Rohstoffpreisen und Währungskursen resultierende Risiko vollständig zu umgehen sucht, statt diese Schwankungen vorteilhaft für sich zu nutzen, langfristig Erfolgseinbußen gegenüber konkurrierenden, risikofreudigeren Unternehmen erleiden kann.[136] Zudem ist nicht einsichtig erkennbar, warum die Absicherung aller Geschäftsvorgänge notwendig sein soll, wenn beispielsweise der Lagerbestand nicht gleichzeitig gegen einen Wertverlust durch das auf ihm lastende Rohstoffpreis- und Devisenkursrisiko mitgesichert wird. Sinkt z. B. der Währungskurs, in dem ein gelagerter Rohstoff am Weltmarkt gehandelt wird, um 10 Prozent, dann sinkt der Wert des Lagerbestandes ebenfalls um diesen Betrag, unabhängig davon, ob der betreffende Rohstoff selbst importiert oder von einem Importeur gekauft wurde.

Die Durchführung eines routinemäßigen Hedging resultiert aus einer Risikoaversion, die die Existenz von Gewinnchancen aus Unsicherheitssituationen übersieht und/oder eine Prognose von Kurs- und Preisentwicklungen als nicht möglich oder zu aufwendig erachtet.[137] Diese Risikoaversion ist umso unverständlicher, als der gesamte Unternehmensablauf mit Risiken behaftet ist.[138] Ein routinemäßig durchgeführtes Hedging kann deshalb als *unkontrollierte Spekulation* auf eine Preis- oder Kursänderung, welche die Kosten für die Absicherung übersteigt, bezeichnet werden.

2.4.2.1.3. Selektiv-Hedging

Kennzeichnend für ein selektiv durchgeführtes Hedging ist die Entscheidung über den Einsatzzeitpunkt der Hedging-Instrumente. Während im Rahmen eines Routine-Hedging dieser Einsatzzeitpunkt durch den Zeitpunkt des Abschlusses des zu sichernden Geschäfts determiniert ist, wird er beim Selektiv-Hedging in Abhängigkeit von der prognostizierten Rohstoffpreis- oder Devisenkursentwicklung bestimmt.[139] Entsprechend bleiben die Geschäfte immer dann ungesichert, wenn keine nachteilige Preis- oder Kursentwicklung erwartet wird. Durch eine solche Vorgehensweise können die bestehenden Rohstoffpreis- und Devisenkurschancen genutzt werden. Als grundsätzliche Formen des Selektiv-Hedging können die *Hedge-and-Hold-Strategie* und die *Trading-Strategie* unterschieden werden.

Von einer Hedge-and-Hold-Strategie kann gesprochen werden, wenn bei Erwartung einer nachteiligen Rohstoffpreis- oder Devisenkursentwicklung eine Absicherung vorgenommen und anschließend, unabhängig von der weiteren Preis- oder Kursentwicklung, aufrecht erhalten wird. Diese Form der Sicherung kann für jedes Geschäft maximal einmal durchgeführt werden.[140] Im Rahmen der Trading-Strategie hingegen orientiert sich die Dauer, für die eine Sicherung benötigt wird, an der Dauer der erwarteten nachteiligen Rohstoffpreis- oder Devisenkursentwicklung. Deshalb wird bei Erwartung einer vorteilhaften Preis- oder Kursentwicklung die bestehende Absicherung wieder aufgehoben. Es kann dementsprechend zu einem mehrmaligen Wechsel zwischen dem Zustand der Absicherung und der Nichtsicherung kommen.[141]

Sowohl mit Hilfe der Hedge-and-Hold-Strategie als auch mit Hilfe der Trading-Strategie, können Preis- und Kurschancen genutzt werden. Unter der Voraussetzung, daß der Rohstoffpreis- oder Devisenkurstrend während der Laufzeit eines Geschäftes nicht mehr als einmal wechselt, ist das Ergebnis unabhängig von der gewählten Vorgehensweise in beiden Fällen gleich. Erst wenn die Trends häufiger wechseln, kann die Trading-Strategie vorteilhafter als die Hedge-and-Hold-Strategie sein. Dies ist regelmäßig dann gegeben, wenn der durch die Auflösung erzielte Vorteil größer als die hierdurch entstehenden Kosten ist.

Die Strategie eines selektiv durchgeführten Hedging wird im weiteren Verlauf dieser Arbeit, insbesondere zur Beurteilung der unterschiedlichen Hedging-Instrumente, zugrunde gelegt.

2.4.2.2. Differenzierte Analyse des DM-Preises eines Rohstoffs

Die Entwicklung des DM-Preises vieler Rohstoffe (z. B. Kupfer, Blei, Aluminium, Zink, Rohöl, Kaffee, Kakao) hängt primär von der Entwicklung der entsprechenden **Weltmarkt**-Rohstoffpreise ab. Diese Preise werden in der Regel in US-Dollar oder Pfund Sterling notiert. Der DM-Preis wird deshalb gleichzeitig auch von der Entwicklung des entsprechenden Devisenkurses beeinflußt. Um im Rahmen einer Risikoanalyse die bestehenden Rohstoffpreis- und Devisenkursrisiken korrekt ermitteln zu können, ist zunächst eine Differenzierung des DM-Rohstoffpreises in die Komponenten *Weltmarktpreis* und *Devisenkurs* notwendig.

Von der hier betrachteten Problematik können auch Unternehmen ohne Auslandsbeziehungen betroffen sein.[142] So wird in der Regel der deutsche Rohstoff-Importeur eventuelle Schwankungen der Rohstoff-Weltmarktpreise und Devisenkurse an die inländischen Abnehmer in Form schwankender DM-Preise weitergeben. Verfolgen diese Unternehmen nur die Preisentwicklung auf DM-Basis, können sie beispielsweise nicht erkennen, ob ein steigender DM-Rohstoffpreis durch den Preisanstieg des Rohstoffs selbst und/oder durch die Änderung des entsprechenden Devisenkurses verursacht wird. Nur wenn die Ursache der DM-Preisänderung bekannt ist, kann das Risiko richtig als Preis- und/oder Kursrisiko klassifiziert werden.[143] Die folgende Übersicht zeigt, welche vielfältigen Entwicklungen des Weltmarkt-Rohstoffpreises und des Devisenkurses bei einer beobachteten DM-Preisentwicklung als Ursache möglich sind (Abb. 2.10).[144]

Rohstoffpreis-entwicklung in DM	MÖGLICHE ENTWICKLUNGEN DES WELTMARKT-ROHSTOFFPREISES UND DES WÄHRUNGSKURSES
GESTIEGEN	1. Rohstoffpreis gestiegen, Devisenkurs konstant
	2. Rohstoffpreis konstant, Devisenkurs gestiegen
	3. Rohstoffpreis gestiegen, Devisenkurs gefallen, $\delta P_R > \delta P_W$
	4. Rohstoffpreis gefallen, Devisenkurs gestiegen, $\delta P_R < \delta P_W$
	5. Rohstoffpreis gestiegen, Devisenkurs gestiegen, $\delta P_R < \delta P_W$ $\delta P_R = \delta P_W$ $\delta P_R > \delta P_W$
KONSTANT	1. Rohstoffpreis konstant, Devisenkurs konstant
	2. Rohstoffpreis gestiegen, Devisenkurs gefallen, $\delta P_R = \delta P_W$
	3. Rohstoffpreis gefallen, Devisenkurs gestiegen, $\delta P_R = \delta P_W$
GEFALLEN	1. Rohstoffpreis gefallen, Devisenkurs konstant
	2. Rohstoffpreis konstant, Devisenkurs gefallen
	3. Rohstoffpreis gestiegen, Devisenkurs gefallen, $\delta P_R < \delta P_W$
	4. Rohstoffpreis gefallen, Devisenkurs gestiegen, $\delta P_R > \delta P_W$
	5. Rohstoffpreis gefallen, Devisenkurs gefallen, $\delta P_R < \delta P_W$ $\delta P_R = \delta P_W$ $\delta P_R > \delta P_W$
δP_R := Veränderung des Rohstoffpreises zwischen zwei Zeitpunkten δP_W := Veränderung des Währungskurses zwischen zwei Zeitpunkten	

Abb. 2.10: Differenzierte Analyse möglicher DM-Preisschwankungen

Diese Analyse zeigt deutlich, wie notwendig eine differenzierte Betrachtung des DM-Rohstoffpreises ist, unabhängig davon, ob dieser Preis sich verändert oder konstant bleibt. Ein konstanter DM-Preis kann beispielsweise aus einem gestiegenen Weltmarkt-Rohstoffpreis und einem gesunkenen Währungskurs resultieren, wenn die Veränderungen betragsmäßig gleich hoch sind. In diesem Fall würde eine undifferenzierte Preisanalyse eine Absicherung als nicht notwendig erscheinen lassen. Bei Durchführung einer derartigen Analyse wird jedoch erkennbar, daß der Rohstoffpreis gegen den Preisanstieg zu hedgen ist, während vom Kursverfall der Währung profitiert werden kann. Auf diese Weise läßt sich für den betreffenden Rohstoff der konstante DM-Preis in einen sinkenden DM-Preis umwandeln.

2.4.2.3. Auswahl zu hedgender Rohstoff- und Devisenpositionen im Rahmen einer Risikoanalyse

Nach der Festlegung der grundsätzlichen Hedging-Strategie und der Aufspaltung des Rohstoff-DM-Preises in den Rohstoff-Weltmarktpreis- und Devisenkursanteil scheint es sinnvoll, zunächst die Rohstoff- und Devisenpositionen zu bestimmen, die aufgrund des bestehenden Preis- oder Kursrisikos gehedgt werden sollten. Zu diesem Zweck kann beispielsweise die Sensitivitätsanalyse eingesetzt werden. Sie läßt sich sowohl zur grundsätzlichen Erkennung der Wirkung einer nachteiligen Preis- oder Kursentwicklung auf den Unternehmenserfolg als auch zur Bewertung des Ausmaßes eines konkreten Rohstoffpreis- oder Devisenkursrisikos einsetzen.[145] Im folgenden wird diese Form der Risikoanalyse am Beispiel von Beschaffungspreisrisiken dargestellt. Sie läßt sich aber ebenso für die Analyse der Wirkung nachteiliger Währungskursänderungen einsetzen.

Alle zu beschaffenden Rohstoffe werden im Rahmen der Sensitivitätsanalyse zunächst auf ihre *Grundsensitivität* hin analysiert. Es wird hierbei nur überprüft, welchen **grundsätzlichen** Einfluß die Erhöhung eines bestimmten Rohstoffpreises auf die gesamten Produktkosten hat. Zu diesem Zweck wird eine **pauschale** Preissteigerung zugrunde gelegt. Steigen beispielsweise die Kosten eines Produktes bei einer fiktiven 10-prozentigen Erhöhung eines bestimmten Rohstoffpreises um 8 Prozent, dann beträgt die Grundsensitivität entsprechend 80 Prozent (8/10 * 100). Die Gefahr einer Überschreitung der geplanten Produktkosten ist deshalb bei Rohstoffen mit hoher Grundsensitivität relativ groß. Beträgt die Grundsensitivität hingegen nur 5 Prozent, könnte die tatsächliche Erhöhung des Rohstoffpreises 160 Prozent betragen, um den gleichen Kostenanstieg von 8 Prozent (5 = 8/160 * 100) beim Endprodukt auszulösen. Eine Preiserhöhung dieser Größenordnung ist jedoch unwahrscheinlicher, als eine Erhöhung um 10 Prozent.

Die Kennzahl Grundsensitivität läßt sich somit als Filter zur Vorauswahl jener Rohstoffe oder Devisen einsetzen, die aufgrund ihrer hohen Grundsensitivität einer besonders sorgfältigen Beobachtung der entsprechenden Preis- oder Kursentwicklung bedürfen. Sie können auch als *potentielle* Hedgingkandidaten bezeichnet werden, da sie bei Erwartung einer nachteiligen Preis- oder Kursentwicklung gegen diese gesichert werden sollten. Eine Sicherung von Positionen mit niedriger Grundsensitivität erscheint hingegen nicht notwendig. Ab welcher Grundsensitivität die Rohstoffe als potentielle Hedgingkandidaten betrachtet werden, hängt insbesondere von der Risikobereitschaft des Risk Managers ab.

Die Risikopositionen mit hoher Grundsensitivität sind sodann mittels einer weiteren Sensitivitätsanalyse bezüglich ihres tatsächlichen Risikoumfangs zu bewerten. Hierzu ist es notwendig, das Ausmaß einer erwarteten nachteiligen Rohstoffpreis- oder Devisenkursänderung zu prognostizieren und in die Analyse mit einzubeziehen. In dieser zweiten Stufe der Sensitivitätsanalyse wird deshalb überprüft, wie stark sich die gesamten Kosten eines Produktes erhöhen, wenn ein bestimmter Rohstoffpreis oder Devisenkurs um den **prognostizierten** Betrag steigt. Wird beispielsweise für den oben betrachteten Rohstoff eine tatsächliche Preissteigerung von 4 %, statt der zuvor pauschal angenommenen 10 %, erwartet, so resultiert hieraus bei einer Grundsensitivität von 80 % ein Anstieg der gesamten Produktkosten in Höhe von 3,2 %. Trotz der hohen Grundsensitivität ist die aktuelle Preissensitivität relativ gering. Sollen beispielsweise nur Rohstoffe mit einer Sensitivität von mehr als 5 % gegen den Preisanstieg gehedgt werden, so bleibt im betrachteten Fall der Rohstoffpreis ungesichert.

Durch diese zweite Stufe der Sensitivitätsanalyse werden aus der Menge der potentiell zu sichernden Rohstoffe und Devisen diejenigen ausgewählt, die aufgrund einer prognostizierten nachteiligen Preis- oder Kursentwicklung tatsächlich gehedgt werden sollen. Es empfiehlt sich jedoch, beispielsweise für einen zu sichernden Rohstoff den Gesamtbedarf, unabhängig von seiner Verwendung in bestimmten Produkten, zu ermitteln und gegen den Preisanstieg abzusichern. Eine solche Vorgehensweise weist den Vorteil auf, daß bei der Beschaffung eines für den Einsatz in mehreren Produkten benötigten Rohstoffs die Absicherung nicht für jeden Teilbedarf getrennt erfolgt. Die Kosten und der Aufwand für diese

Preissicherung lassen sich dadurch reduzieren. Darüber hinaus kann auch vermieden werden, daß ein Teil des Gesamtbedarfs eines bestimmten Rohstoffs gegen das Preisrisiko gesichert wird, während der andere Teil ungesichert bleibt. Diese als paradox zu bezeichnende Situation ergäbe sich beispielsweise, wenn für einen Rohstoff bei einer Verwendung im Produkt A eine hohe, und bei Verwendung im Produkt B eine niedrige Sensitivität ermittelt wurde.

Die hier vorgeschlagene, zweistufige Vorgehensweise weist den Vorteil auf, daß aus der Zahl der gesamten Rohstoffe und Devisen jene herausgefiltert werden können, die den Unternehmenserfolg in Folge einer nachteiligen Preis- oder Kursänderung besonders negativ beeinflussen und deshalb mit geeigneten Hedging-Instrumenten gesichert werden sollten.

2.4.2.4. Wahl des Hedgevolumens

Das Hedgevolumen muß **nicht** notwendigerweise mit dem Volumen einer offenen Rohstoff- und Devisenposition übereinstimmen. Wird das Hedgevolumen *größer* als das Volumen der zu sichernden Risikoposition gewählt, kann von einem **überhedgen** gesprochen werden. Ist das Hedgevolumen hingegen *kleiner*, ist dies entsprechend als **unterhedgen** zu bezeichnen.

Wird eine Risikoposition überhedgt, entsteht hierdurch in Höhe des die gehedgte Position übersteigenden Volumens eine neue offene Position. Folgendes Beispiel soll dies verdeutlichen. Ein Exportunternehmen erwartet in 3 Monaten den Eingang von 100.000 US-$ und prognostiziert für diesen Zeitraum einen fallenden Dollarkurs. Mit der Hausbank schließt es ein Devisentermingeschäft ab und wählt als Hedgevolumen 150.000 US-$. Im Rahmen dieses Termingeschäfts wird vereinbart, daß das Unternehmen in 3 Monaten 150.000 US-$ an die Bank liefern muß. Die Bank sichert im Gegenzug die Abnahme dieses Dollarbetrages und den Umtausch in DM zum heutigen Wechselkurs zu. Da das Unternehmen in 3 Monaten nur 100.000 US-$ erhält, muß es zur Erfüllung des Geschäfts die restlichen 50.000 US-$, die neue offene Devisenposition, zu dem dann gültigen Devisenkurs am Markt erwerben. Steigt der Dollarkurs bis zu diesem Zeitpunkt, muß das Unternehmen den entsprechenden Dollarbetrag teurer einkaufen, als es ihn verkauft hat. Hierdurch entsteht ein Verlust. Entwickelt sich der Devisenkurs dagegen wie prognostiziert, kann hingegen ein Gewinn realisiert werden.

Mit Hilfe der Technik des Überhedgens kann die Wirkung einer Rohstoffpreis- bzw. Devisenkursänderung umgekehrt werden; nach Durchführung des Sicherungsgeschäftes wird, gegenüber dem ungehedgten Zustand, genau von der entgegengesetzten Preis- oder Kursentwicklung profitiert. Diese Art der Sicherung wird daher in der Literatur auch als *Reversed-Hedge* bezeichnet.[146] Wie aus obigem Beispiel ersichtlich, darf das Hedgevolumen 200 % des Volumens der zu sichernden Risikoposition nicht übersteigen, da sich ansonsten das Risiko erhöht. Würde beispielsweise ein Hedgevolumen von 210.000 US-$ gewählt, so entstände eine neue offene Devisenposition in Höhe von 110.000 US-$. Sie wäre damit per Saldo um 10.000 US-$ größer, als vor der Durchführung der Sicherungsmaßnahme.

Im Gegensatz zur Technik des Überhedgens können die offenen Risikopositionen auch **unterhedgt** werden. Hierbei wird nur ein Teil des gesamten Risikovolumens (z. B. 50 %) gesichert. Dies kann beispielsweise dann sinnvoll sein, wenn das Unternehmen eine nachteilige Rohstoffpreis- oder Devisenkursentwicklung zwar als relativ unwahrscheinlich erachtet, andererseits aber die Risikoposition so groß ist, daß bereits eine kleine nachteilige Preis- oder Kursänderung eine verhältnismäßig große negative Wirkung auf den Unternehmenserfolg hat. In einer speziellen Variante des Unterhedgens ist das Hedgevolumen sogar negativ; auf obiges Beispiel übertragen bedeutet dies, daß die Unternehmung zusätzlich zu dem in 3 Monaten erwarteten Dollareingang in Höhe von 100.000 US-$ beispielsweise 100.000 US-$ zum aktuellen Devisenkurs kauft, so daß sich die gesamte Risikoposition auf 200.000 US-$ erhöht. Steigt der Devisenkurs in den nächsten 3 Monaten um beispielsweise 0,10 DM/US-$, so erzielt das Unternehmen statt eines Gewinns in Höhe von 10.000 DM (100.000 US-$ * 0,10 DM/US-$) einen Gewinn von 20.000 DM (200.000 US-$ * 0,10 DM/US-$). Fällt der Devisenkurs hingegen, so verdoppelt sich entsprechend auch der Verlust. Ein solcher Hedge wird in Anlehnung an die Terminologie bei Pferdewetten auch als *Texas-Hedge* bezeichnet.[147] Der Texas-Hedge ist letztlich keine Sicherung im eigentlichen Sinne, sondern eine bewußte Erhöhung des Risikos. Deshalb wird diese spezielle Vorgehensweise im Rahmen dieser Arbeit abgelehnt. Die Untergrenze für das mögliche Hedgevolumen ergibt sich entsprechend mit 0 % der zu sichernden Rohstoff- oder Devisenposition.

Es läßt sich somit festhalten, daß das Hedgevolumen unter Berücksichtigung des zuvor bestimmten maximalen und minimalen Volumens, zwischen 0% und 200% des Umfanges der offenen Rohstoff- oder Devisenposition schwanken darf. Sowohl bei einem Hedgevolumen von 0 % als auch bei 200 % ist die Risikoposition ungehedgt, allerdings kehrt sich, wie bereits festgestellt, bei einem Volumen von 200% die Richtung um, in die sich der Rohstoffpreis oder Devisenkurs bewegen muß, damit die Unternehmung von dieser Entwicklung profitiert (Abb. 2.11).

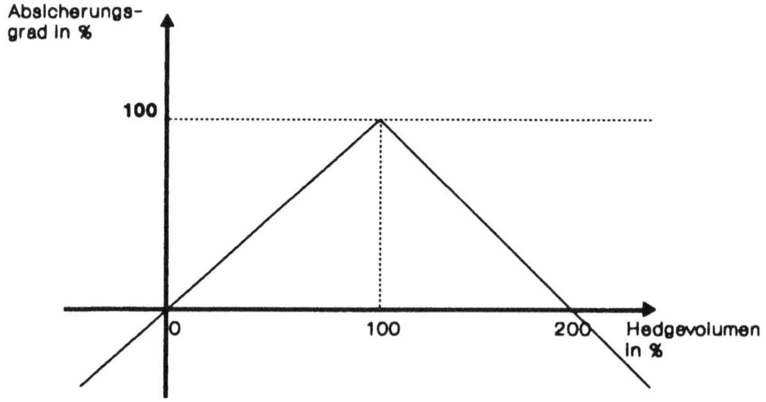

Abb. 2.11: Absicherungsgrad in Abhängigkeit vom Hedgevolumen

Die Bestimmung des Hedgevolumens kann auch unabhängig von den einzelnen zu sichernden Geschäften erfolgen. In diesem Fall kann beispielsweise der künftige Saldo der offenen Rohstoff- und Devisenpositionen mittels geeigneter ökonometrischer Modelle prognostiziert werden.[148] Diese Modelle sind allerdings häufig recht komplex und deshalb wenig praktikabel. Besser geeignet, wenn auch stark vereinfachend, erscheint für den Einsatz in einem kleinen oder mittleren Unternehmen hingegen die Berechnung der durchschnittlich in einer Periode bestehenden Rohstoff- und Devisenpositionen. Diese Durchschnittswerte können dann als Hedgevolumen zugrunde gelegt werden.[149] Da in der Regel das so berechnete Hedgevolumen nicht mit dem tatsächlichen Sicherungsbedarf übereinstimmen wird, ist es zur Minimierung dieser Abweichung notwendig, daß die Salden der offenen Rohstoff- und Devisenpositionen im Zeitablauf eine relative Konstanz aufweisen.

2.4.2.5. Bestimmung des frühest möglichen Hedging-Zeitpunktes

Der *frühest mögliche* Zeitpunkt zur Sicherung eines Geschäfts gegen Rohstoffpreis- oder Devisenkursrisiken ist nicht, wie zunächst angenommen werden könnte, durch den Zeitpunkt des Vertragsabschlusses determiniert. Bereits vor der vertraglichen Fixierung können Geschäfte, welche relativ sicher zu erwarten sind, abgesichert werden.[150]

Sind beispielsweise durch das Unternehmen im Verkauf bindende Preisangebote abzugeben, kann die Absicherung bereits in der Angebotsphase erfolgen. Eine solche Sicherung sollte aufgrund der entstehenden Sicherungskosten jedoch nicht für jedes abgegebene Angebot vorgenommen werden, sondern nur für jene, die relativ sicher zu Aufträgen führen.[151]

Einfacher ist demgegenüber eine Absicherung in der Angebotsphase im Rahmen von Einkaufsgeschäften, da hier die Entscheidung über eine Auftragserteilung beim Unternehmen selbst liegt. Deshalb kann die Wahrscheinlichkeit der Auftragserteilung an einen bestimmten Anbieter besser ermittelt werden. Wenn zudem beispielsweise die Anbieter alle in gleicher Fremdwährung fakturieren, steht bereits im Zeitpunkt der Beschaffungsentscheidung fest, daß zu einem bestimmten Zeitpunkt ein bestimmter Betrag an Devisen zur Begleichung der Rechnung benötigt wird. In einem solchen Fall sollte bereits im Zeitpunkt der Beschaffungsabsicht abgesichert werden, sofern eine nachteilige Rohstoffpreis- oder Devisenkursentwicklung prognostiziert wird.

2.5. Führung des Hedge - Risk Managements als Profit Center

Auch das Hedge - Risk Management sollte auf seine Wirtschaftlichkeit hin untersucht werden. Hierzu werden die im Rahmen dieses Risk Managements entstandenen Leistungs- und Bereitschaftskosten dem durch die Sicherungen erzielten Nutzen gegenübergestellt. Die Wirtschaftlichkeit des Risk Managements sollte jedoch nicht im Sinne der Ermittlung der Wirtschaftlichkeit jedes Hedgingvorgangs erfolgen. Eine solche Betrachtung erscheint wenig sinnvoll, weil die Entscheidung zur Absicherung auf den Preis- und Kursprognosen basiert. Es ist daher nicht zu erwarten, daß jede getroffene Entscheidung richtig war. Die Überwachung sollte sich deshalb auf die Summe der Hedgingvorgänge in einer bestimmten Periode, beispielsweise ein Jahr, beziehen.

In diesem Zusammenhang wird vorgeschlagen, das Hedge - Risk Management als **Profit Center** mit eigener Kostenverantwortung und Erfolgszurechnung zu führen.[152] Die Führung dieses Organisationsbereichs als Profit Center ist möglich, weil Kosten und Nutzen meßbar sind und miteinander verglichen werden können.[153] Im folgenden soll dargelegt werden, daß auch der Nutzen monetär quantifiziert werden kann.

Das Risk Management gewährt den von Preis- und Kursänderungen betroffenen Abteilungen, z. B. der Einkaufsabteilung, feste Verrechnungspreise für die entsprechenden Rohstoffe und Devisen. Hierzu können beispielsweise die Preise und Kurse als Verrechnungspreis herangezogen werden, die dem Terminpreis bzw. -kurs bei Annahme des Geschäftes oder bei der Bestellung entsprechen.[154] Soll beispielsweise Ware im Wert von 100.000 DM exportiert und der Betrag in US-Dollar fakturiert werden, so wird im Rahmen der produktbezogenen Deckungsbeitragsrechnung der Währungsterminkurs vom Tage des Geschäftsabschlusses zugrunde gelegt. Der Risk Manager entscheidet nun eigenverantwortlich über die Notwendigkeit einer Absicherung dieses Exportgeschäftes bis zum Eingang des Fremdwährungsbetrages.

Für diese Übernahme des Risikos durch das Hedge - Risk Management sollten dem Produkt jene Kosten, ebenfalls in Form eines Verrechnungspreises, angelastet werden, die auch dann entstünden, wenn die Absicherung mittels eines geeigneten Instrumentes direkt durch die entsprechende Abteilung erfolgen würde. Als Verrechnungspreis für die Inanspruchnahme des Risk Managements können beispielsweise die Kosten für die Durchführung eines Termingeschäftes angesetzt werden. Im Gegenzug ist das Risk Management um den entsprechenden Betrag zu entlasten. Sichert der Risk Manager dann mittels anderer, kostenintensiverer Instrumente, werden diese zusätzlichen Kosten dem Hedge - Risk Management in vollem Umfang zugerechnet.

Der Ansatz von Verrechnungspreisen erscheint sinnvoll, weil der erzielbare Deckungsbeitrag eines Produktes nicht von den Imponderabilien der Währungskurs- und Rohstoffpreis-Schwankungen abhängig sein sollte.

Zur Ermittlung der Wirtschaftlichkeit des Hedge - Risk Managements sind folgende Größen zu erfassen:

- gewährter Verrechnungspreis oder -kurs (P_V)
- Realisierter Preis oder Kurs bei Erfüllung des Geschäftes (P_R)
- für die Gewährung des Verrechnungspreises erhaltene Vergütung (Kostenentlastung (K_E))
- Kosten aus tatsächlich durchgeführten Hedgingoperationen (Kostenbelastung (K_B))
- Gewinne/Verluste aus Hedgingtransaktionen (GV_{HT})
- Volumen des zu sichernden Geschäftes (V)

Der Hedgingerfolg (Deckungsbeitrag (DB_H)) eines **einzelnen** abzusichernden Geschäftes **j** läßt sich dann wie folgt berechnen:[155]

- Risiko durch Preis- oder Kursanstieg:

$$DB_{Hj} = (P_V - P_R + K_E - K_B + GV_{HT}) * V$$

- Risiko durch Preis- oder Kursverfall:

$$DB_{Hj} = (P_R - P_V + K_E - K_B + GV_{HT}) * V$$

Beispiel:

Exportvolumen: 100.000 US-$
gewährter Verrechnungskurs: 1,95 DM/US-$
tatsächlicher Kurs bei Zahlungseingang: 1,83 DM/US-$
Kostenentlastung: 0,005 DM/US-$
Kostenbelastung: 0,01 DM/US-$

Gewinne aus Hedgingtransaktionen:

1. abgesichert bei 1,95 DM/US-$, Sicherung aufgelöst bei 1,87 DM/US-$,
 = = > 0,08 DM/US-$ Gewinn

2. erneut abgesichert, Kurs 1,92 DM/US-$, Sicherung aufgelöst bei 1,81 DM/US-$, = = > 0,09 DM/US-$ Gewinn

gesamter Gewinn: 0,17 DM/US-$

Der gesamte Hedgingerfolg beträgt:

$$DB_H = (1{,}83 - 1{,}95 + 0{,}005 - 0{,}01 + 0{,}17) * 100.000$$
$$= 4.500 \text{ DM}$$

Der gesamte Hedgingerfolg in einer Periode ergibt sich durch Summierung der Einzelerfolge vermindert um die für das Risk Management anfallenden Bereitschaftskosten (K_M):

$$\sum_{i=1}^{n} DB_{Hi} - K_M$$

wobei

n: Anzahl der in der Periode abzusichernden Geschäfte

Der so ermittelte Deckungsbeitrag erlaubt einen Rückschluß auf die Wirtschaftlichkeit der Durchführung von Hedginggeschäften durch das Risk Management.

2.6. Spezielle Risiken durch Preis- und Kursschwankungen

Viele Unternehmen sind direkt einem Rohstoffpreis- oder Devisenkursrisiko auf der Beschaffungs- und/oder der Absatzseite ausgesetzt. Abzugrenzen von diesen Risiken sind die nur **indirekt** auf die Unternehmen wirkenden Preis- und Kursrisiken.

Als indirekt wirkend sollen diejenigen Rohstoffpreis- und Devisenkursrisiken bezeichnet werden, die den Unternehmenserfolg indirekt über die **Wettbewerbsfähigkeit** des Unternehmens beeinflussen und deshalb erst längerfristig wirksam werden. Die Abb. 2.12 vermittelt einen Überblick über die generell denkbaren Auswirkungen auf die Wettbewerbsposition eines Unternehmens.

Die Konsequenzen solcher Wettbewerbsverschiebungen können hingegen umso nachhaltiger sein. So ist es beispielsweise möglich, daß das Unternehmen einen Kunden an einen ausländischen Mitbewerber verliert, weil dessen Produkte aufgrund einer Währungskursänderung preiswerter als bisher geworden sind. Fällt der US-Dollar z. B. von 2,25 DM/US-$ auf 1,70 DM/US-$, so verbilligen sich die auf dem deutschen Markt angebotenen Produkte amerikanischer Unternehmen, bei unverändertem Erlös in Dollar, um ca. 25 Prozent. Die Kunden eines Unternehmens werden nicht sofort bei einer Änderung des Devisenkurses den Lieferanten wechseln, sondern zunächst bei ihrem Stammlieferanten bleiben. Wird die Änderung des Wechselkursverhältnisses von den Kunden jedoch als dauerhaft eingeschätzt, wird der Wechsel in der Regel vollzogen. Es ist daher zu erwarten, daß diese Unternehmen auch entsprechend mit einem Wechsel zurück zum alten Lieferanten zögern werden. Aus diesem Grund ist es auch für die Unternehmen, die keine direkten Geschäftsverbindungen mit dem Ausland unterhalten oder Rohstoffpreise auf Fremdwährungsbasis gestellt bekommen, notwendig, zu analysieren, inwieweit ihre Wettbewerbsstellung aufgrund von Rohstoffpreis- und Devisenkursänderungen beeinflußt werden kann.[156]

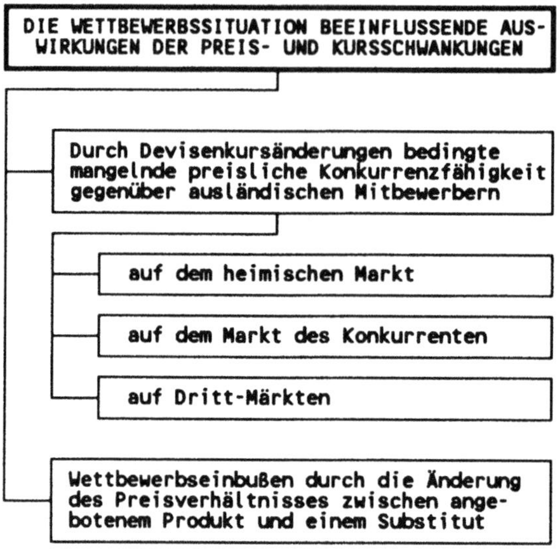

Abb. 2.12: Aus der Preis- und Kursvariabilität resultierende spezielle Risiken

Erheblich komplizierter stellen sich demgegenüber die Auswirkungen von Währungskursveränderungen dar, wenn beide Konkurrenten, in- und ausländisches Unternehmen, ihre Produkte auf einem Drittmarkt anbieten. Auf diesem Markt konkurriert das inländische Unternehmen (A_1) nicht nur mit dem dort anbietenden anderen ausländischen Anbieter (A_2), sondern auch mit den heimischen Anbietern des Drittmarktes (A_3). In diesem Fall ist nicht nur die Relation zwischen den Währungen von A_1 und A_2 relevant, sondern zusätzlich die Relation zwischen A_1 und A_3 und zwischen A_2 und A_3. Folgende Auswirkungen auf den Wettbewerb zwischen den betrachteten drei Unternehmen können aus einer Verschiebung der Wechselkursverhältnisse resultieren (Abb. 2.13).

Entsprechende Überlegungen sind in bezug auf die Auswirkungen eines Anstiegs des DM-Rohstoffpreises anzustellen. Eine Veränderung des Weltmarkt-Rohstoffpreises betrifft alle Verarbeiter dieses Rohstoffs in gleicher Weise, unabhängig von der Währung, in der sie fakturieren. Deshalb lassen sich die hier untersuchten Wettbewerbseinbußen gegenüber diesen Mitbewerbern auf die Veränderung der Wechselkursverhältnisse zwischen den Währungen der Verarbeiter und der Währung, in der der Weltmarktpreis notiert wird, zurückführen. Erhöht sich beispielsweise der Wechselkurs des US-Dollar von 2 DM/US-$ auf 2,20 DM/US-$, so verteuert sich der Rohöleinkauf für ein deutsches Unternehmen um 10 %, für ein amerikanisches Unternehmen bleiben die Kosten hingegen gleich.[157]

Eine Änderung des Weltmarktpreises eines bestimmten Rohstoffs trifft demgegenüber dessen Verarbeiter in gleicher Weise. Erhöht sich, bedingt durch gestiegene Rohstoffkosten, der Endproduktpreis (z. B. für Kupferkabel), so können Wettbewerbseinbußen durch eine Änderung der Preisrelation zu einem Substitut (z. B. Glasfaserkabel) entstehen.

Eine Absicherung gegen die hier aufgezeigten Risiken kann im wesentlichen durch Risikostreuung erfolgen. So läßt sich das Risiko einer Wettbewerbseinbuße durch Währungskursänderungen beispielsweise dadurch reduzieren, daß das Unternehmen im betreffenden Ausland eine Tochtergesellschaft gründet. Diese Art der Sicherung ist allerdings in der Regel nur für Großunternehmen geeignet. Ihre Absicherung wird deshalb hier nicht weiter verfolgt.

ÄNDERUNG DER WÄHRUNGSRELATION			AUSWIRKUNGEN AUF DEN WETTBEWERB
A1/A2	A2/A3	A1/A3	
fällt	steigt	konstant	PN A2; gleicher PN für A3 gegenüber A2
		steigt	PN A2, PV A3
		fällt	PN A2, PN A3, wobei PN A2 > PN A3
	konstant		PN A2, PN A3, wobei PN A2 = PN A3
	fällt		PN A2, PN A3, wobei PN A2 < PN A3
steigt	fällt	konstant	PV A2; gleicher PV für A3 gegenüber A2
		fällt	PV A2, PN A3
		steigt	PV A2, PV A3, wobei PV A2 > PV A3
	konstant		PV A2, PV A3, wobei PV A2 = PV A3
	steigt		PV A2, PV A3, wobei PV A2 < PV A3
konstant	steigt	steigt	PV A3; gleicher PV für A2 gegenüber A3
	konstant	konstant	keine Änderung
	fällt	fällt	PN A3; gleicher PN für A2 gegenüber A3

Bedeutung der Abkürzungen:
z. B. PV A2 = Preisvorteil gegenüber A2
PN A2 = Preisnachteil gegenüber A2

Abb. 2.13: Matrix der Wettbewerbsveränderungen durch Währungskursschwankungen

Zur Absicherung gegen die direkt wirkenden Rohstoffpreis- und Devisenkursrisiken stehen unterschiedliche Instrumente zur Verfügung, die im folgenden Kapitel näher untersucht werden sollen.

Bemerkungen:

1 Zur Bedeutung der kleinen und mittleren Unternehmen vgl. ZEITEL, G.: Volkswirtschaftliche Bedeutung von Klein- und Mittelbetrieben, in: Betriebswirtschaftslehre der Mittel- und Kleinbetriebe - Größenspezifische Probleme und Möglichkeiten zu ihrer Lösung, hrsg. v. Pfohl, H.-Chr., Berlin 1982, S. 35 - 53.
2 Vgl. ZEITEL, G.: Volkswirtschaftliche Bedeutung ..., a. a. O., hier S. 38.
3 Die Verwendung der Begriffe *Klein-/Mittelunternehmen*, *Klein-/Mittelbetrieb* und *kleines/mittleres Unternehmen* erfolgt im Rahmen dieser Arbeit synonym.
4 Eine besonders umfassende Darstellung zu den Definitionsversuchen dieser Begriffe findet sich bei GANTZEL, Klaus-Jürgen: Wesen und Begriff der mittelständischen Unternehmung, Köln und Opladen 1962, S. 1 - 127.

5 Weber weist beispielsweise darauf hin, daß je nach politischer Motivation von mittelständischen Unternehmen oder von kleinen und mittleren Unternehmen gesprochen wird (vgl. WEBER, Werner: Strategien zur Verbesserung des Managements in kleinen und mittleren Unternehmen, München 1981, S. 13). In der Literatur, die den Begriff der mittelständischen Unternehmen verwendet, erfolgt teilweise auch eine Ausdehnung des Begriffs auf Beamte, Angestellte und sogar Arbeiter (vgl. hierzu WEBER, Werner: Strategien zur Verbesserung ..., a. a. O., S. 13 - 14).
Der Begriff der mittelständischen Unternehmen wird eher im soziologischen und politologischen Sprachgebrauch und der entsprechenden Literatur verwendet (vgl. zu dieser Begriffsverwendung KELLERWESSEL, Paul: Führungsinformationen in Klein- und Mittelbetrieben - Arten und Möglichkeiten ihrer Beschaffung, Frankfurt a. M. - Bern - New York - Nancy 1984, S. 54). Teilweise wird der Begriff der mittelständischen Unternehmung synonym mit dem Begriff der kleinen und mittleren Unternehmen verwandt (vgl. beispielsweise GANTZEL, Klaus-Jürgen: Wesen und Begriff der mittelständischen ..., a. a. O., S. 137).

6 Insgesamt sind drei Klassifizierungsansätze zu unterscheiden: Die Abgrenzung durch *rein quantitative Kriterien*, *rein qualitative Kriterien* und die *Verbindung quantitativer und qualitativer* Kriterien. (Vgl. GÜNZEL, D.: Das betriebswirtschaftliche Größenproblem kleiner und mittlerer industrieller Unternehmen, Göttingen 1975, S. 6).

7 Nach Weber eignet sich die Zahl der Beschäftigten eher zur Betriebsgrößendifferenzierung im verarbeitenden Gewerbe. Im Handel, Handwerk und Dienstleistungsgewerbe sollte nach seiner Auffassung besser der Umsatz herangezogen werden. Vgl. WEBER, Werner: Strategien zur Verbesserung ..., a. a. O., S. 15 - 16. Wie dagegen das Handwerk vom verarbeitenden Gewerbe abzugrenzen ist, läßt er offen.

8 Vgl. WEBER, Werner: Strategien zur Verbesserung ..., a. a. O., S. 15. Völlig abweichende Zahlen finden sich beispielsweise bei OPPL-JIRSA, Vera: Risk Management in Klein- und Mittelbetrieben, Wien 1985, S. 7. Hier werden Unternehmen mit bis zu 100 Beschäftigten als Kleinbetriebe, von 100 bis unter 1000 Beschäftigten als Mittelbetriebe und bei 1000 und mehr Beschäftigten als Großbetrieb bezeichnet.

9 Vgl. RIEKER, Helmut: Interne Überwachung im Mittelbetrieb, Diss., Erlangen-Nürnberg 1982, S. 19.

10 Vgl. zu diesen Kriterien beispielsweise PFOHL, H.-Chr. - KELLERWESSEL, Paul: Abgrenzung der Klein- und Mittelbetriebe von Großbetrieben, in: Betriebswirtschaftslehre der Mittel- und Kleinbetriebe - Größenspezifische Probleme und Möglichkeiten zu ihrer Lösung, hrsg. v. Pfohl, H.-Chr., Berlin 1982, S. 9 - 34, hier S. 16; GÜNZEL, D.: Das betriebswirtschaftliche Größenproblem ..., a. a. O., S. 12 - 19; RIEKER, Helmut: Interne Überwachung im Mittelbetrieb, a. a. O., S. 19.

11 Rieker nennt zur Kategorisierung eines Betriebes als Mittelbetrieb eine Bilanzsumme von 1 - 15 Mio. DM. (Vgl. RIEKER, Helmut: Interne Überwachung im Mittelbetrieb, a. a. O., S. 19.) Daraus ist zu folgern, daß er Betriebe mit einer kleineren/größeren Bilanzsumme als Klein-/Großbetrieb einstuft.

12 Zur Kritik an diesen quantitativen Kriterien vgl. GÜNZEL, D.: Das betriebswirtschaftliche Größenproblem ..., a. a. O., S. 12 - 20.

13 Vgl. zur Kritik der genannten Abgrenzungskriterien GÜNZEL, D.: Das betriebswirtschaftliche Größenproblem ..., a. a. O., S. 9 - 11.

14 Vgl. WEBER, Werner: Strategien zur Verbesserung ..., a. a. O., S. 17.

15 Vgl. MUCKSCH, Harry: Datenschutz und Datensicherung in Klein- und Mittelbetrieben, Wiesbaden 1988, S. 8 - 9; PFOHL, H.-Chr. - KELLERWESSEL, Paul: Abgrenzung der Klein- und Mittelbetriebe ..., a. a. O., hier S. 19 - 23. Mucksch und Pfohl/Kellerwessel schlagen zur Abgrenzung ebenfalls eine differenziertere Betrachtung vor. Sie unterscheiden dabei zwischen verschiedenen Wirtschaftsbereichen. Für diese Wirtschaftsbereiche nennen sie für das Abgrenzungsmerkmal *Beschäftigtenzahl* jeweils absolute Größen (Vgl. MUCKSCH, S. 9; PFOHL/KELLERWESSEL, S. 20). Problematisch ist allerdings, daß einige Betriebe mit gleichem Output unterschiedlichen Wirtschaftszweigen zugeordnet werden können. Die Zuordnung selbst erfolgt in der Regel bereits aufgrund der quantitativen Abgrenzungsmerkmale *Umsatz* und *Beschäftigtenzahl*. Betriebe die Backerzeugnisse herstellen werden sowohl dem Handwerk als auch der Industrie zugeordnet. Da die Zuordnung nicht eindeutig vorgenommen werden kann, ist eine Klassifizierung auf Basis der Wirtschaftszweige wenig sinnvoll.

16 Eine solche Relativierung wird auch von Schinle vorgeschlagen. Vgl. hierzu SCHINLE, Markus: Risiko-Management der mittelgrossen Unternehmung: ein Überlebenskonzept, St. Gallen 1987, S. 26 - 28.

17 Dies ist als innovativer Vorschlag zur besseren Einteilung der Betriebe auf Basis der Betriebsgröße zu verstehen. Es soll nicht behauptet werden, daß dieser Wert tatsächlich der günstigste ist; es ist im Gegenteil eher zu vermuten, daß auch diese Größe von den Verhältnissen der jeweiligen Branche abhängig ist. Es müßten in diesem Fall zusätzlich Mittelwert und Varianz der Beschäftigtenzahl einer Branche erfaßt werden. Da es nicht das Ziel dieser Arbeit ist, neue Abgrenzungskriterien zur Differenzierung zwischen Klein-, Mittel- und Großunternehmen zu entwickeln, wird dieser Gedankenansatz hier nicht weiter verfolgt.

18 Vgl. hierzu OPPL-JIRSA, Vera: Risk Management in Klein- und Mittelbetrieben, a. a. O., S. 9; WEBER, Werner: Strategien zur Verbesserung ..., a. a. O., S. 18.

19 Vgl. hierzu NAUJOKS, W.: Unternehmensgrößenbezogene Strukturpolitik und gewerblicher Mittelstand, Göttingen 1975, S. 26. Vgl. auch WEBER, Werner: Strategien zur Verbesserung ..., a. a. O., S. 18; OPPL-JIRSA, Vera: Risk Management in Klein- und Mittelbetrieben, a. a. O., S. 9.

20 Vgl. OPPL-JIRSA, Vera: Risk Management in Klein- und Mittelbetrieben, a. a. O., S. 9 - 10.

21 Auch Pfohl/Kellerwessel schlagen die Verwendung einer möglichst großen Zahl qualitativer Kriterien zur relativ sicheren Klassifizierung eines Unternehmens als Klein-/Mittelbetrieb oder als Großbetrieb vor. Vgl. PFOHL, H.-Chr. - KELLERWESSEL, Paul: Abgrenzung der Klein- und Mittelbetriebe ..., a. a. O., hier S. 28.

22 Vgl. hierzu PFOHL, H.-Chr. - KELLERWESSEL, Paul: Abgrenzung der Klein- und Mittelbetriebe ..., a. a. O., hier S. 9 - 34.

23 Vgl. zu dieser Gruppierung PFOHL, H.-Chr. - KELLERWESSEL, Paul: Abgrenzung der Klein- und Mittelbetriebe ..., a. a. O., hier S. 29 - 31.

24 Die Klassifizierung der Betriebe anhand des Innovationspotentials oder der Innovationsrealisierungen ist in der Literatur nicht unumstritten. Vgl. hierzu insbesondere PERLITZ, Manfred - LÖBLER, Helge: Das Innovationsverhalten in der mittelständischen Industrie - das Risk/Return Paradoxon, Stuttgart 1989, S. 5.

25 Vgl. zu diesen Kriterien PFOHL, H.-Chr. - KELLERWESSEL, Paul: Abgrenzung der Klein- und Mittelbetriebe ..., a. a. O., hier S. 29 - 31.

26 Vgl. WEBER, Werner: Strategien zur Verbesserung ..., a. a. O., S. 20; In diesem Sinne äußert sich auch SCHÖNENBORN, Friedhelm: Zur Beschaffungssituation mittelständischer Industriebetriebe - Eine empirische Analyse, Göttingen 1980, S. 9.

27 Vgl. hierzu auch OPPL-JIRSA, Vera: Risk Management in Klein- und Mittelbetrieben, a. a. O., S. 10; MUCKSCH, Harry: Datenschutz und Datensicherung in Klein- und Mittelbetrieben, a. a. O., S. 7.

28 Vgl. RIEKER, Helmut: Interne Überwachung im Mittelbetrieb, a. a. O., S. 19.

29 Warnking unterscheidet die qualitativen Abgrenzungskriterien in objektive und subjektive Wertungskriterien. Vgl. hierzu WARNKING, G.: Die Finanzierungslücke kleiner und mittlerer Unternehmen in der Bundesrepublik Deutschland sowie Möglichkeiten und Grenzen ihrer Schließung unter Berücksichtigung amerikanischer Erfahrungen, Diss. Münster 1973, S. 5.

30 Vgl. KNIGHT, Frank. H.: Risk, Uncertainty and Profit, Chicago - London 1971 (Originalausgabe 1921), p. 233 - 234.

31 Zur Meßbarkeit des Risikos als Unterscheidungskriterium vgl. MAG, Wolfgang: Risiko und Ungewißheit, in: HdWW, hrsg. v. Willi Albers u. a., Bd. 6, Stuttgart - New York 1981, S. 478 - 495, hier S. 479.

32 Vgl. KÖPPLINGER, Herbert - WOLFRUM, Bernd: Risiken im Auslandsgeschäft: eine theoretische und empirische Untersuchung des politischen Investitionsklimas, Nürnberg 1986, S. 22; ANDERSON, Leslie P. - LANG, Theodore - MELNYK, Z. Lew - ROBINS, Sidney M. - SCHIFF, Michael: Capitel Asset Planning, in: Financial Handbook, ed. by Jules I. Bogen and Samuel S. Shipman, p. 17.1 - 17.77, hier p. 17.75 - 17.76.

33 Vgl. MAG, Wolfgang: Risiko und Ungewißheit, a. a. O., S. 479.

34 Vgl. MUGLER, Josef: Risk Management in der Unternehmung, Wien 1979, S. 22. Mugler wendet sich nicht gegen eine Gleichsetzung der Begriffe (Un)Sicherheit und (Un)Gewißheit. Die sprachliche Differenzierung dürfte vermutlich auf die unterschiedliche Übersetzung des englischen Begriffs *uncertainty* zurückzuführen sein, denn Knight, auf den die Entscheidungstheorie sich stützt, verwendet in seiner Arbeit nur diesen Begriff. (Vgl. KNIGHT, Frank H.: Risk, Uncertainty ..., a. a. O.). Zur Problematik der Übersetzung von *uncertainty* vgl. KAMMERER, Klaus D.: Die Bestimmung von Liquiditätsgrenzen der Unternehmung als Gamblers-Ruin-Problem, Diss., Freiburg 1973, S. 59.

35 Vgl. hierzu HAAS, Christof: Unsicherheit und Risiko in der Preisbildung, Köln - Berlin - Bonn - München 1965, S. 13 - 14; MAG, Wolfgang: Risiko und Ungewißheit, a. a. O., S. 479 - 480.

36 Vgl. MAG, Wolfgang: Risiko und Ungewißheit, a. a. O., S. 480.

37 Vgl. HAAS, Christof: Unsicherheit und Risiko ..., a. a. O., S. 13; MAG, Wolfgang: Risiko und Ungewißheit, a. a. O., S. 480.

38 Vgl. PERLITZ, Manfred - LÖBLER, Helge: Das Innovationsverhalten ..., a. a. O., S. 5; KRELLE, Wilhelm: Unsicherheit und Risiko ..., a. a. O., hier S. 391.

39 Vgl. KRELLE, Wilhelm: Unsicherheit und Risiko in der Preisbildung, in: Preistheorie, hrsg. v. Alfred Eugen Ott, 3. Aufl., Köln - Berlin 1968, 390 - 430, hier S. 391.

40 Auch Krelle sieht die Entstehung des Risikos als Folge mangelnder Informationen über den Verlauf künftiger Entwicklungen; diese mangelnden Informationen werden von ihm als mangelnde Kenntnisse und mangelnde Voraussicht bezeichnet (vgl. KRELLE, Wilhelm: Unsicherheit und Risiko ..., a. a. O., hier S. 390 - 391). Aus dem Kontext kann geschlossen werden, daß dieses Informationsdefizit seiner Auffassung nach nicht durch die Beschaffung von Informationen beseitigt werden kann.

41 Vgl. HAAS, Christof: Unsicherheit und Risiko ..., a. a. O., S. 23 - 24.

42 Vgl. HAAS, Christof: Unsicherheit und Risiko ..., a. a. O., S. 15.

43 Vgl. zu dieser Kritik HAAS, Christof: Unsicherheit und Risiko ..., a. a. O., S. 16.

44 Vgl. HAAS, Christof: Unsicherheit und Risiko ..., a. a. O., S. 13 - 14; Die Verwendung von Formulierungen wie *Gefahr von Fehlentscheidungen*, *Mißlingen von Plänen* oder *Gefahr eines Schadens* verdeutlicht diese negative Sichtweise.

45 Vgl. hierzu BÜRGEL, Hans Dietmar: Risk Management aus der Sicht der Unternehmenspraxis, in: Risk Management - Strategien zur Risikobeherrschung, hrsg. v. Wolfgang Goetzke - Günter Sieben, Köln 1979, S. 39 - 52, hier S. 40, der positiv formulierend auch den Begriff *Chance-Management* verwendet.

46 Vgl. NEUBÜRGER, Klaus W.: Risikobeurteilung bei strategischen Unternehmensentscheidungen - Grundlagen des Einsatzes eines Risiko-Chancen-Kalküls, Stuttgart 1980, S. 38; BRAUN, Herbert: Risikomanagement - Eine spezifische Controllingaufgabe, Darmstadt 1984, S. 23 - 24; BRÜHWILER, Bruno: Risk Management - eine Aufgabe der Unternehmensführung, Bern - Stuttgart 1980, S. 41.

47 Vgl. KRIEG, Walter: Risikobewältigung, in: Management-Zeitschrift io, 47. Jg. (1978), H. 12, S. 533 - 536, hier S. 533; HEROLD, Bodo: Risiko-Management im Baubetrieb - unter besonderer Berücksichtigung analytischer Risikobegrenzung, Diss., Essen 1987, S. 30.

48 Vgl. RESCHER, Nicholas: Risk - A Philosophical Introduction to the Theory of Risk Evaluation and Management, Lanham - New York - London 1983, p. 94.

49 Vgl. hierzu SEIFERT, Werner G.: RISK Management im Lichte einiger Ansätze der Entscheidungs- und Organisationstheorie, Frankfurt a. M. 1980, S. 7; WILLIAMS (JR.), Arthur C. - HEINS, Richard M.: Risk Management And Insurance, 6th ed., New York - St. Louis - San Francisco u. a. 1989, p. 13 - 14; ANDERSON, Leslie P. - MELNYK, Z. Lew - SHARKEY, W. Kenneth: Risk Management and Insurance, in: Financial Handbook, ed. by Jules I. Bogen and Samuel S. Shipman, 4th. ed., rev. prt., New York 1968, p. 25.1 - 25.42, hier p. 25.2.

50 In diesem Sinne verwendet beispielsweise auch QUICK, Rolf. H.: Informationsprozesse auf spekulativen Märkten - Eine Analyse des Terminkontrakthandels, Frankfurt a. M. - Thun 1984, S. 10 die Begriffe *Risiko* und *Chance*.

51 Vgl. hierzu beispielsweise STREMITZER, Heinrich: Risikopolitik und Risk Management, in: Versicherungsrundschau, 32. Jg. (1977), H. 1/2, S. 22 - 36; HELTEN, Elmar: Risk Management und Versicherung, in: VW, 32. Jg. (1977), S. 1211 - 1215; FARNY, Dieter: Risiko-Management (Meinungsspiegel), in: BFuP, 30. Jg. (1978), H. 4, S. 324 - 340; HALLER, Matthias: Risiko-Management (Meinungsspiegel), in: BFuP, 30. Jg. (1978), H. 4, S. 324 - 340; HELTEN, Elmar: Risiko-Management (Meinungsspiegel), in: BFuP, 30. Jg. (1978), H. 4, S. 324 - 340; KOSNICK, Helmut: Risiko-Management (Meinungsspiegel), in: BFuP, 30. Jg. (1978), H. 4, S. 324 - 340; STREMITZER, Heinrich: Risiko-Management (Meinungsspiegel), in: BFuP, 30. Jg. (1978), H. 4, S. 324 - 340.

52 Vgl. MUGLER, Josef: Risk Management ..., a. a. O., S. 60 - 65, der verschiedene Ansätze zur Festlegung des Begriffs *Risk Management* vorstellt. Letztlich führt er das Risk Management aber wieder auf versicherbare Risiken zurück. Vgl. beispielsweise auch DOHERTY, Neil A.: Corporate Risk Management - A Financial Exposion, New York - St. Louis - San Francisco u. a. 1985, p. 6; DAMARY, Roy: Das Risk Management in Westeuropa - Ergebnisse eines Forschungsprogramms, in: BFuP, 30. Jg. (1978), H. 4, S. 277 - 294; BRÜHWILER, Bruno: Risk Management ..., a. a. O., S. 8; WILLIAMS (JR.), Arthur C. - HEINS, Richard M.: Risk Management ..., a. a. O., p. 14 - 15 und 226; OPPL-JIRSA, Vera: Risk Management in Klein- und Mittelbetrieben, a. a. O., S. 3.

53 Vgl. MUGLER, Josef: Risk Management ..., a. a. O., S. 60; SEIFERT, Werner G.: RISK Management ..., a. a. O., S. 15.

54 Vgl. HELTEN, Elmar: Strategische Unternehmensplanung und Risk Management, in: Strategische Unternehmensführung und Rechnungslegung, hrsg. v. Eduard Gaugler, Otto H. Jacobs, Alfred Kieser, Stuttgart 1984, S. 15 - 29, hier S. 16.

55 Vgl. HELTEN, Elmar: Strategische Unternehmensplanung ..., a. a. O., hier S. 16. Vgl. auch HAHN, Dietger: Risiko-Management - Stand und Entwicklungstendenzen, in: ZfO, 56. Jg. (1987), H. 3, S. 137 - 150, hier S. 138. Hahn unterscheidet zwischen dem *speziellen* Risk Management, das er auf versicherbare Risiken bezieht und dem *generellen*, das sich letztlich nicht von der allgemeinen betrieblichen Risikopolitik unterscheidet.

56 Vgl. HELTEN, Elmar: Strategische Unternehmensplanung ..., a. a. O., S. 16.

57 Vgl. KOSNICK, Helmut: Risiko-Management ..., a. a. O., hier S. 326.

58 Vgl. hierzu MÜLLER, Wolfgang - SEIFERT, Werner G.: Organisation des Risk Management, in: JfB, 28. Jg. (1978), H. 1, S. 15 - 27, hier S. 20.

59 SEIFERT, Werner G.: RISK Management ..., a. a. O., S. 16.

60 Vgl. SEIFERT, Werner G.: RISK Management ..., a. a. O., S. 15 - 16. Hoffmann beispielsweise bezeichnet die Wechselkursrisiken fälschlicherweise als nicht versicherbar; vgl. HOFFMANN, Klaus: Risk Management ..., a. a. O., S. 11.

61 In dieser weiteren Begriffsauslegung verstehen auch Helten, Blankenburg und Hoffmann das Risk Management (vgl. HELTEN, Elmar: Risk Management ..., a. a. O., hier S. 1215; BLANKENBURG, Jürgen: Risiko-Management, in: Management-Enzyklopädie, Landsberg a. Lech 1984, Bd. 8, S. 218 - 226, hier S. 218; HOFFMANN, Klaus: Risk Management ..., a. a. O., S. 11.
Zur Diskussion, ob das Risk Management auf reine Risiken beschränkt bleiben oder auch die Behandlung spekulativer Risiken umfassen soll, vgl. auch FARNY, Dieter: Risiko-Management ..., a. a. O., hier S. 324 - 325; HALLER, Matthias: Risiko-Management ..., a. a. O., hier S. 325; KOSNICK, Helmut: Risiko-Management ..., a. a. O., hier S. 326; STREMITZER, Heinrich: Risiko-Management ..., a. a. O., hier S. 327.

62 Vgl. zu dieser Definition HALLER, Matthias: Risiko-Management - Eckpunkte eines integrierten Konzepts, in: Risiko-Management, hrsg. v. Herbert Jacob, Wiesbaden 1986, S. 7 - 43, hier S. 21.

63 Vgl. hierzu MÜLLER, Wolfgang - SEIFERT, Werner G.: Organisation des Risk Management, a. a. O., hier S. 22 - 25.

64 In diesem Sinne interpretieren auch Mugler und Brühwiler das Risk Management. Vgl. MUGLER, Josef: Risk Management ..., a. a. O., S. 3 - 4; BRÜHWILER, Bruno: Risk Management ..., a. a. O., S. 71 - 72 und 167 - 168. Kupsch und Seifert grenzen das Risk Management von der betrieblichen Risikopolitik ebenfalls durch den Aspekt der Institutionalisierung ab. Danach werden bestimmte Maßnahmen der ursachen- und wirkungsbezogenen Risikopolitik in einer organisatorischen Einheit zusammengefaßt. Vgl. KUPSCH, Peter: Risiken als Gegenstand der Unternehmenspolitik, in: WiSt, 4. Jg. (1975), H. 4, S. 153 - 159, hier S. 156; SEIFERT, Werner G.: RISK Management ..., a. a. O., S. 170 - 171.

65 Vgl. hierzu DOHERTY, Neil A.: Corporate Risk Management ..., a, a, O., p. 24 - 31.

66 Vgl. WILLIAMS (JR.), Arthur C. - HEINS, Richard M.: Risk Management ..., a. a. O., p. 18. Vgl. hierzu auch SEIFERT, Werner G.: RISK Management ..., a. a. O., S. 10 - 11, der darauf hinweist, daß dieses Grundmuster in der Literatur nur marginal variiert wird.

67 Vgl. MEHR, Robert I. - HEDGES, Bob A.: Risk Management: Concepts and Applications, Homewood (Ill.) - London - Georgetown (Ontario) 1974, p. 193; STREMITZER, Heinrich: Risiko-Management ..., a. a. O., hier S. 329; KOSNICK, Helmut: Risiko-Management ..., a. a. O., hier S. 329.

68 Vgl. hierzu MAG, Wolfgang: Risiko und Ungewißheit, a. a. O., S. 490. Vgl. zum Begriff der Risiko-Analyse auch HERTZ, David - THOMAS, Howard: Practical Risk Analysis - An Approach Through Case Histories, Chichester - New York u. a. 1984, p. 1 - 3; WARTENSLEBEN, Herbert: Risikomanagement, in: ZfB, 48. Jg. (1978), H. 4, S. 322 - 328, hier S. 328.

69 Vgl. WILLIAMS (JR.), Arthur C. - HEINS, Richard M.: Risk Management ..., a. a. O., p. 18.

70 Diese Differenzierung nimmt implizit auch Oppl-Jirsa vor. Vgl. hierzu OPPL-JIRSA, Vera: Risk Management in Klein- und Mittelbetrieben, a. a. O., S. 20 - 23.

71 Vgl. hierzu beispielsweise OPPL-JIRSA, Vera: Risk Management in Klein- und Mittelbetrieben, a. a. O., S. 24; MUGLER, Josef: Risk Management ..., a. a. O., S. 11; BLANKENBURG, Jürgen: Risikomanagement als betriebswirtschaftliche Aufgabe, in: ZfB, 48. Jg. (1978), H. 4, S. 329 - 332, hier S. 330. KOSNICK, Helmut: Risiko-Management ..., a. a. O., hier S. 329.

72 Vgl. hierzu VANDELL, Kerry D.: Real Estate Finance, in: Handbook Of Modern Finance, ed. by Dennis E. Logue, Boston - New York 1984, p. 33.1 - 33.57, hier p. 33.55 - 33.56; HERTZ, David - THOMAS, Howard: Practical Risk Analysis ..., a. a. O., p. 116 - 136; NEUBÜRGER, Klaus W.: Risikobeurteilung ..., a. a. O., S. 88 - 91; JACQUE, Laurent L.: Management of Foreign Exchange Risk, 2nd. prt., Lexington (Mass.) - Toronto 1979, p. 201.

73 Vgl. NEUBÜRGER, Klaus W.: Risikobeurteilung ..., a. a. O., S. 90.

74 Zu den Möglichkeiten der Bewertung der Risiken vgl. MUGLER, Josef: Risk Management ..., a. a. O., S. 113 - 135.

75 Vgl. MUGLER, Josef: Risk Management ..., a. a. O., S. 119.

76 Vgl. MUGLER, Josef: Risk Management ..., a. a. O., S. 120.

77 Zu der Bedrohung der relativ jungen und noch stark expandierenden CD-Technik durch das Digital Audio Tape vgl. BUELL, Barbara: Record Executives Are On Pins And Needles - They're scared that digital tape will ruin their business, in: International Business Week, No. 2984-314 from Feb. 16, 1987, p. 73. Der Präsident der Recording Industry Association of America (RIAA) warnt in diesem Bericht sogar davor, daß "DAT could eliminate our industry". Dies wurde nur durch Verhandlungen von Anbietern beider Systeme verhindert.

78 Hier wird wieder deutlich, daß eine Einschränkung des Risk Managements auf *versicherbare* Risiken als zu eng einzustufen ist.

79 Risikovermeidung im Sinne der Eleminierung der nachteiligen *Folgen* oder *Wirkungen* durch das Risiko, nicht der *Ursachen*, wie es von Hoffmann verstanden wird. Vgl. HOFFMANN, Klaus: Risk Management ..., a. a. O., S. 24 - 25.

80 Zu möglichen Instrumenten des Risk Managements vgl. beispielsweise MÜLLER, Wolfgang: Instrumente des Risk Management - Gestaltungsformen und Konsequenzen, in: Risk Management - Strategien zur Risikobeherrschung, hrsg. v. Wolfgang Goetzke und Günter Sieben, Köln 1979, S. 69 - 81, hier S. 71 - 77; KUPSCH, Peter: Risiken als Gegenstand ..., a. a. O., hier S. 155; MAG, Wolfgang: Risiko und Ungewißheit, a. a. O., S. 491 - 493.

81 Vgl. MÜLLER, Wolfgang: Instrumente des Risk Management ..., a. a. O., hier S. 77.

82 So beispielsweise MUGLER, Josef: Risk Management ..., a. a. O., S. 210 - 211; BRAUN, Herbert: Risikomanagement ..., a. a. O., S. 283 - 285; HALLER, Matthias: Risiko-Management ..., a. a. O., hier S. 34 - 36; SEIFERT, Werner G.: RISK Management ..., a. a. O., S. 158 - 162.

83 Vgl. WEBER, Werner: Strategien zur Verbesserung ..., a. a. O., S. 25 - 26.

84 Vgl. WEBER, Werner: Strategien zur Verbesserung ..., a. a. O., S. 27 - 29.

85 Vgl. BRAUN, G. E.: Organisation, in: Betriebswirtschaftslehre der Mittel- und Kleinbetriebe - Größenspezifische Probleme und Möglichkeiten zu ihrer Lösung, hrsg. v. Pfohl, H.-Chr., Berlin 1982, S. 164 - 190, hier S. 179.

86 Vgl. WILLIAMS (JR.), Arthur C. - HEINS, Richard M.: Risk Management ..., a. a. O., p. 43. Williams/Heins gehen explizit auf die unterschiedliche Einordnung des Risk Managements in kleinen und mittleren Unternehmen gegenüber Großunternehmen ein. Auch Seifert sieht den Risk Manager als Stabsmanager auf Vorstandsebene und nicht als Linienmanager (vgl. SEIFERT, Werner G.: RISK Management ..., a. a. O., S. 158). Er weist allerdings auch auf die damit verbundenen Probleme hin (vgl. zu diesen Problemen ebenda, S. 158), die allerdings eher in Großunternehmen auftreten und in Klein- und Mittelunternehmen lösbar sind.

87 Vgl. MUGLER, Josef: Risk Management, in: HdV, hrsg. v. Dieter Farny - Elmar Helten - Peter Koch - Reimer Schmidt, Karlsruhe 1988, S. 679 - 683, hier S. 683.

88 Diese Auffassung teilt auch Wentz, der sich ebenfalls für eine zentrale Durchführung der Sicherungen ausspricht. Vgl. WENTZ, Rolf-Christian: Unternehmerische Devisenkurssicherung - Wechselkursrisiko, optimales Kurssicherungsverhalten und Organisation der Kurssicherungsfunktion bei Nichtbanken unter besonderer Berücksichtigung der Möglichkeit einer Devisenkursprognose, Frankfurt a. M. 1979, S. 346.

89 Die Zuordnung der Behandlung der Preis- und Kursrisiken zum Risk Management wird auch von Seifert vorgenommen (vgl. SEIFERT, Werner G.: Risk Management: Die Zukunft ..., a. a. O., hier S. 750 - 751). Seifert geht sogar noch über die Zuordnung der Preis- und Kurssicherung hinaus und ordnet beispielsweise auch das Versorgungsrisiko dem Risk Management zu (vgl. ebenda, S. 754). Diese umfassende Zuordnung aller Beschaffungsrisiken geht allerdings zu weit (vgl. hierzu auch die Kritik an der Zuordnung aller Risiken zum Risk Management im Abschnitt 2.3).
Die Einordnung der Preis- und Kurssicherung als Aufgabe des Risk Managements vertreten auch RINEHIMER, David: Hedging, in: Handbook of Futures Markets - Commodity, Financial, Stock Index, and Options, ed. by Perry Kaufman, New York - Chichester - Brisbane u. a. 1984, p. 9.1 - 9.51, hier p. 9.1; PRINDL, Andreas R.: Foreign Exchange Risk, London - New York - Sydney - Toronto 1976, p. 115.

90 Vgl. VIEHÖVER, Ulrich - LEMMER, Ruth: Währungsmanagement - Vorsicht Schieflage, in: WiWo, 42. Jg. (1988), Nr. 7, S. 54 - 60, hier S. 54.

91 Sofern in Großunternehmen kein starres Regelwerk für die Entscheidungen zur Absicherung existiert, erhöht sich bei dezentral durchgeführten Absicherungen die Gefahr, daß die einzelnen Abteilungen mit unterschiedlicher Risikobereitschaft handeln und diese Risikobereitschaft nicht den Vorstellungen der Unternehmensführung entspricht. Vgl. hierzu WENTZ, Rolf-Christian: Unternehmerische Devisenkurssicherung ..., a. a. O., S. 347.

92 Durch die Manipulation bei der Durchführung dieser Geschäfte kann einem Unternehmen hoher Schaden zugefügt werden. Der Volkswagen AG entstand beispielsweise durch *betrügerische* Devisengeschäfte von Mitarbeitern der Devisenabteilung in den Jahren 1984 - 1987 ein Schaden von ca. 480 Mio. DM. Vgl. O. V.: Eigengeschäfte der VW-Devisenhändler, in: FAZ, Nr. 119 v. 26.05.1989, S. 17.

93 Vgl. FRANKEN, Rolf: Materialwirtschaft, Stuttgart 1984, S. 29 - 30; HORRMANN, Hermann: Rohstoffmärkte, internationale, in: Management-Enzyklopädie, München 1971, Bd. 5, S. 184 - 194, hier S. 184; GABLERS WIRTSCHAFTS-LEXIKON, 11. Auflage, Wiesbaden 1983, Bd. 5, Sp. 1061. Franken und Horrmann definieren den Begriff der Rohstoffe nicht explizit, sondern implizit über die Definition des Begriffs der Rohstoffmärkte.

94 Vgl. JEHLE, Egon - MÜLLER, Klaus - MICHAEL, Horst: Produktionswirtschaft - Eine Einführung mit Anwendungen und Kontrollfragen, 2. Aufl., Heidelberg 1986, S. 24; GABLERS WIRTSCHAFTS-LEXIKON, a. a. O., Sp. 1061.

95 Vgl. FRANKEN, Rolf: Materialwirtschaft, a. a. O., S. 30.

96 Die Aufnahme des Terminhandels von Computerchips (DRAM's) wurde von der Pacific Stock Exchange (San Francisco) beantragt. Vgl. hierzu O. V.: Computerchips: Starke Preisschwankungen sollen nivelliert werden, in: HB, Nr. 103 v. 01.06.1989, S. 33. Zur Diskussion über die Notwendigkeit der Einführung des Terminkontrakthandels mit Computerchips vgl. DEYSSON, Christian: Terminbörsen: Seele als Rohstoff, in: WiWo, 43. Jg. (1989), H. 24, S. 94 - 96.

97 Vgl. SCHNORBUS, Axel: Die Zähmung des Computers, in: Frankfurter Allgemeine Zeitung, Nr. 250 v. 28.10.1986, S. 13.

98 Vgl. JEHLE, Egon - MÜLLER, Klaus - MICHAEL, Horst: Produktionswirtschaft ..., a. a. O., S. 24.

99 Transportunternehmen können beispielsweise ihre Treibstoffkosten sichern. Vgl. hierzu GAMLIN, Joanne: How the largest bus company hedges its fuel costs, in: Futures: The magazine of Commodities & Options, 13. Jg. (1984), No. 2, p. 80 - 82; NIKKHAH, Shahrokh: How end user's can hedge fuel costs in energy markets, in: Futures: The Magazine of Commodities & Options, 16. Jg. (1987), No. 10, p. 66 - 67.

100 Oeldorf/Olfert verstehen unter *Waren* lediglich die zur Ergänzung der Produktionsprogrammpalette gekauften Vorräte; diese Waren werden im Unternehmen weder bearbeitet noch verarbeitet. Vgl. hierzu OELDORF, Gerhard - OLFERT, Klaus: Materialwirtschaft, 5. Aufl., Ludwigshafen (Rhein) 1987, S. 22. Arnolds/Heege/Tussing verwenden hingegen den Begriff *Waren* synonym mit dem Begriff *Material*. Vgl. ARNOLDS, Hans - HEEGE, Franz - TUSSING, Werner: Materialwirtschaft und Einkauf, 5. Aufl., Wiesbaden 1986, S. 233 - 234.

101 Vgl. zum Begriff der Devisen beispielsweise EILENBERGER, Guido: Währungsrisiken, Währungsmanagement und Devisenkurssicherung, 2. Aufl., Frankfurt a. M. 1986, S. 18; SCHÄFER, Wolf: Währungen und Wechselkurse, Würzburg - Wien 1981, S. 22; HAHN, Oswald: Geld- und Devisenhandel, Stuttgart 1964, S. 32 - 33.

102 Vgl. EILENBERGER, Guido: Währungsrisiken ..., a. a. O., S. 19.

103 Zur Differenzierung zwischen den Begriffen Währung, Wechselkurs und Devisen vgl. ZEIDLER, Hans-Wilhelm: Unternehmensrisiko bei Wechselkursvariationen, Göttingen 1979, S. 4 - 10. Vgl. auch SCHÄFER, Wolf: Währungen und Wechselkurse, a. a. O., S. 21 - 22.

104 Zu dem Begriff des *Währungsrisikos* und dessen Komponenten vgl. EILENBERGER, Guido: Währungsrisiken ..., a. a. O., S. 14 - 24. Speziell zum Begriff des *Währungskursrisikos* vgl. ZEIDLER, Hans-Wilhelm: Unternehmensrisiko ..., a. a. O., S. 63 - 105; SCHMIDT, Martin: Wechselkursrisiko, Informationsverarbeitung und Devisenterminmarkt, Frankfurt a. M. 1985, S. 109 - 111.

105 Vgl. EILENBERGER, Guido: Währungsrisiken ..., a. a. O., S. 210. Ausführlich zum Translationsrisiko vgl. WENTZ, Rolf-Christian: Unternehmerische Devisenkurssicherung ..., a. a. O., S. 58 - 65; JACQUE, Laurent L.: Management of Foreign ..., a. a. O., p. 129 - 144.

106 Vgl. EILENBERGER, Guido: Währungsrisiken ..., a. a. O., S. 210. Zur Diskussion ob derartige Risiken überhaupt abgesichert werden sollten vgl. WENTZ, Rolf-Christian: Unternehmerische Devisenkurssicherung ..., a. a. O., S. 240 - 253.

107 Vgl. EILENBERGER, Guido: Währungsrisiken ..., a. a. O., S. 210. Auch Jacque bezeichnet das Translationsrisiko als "results from the practice of *periodically* consolidating or aggregating parent's and affiliates' balance sheets". Vgl. JACQUE, Laurent L.: Management of Foreign ..., a. a. O., p. 129 - 130.

108 Vgl. WENTZ, Rolf-Christian: Unternehmerische Devisenkurssicherung ..., a. a. O., S. 66; EILENBERGER, Guido: Währungsrisiken ..., a. a. O., S. 210.

109 EILENBERGER, Guido: Währungsrisiken ..., a. a. O., S. 16 - 17.

110 Zum Begriff *Kursrisiko* vgl. ALBRECHT, Werner: Wechselkurssicherung - Die Möglichkeiten der Wechselkurssicherung und ihre Eignung für Bank- und Nichtbankunternehmen, Hamburg 1977, S. 25; JACQUE, Laurent L.: Management of Foreign ..., a. a. O., p. xvii - xix.
Zum Begriff *Preisrisiko* vgl. RINEHIMER, David: Hedging, a. a. O., hier p. 9.7.

111 Vgl. zu den Vertretern dieser Konzeption und den charakteristischen Merkmalen GOSS, B. A.: The Theory of Futures Trading, London - Boston 1972, p. 29 - 31. Vgl. zur traditionellen Form des Hedgings auch WORKING, Holbrook: New Concepts Concerning Futures Markets and Prices, in: The American Economic Review, Vol. 52 (1962), No. 3, p. 431 - 459, hier p. 442.

112 RINEHIMER, David: Hedging, a. a. O., hier p. 9.8. Vgl. auch WALLACE, J. Roger: Commodity Trading, in: Financial Handbook, ed. by Jules I. Bogen and Samuel S. Shipman, 4th. ed., New York 1968, p. 23.1 - 23.35, hier p. 23.23; CORDERO, Ricardo: Der Financial Futures ..., a. a. O., S. 14; SEIDEL, Andrew D. - GINSBERG, Philip M.: Commodities Trading - Foundations, Analysis, and Operations, Englewood Cliffs (N.J.) 1983, p. 30 - 31.

113 Vgl. zum Hedging-Instrument *Futures* die Ausführungen in Abschnitt 3.3.2.1. in Kapitel 3.

114 Diese vom speziellen Hedging-Instrument unabhängige Begriffsauslegung vertreten auch JONES, Eric T. - JONES, Donald L.: Hedging Foreign Exchange Risk - Converting Risk To Profit, New York - Chichester - Brisbane u. a. 1987, p. 4 - 5.

115 Die Auffassung, daß sich der Sicherungsgedanke und die Nutzung von Gewinnchancen nicht widersprechen, vertritt auch QUICK, Rolf H.: Informationsprozesse ..., a. a. O., S. 32 - 33.

116 Vgl. zu dieser Begriffsauffassung NELDNER, Manfred: Die Kursbildung auf dem Devisenterminmarkt und die Devisenterminpolitik der Zentralbanken, Berlin 1970, S. 61 - 62; BALDONI, Robert J.: A Currency Management Game Plan, in: Intermarket, 4. Jg. (1987), No. 10, p. 6 - 10 und p. 16, hier p. 10.

117 Zu möglichen, den Erfolg eines Hedgings beeinflussenden Faktoren vgl. FITZGERALD, Desmond: Financial Futures, London 1983, p. 78 - 80 und 86 - 88.

118 Teilweise wird in der Literatur das *Carrying-Charge-Hedging* als weitere Hedging-Strategie angeführt (vgl. beispielsweise QUICK, Rolf H.: Informationsprozesse ..., a. a. O., S. 32). Diese Strategie ist aber eher dem Spreading als dem Hedging zuzuordnen (vgl. SMITH, Courtney: Commodity Spreads, in: The Concise Handbook of Futures Markets - Money Management, Forecasting, and the Markets, ed. by Perry J. Kaufman, New York - Chichester - Brisbane - Toronto - Singapore 1986, p. 12.1 - 12.34, hier p. 16). Sie wird deshalb hier nicht weiter verfolgt.

119 Wentz bezeichnet diese Strategie auch als passive Kurssicherungsstrategie (vgl. WENTZ, Rolf-Christian: Unternehmerische Devisenkurssicherung ..., a. a. O., S. 265 - 267, 269 und 272 - 280.

120 Vgl. hierzu WENTZ, Rolf-Christian: Unternehmerische Devisenkurssicherung ..., a. a. O., S. 269; SCHNEIDER, Volker: Kurzfristiges Wechselkursrisiko-Management, München 1983, S. 133.

121 Vgl. MEHR, Robert I. - HEDGES, Bob A.: Risk Management ..., a. a. O., p. 88 - 89; ALBRECHT, Werner: Wechselkurssicherung, a. a. O., S. 35.

122 Williams spricht angesichts dieses Risikos von der "*most important misconception*" des Hedgings (WILLIAMS, Jeffrey: The economic function of futures markets, Cambridge - New York - Melbourne 1986, p. 101).

123 Vgl. WENTZ, Rolf-Christian: Unternehmerische Devisenkurssicherung ..., a. a. O., S. 267; MEHR, Robert I. - HEDGES, Bob A.: Risk Management ..., a. a. O., p. 89.

124 Van Horne sieht diese Strategie deshalb nur in Großunternehmen als anwendbar an. Für kleine und mittlere Unternehmen stuft er sie als weniger geeignet ein. Vgl. VAN HORNE, James C.: Fundamentals of Financial Management, 6th ed., Englewood Cliffs (N.J.), p. 657.

125 GRABBE, J. Orlin: International Financial Markets, New York - Amsterdam - London 1986, p. 109.

126 Vgl. hierzu MEHR, Robert I. - HEDGES, Bob A.: Risk Management ..., a. a. O., p. 91.

127 Vgl. hierzu BÜSCHGEN, Hans E.: Internationales Finanzmanagement, a. a. O., S. 188.

128 Den Begriff der *Risikoumgehung* verwendet auch ALBRECHT, Werner: Wechselkurssicherung, a. a. O., S. 36 - 37. Allerdings versteht Albrecht unter der Risikoumgehung die Nicht-Durchführung von Geschäften, die mit einem Risiko behaftet sind. Da jedoch nahezu der gesamte Unternehmensablauf mit Risiken der unterschiedlichsten Art behaftet ist, erscheint diese Begriffsdefinition als zu restriktiv.

129 Der Begriff *konstantes Volumen* ist in bezug auf die Sicherung der Rohstoffpreise als Mengenvolumen und in bezug auf die Sicherung der Währungkurse als Geldvolumen zu verstehen. Steigende (fallende) Rohstoffpreise führen bei konstantem Mengenvolumen zu einem steigenden (fallenden) Geldvolumen.

130 In diesem Sinne ist Wentz zu interpretieren, der den vollständigen Verzicht auf Sicherung und die vollständige Sicherung als gleich gut einstuft (vgl. WENTZ, Rolf-Christian: Unternehmerische Devisenkurssicherung ..., a. a. O., S. 269).

131 Vgl. STREIT, Manfred E.: On the Use of Futures Markets for Stabilization Purposes, in: Weltwirtschaftliches Archiv, Bd. 116 (1980), S. 493 - 513, hier S. 499.

132 Vgl. JACQUE, Laurent L.: Management of Foreign ..., a. a. O., p. 257; SHAPIRO, Alan C. - RUTENBERG, David P.: When to Hedge Against Devaluation, in: International Capital Markets, ed. by Edwin J. Elton - Martin J. Gruber, p. 338 - 359, hier p. 339.

133 Diese Aversion der Entscheidungsträger gegenüber Wechselkursrisiken stellten auch Pausenberger/Völker bei einer Befragung international operierender Unternehmen fest. Vgl. PAUSENBERGER, Ehrenfried - VÖLKER, Harald: Praxis des internationalen Finanzmanagements - Eine empirische Untersuchung von Finanzierung, Kapitalstrukturgestaltung und Cash Management in internationalen Unternehmen, Wiesbaden 1985, S. 68 - 69.

134 Diese Auffassung vertritt auch Stocker. "Kluge Unternehmer werden dies denn auch der Möglichkeit eines spekulativen Gewinnes im Effektivgeschäft vorziehen." (Vgl. STOCKER, Theodor: Das Börsentermingeschäft in Waren und seine wirtschaftlichen Funktionen unter besonderer Berücksichtigung der Preissicherung (hedging), Diss., Bern 1955, S. 139). Vgl. hierzu auch die Äußerungen verschiedener Firmenvertreter in: VIEHÖVER, Ulrich - LEMMER, Ruth: Währungsmanagement ..., a. a. O.

135 Vgl. HIELSCHER, Udo: Instrumente zur Begrenzung von Währungsrisiken, in: BFuP, 37. Jg. (1985), H. 6, S. 531 - 548, hier S. 533.

136 Auch Schwab sieht die kurzfristige Erhöhung der Sicherheit durch Risikoumgehung als langfristig eher negativ, so beispielsweise dann, wenn ein Unternehmen das Risiko von Innovationen scheut. Vgl. SCHWAB, Klaus: Chancenmanagement, Düsseldorf 1976, S. 10.

137 Vgl. hierzu WITTGEN, Robert: Währungskursrisiko und Devisenkurssicherung, Frankfurt a. M. 1975, S. 39, der aus diesem Grunde stets ausgeglichene Tageseinzel- und -gesamtpositionen anstrebt.

138 Schneider vermutet, daß dieses risikoaverse Verhalten aus der kurzfristigen Erfolgsorientierung der Manager resultiert. Sie sind den Aktionären Rechenschaft schuldig und aus diesem Grund bereit, Sicherungskosten zur Vermeidung kurzfristiger Verluste in Kauf zu nehmen (vgl. SCHNEIDER, Volker: Kurzfristiges ..., a. a. O., S. 134).

139 Die Bildung von Preiserwartungen und darauf aufbauend die Durchführung eines Selektiv-Hedging bezeichnet Ströbele als offensichtlich rational. Vgl. hierzu STRÖBELE, Wolfgang: Rohstoffökonomik - Theorie natürlicher Ressourcen mit Anwendungsbeispielen Öl, Kupfer, Uran und Fischerei, München 1987, S. 51 - 52.

140 Jones/Jones bezeichnen diese Form des Hedgings als *modified* Hedge-and-Hold (vgl. JONES, Eric T. - JONES, Donald L.: Hedging Foreign Exchange Risk ..., a. a. O., p. 129 - 130). Den Begriff Hedge-and-Hold verwenden Jones/Jones für das Routine-Hedging (vgl. ebenda, p. 127 - 128).

141 Vgl. hierzu JONES, Eric T. - JONES, Donald L.: Hedging Foreign ..., a. a. O., p. 130.

142 Vgl. hierzu HEIDEMANN, Heinrich: Währungsrisiken im internationalen Güteraustausch und ihre Ausschaltung durch Devisenoperationen dargestellt am Beispiel des Handels mit Rohstoffen und Naturprodukten, Diss., Bremen 1978, S. 119 - 120. Vgl. auch VERBAND DER CHEMISCHEN INDUSTRIE E. V. (HRSG.): Ermittlung der Auswirkungen von Wechselkursänderungen auf die Unternehmen, Frankfurt a. M. 1984, S. 11.

143 Diese differenzierte Betrachtung von eigentlichem Rohstoffpreis und Devisenkurs nimmt auch Lietaer vor, um auf diese Weise das auf den Lagerbeständen lastende Wechselkursrisiko bestimmen zu können. Vgl. LIETAER, Bernard A.: Financial Management of Foreign Exchange - An Operational Technique to Reduce Risk, Cambridge (Mass.) - London 1971, p. 59 - 62 und 85 - 90. Vgl. auch RESZAT, Beate: Devisenkurssicherung und Währungsspekulation - Möglichkeiten und Grenzen der Devisenengagements von Wirtschaftsunternehmen, Hamburg 1987, S. 35 und 40 - 41.

144 Zur Vereinfachung wird die folgende Betrachtung ceteris paribus durchgeführt. Damit läßt sich das Verhalten des DM-Preises eindeutig auf Entwicklungen des Rohstoffpreises und des Devisenkurses zurückführen.
145 Eine ähnliche Vorgehensweise schlägt Schwab vor. Er untersucht unter strategischen Aspekten die Rohstoffattraktivität einer Branche mittels einer Neun-Felder-Matrix. Vgl. hierzu SCHWAB, Klaus: Chancenmanagement, a. a. O., S. 32 - 33.
146 Vgl. zu der Bestimmung der verschiedenen Hedge-Volumina: SPREMANN, Klaus: Produktion, Hedging, Spekulation - zu den Funktionen von Futures-Märkten, in ZfbF, 38. Jg. (1986), H. 6, S. 443 - 464, hier S. 447 - 448.
147 Vgl. hierzu SCHARPE, William F.: Investments, 3rd. Ed., Englewood Cliffs (N.J.) 1985, S. 535.
148 Vgl. beispielsweise zur Prognose des durch Kurssicherungsmaßnahmen auszugleichenden Devisensaldos BACHER, Michael: Prognosemodell zur Devisenkurssicherung, Diss., München 1975.
149 Zu den aus diesen Hedgevarianten resultierenden unterschiedlichen Bilanzansätzen vgl. LANGENBUCHER, Günther: Die Umrechnung von Fremdwährungsgeschäften - Eine Untersuchung nach handels- und steuerrechtlichen Grundsätzen, Stuttgart 1988, S. 39 - 99.
150 Diese Hedging-Variante wird auch als *antizipatorisches Hedging* bezeichnet. Vgl. WORKING, Holbrook: New Concepts ..., a. a. O., hier p. 441 - 442.
151 Im deutschen Großanlagenbau führt beispielsweise nur jedes 10. abgegebene Angebot zu einem Auftrag. (Vgl. LINDEINER-WILDAU, Klaus von: Risiken und Risiko-Management im Anlagenbau, in: Langfristiges Anlagengeschäft - Risiko-Management und Controlling, hrsg. v. Joachim Funk und Gert Laßmann, Düsseldorf - Frankfurt a. M. 1986, S. 21 - 37, hier S. 23). Für die einzelnen Angebote müssen Auftragswahrscheinlichkeiten ermittelt werden. (Vgl. ebenda S. 24).
152 Zum Begriff des Profit Center allgemein vgl. WELGE, Martin: Erfahrungen mit der Profit-Center-Organisation, Frankfurt - Bern - New York 1985, S. 13 - 19. Speziell zur Führung des Hedge - Risk Managements als Profit Center vgl. PRINDL, Andreas R.: Foreign Exchange ..., a. a. O., p. 117.
Im Gegensatz zu Unternehmen in anderen Ländern führen nur 3% der deutschen Großunternehmen das Devisengeschäft als eigenständiges Profit Center (vgl. O. V.: Devisengeschäfte: Studie stellt Zurückhaltung deutscher Unternehmen bei neuen Produkten fest, in: HB, Nr. 197 v. 12.10.1988, S. 11).
153 Vgl. hierzu WILLSMORE, A. W.: Accounting for Management Control, London 1971, p. 146 - 147.
154 Vgl. hierzu WENTZ, Rolf-Christian: Unternehmerische Devisenkurssicherung ..., a. a. O., S. 350 - 351.
155 Geschäft = der Gewährung des Verrechnungspreises oder -kurses zugrunde liegendes Ursprungsgeschäft.
156 Vgl. KERSCH, Annette: Wechselkursrisiken, internationaler Handel und Direktinvestitionen, Hamburg 1987, S. 19.
Zur Messung des Wettbewerbsrisikos und den Absicherungsmöglichkeiten vgl. VONALT, Joachim Wilhelm: Risiken bei flexiblen Wechselkursen, Idstein 1985, S. 179 - 187.
157 Vgl. hierzu KERSCH, Annette: Wechselkursrisiken ..., a. a. O., S. 39.

3. Instrumente des Risk Managements zum Hedgen bestehender Rohstoffpreis- und Devisenkursrisiken

Bevor im Rahmen dieses Kapitels die einzelnen Instrumente des Hedge - Risk Managements auf ihre Eignung für den Einsatz in kleinen und mittleren Unternehmen untersucht werden, erfolgt zunächst eine Klassifizierung dieser Instrumente.

3.1. Arten von Hedging-Instrumenten

Dem Hedge - Risk Management steht eine Reihe von Instrumenten zur Verfügung, die dem Risiko der Rohstoffpreis- und Währungskursschwankungen Rechnung tragen.[1] Nach ALBRECHT[2] lassen sich diese als risikovorbeugende, risikoverteilende, risikokompensierende und risikoübertragende Instrumente klassifizieren.

Die *Risikovorbeugung* kann durch **Risikoumgehung** oder **Risikovermeidung** erfolgen.[3] Unter **Risikoumgehung** wird die *Nicht-Ausführung*[4] von risikobehafteten Geschäften verstanden.[5] Es erscheint jedoch wenig sinnvoll, allein wegen eines eventuell bestehenden Rohstoffpreis- oder Devisenkursrisikos auf den Abschluß solcher risikobehafteter Geschäfte, beispielsweise den Export von Anlagen in die USA, zu verzichten. Viele Unternehmensentscheidungen erfolgen unter Unsicherheit und daraus resultierend unter Risiko. Die Konsequenz einer Risikoumgehung wäre die weitgehende Einstellung der Unternehmenstätigkeit. Aus diesem Grunde sollten im Rahmen einer Risikovorbeugung nur die risikovermeidenden Instrumente eingesetzt werden. Der Vorteil dieser Instrumente liegt in der vollständigen Ausschaltung des Risikos, ohne den Verzicht auf den Abschluß der risikobelasteten Geschäfte.[6] Mit der vollständigen Risikoausschaltung ist in der Regel die gleichzeitige Ausschaltung jeglicher Chancen, von einer günstigen Entwicklung der Rohstoffpreise oder Devisenkurse profitieren zu können, verbunden. Dies ist tendenziell eher als Nachteil anzusehen, weil sich im Gegensatz zu den reinen Risiken die vorteilhafte Entwicklung der Preise und Kurse nicht im Erhalt des status quo erschöpft, d. h. einer Konstanz der Rohstoffpreis- und Devisenkurse, sondern die Chance einer Verbesserung gegenüber dem aktuellen Zustand eröffnet. So kann beispielsweise der Lagerbestand an Rohstoffen in einem Unternehmen durch variierende Preise im Wert sinken, der Bestandswert kann aber auch steigen.

BACKES versteht unter **Risikovorbeugung**, anders als ALBRECHT, Maßnahmen der Reservenbildung und die Kalkulation von Risikozuschlägen.[7] Diese beiden Instrumente wirken nicht risikovermeidend, sondern lediglich risikomindernd.[8] Als **risikomindernd** soll im folgenden ein Hedging-Instrument bezeichnet werden, wenn durch den Einsatz eines solchen Instrumentes das Risiko einer nachteiligen Preis- oder Kursentwicklung nicht mit Sicherheit ausgeschlossen werden kann.[9] Die risikomindernden Instrumente weisen gegenüber den risikovermeidenden Instrumenten den Vorteil auf, daß sie entweder die Chance einräumen, von einer günstigen Preis- oder Kursentwicklung zu profitieren, oder relativ kostengünstig einzusetzen sind.[10] Sowohl die Risiken als auch die Chancen sind durch diese Instrumente in der Regel eng eingegrenzt.

Als *risikoverteilende* Maßnahme schlägt ALBRECHT zum Zwecke der Minderung des Rohstoffpreis- und Devisenkursrisikos den Abschluß von Geschäften in mehreren unterschiedlichen Währungen vor.[11] Dieser Vorgehensweise liegt der Portfeuille-Gedanke der Risikostreuung zugrunde. Gegenüber dem positiven Aspekt der Risikostreuung ist negativ zu bewerten, daß bei einer alleinigen Auf- oder Abwertung der DM das Risiko voll erhalten bleibt.[12]

Unter die *risikokompensierenden* Instrumente sind alle Einzelmaßnahmen zu subsumieren, welche dazu geeignet sind, das Risiko aus einem Geschäftsvorgang (Ursprungsgeschäft) durch den Abschluß eines weiteren Geschäfts (Zweitgeschäft), welches bezüglich der Risikokomponente Rohstoffpreis oder Devisenkurs eine zum Ursprungsgeschäft entgegengesetzte Entwicklung aufweist, auszugleichen oder zumindest wesentlich zu mindern.[13] Steigt beispielsweise der Rohstoffpreis, so fällt im Rahmen der Rohstoffbeschaffung ein Verlust an. Mit Hilfe des abgeschlossenen Zweitgeschäfts wird durch die Werterhöhung der Rohstoffe jedoch ein Gewinn erzielt. Die Sicherungswirkung besteht in der Saldierung der entstandenen Gewinne und Verluste, die sich im Idealfall (*perfect hedge*) genau zu Null addieren. Dieser vollständige Gewinn- und Verlustausgleich läßt sich nur erreichen, wenn die Entwicklung der Rohstoffpreise oder Devisenkurse im Ursprungsgeschäft und im Zweitgeschäft parallel verläuft. Ist der Zusammenhang der Preis- oder Kursentwicklung eher gering, sinkt damit automatisch die Sicherungswirkung.

Die *risikoübertragenden* Sicherungsinstrumente differenziert ALBRECHT danach, ob die Übertragung des Risikos **unentgeltlich** oder **entgeltlich** erfolgt.[14] Die unentgeltlichen, risikoübertragenden Instrumente bezeichnet er auch als *risikoabwälzende* Instrumente. ALBRECHT sieht es als "ein verständliches Streben eines Wirtschaftssubjektes, Risiken auf den Partner abzuwälzen, und so werden, auch unter Ausnutzung der eigenen Verhandlungsmacht, Risiken vertraglich ohne Vereinbarung eines besonderen Entgelts auf den Vertragspartner abgewälzt."[15]

Eine solche Risikoabwälzung kann beispielsweise durch die vertragliche Fixierung eines festen DM-Preises für eine Rohstofflieferung zu einem zukünftigen Termin unter der Voraussetzung realisiert werden, daß der Lieferant für die Gewährung des DM-Festpreises kein Entgelt erhebt. Das Risiko zwischenzeitlicher Rohstoffpreis- und Währungskursänderungen wird damit auf den Lieferanten abgewälzt. Aus Sicht des risikoabwälzenden Unternehmens kommt diese Vorgehensweise aber einer Risikovermeidung gleich, so daß nicht einsichtig ist, warum die risikoabwälzenden Instrumente von den risikovermeidenden abgegrenzt werden sollen. Zudem ist diese Differenzierung schon deshalb kritisch zu beurteilen, da es fraglich ist, ob die Risikoabwälzung tatsächlich unentgeltlich erfolgen kann. In der Regel wird der Lieferant, sofern er der Vereinbarung eines DM-Festpreises überhaupt zustimmt, hierfür einen Ersatz an anderer Stelle verlangen, da er nun das Risiko der Rohstoffpreis- und Währungskursänderungen trägt.[16] Dieser Ersatz kann beispielsweise in der Form realisiert werden, daß der Lieferant keine oder nur geringe Rabatte oder Zahlungsziele gewährt. In diesen Fällen kann von **versteckten Entgelten** gesprochen werden.

Unter dem Begriff "*entgeltliche* Risikoübertragung" faßt ALBRECHT die **Versicherungsinstrumente** zusammen.[17] Sie sollen der Versicherung gegen die aus Rohstoffpreis- und Währungskursschwankungen resultierenden nachteiligen Auswirkungen dienen. Als Beispiele nennt er die Risikoübertragung auf den Staat über die Hermes-Versicherung, den Abschluß von Termingeschäften oder die Forfaitierung.[18] Wie im weiteren Verlauf noch gezeigt wird, lassen sich diese Instrumente in einer anderen Systematisierung beispielsweise gleichzeitig als risikovermeidend bzw. risikomindernd klassifizieren.

ALBRECHT's Systematisierung der Hedging-Instrumente ist nicht schlüssig, weil sie aus der Vermischung verschiedener Blickwinkel resultiert und dadurch Mehrfachzuordnungen der einzelnen Instrumente zu verschiedenen Begriffsklassen zuläßt. So kann beispielsweise das Instrument der DM-Fakturierung gleichzeitig als risikovorbeugendes und risikoübertragendes Instrument klassifiziert werden. *Jedes* Hedging-Instrument läßt sich hinsichtlich

- des Ansatzes der Sicherungsinstrumente (direkt am Ursprungsgeschäft, indirekt durch Abschluß eines risiko*kompensierenden* Zweitgeschäfts),
- der Wirkung der Sicherung (Risiko*vermeidung*, Risiko*minderung*)

und hinsichtlich

- des Vorgehens zur Sicherung (Risiko*verteilung*, Risiko*übertragung*)

beurteilen.

Darüber hinaus lassen sich die Hedging-Instrumente nach der **Notwendigkeit der Mithilfe Dritter** in *interne* und *externe* Instrumente klassifizieren.[19] Die internen Instrumente können vom Hedge - Risk Management ohne die Mithilfe Dritter entweder **selbstbestimmend** oder durch **Vereinbarung mit dem Vertragspartner** eingesetzt werden und berühren deshalb nur das hedgende Unternehmen und/oder den Vertragspartner. Um externe Hedging-Instrumente einsetzen zu können, ist demgegenüber die Inanspruchnahme Dritter notwendig. Die DM-Fakturierung ist beispielsweise ein Instrument, das direkt am Ursprungsgeschäft ansetzt, risikovermeidend wirkt, das Risiko auf den Vertragspartner überträgt und nicht der Mithilfe Dritte bedarf.

Für den Zweck dieser Arbeit erscheint es sinnvoll, im folgenden die einzelnen Hedging-Instrumente hinsichtlich der **Notwendigkeit Dritter** in *interne* und *externe* Instrumente und hinsichtlich ihrer **Sicherungswirkung** in *risikovermeidende* und *risikomindernde* Instrumente zu unterscheiden.

Die einzelnen dem Risk Management zum Zwecke des Hedgings zur Verfügung stehenden Instrumente werden im folgenden auf ihre Eignung für den Einsatz zur Rohstoffpreis- und Devisenkurssicherung in kleinen und mittleren Unternehmen untersucht.

3.2. Interne Hedging-Instrumente

3.2.1. Risikovermeidende Hedging-Instrumente

3.2.1.1. Fakturierung in DM

Ein einfach handhabbares Hedging-Instrument zur Absicherung gegen Währungskursrisiken ist die Fakturierung in DM. Sowohl importierende als auch exportierende Unternehmen können auf diese Weise das Währungskursrisiko ausschließen. Durch die Fakturierung in DM wird das Risiko auf den ausländischen Vertragspartner abgewälzt.

Ob die Fakturierung in DM oder in der Währung des Vertragspartners erfolgt, ist in der Regel eine Frage der Vereinbarung zwischen beiden Handelspartnern.[20] Die Abwälzung des Risikos auf den Vertragspartner wird immer dann Schwierigkeiten bereiten, wenn dieser in dem Zeitraum zwischen Vertragsabschluß und Zahlungszeitpunkt eine für ihn nachteilige Kursentwicklung erwartet. Gerade in diesem Fall besteht aber ein verstärktes Interesse des inländischen Unternehmens an einer Absicherung.[21]

Ist die Fakturierung in DM einmal vereinbart, so ist das Unternehmen auch bei günstigem Währungskursverlauf in der Regel daran gebunden; von einer günstigen Entwicklung kann nicht mehr profitiert werden. Allerdings bietet dieses Instrument nicht einen entsprechenden Schutz vor Kursverlusten.[22] Der Kurssicherungseffekt kann nachträglich reduziert werden, wenn ein ausländischer Abnehmer oder Exporteur nach einer für ihn nachteiligen Währungskursentwicklung die Übernahme zumindest eines Teils der Kursverluste verlangt, den Vertrag nicht durch Abnahme oder Lieferung erfüllt oder die Zahlung aufschiebt.[23] In diesen Fällen wird häufig mit dem Abbruch der Geschäftsbeziehungen gedroht, so daß die Unternehmen, sofern sie nicht die notwendige Verhandlungsmacht besitzen, auf diese Forderungen eingehen und sich am Wechselkursverlust beteiligen.[24]

Ein weiterer Nachteil ist in der eingeschränkten Einsatzmöglichkeit dieses Instrumentes im Rahmen eines Selektiv-Hedging zu erblicken. Es kann lediglich bei Geschäftsabschluß über den Einsatz dieses Instrumentes entschieden werden.

Zusammenfassend kann die DM-Fakturierung als wenig geeignet für den Einsatz durch kleine und mittlere Unternehmen zum Zwecke der Devisenkurssicherung eingestuft werden, insbesondere aufgrund der zum Einsatz notwendigen Verhandlungsmacht und der mangelnden Flexibilität bezüglich des Einsatzzeitpunktes. Die Durchsetzung dieses Instrumentes wird immer dann problemlos sein, wenn der ausländische Vertragspartner ein für ihn vorteilhafte Kursentwicklung erwartet. Gerade in diesen Fällen sollte das inländische Unternehmen aber auf den Einsatz dieses Instrumentes verzichten.

3.2.1.2. Vereinbarung von Festpreisen

Die Vereinbarung von Festpreisen dient der Sicherung gegen Rohstoffpreisrisiken. Sie kann von importierenden und exportierenden Unternehmen angewandt werden. Bei Geschäftsabschluß wird für einen bestimmten Liefertermin in der Zukunft der Rohstoffpreis fest vereinbart; das Geschäft ist von *beiden* Kontrahenten erst zu diesem Zeitpunkt zu erfüllen.[25] Es wird daher auch als **warenbezogenes Vorausgeschäft** oder **nicht börsenmäßig organisiertes Termingeschäft** bezeichnet.[26]

In der Regel wird die Vereinbarung eines Festpreises zusammen mit dem Instrument der Fakturierung in DM angewandt. So kann beispielsweise ein Unternehmen mit seinem Rohstofflieferanten bei der Bestellung einen festen Preis in DM vereinbaren. Sowohl das Risiko einer Änderung des Weltmarkt-Rohstoffpreises als auch das Risiko einer Währungskursänderung innerhalb des Zeitraums zwischen Bestellung und Lieferung sind hierdurch in der Regel vollständig ausgeschlossen, sofern keine nachträglichen Preisänderungen vorgenommen werden. Durch die Vereinbarung eines Festpreises kann das Unternehmen allerdings in der Regel auch nicht mehr von einer vorteilhaften Rohstoffpreisentwicklung profitieren.

Als nachteilig ist darüber hinaus auch einzustufen, daß der Einsatz dieses Instrumentes durch kleine und mittlere Unternehmen, ebenso wie eine DM-Fakturierung, nicht ohne weiteres möglich ist, da der Vertragspartner in der Regel ein entgegengesetztes Interesse hat. Zudem kann dieses Instrument nicht flexibel für ein Selektiv-Hedging eingesetzt werden. Eine Entscheidung über den Einsatz ist nur bei Geschäftsabschluß möglich. Deshalb erscheint auch dieses Hedging-Instrument für den Einsatz in kleinen und mittleren Unternehmen wenig geeignet.

3.2.1.3. Lagerhaltung von Rohstoffen

Die Lagerhaltung ist prinzipiell nicht nur für Rohstoffe, sondern auch für Devisen möglich. Da für diese Art der Lagerhaltung, die Fremdwährungsanlage, die Mithilfe Dritter notwendig ist, wird dieses Instrument den externen Hedging-Instrumenten zugeordnet.

In Abhängigkeit von den Ergebnissen der Preisprognosen können die Rohstoffe vorzeitig, d. h. bevor es für die Durchführung des Produktionsprozesses notwendig gewesen wäre, beschafft und bis zu ihrer Verwendung gelagert werden.[27] Um von einem Hedging sprechen zu können, ist es nicht notwendig, daß die gelagerten Rohstoffe für die Erfüllung bereits abgeschlossener Geschäfte benötigt werden, sondern lediglich, daß der Einsatz im Rahmen der Produktion überhaupt geplant ist und nicht nur ein Handel mit diesen Rohstoffen betrieben wird.[28] In diesem Fall sollte sich die gelagerte Menge an der Absatzplanung orientieren.

Von Spekulation sollte nur gesprochen werden, wenn die Rohstoffbeschaffung *einzig* dem Ziel der Wiederveräußerung zu einem höheren Preis dient.[29] Eine vorzeitige Auflösung des Lagers durch Wiederverkauf im Rahmen eines Selektiv-Hedging ist danach keine Spekulation, weil die Verwendung der Rohstoffe im Vordergrund des ursprünglichen Beschaffungsvorgangs stand. Es erscheint wenig sinnvoll in diesem Fall von Spekulation zu sprechen, nur weil durch den Wiederverkauf Lagerbestandswertverluste als Folge fallender Preise vermieden werden sollen. Erwartet beispielsweise ein Unternehmen, das derzeit eine Rohstoffmenge zur Deckung von vier Monatsbedarfen lagert, in den nächsten zwei Monaten einen sinkenden Rohstoffpreis, so sollte der Lagerbestand auf das für die laufende Produktion unbedingt notwendige Maß reduziert werden. Die jetzt verkauften, noch nicht benötigten Rohstoffe können in der Zukunft, die Richtigkeit der Preisprognose unterstellt, preiswerter zurückgekauft werden.

Im Rahmen der Lagerung von Rohstoffen entstehen im wesentlichen Bereitschaftskosten für den Lagerraum, das Lagerpersonal und die Fördermittel sowie Einzelkosten für die Versicherung der Rohstoffe und für die Bindung des Kapitals. Diese Kosten werden auch als *carrying charges* bezeichnet.[30] Insbesondere die vorzeitige Bindung des Kapitals ist nachteilig zu beurteilen. Das Kapital wird entweder der Verwendung für eine Expansion des Unternehmens entzogen oder muß von Banken geliehen werden. Wird das notwendige Kapital geliehen, ist zu beachten, daß neben den entstehenden Kreditkosten auch die Kreditlinien zu einem Teil ausgeschöpft werden und damit nicht für andere Zwecke in Anspruch genommen werden können.

Die Lagerhaltung von Rohstoffen als Hedging-Instrument weist hingegen bei gängigen Rohstoffen grundsätzlich den Vorteil auf, daß das Unternehmen sich von diesem Hedging-Instrument wieder lösen kann. Die gelagerten Rohstoffe können in der Zeit bis zu ihrer Verwendung mehrmals gekauft und wieder verkauft werden, je nach Einschätzung der Preisentwicklung. Auf diese Weise schützt sich das Unternehmen gleichzeitig gegen eine Minderung des Lagerbestandswertes.

Ein ständiges Trading des kompletten, frei verfügbaren Lagerbestandes eines Rohstoffs ist relativ aufwendig. Zum einen müssen ständig Vertragspartner gesucht werden, zum anderen werden durch die Ein- und Auslagerung der Rohstoffe personelle und maschinelle Kapazitäten beansprucht. Deshalb ist dieses Hedging-Instrument eher für den Einsatz in Großunternehmen geeignet. Kleine und mittlere Unternehmen sind demgegenüber, sobald die Rohstoffe beschafft werden, in der Regel an dieses Instrument gebunden.

Wird das Lager bei erwarteten Preisminderungen hingegen nicht abgebaut, entstehen Lagerbestandswertverluste. Das Risiko der Minderung des Bestandswertes von gelagerten Rohstoffen läßt sich zwar durch den Einsatz geeigneter anderer Hedging-Instrumente (z. B. Terminkontrakte) vermindern oder vermeiden, doch erscheint es wenig sinnvoll, durch ein zweites Hedging-Instrument nachteilige Auswirkungen des ersten Instrumentes abzusichern.

Ein weiteres, mit der Lagerhaltung von Rohstoffen zum Zwecke der Preissicherung verbundenes Problem, ist die Bereitstellung ausreichender Lagerkapazitäten. Sind beispielsweise die Lagerkapazitäten erschöpft und kurzfristig nicht erweiterbar, kann dieses Hedging-Instrument nicht eingesetzt werden. Zudem können mehrere Rohstoffe, deren Preis durch Lagerhaltung gesichert werden soll, um diese knappen Lagerkapazitäten konkurrieren.

Für den Einsatz dieses Instrumentes spricht demgegenüber die Möglichkeit einer langfristigen Absicherung gegen das Rohstoffpreisrisiko, sofern die Rohstoffe entsprechend lange lagerfähig sind. In kleinen und mittleren Unternehmen sollte es aus den bereits angeführten Gründen nur dann eingesetzt werden, wenn keine besser geeigneten Hedging-Instrumente zur Verfügung stehen.

3.2.1.4. Preisgleitklauseln

Preisgleitklauseln können sowohl gegen Rohstoffpreissteigerungen als auch gegen Lohnsteigerungen vereinbart werden.[31] Voraussetzung für die Vereinbarung ist die Nachvollziehbarkeit der Berechnungsmodalitäten der Gleitpreise für beide Vertragspartner. Bei der Berechnung von Rohstoff-Preisgleitklauseln kann dies beispielsweise dadurch erreicht werden, daß der Weltmarktpreis des entsprechenden Rohstoffs, z. B. für den Rohstoff Kupfer der Börsenpreis an der Londoner Metal Exchange, dieser Berechnung zugrunde gelegt wird.[32] Klauseln dieser Art sollten insbesondere im Rahmen langfristiger Verträge zugrunde gelegt werden. Wird beispielsweise ein langfristiger Liefervertrag abgeschlossen, kann durch die Vereinbarung von Preisgleitklauseln das ständige Aushandeln des jeweils aktuellen Preises durch die beiden Vertragspartner vermieden werden.[33] Auch bei langfristigen Fertigungs- und Absatzprozessen bietet die Verwendung von Preisgleitklauseln eine Möglichkeit der Überwälzung gestiegener Rohstoffkosten.[34]

Der Einsatz der Preisgleitklauseln als Hedging-Instrument ist von der Zustimmung des Vertragspartners abhängig. Dieser wird häufig die Überwälzung der Rohstoffpreissteigerungen als nachteilig ansehen und daher die Vereinbarung einer Preisgleitklausel ablehnen, insbesondere dann, wenn er seinerseits keine Möglichkeit zur weiteren Überwälzung der Preissteigerung auf seine Abnehmer sieht.[35] Ein Einsatz von Preisgleitklauseln ist auch aus rechtlichen Gründen nicht ohne weiteres möglich.[36]

Aus den genannten Gründen kann der Einsatz dieses Hedging-Instrumentes nicht grundsätzlich, sondern nur unter Beachtung der gesetzlichen Vorschriften und bei entsprechender Marktmacht eingesetzt werden.[37] Zudem ist das Unternehmen an diese Vereinbarung gebunden und hat keine Möglickeit ein Selektiv-Hedging durchzuführen. Es ist deshalb insbesondere für kleine und mittlere Unternehmen nicht geeignet.

3.2.1.5. Währungsklauseln

Währungsklauseln sind Gleitklauseln zur Sicherung gegen Wechselkursrisiken. "Eine Währungsklausel ist eine vertragliche Vereinbarung, die vorsieht, daß die Höhe eines in einer bestimmten Währung (*Vertragswährung*) geschuldeten Betrages durch einen künftigen Kurs der Vertragswährung gegenüber einer anderen Währung oder mehreren Währungen (*Bezugswährung*) bestimmt wird".[38] Sofern die Bezugswährung die DM ist, entspricht dieses Instrument in seiner Wirkung letztlich einer Fakturierung in DM.[39] Schuldet ein deutsches Unternehmen beispielsweise einen Betrag von 100.000 US-$ (Vertragswährung) und beträgt der Wechselkurs im Zeitpunkt der Vereinbarung der Währungsklausel 2 DM/US-$, dann steigt der Forderungsbetrag bei einem Wechselkurs von 1,80 DM/US-$ auf 111.111,11 US-$. In DM umgerechnet beträgt die Forderung dagegen unabhängig vom Wechselkurs nur 200.000 DM.

Wird als Bezugsbasis eine Drittwährung gewählt, ist dieses Instrument nicht mehr als risikovermeidend zu bezeichnen, sondern als risikomindernd.[40] Dabei sollte beachtet werden, daß bei einer ungünstigeren Entwicklung der Relation Bezugswährung/DM gegenüber der Relation Vertragswährung/DM das Risiko sogar erhöht wird. Zur Risikostreuung können statt einer Bezugswährung mehrere Bezugsgrößen (multiple Währungsklauseln) gewählt werden.[41] Diese Konstruktion besitzt die Besonderheit, daß beide Kontrahenten einen Währungskursgewinn oder -verlust erzielen können.[42]

Währungsklauseln können nicht ohne weiteres als Hedging-Instrument eingesetzt werden. Sie bedürfen nach § 3 Satz 2 des Währungsgesetzes der Genehmigung durch die Deutsche Bundesbank, wenn die DM die Vertragswährung ist.[43] Für Zahlungs*verpflichtungen* aus dem Geld- und Kapitalverkehr werden diese Genehmigungen grundsätzlich nicht erteilt.[44] Diese Beschränkung betrifft demnach nur importierende und nicht exportierende Unternehmen.[45] Unter Kurssicherungsaspekten ist diese Beschränkung ohne praktische Relevanz, da nur dann ein Sicherungsbedürfnis entsteht, wenn die Vertragswährung nicht die DM ist.[46] Wird eine Fremdwährung als Vertragswährung zugrundegelegt, ist die Währungsklausel aus deutscher Sicht in jedem Fall zulässig; es muß aber überprüft werden, ob der Rechtswirksamkeit dieser Klausel keine gesetzlichen Bestimmungen im Lande des Vertragspartners entgegenstehen.[47]

Währungsklauseln sind nicht flexibel einsetzbar. Zudem erfordert ihr Einsatz die Beachtung gesetzlicher Vorschriften, die genaue Rechtskenntnisse des Risk Managers voraussetzen. Darüber hinaus bringt sie, wenn die DM als Bezugswährung gewählt wird, keinen Vorteil gegenüber einer Fakturierung in DM. Werden statt der DM eine oder mehrere Drittwährungen oder Feingold zugrunde gelegt, ist die vertragliche Gestaltung erheblich komplizierter und das Währungskursrisiko wird nicht vermieden. Für den Einsatz in kleinen und mittleren Unternehmen ist dieses Hedging-Instrument nicht geeignet.

3.2.2. Risikomindernde Hedging-Instrumente

Zu den risikomindernden Hedging-Instrumenten gehören neben dem Leading/Lagging, dem Netting und der Fakturierung in Drittwährungen auch die Bildung von Reserven und die Kalkulation von Risikozuschlägen. Die Bildung von Reserven entspricht einer Selbstversicherung und stellt letztlich keine eigentliche Sicherung dar, da ein eingetretener Schaden in vollem Umfang vom Unternehmen selbst zu tragen ist. Deshalb wird dieses Instrument hier nicht weiter untersucht, ebenso wie die Kalkulation von Risikozuschlägen im Rahmen von Verkaufsgeschäften, die nur bedingt gegen nachteilige Rohstoffpreis- und Devisenkursentwicklungen absichert und unter Umständen zu einer Ablehnung des Angebotes führt.

3.2.2.1. Leading/Lagging

Erwartet ein importierendes Unternehmen eine nachteilige Währungskursentwicklung, kann es die Begleichung der Verbindlichkeiten vorziehen (Leading), bei Erwartung einer vorteilhaften Entwicklung verzögern (Lagging).[48] Über den Einsatzzeitpunkt des Leadings kann von Unternehmen selbständig und ohne den Vertragspartner entschieden werden. Der Lieferant wird im Gegenteil sogar ein gleichgerichtetes Interesse an einer möglichst frühzeitigen Begleichung der Verbindlichkeit bzw. an einer möglichst hohen Vorauszahlung haben. Aus Sicht des sichernden Unternehmens sollte allerdings trotz des Sicherungseffektes auf die Leistung von Vorauszahlungen möglichst verzichtet werden, da sonst das Kursrisiko lediglich gegen ein Bonitätsrisiko getauscht wird.[49] Nur bei erstklassiger Bonität des Lieferanten ist ein solcher Tausch empfehlenswert. Gegenüber dem Leading findet das Lagging seine Begrenzung durch die gesetzte Zahlungsfrist; eine weitere Verzögerung stellt eine Vertragsverletzung dar.

Während der Importeur dieses Hedging-Instrument in Grenzen aktiv einsetzen kann, ist der Exporteur stärkeren Einschränkungen unterworfen, die einer differenzierten Betrachtung bedürfen. Die Durchführung eines aktiv gesteuerten Lagging ist nur dadurch möglich, daß das exportierende Unternehmen den erhaltenen Fremdwährungsbetrag nicht sofort eintauscht. Diese Vorgehensweise entspricht aber dem Instrument der Fremdwährungsanlage und wird daher hier nicht weiter behandelt. Die Durchführung eines aktiv gesteuerten Leading ist, im Gegensatz zum aktiv gesteuerten Lagging, nicht ohne Zustimmung des Kontrahenten möglich. Mit ihm kann die Leistung von Vorauszahlungen vereinbart werden. Der Vertragspartner wird allerdings nur einen diskontierten Betrag zahlen, da eine Vorauszahlung für ihn einen Zinsverlust bedeutet.

Neben diesen Möglichkeiten kann der Exporteur das Leading und Lagging nur passiv und in Vereinbarung mit dem Abnehmer einsetzen, indem er die Zahlungsbedingungen entsprechend gestaltet.[50] Durch die Gewährung von Skonti kann er beispielsweise einen Anreiz schaffen, die Verbindlichkeit möglichst frühzeitig zu begleichen. Ist ein relativ später Zahlungseingang gewünscht, werden keine Skonti gewährt. Den eingesparten Kosten für die Skonti steht das Bonitätsrisiko gegenüber. In beiden Fällen ist der Erfolg der getroffenen Maßnahme nicht sichergestellt. Das sichernde Unternehmen kann nur hoffen, daß sich der Abnehmer wie erwartet verhält.

Das Leading/Lagging wird häufig als Kurssicherungsinstrument multinationaler Unternehmen bezeichnet.[51] Wie die Ausführungen gezeigt haben, kann dieses Instrument unabhängig von der Unternehmensgröße eingesetzt werden.[52] Ein in Grenzen flexibler Einsatz ist nur für Importeure möglich. Will das Unternehmen das Bonitätsrisiko vermeiden, kann die Zahlung frühestens bei Entstehen der Verbindlichkeit erfolgen. Das Problem besteht in der Prognose der kurzfristigen Kursentwicklung zwischen dem Zeitpunkt der Entstehung der Verbindlichkeit und dem spätesten, vertraglich zulässigen Zahlungszeitpunkt. Für den Einsatz in importierenden Klein- und Mittelunternehmen kann dieses Instrument als geeignet eingestuft werden. Soll es hingegen in exportierenden Unternehmen zum Zwecke der Kurssicherung eingesetzt werden, erscheint es weniger geeignet.

3.2.2.2. Netting

Das Netting ist ein Hedging-Instrument, das in der Regel in multinationalen Unternehmen eingesetzt wird. Es dient der vereinfachten Abrechnung interner Leistungsbeziehungen.[53] Hierbei werden nicht alle Leistungen separat abgegolten, sondern zur Vereinfachung die Salden der Leistungsströme gebildet; lediglich diese Salden unterliegen Kursrisiken. Der Vorteil einer solchen Vorgehensweise liegt in den eingesparten Kosten für die Transaktionen und den eingesparten Sicherungskosten.

Dieses Verfahren läßt sich für die Zwecke des Hedgings in kleinen und mittleren Unternehmen adaptieren. In einem internen Positionsausgleich können die einzelnen offenen Währungspositionen soweit als möglich gegen einander aufgerechnet werden; lediglich die Salden in den einzelnen Währungen werden mit Hilfe anderer Instrumente gehedgt. Saldieren lassen sich folgende Währungspositionen:

1. Währungsverbindlichkeiten und Währungsforderungen in der gleichen Währung.
2. Währungsverbindlichkeiten und Währungsforderungen in verschiedenen Währungen, wenn die Entwicklungen der beiden Währungskurse eng miteinander korrelieren.
3. Währungsverbindlichkeiten in verschiedenen Währungen, wenn eine entgegengesetzte Bewegung beider Währungskurse in Relation zur DM erwartet werden.
4. Währungsforderungen verschiedener Währungen, wenn eine entgegengesetzte Bewegung beider Währungskurse in Relation zur DM erwartet werden.

Die beiden letztgenannten Möglichkeiten des Nettings sind allerdings kaum von praktischer Relevanz, da sie eine relativ genaue Prognose der Währungskursentwicklung voraussetzen. Können die Bewegungen aber genau prognostiziert werden, ist die Durchführung eines Nettings wenig sinnvoll. In diesem Fall ist die risikobehaftete Währung mit Hilfe anderer Instrumente zu hedgen, die chancenbehaftete Position sollte dagegen ungehedgt bleiben.

Sinnvollerweise kommen für ein Netting nur die beiden erstgenannten Möglichkeiten in Frage. Für kleine und mittlere Unternehmen ergibt sich aber häufig das Problem, daß die Währungskursrisiken nur einseitig auf der Beschaffungs- oder Absatzseite auftreten. In den übrigen Fällen werden oft die Fristen der beiden Seiten nur in unbefriedigender Weise übereinstimmen, so daß die Aufrechnung lediglich begrenzt möglich ist. Zudem besteht das Problem, daß Zahlungseingänge nicht genau prognostiziert werden können. Deshalb ist ein Netting in kleinen und mittleren Unternehmen nur eingeschränkt bei Fristenkongruenz von Forderungen und Verbindlichkeiten durchführbar.

3.2.2.3. Fakturierung in Drittwährungen

Der Fakturierung in einer Drittwährung können unterschiedliche Motive zugrunde liegen. So kann dieses Hedging-Instrument beispielsweise der Aufteilung des Währungskursrisikos zwischen beiden Vertragspartnern, der Streuung des Währungskursrisikos durch Kontrahierung in unterschiedlichen Währungen oder der Eröffnung der Möglichkeit eines Nettings dienen.

Die **Aufteilung des Währungskursrisikos** zwischen beiden Vertragspartnern kann als ein Kompromiß zwischen inländischem und ausländischem Unternehmen angesehen werden.[54] Bestehen hinsichtlich der Währungskursentwicklung einheitliche Erwartungen bei ausländischem und inländischem Unternehmen, so ist keiner der beiden Kontrahenten ohne weiteres bereit, der Fakturierung in der Währung des anderen zuzustimmen. Als Kompromiß kann eine Drittwährung gewählt werden, bei der gegenüber der Währung des inländischen Unternehmens eine Veränderung erwartet wird, die ca. 50% der erwarteten Veränderung der inländischen Währung gegenüber der Währung des Kontrahenten beträgt:

Erwartungen bezüglich der Währungsentwicklungen:

$$W^{IA}_{t+1} = W^{IA}_{t} \times (1 + i/100)$$

$$W^{ID}_{t+1} = W^{ID}_{t} \times (1 + (i/100) \times 0.5)$$

Über die Berechnung der cross rate[55] ergibt sich:

$$W^{DA}_{t+1} = W^{DA}_{t} \times (1 + (i/100) \times 0.5) \;/\; (1 + i/100)$$

wobei:

W^{IA} : Währungsrelation zwischen inländischer und ausländischer Währung im Zeitpunkt t bzw. t+1.

W^{ID} : Währungsrelation zwischen inländischer Währung und Drittwährung im Zeitpunkt t bzw. t+1.

W^{DA} : Währungsrelation zwischen Drittwährung und ausländischer Währung im Zeitpunkt t bzw. t+1.

i : Erwartete prozentuale Veränderung der Währungsrelation W^{IA} zwischen den Zeitpunkten t und t+1.

Wird beispielsweise von einem deutschen Exporteur und seinem amerikanischen Vertragspartner erwartet, daß das Wechselkursverhältnis zwischen der DM und dem US-Dollar von 2,00 DM/US-$ um 10 Prozent auf 1,80 DM/US-$, dagegen das Verhältnis zwischen DM und englischem Pfund im gleichen Zeitraum von 3 DM/£ um 5 Prozent auf

2,85 DM/£ sinkt, können sie das englische Pfund als Fakturierungswährung vereinbaren. Verläuft die Kursentwicklung tatsächlich wie erwartet, tragen inländisches und ausländisches Unternehmen die Währungskursveränderung in etwa je zur Hälfte. Verläuft die Währungskursentwicklung der Drittwährung anders als von beiden Kontrahenten erwartet, können für beide Unternehmen Verluste oder Gewinne entstehen, wobei diese Verluste/Gewinne den Verlust/Gewinn bei Fakturierung in der Währung des Kontrahenten erheblich übersteigen können.[56] Fällt der Kurs des englischen Pfunds gegenüber der DM unter 2,70 DM/£, der Kurs des US-$ gegenüber der DM dagegen wie erwartet auf 1,80 DM/$, erleiden beide Vertragspartner einen Verlust. Das Risiko hat sich damit letztlich erhöht. Daher ist dieses Instrument für den Zweck der Kurssicherung nur bedingt geeignet. Wollen sich beide Kontrahenten einen Schaden aus der Veränderung der Währungskurse tatsächlich teilen, können sie dies vertraglich vereinbaren. Die einfachste Möglichkeit zur Erreichung dieses Zieles ist die Fakturierung von 50% der Forderung/Verbindlichkeit in inländischer und 50% in ausländischer Währung.

Der Fakturierung in Drittwährungen kann auch der Portfeuille-Gedanke zugrunde liegen. Während Großunternehmen diese Risikostreuung häufig bereits durch den Export in unterschiedliche Länder erreichen, ist die Exporttätigkeit kleiner und mittlerer Unternehmen oft auf wenige Auslandsmärkte begrenzt. Durch eine Fakturierung in Drittwährungen kann die Risikostreuung dennoch erreicht werden. Es ist allerdings für ein kleines oder mittleres Unternehmen nicht ohne weiteres möglich, die Währung zu bestimmen, in der es fakturieren möchte. Darüber hinaus ist auch negativ zu bewerten, daß bei einer alleinigen Auf- bzw. Abwertung der DM das Risiko voll erhalten bleibt.[57]

Die Fakturierung in einer Drittwährung ist hingegen grundsätzlich dann sinnvoll, wenn die in dieser Währung erhaltenen Zahlungen zur Begleichung der Auslandsverbindlichkeiten genutzt werden sollen.[58] Eine solche Vorgehensweise entspricht der Kombination dieses Hedging-Instrumentes mit dem Instrument des Nettings. Neben den mit dem Netting verbundenen Problemen kann für ein kleines oder mittleres Unternehmen zusätzlich das Problem der Durchsetzbarkeit der Drittwährung als Fakturierungswährung entstehen.

3.3. Externe Hedging-Instrumente

3.3.1. Risikovermeidende Hedging-Instrumente

3.3.1.1. Termingeschäfte

Termingeschäfte (**forward contracts**) können grundsätzlich zur Absicherung gegen *Rohstoffpreis-* **und** *Währungskursrisiken* eingesetzt werden. Es wird in diesem Zusammenhang auch von Rohstoff- und Devisentermingeschäften gesprochen. Kennzeichnend ist für beide Arten von Termingeschäften, daß der Rohstoffpreis bzw. der Devisenkurs für einen zukünftigen Zeitpunkt zwischen den Termingeschäftspartnern fest vereinbart wird. Erfolgt der Abschluß eines solchen Termingeschäftes zwischen dem sichernden Unternehmen und seinem Lieferanten bzw. Abnehmer, ist es den internen Hedging-Instrumenten (DM-Fakturierung, Festpreis) zuzuordnen. Von Interesse sind deshalb hier nur die Termingeschäfte, zu deren Abschluß die Mithilfe Dritter notwendig ist. Dies bedeutet, daß das Termingeschäft als Zweitgeschäft zum abzusichernden Ursprungsgeschäft abgeschlossen wird. Die Termingeschäfte können über Rohstoff- und Devisenterminbörsen abgewickelt werden. Darüber hinaus besteht zum Abschluß von Devisentermingeschäften die Möglichkeit der Inanspruchnahme von Banken.

Den Termingeschäften liegt, im Gegensatz zu den Terminkontraktgeschäften, regelmäßig die Absicht zugrunde, die Geschäfte durch **Lieferung der Rohstoffe oder Devisen** zu erfüllen.[59] Deshalb ist der börsenmäßig organisierte Rohstoffterminhandel für kleine und mittlere Unternehmen in der Regel ohne Bedeutung, da die benötigten Rohstoffe von Stammlieferanten bezogen werden. Auch die börsenmäßig organisierten Devisentermingeschäfte sind für diese Unternehmensgruppe relativ unbedeutend, da diese Termingeschäfte auch mit Hilfe der Hausbanken abgewickelt werden können. Im weiteren sind deshalb unter dem Begriff Termingeschäft nur die über Banken durchgeführten Devisentermingeschäfte gefaßt.[60]

Devisen sind für Nicht-Banken kein eigentliches Handelsobjekt; im Rahmen von Exporten **erhaltene Devisen** müssen *verkauft*, für den Import von Rohstoffen **benötigte Devisen** *gekauft* werden. Während beim Abschluß eines Devisen*kassa*geschäftes die entsprechenden Währungsbeträge sofort getauscht werden, wird bei einem Termingeschäft die Lieferung einer bestimmten Menge einer Währung zu einem festgelegten Zeitpunkt zu einem festen Kurs vereinbart.[61] Menge und Erfüllungszeitpunkt können frei vereinbart werden, jedoch sind Termingeschäfte mit Standardlaufzeiten von 24, 42 oder 83 Tagen üblich.[62] Diese Standardlaufzeiten orientieren sich an im internationalen Zahlungsverkehr üblicherweise eingeräumten Zahlungsfristen.[63]

Die Vorteile dieses Hedging-Instrumentes sind insbesondere in der relativ einfachen Handhabbarkeit und der Möglichkeit einer vollständigen Absicherung gegen Kursverluste durch die Anpassung der Laufzeit der Termingeschäfte an die Fälligkeit der Warengeschäfte zu erblicken.[64] Allerdings verzichtet das sichernde Unternehmen durch den Abschluß eines Devisentermingeschäftes gleichzeitig auf die Chance, von einer vorteilhaften Währungkursbewegung zu profitieren. Die Durchführung eines Selektiv-Hedging ist bei einem Einsatz des hier betrachteten Hedging-Instrumentes nur eingeschränkt möglich. Es ist lediglich möglich, seinen Einsatzzeitpunkt zu bestimmen; danach ist das Unternehmen in der Regel an dessen Erfüllung gebunden.[65] Kann der vereinbarte Devisenbetrag zum vereinbarten Zeitpunkt nicht geliefert bzw. abgenommen werden, kauft/verkauft die Bank den entsprechenden Devisenbetrag am Kassamarkt und rechnet die Differenz zwischen dem vereinbarten Terminkurs und dem am Markt realisierten Kassakurs ab.[66] Zögert sich der Erfüllungszeitpunkt demgegenüber nur hinaus, kann das Geschäft durch die Bank prolongiert werden.[67] Sofern der Zeitpunkt, zu dem das Unternehmen einen festgelegten Devisenbetrag benötigt/erhält, nicht im voraus bestimmbar ist, kann statt eines Fälligkeitszeit**punktes** ein Fälligkeits**zeitraum** vereinbart werden (*Option-Date Forward Contracts*).[68] Innerhalb dieses Zeitraumes kann das Geschäft zu jedem beliebigen Zeitpunkt erfüllt werden. Diese zusätzliche Flexibilität läßt sich regelmäßig nur durch die Inkaufnahme zusätzlicher Kosten realisieren.[69]

Insgesamt sind Devisentermingeschäfte ein relativ flexibles und einfach zu handhabendes Instrument zur Sicherung gegen Währungskursrisiken in kleinen und mittleren Unternehmen. Als nachteilig anzusehen ist insbesondere der vollständige Verzicht auf die Nutzung vorteilhafter Kursbewegungen.

3.3.1.2. Fremdwährungsanlage

Eine Absicherung gegen Kursverluste kann von einem **importierenden** Unternehmen relativ einfach durch die "Lagerhaltung" des benötigten Währungsbetrages realisiert werden. Im Gegensatz zur Rohstofflagerung wird die Lagerhaltung von Devisen nicht physisch im eigenen Unternehmen, sondern auf Währungskonten bei Banken realisiert. Sobald das Unternehmen mit einem Lieferanten einen Vertrag abschließt, durch den eine Verbindlichkeit in ausländischer Währung begründet wird, sollte der entsprechende DM-Betrag in die ausländische Währung getauscht und auf dem Währungskonto deponiert werden. Die Kosten für diese Art der Lagerhaltung können, im Gegensatz zur Lagerhaltung von Rohstoffen, sogar *negativ* sein, da für den angelegten Betrag **Zinserträge** erwirtschaftet werden. Durch die vorzeitige Bindung des Kapitals wird es zwar einer anderen Verwendung entzogen, doch ist in der Regel der angelegte Betrag beleihbar. Durch eine hohe Verzinsung des angelegten Kapitals kann der für die Aufnahme eines Kredites zu zahlende Zinsbetrag überkompensiert werden.

Die Anlage des Währungsbetrages auf einem Fremdwährungskonto erlaubt die Durchführung eines Selektiv-Hedging. Es ist relativ einfach, diese Art des Lagers mehrmals ab- und wieder aufzubauen; der Verkauf der Devisenposition ist, im Gegensatz zu gelagerten Rohstoffen, jederzeit möglich.

Die Anlage des getauschten Betrages auf einem **Fremdwährungskonto** kann als *defensive Kurssicherung* bezeichnet werden. Im Gegensatz dazu kann von einer *offensiven Kurssicherung* gesprochen werden, wenn der benötigte Fremdwährungsbetrag in **festverzinslichen Wertpapieren** oder **Aktien** investiert wird. Werden beispielsweise in 3 Monaten zur Begleichung von Verbindlichkeiten 100.000 US-$ benötigt, könnte dieser Betrag in 1000 IBM-Aktien (bei einem Preis von 100 US-$/Aktie) investiert werden. Sinken in der Zeit zwischen der Anlage und der Verwendung des Betrages die Zinsen oder steigt der Kurs der Aktie, wird ein Profit erzielt. Hinzu kommen bei Aktien eventuell noch Dividendenerträge oder bei festverzinslichen Wertpapieren die Zinserträge, die zur Deckung der Spesen für den An- und Verkauf der Wertpapiere genutzt werden können. Verläuft die Zins- oder Aktienkurs-Entwicklung hingegen ungünstig, erzielt das hedgende Unternehmen einen Verlust. Voraussetzung zur Durchführung dieser offensiven Form eines Hedgings ist eine Prognose des Trends der Zinsentwicklung oder der Entwicklung einzelner Aktien.[70]

Wie bereits angeführt, ist die Fremdwährungsanlage ein Instrument zur Sicherung gegen Währungskursrisiken bei Verbindlichkeiten gegenüber ausländischen Unternehmen. Ein rein exportierendes Unternehmen kann den erhaltenen Fremdwährungsbetrag zwar zunächst auf einem Währungkonto anlegen und in Abhängigkeit von der erwarteten Währungskursentwicklung gegebenenfalls erst zu einem späteren Zeitpunkt umtauschen; eine Sicherungswirkung entsteht durch diese Vorgehensweise aber nicht. Sofern das Unternehmen sowohl Verbindlichkeiten als auch Forderungen in einer bestimmten Währung hat, kann das Fremdwährungskonto in Form eines Zwischenpuffers für die Überbrückung einer eventuellen Zeitdifferenz zwischen Zu- und Abgang von Fremdwährungsbeträgen genutzt werden. Ein erhaltener Betrag in ausländischer Währung wird nicht in DM getauscht, sondern verbleibt bis zur Begleichung einer künftigen Verbindlichkeit in dieser Fremdwährung auf dem Konto. Hierdurch erfolgt nicht nur eine Sicherung des Währungskurses, sondern zusätzlich werden die Kosten für den zweimaligen Umtausch der Währungen (Fremdwährung in DM und später wieder DM in Fremdwährung) eingespart. Um die Transaktionskosten möglichst gering zu halten, erscheint es regelmäßig sinnvoll, einen in einer dritten Währung erhaltenen Betrag direkt in die Währung zu tauschen, die zur Begleichung einer Verbindlichkeit benötigt wird. Erwartet ein Unternehmen beispielweise einen Zahlungseingang in US-Dollar und benötigt in Kürze einen annähernd gleichhohen Betrag in englischen Pfund, so sollte der erhaltene US-Dollarbetrag direkt in englische

Pfund getauscht werden. Die Kosten für einen Tausch über die DM können in diesem Fall eingespart werden.

Insgesamt läßt sich feststellen, daß dieses Instrument relativ einfach handhabbar ist und deshalb auch in kleinen und mittleren Unternehmen ohne spezielle Kenntnisse eingesetzt werden kann. Es weist zudem in bezug auf den Einsatzzeitpunkt und den abzusichernden Betrag eine hohe Flexibilität auf und eignet sich deshalb für ein selektiv durchgeführtes Hedging. Als vorteilhaft ist insbesondere einzustufen, daß die Möglichkeit einer sehr **langfristigen** Absicherung auch kleinerer Beträge und darüber hinaus auch die Möglichkeit eines Nettings frist- und betragsmäßig **ungleicher** Zahlungsein- und -ausgänge besteht.[71] Die für eine Absicherung entstehenden Kosten sind bei der Durchführung einer Fremdwährungsanlage verglichen mit einer Absicherung mittels Termingeschäften in der Regel etwas höher.[72] Der Vorteilhaftigkeitsvergleich hängt allerdings wesentlich vom dem Zinssatz ab, zu dem die in einer Fremdwährung anzulegenden Mittel beschafft werden können.

3.3.1.3. Fremdwährungskreditaufnahme

Das Instrument der Aufnahme von Fremdwährungskrediten eignet sich insbesondere zur Absicherung von Währungskursrisiken, die aus in der Zukunft erwarteten Zahlungseingängen in fremder Währung resultieren. Erwartet beispielsweise ein exportierendes Unternehmen in 3 Monaten den Eingang eines Währungsbetrages in Höhe von 100.000 US-$, so läßt sich eine Kurssicherung dadurch erreichen, daß bereits zum jetzigen Zeitpunkt ein gleichhoher Fremdwährungsbetrag in DM eingetauscht wird. Das Unternehmen erhält bei einem Wechselkurs von 2 DM/US-$ insgesamt einen Betrag von 200.000 DM. Um diesen vorzeitigen Währungsumtausch realisieren zu können, ist es erforderlich, daß der erwartete Betrag in ausländischer Währung zunächst in Form eines Kredites aufgenommen wird. Es entsteht somit eine Verbindlichkeit in gleicher Höhe und gleicher Währung wie die Forderung; hierdurch gleicht sich das Devisenkursrisiko beider Positionen genau aus. Dieser Fremdwährungskredit wird zurückgezahlt, sobald das Unternehmen den entsprechenden Währungsbetrag von seinem Abnehmer erhält.

Das Instrument der Fremdwährungskreditaufnahme läßt sich auch zur Absicherung gegen das Währungskursrisiko im Rahmen langfristiger Sukzessivlieferverträge einsetzen.[73] So kann beispielsweise die gesamte Vertragsumme bereits zu Vertragsbeginn in DM getauscht werden. Jeder Zahlungseingang wird dann zur Reduzierung des Kredites verwendet.

Für kleine und mittlere Unternehmen bestehen relativ wenig Wahlmöglichkeiten zur Aufnahme eines Kredites in fremder Währung. In der Regel beschränkt sich diese Möglichkeit auf die Kreditaufnahme über ein Fremdwährungskonto bei einer in- oder ausländischen Bank. Diese Einschränkung ist aber nicht negativ zu beurteilen, da ein Fremdwährungskonto sehr flexibel gehandhabt werden kann und ein selektiv durchgeführtes Hedging erlaubt. Es ist dazu lediglich erforderlich, daß dem Unternehmen eine ausreichend hohe Kreditlinie eingeräumt wird.[74]

Die Kosten für eine Kurssicherung mittels der Kreditaufnahme über ein Fremdwährungskonto resultieren neben den relativ unbedeutenden Kontoführungskosten insbesondere aus den Zinskosten. Zu deren Reduzierung erscheint es sinnvoll, den in inländische Währung getauschten Betrag entweder zu investieren oder zur Rückzahlung von DM-Krediten zu verwenden und so Erträge zu erwirtschaften.

Über die Absicherung von Währungskursrisiken bei erwarteten Zahlungseingängen hinaus, eignet sich die Aufnahme von Fremdwährungskrediten auch zur Absicherung des auf dem Lagerbestand lastenden Währungskursrisikos.[75] Beträgt beispielsweise der Wert eines Kupferlagers 250.000 US-$ und fällt der Währungskurs gegenüber dem Einkaufskurs um 0,20 DM/US-$ von 2 DM/US-$ auf 1,80 DM/US-$, so resultiert hieraus ohne Absicherung ein Wertverlust des Lagerbestandes in Höhe von 50.000 DM. Wurde hingegen zur Kurssicherung ein Fremdwährungskredit in Höhe des Lagerbestandswertes von 250.000 US-$ aufgenommen, kann der Wertverlust dadurch kompensiert werden, daß nach dem Kursverfall 50.000 DM weniger aufgewendet werden müssen, um den Kredit zurückzuzahlen.[76]

Das Instrument der Aufnahme von Krediten über ein Fremdwährungskonto kann aufgrund der genannten Vorteile insgesamt als geeignet für die Absicherung gegen entsprechende Währungskursrisiken in kleinen und mittleren Unternehmen eingestuft werden. Der Einsatz dieses Instrumentes erscheint insbesondere dann sinnvoll, wenn die Zahlungsein- und -ausgänge in fremder Währung unregelmäßig anfallen, sich aber der Höhe nach über einen längeren Zeitraum ausgleichen.[77] Durch das Währungskonto wird ein ständiger Wechsel zwischen Kreditaufnahme und Währungsanlage ermöglicht. Die Kosten sind, wie bei der Währungsanlage, in der Regel etwas höher als bei der Absicherung mittels Termingeschäften, hängen aber wesentlich von der Verwendung des Kreditbetrages ab.[78] Werden die Mittel aus diesem Kredit investiert, beispielsweise in festverzinsliche Wertpapiere mit kurzer Laufzeit, oder zur Rückzahlung bestehender Kredite in inländischer Währung verwandt, kann sich der Vorteilhaftigkeitsvergleich zugunsten der Fremdwährungskreditaufnahme ändern.

3.3.1.4. Factoring

Das Factoring ist ein Instrument, das zur Unternehmensfinanzierung konzipiert wurde.[79] Zu diesem Zweck werden durch die Factoring-Gesellschaften von den Unternehmen Forderungen mit einer Laufzeit von 30 - 120 Tagen aufgekauft. Die Forderungen können aus dem Verkauf von Konsumgütern, kurzlebigen Investitionsgütern oder Dienstleistungen resultieren.[80] Entsprechend kann mit Hilfe des Factoring nur das bei Forderungen entstehende Währungskursrisiko gesichert werden. Durch den Verkauf der auf ausländische Währungen lautenden Forderungen an eine Factoring-Gesellschaft, wird das Risiko nachteiliger Währungskursänderungen ausgeschaltet, da der entsprechende Gegenwert abzüglich der Kosten in DM gutgeschrieben wird. Als risikovermeidend läßt sich dieses Instrument allerdings nur dann bezeichnen, wenn keine Regreßansprüche der Factoring-Gesellschaft gegen den Forderungsverkäufer geltend gemacht werden können.[81]

Die Flexibilität des Unternehmens wird durch ein Hedging mittels Factoring relativ stark eingeschränkt, da die Sicherungsfunktion nicht isoliert, sondern nur verbunden mit den Finanzierungs-, Service- und Versicherungsleistungen als Leistungsbündel in Anspruch genommen werden kann und in der Regel eine längere vertragliche Bindung zwischen Unternehmen und Factor besteht.[82] Für den Zweck der Sicherung gegen Währungskursrisiken erscheint das Factoring wenig geeignet.[83]

3.3.1.5. Forfaitierung

Die Forfaitierung ist, ebenso wie das Factoring, ein Finanzierungsinstrument.[84] Es läßt sich jedoch auch im Rahmen der Währungskurssicherung bei Forderungen einsetzen. Forfaitierungsverträge werden in der Regel für mittelfristige und langfristige Forderungen aus dem Export von Investitionsgütern abgeschlossen.[85] Die üblichen Laufzeiten der forfaitierten Forderungen liegen zwischen 6 Monaten und 5 Jahren.[86] Die Forderung wird vom Forfaiteur übernommen, der Gegenwert der Forderung in DM gutgeschrieben. Als neuer Forderungsinhaber trägt nun der Forfaiteur das Währungskursrisiko. Ein Regreßanspruch des Forfaiteurs gegen den Forderungsverkäufer besteht nicht.[87]

Wird die Forfaitierung als Hedging-Instrument gewählt, ist die Durchführung eines selektiven Hedging nur insofern möglich, als daß über den Einsatzzeitpunkt dieses Instrumentes entschieden werden kann. Wurde die Forderung verkauft, kann das Unternehmen von einer vorteilhaften Währungsentwicklung nicht mehr profitieren. Als nachteilig sind auch die im Vergleich zu anderen Sicherungsinstrumenten relativ hohen Kosten einzustufen.[88] Ein Vorteil dieses Hedging-Instrumentes ist hingegen in der prinzipiellen Forfaitierbarkeit aller frei transferierbaren Währungen zu erblicken.[89] Trotz der Inflexibilität und der relativ hohen Kosten erscheint der Einsatz dieses Instrumentes immer dann sinnvoll, wenn neben der Hedgingwirkung gleichzeitig die Finanzierungswirkung genutzt werden soll.[90]

3.3.2. Risikomindernde Hedging-Instrumente

3.3.2.1. Terminkontraktgeschäfte

Terminkontrakte (**futures contracts**) dienen als *temporäres Substitut* für eine waren- oder devisenbezogene Transaktion.[91] Entsprechend lassen sich Rohstoff- und Devisen-Terminkontraktgeschäfte unterscheiden. Im Gegensatz zu den Termingeschäften ist bei den Terminkontraktgeschäften die Auslieferung der Rohstoffe oder Devisen in der Regel nicht das Ziel der Transaktion.[92] Sie dienen lediglich der Kompensation der im abzusichernden Ursprungsgeschäft durch die Änderung des Rohstoffpreises oder Devisenkurses entstandenen Verluste. Es existieren weitere wesentliche Unterschiede zu den Forwards:[93]

1. Der Handel in Futures ist grundsätzlich börsenmäßig organisiert. Käufer und Verkäufer bleiben einander unbekannt. Bei nicht börsenmäßig gehandelten Forwards kann der Abschluß zwischen Käufer und Verkäufer an einem beliebigen Ort erfolgen.
2. Die Futures sind, ebenso wie börsenmäßig gehandelte Forwards, bezüglich
   - der Menge,
   - des Verfalltermins oder der Laufzeit,
   - des Basispreises,
   - des Erfüllungsortes

   und bei Rohstoffen auch bezüglich
   - der Qualität

   standardisiert. Nicht börsenmäßig gehandelte Forwards können demgegenüber zwischen Käufer und Verkäufer weitgehend frei gestaltet werden.
3. Eine Absicherung mittels Futures kann jederzeit über die Börse wiederaufgelöst werden. Demgegenüber kann das Unternehmen eine Sicherung mittels Forwards in der Regel nicht wieder auflösen.
4. Mit Hilfe von Futures sind Absicherungen von mehr als einem Jahr kaum realisierbar, da mit zunehmender Laufzeit die Marktliquidität, d. h. die Anzahl der gehandelten Kontrakte, abnimmt. Dagegen können durch Forwards auch langfristige Geschäfte mit einer Laufzeit von mehreren Jahren abgesichert werden.

Der Handel in Futures ist auf wenige Rohstoffe und Devisen beschränkt.[94] Diese Beschränkung resultiert aus den Voraussetzungen für den Handel an den Futuresmärkten:[95]

- Die Preise bzw. Kurse müssen in der Regel stark schwanken, so daß einerseits ein Bedürfnis nach Absicherung besteht, andererseits das Interesse der Spekulanten geweckt wird.
- Der Austausch auf den Kassamärkten muß von Bedeutung sein.
- Die Standardisierbarkeit muß gegeben sein.

Auch in neuerer Literatur findet sich immer wieder die Behauptung, daß für den Rohstoff-Terminkontrakthandel nur solche Rohstoffe geeignet seien, die haltbar sind.[96] Eine solche Behauptung widerspricht nicht nur der einschlägigen Literatur,[97] sondern auch der gängigen Börsenpraxis.[98]

Wie bereits angeführt, dienen Terminkontraktgeschäfte der Kompensation von Verlusten, die im abzusichernden Ursprungsgeschäft durch eine nachteilige Rohstoffpreis- oder Währungskursänderung entstanden sind. Diese Kompensationswirkung soll im folgenden verdeutlicht werden.[99] Um beispielsweise einen in 3 Monaten beabsichtigten Rohstoffkauf gegen das Risiko eines Preisanstiegs abzusichern, muß ein Unternehmen einen Terminkontrakt erwerben, der das Recht auf Lieferung einer entsprechenden Rohstoffmenge zum Termin in 3 Monaten zum heutigen Preis einräumt. Gleichzeitig geht dieses Unternehmen die Verpflichtung ein, die entsprechenden Rohstoffe abzunehmen. Beim Kauf der Futures ist nicht der volle Gegenwert der Kontrakte zu entrichten, sondern nur ein Einschuß (margin) von 5 - 20 % des Kontraktwertes als Sicherheit.[100] Die Kapitalbindung kann deshalb als relativ gering bezeichnet werden.

Fällt der Rohstoffpreis beispielsweise während der Kontraktlaufzeit, wird der Einschuß durch die entstandenen (Buch-)Verluste aufgezehrt. Das Einschußkonto muß erneut auf beispielsweise 5 % des aktuellen Kontraktwertes aufgefüllt werden. Hierdurch kann ein erheblicher laufender Bargeldbedarf entstehen und die Kapitalbindung relativ stark steigen.[101] Steigt der Rohstoffpreis hingegen bis zur Fälligkeit des Terminkontraktes an, werden die auf Termin gekauften Rohstoffe wertvoller. Da in der Regel nicht die Abnahme dieser Rohstoffe beabsichtigt ist, sondern die benötigte Rohstoffmenge vom Unternehmen bei seinem Stammlieferanten beschafft wird, muß das Terminkontraktgeschäft kurz vor seiner Fälligkeit wieder aufgelöst werden. Hierzu reicht es aus, die per Termin gekaufte Rohstoffmenge zum gleichen Termin wieder zu verkaufen. Der ursprüngliche Terminkontrakt**kauf** und der jetzige Terminkontra**ktverkauf** werden in diesem Fall gegeneinander aufgerechnet, so daß für das Unternehmen keine Verpflichtungen mehr aus den abgeschlossenen Terminkontraktgeschäften bestehen. Da hier angenommen wurde, daß der Rohstoffpreis während der Laufzeit des Terminkontraktgeschäftes gestiegen sei, werden die Rohstoffe nun teuerer verkauft, als sie ursprünglich eingekauft wurden. Aus der Durchführung der Terminkontraktgeschäfte resultiert deshalb ein Gewinn. Demgegenüber hat sich der Rohstoffeinkauf beim Stammlieferanten in dem gleichen Zeitraum gegenüber dem Rohstoffpreis vor 3 Monaten verteuert, so daß hier ein Verlust realisiert wird. Der Gewinn aus dem Rohstoff-Terminkontraktgeschäft kann nun zur Kompensation dieses Verlustes verwendet werden. Fällt der Rohstoffpreis hingegen, entsteht durch das Terminkontraktgeschäft ein Verlust, dem ein durch den verbilligten Rohstoffeinkauf erzielter Gewinn gegenübersteht. Im **Idealfall** addieren sich diese Gewinne und Verluste zu Null, so daß ein **perfect hedge** erreicht wird.

Ein Nachteil der Terminkontraktgeschäfte ist die, durch die Standardisierung der Geschäfte bedingte, mangelnde Mengen- und Laufzeitkongruenz zum abzusichernden Grundgeschäft. Die Laufzeitkongruenz läßt sich aber durch eine entsprechende Hedgetechnik, beispielsweise dem Rolling-Hedge, weitgehend erreichen.[102] Nachteilig erscheint auch, daß nur wenige Rohstoffe und Devisen als Futures gehandelt werden. Bei genauerer Betrachtung läßt sich jedoch vielfach feststellen, daß Preisschwankungen anderer Rohstoffe zumindest teilweise auf die Preisschwankungen der gehandelten Rohstoffe zurückgeführt werden können, da die an der Börse gehandelten Rohstoffe in den anderen Rohstoffen enthalten sind. So ist beispielsweise der Messingpreis wesentlich durch die Entwicklung des Kupfer- und des Zinkpreises determiniert.

Ein weiteres Problem kann aus einer mangelhaften Korrelation zwischen der Preisentwicklung des zu sichernden Rohstoffs und der Preisentwicklung des börsennotierten Rohstoffs resultieren. Während der zu sichernde Rohstoff im Preis steigt, kann der Preis des Futureskontrakts fallen. Der Verlust wird in diesem Fall sogar größer als ohne eine Absicherung.

Ein wesentlicher Vorteil der Futures ist in der sehr flexiblen Einsetzbarkeit dieses Hedging-Instrumentes zu erblicken. Unabhängig von den abgesicherten Geschäften kann die Sicherung jederzeit inganggesetzt und wieder aufgelöst werden. Chancen durch erwartete vorteilhafte Preis- und Kursbewegungen lassen sich somit bei rechtzeitiger Auflösung der Sicherung gewinnbringend nutzen. Durch diese Gewinne können die Kosten eines Hedgings reduziert werden.[103] Fällt beispielsweise ein Rohstoffpreis von dem im Zeitpunkt t gültigen Preisniveau (P_t) bis zum Zeitpunkt t+1 unter starken Schwankungen auf das neue Preisniveau (P_{t+1}), so beträgt der maximale prozentuale Gewinn ohne Hedging (G_o):

$$G_o = \frac{P_t - P_{t+1}}{P_t} \cdot 100$$

Bei einer Absicherung der zwischenzeitlichen Preissteigerungen können zusätzliche Gewinne erzielt werden:

$$G_o = \frac{(P_t - P_{t+1}) + \Sigma \text{ der Gewinne/Verluste aus Terminkontraktgeschäften}}{P_t} \cdot 100$$

Der durch diese Vorgehensweise realisierbare Gewinn kann den Vorteil der Preisminderung von P_t auf P_{t+1} um ein vielfaches übersteigen. Die Möglichkeit zur Wahrnehmung dieser Chancen durch das Instrument der Futures wird allerdings, verglichen mit einer Absicherung mittels Forwards, durch höhere Kosten erkauft.

Mit Hilfe dieses Instrumentes hätte beispielsweise die Lufthansa AG die in den Jahren 1985 - 1986 durch die Absicherung ihrer Flugzeugimporte mittels Forwards entstandenen Opportunitätskosten, in Form nicht realisierter Gewinne, vermeiden können. Sobald ein fallender Trend des US-Dollar prognostiziert wurde, wäre die Absicherung aufgelöst worden.[104]

Das Instrument der Terminkontraktgeschäfte schließt das Risiko nicht aus, sondern mindert es nur. Es ist insbesondere für kleine und mittlere Unternehmen geeignet, die bereit sind, die damit verbundenen Risiken zu tragen, um die aus Rohstoffpreis- und Devisenkursschwankungen resultierenden Chancen besser nutzen zu können.

Trotz der relativ hohen Flexibilität besitzen die Futures, insbesondere die Devisen-Futures, in Europa wenig Bedeutung für das Hedging.[105] Während Großunternehmen häufig durch die Unternehmenssatzung auf den Einsatz dieses Hedging-Instrumentes verzichten müssen und bei ihnen zudem das Problem des Aufbaus entsprechender Kontrollmechanismen zum Schutz vor Mißbrauch der Terminkontraktgeschäfte besteht, sind in dieser Hinsicht kleine und mittlere Unternehmen, die vom Eigentümer geleitet werden, wesentlich flexibler. Sie sollten deshalb dieses Instrument in Zukunft stärker als bisher einsetzen. Der Abschluß von Terminkontraktgeschäften erscheint, verglichen mit anderen Hedging-Instrumenten, insbesondere zur Absicherung gegen Rohstoffpreisrisiken vorteilhaft.

Die Vorteilhaftigkeit eines Hedgings mittels Terminkontrakten wird, neben der Entwicklung des Rohstoffpreises oder Devisenkurses während der Kontraktlaufzeit, auch von der Entwicklung der Basis und der Laufzeit der Hedgekontrakte wesentlich beeinflußt. Beide Faktoren werden im folgenden hinsichtlich ihrer Wirkung auf den Hedgeerfolg untersucht.

3.3.2.1.1. Analyse der Basis

Als Basis wird bei Terminkontrakten die Differenz zwischen dem Kassakurs und dem Terminkurs bezeichnet.[106] In einem als "*normal*" bezeichneten Markt notieren die Terminkurse über dem Kassakurs, wobei die Differenz mit zunehmender zeitlicher Entfernung steigt.[107] Ist der Aufschlag des Terminkurses im Verhältnis zum Kassakurs höher, als dies durch die Lagerkosten gerechtfertigt ist, kann durch diesen Aufschlag beispielsweise die Erwartung auf steigende Preise zum Ausdruck kommen. Im Gegensatz dazu ist in einem als "*umgekehrt*" bezeichneten Markt der Terminkurs niedriger als der Kassakurs.[108] Ursache kann beispielsweise die Erwartung weiter fallender Preise oder Kurse sein. Darüber hinaus können Kassa- und Terminkurs auch gleich sein. Diese drei Konstellationen zwischen Kassakurs und Terminkurs werden im folgenden bezüglich ihres Einflusses auf den Hedgeerfolg untersucht.

Grundsätzlich gilt, daß mit abnehmender Laufzeit des Terminkontraktes sich der Terminkurs dem Kassakurs tendenziell annähert. Die Differenz zwischen diesen beiden Kursen strebt im Fälligkeitszeitpunkt t des Kontraktes gegen den Wert Null:

Im Zeitpunkt t gilt:

$$P^K_t - P^T_t = 0$$

wobei:

P^K_t: Kassapreis in t

P^T_t: Preis des in t ablaufenden Terminkontraktes

Aus der Kenntnis dieses Zusammenhanges heraus kann die Wirkung der Basis-Veränderung bereits beim Abschluß des Termingeschäftes unter der Voraussetzung berücksichtigt werden, daß die Laufzeit bzw. der Fälligkeitstermin des Terminkontraktes mit dem Erfüllungszeitpunkt des abgesicherten Ursprungsgeschäftes übereinstimmt. Die Abb. 3.1 zeigt die möglichen Auswirkungen von Änderungen der Basis auf den Hedge-Erfolg.

WIRKUNGEN VON BASIS-VERÄNDERUNGEN			
Hedgegeschäft abgeschlossen gegen	Terminkurs im Verhältnis zum Kassakurs		
	höher	gleich	niedriger
steigende Preise	negativ	neutral	positiv
fallende Preise	positiv	neutral	negativ

Abb. 3.1: Wirkungen der Basis-Änderungen auf den Hedgeerfolg

An folgendem Beispiel läßt sich die positive oder negative Wirkungsweise einer Basis-Änderung aufzeigen:

Beispiel:

Kauf eines Kupfer-Terminkontraktes zur Sicherung gegen steigende Kupferpreise:

1. Fall: (Basis normal)

Akt. Kassapreis:	100 GE/ME
Terminkurs:	110 GE/ME
Kassapreis bei Kontraktablauf:	120 GE/ME
Hedgeerfolg:	10 GE/ME

2. Fall: (Basis umgekehrt)

Akt. Kassapreis:	100 GE/ME
Terminkurs:	90 GE/ME
Kassapreis bei Kontraktablauf:	120 GE/ME
Hedgeerfolg:	30 GE/ME

Ohne die Durchführung einer Absicherung gegen den steigenden Rohstoffpreis wäre ein Verlust in Höhe von 20 GE/ME entstanden. Wären Terminkurs und Kassakurs bei Abschluß des Terminkontraktgeschäftes gleich gewesen, betrüge der Hedgeerfolg dementsprechend 20 GE/ME. Im ersten oben angeführten Fall wirkte der gegenüber dem Kassakurs höhere Terminkurs negativ; der Hedgeerfolg sinkt um 50 % auf 10 GE/ME. Durch den im zweiten Fall gegenüber dem Kassakurs niedrigeren Terminkurs wird der Hedgeerfolg dagegen um 50 % auf 30 GE/ME erhöht. Im Vergleich zur Lagerhaltung ist eine Absicherung gegen einen steigenden Rohstoffpreis mittels Terminkontrakten bereits dann als kostengünstiger einzustufen, wenn die Basis kleiner ist, als die für die eigene Lagerhaltung anfallenden Kosten.[109]

Ist die Voraussetzung einer Übereinstimmung zwischen dem Fälligkeitstermin des Terminkontraktgeschäftes und dem Erfüllungszeitpunkt des abgesicherten Ursprungsgeschäftes nicht erfüllt, kann die Veränderung der Basis während der Laufzeit nicht im voraus bestimmt werden. Je nach Verlauf von Kassapreis und Terminkurs kann der Hedgeerfolg erhöht oder vermindert werden. Im Extremfall kann sogar ein größerer Verlust entstehen, als dies ohne die Durchführung der Sicherungsmaßnahme der Fall gewesen wäre. Die Abb. 3.2 und 3.3 zeigen mögliche unterschiedliche Entwicklungen der Kassa- und Terminpreise und die aus diesen Basis-Veränderungen resultierenden Wirkungen auf den Hedgeerfolg.[110] Lediglich bei konstant bleibender Basis wird ein **perfect hedge** realisiert. In der Regel wird sich die Basis jedoch verändern. Grundsätzlich läßt sich feststellen, daß das Basisrisiko mit der Länge der verbleibenden Laufzeit des Kontraktes zunimmt.

3.3.2.1.2. Wahl der Laufzeit der Hedgekontrakte

Die Wahl der Laufzeit eines Terminkontraktes kann einerseits an dem Erfüllungszeitpunkt des der Sicherung zugrundeliegenden Ursprungsgeschäftes ausgerichtet werden. Zum anderen kann die Laufzeit eines Hedges an dem Zeitraum orientiert werden, für den eine nachteilige Preis- oder Kursentwicklung prognostiziert wird.

PREIS-/KURSRISIKO BESTEHT BEI STEIGENDEN PREISEN/KURSEN			
Entwicklung des		Ergebnis wenn Position	
Kassapreises	Terminpreises	ungehedgt	gehedgt
steigt	steigt schneller	Verlust	Gewinn
	steigt gleich	Verlust	perfect hedge
	steigt langsamer	Verlust	Verlust kleiner
	konstant	Verlust	Verlust gleich
	fällt	Verlust	Verlust größer
fällt	fällt schneller	Gewinn	Verlust
	fällt gleich	Gewinn	perfect hedge
	fällt langsamer	Gewinn	Gewinn kleiner
	konstant	Gewinn	Gewinn gleich
	steigt	Gewinn	Gewinn größer
konstant	steigt	weder Gewinn	Gewinn
	konstant	noch Verlust	perfect hedge
	fällt		Verlust

Abb. 3.2: Vergleich zwischen gehedgter und ungehedgter Position bei nachteiliger Wirkung durch *steigende* Preise/Kurse

PREIS-/KURSRISIKO BESTEHT BEI FALLENDEN PREISEN/KURSEN			
Entwicklung des		Ergebnis wenn Position	
Kassapreises	Terminpreises	ungehedgt	gehedgt
steigt	steigt schneller	Gewinn	Verlust
	steigt gleich	Gewinn	perfect hedge
	steigt langsamer	Gewinn	Gewinn kleiner
	konstant	Gewinn	Gewinn gleich
	fällt	Gewinn	Gewinn größer
fällt	fällt schneller	Verlust	Gewinn
	fällt gleich	Verlust	perfect hedge
	fällt langsamer	Verlust	Verlust kleiner
	konstant	Verlust	Verlust gleich
	steigt	Verlust	Verlust größer
konstant	steigt	weder Gewinn noch Verlust	Gewinn
	konstant		perfect hedge
	fällt		Verlust

Abb. 3.3: Vergleich zwischen gehedgter und ungehedgter Position bei nachteiliger Wirkung durch *fallende* Preise/Kurse

3.3.2.1.2.1. Absicherung eines Geschäftes bis zum Erfüllungszeitpunkt

Soll ein einzelnes Geschäft bis zum Zeitpunkt seiner Erfüllung abgesichert werden, können zwei grundsätzliche Vorgehensweisen unterschieden werden:

1. Wahl eines Kontraktes mit kongruentem Fälligkeitstermin
2. Rolling-Hedge

Der Aufbau eines Sicherungsgeschäftes mit kongruentem Fälligkeitstermin ist eine relativ einfache Variante des Hedgings. Voraussetzung hierfür ist allerdings, daß der Zeitraum, für den eine Sicherung benötigt wird, kleiner oder gleich der Laufzeit des Kontraktes mit dem spätesten Fälligkeitstermin ist. Sofern der Monat des Erfüllungszeitpunktes zwischen zwei gehandelten Terminmonaten liegt, wird der länger laufende Kontrakt ausgewählt, weil die Position sonst für einen kurzen Zeitraum ungesichert bleibt.

Ein Problem resultiert bei dieser Art der Sicherung aus der mangelnden Marktliquidität ferner Terminmonate. Die Umsätze in den entsprechenden Terminkontrakten sind relativ gering und unregelmäßig. Auch wenn gerade kleine und mittlere Unternehmen in der Regel nur wenige Kontrakte zur Sicherung benötigen, besteht doch die Gefahr, daß nicht sämtliche Kontrakte sofort gehandelt werden können. Hohe Umsätze, die die Möglichkeit eines jederzeitigen Kaufs und Verkaufs gewährleisten, finden regelmäßig nur in den Terminkontrakten mit relativ kurzer Laufzeit statt.

Dieser Umstand wird bei einem *rolling hedge* dadurch berücksichtigt, daß zur Sicherung nur Kontrakte handelsaktiver Terminmonate verwandt werden.[111] Häufig wird der nearest-future-Kontrakt gewählt. Sobald der Kontrakt ausläuft, wird der nächste Kontrakt abgeschlossen (*rolling*). Dieses Verfahren kann so oft wiederholt werden, bis eine Absicherung für das Ursprungsgeschäft wegen seiner Erfüllung nicht mehr notwendig ist.

Mit der Durchführung eines *rolling hedge* wird neben dem Problem der mangelnden Marktliquidität auch das Problem der begrenzten maximalen Laufzeit der gehandelten Terminkontrakte beseitigt.[112]

3.3.2.1.2.2. Aufbau eines Hedges für einen bestimmten Zeitraum

Besteht eine Einschätzung hinsichtlich der Dauer einer nachteiligen Rohstoffpreis- oder Devisenkursentwicklung, erscheint es sinnvoll, den Zeitraum für die Absicherung primär an dieser Dauer zu orientieren. Darüber hinaus muß allerdings auch berücksichtigt werden, daß die Sicherung nicht nach der Erfüllung des Ursprungsgeschäftes aufrechterhalten werden darf.

Drei unterschiedliche Vorgehensweisen können in diesem Zusammenhang unterschieden werden:[113]

1. one-off-Hedge
2. strip-Hedge
3. rolling-strip-Hedge

Der *one-off-Hedge* ist ein relativ einfaches Verfahren zur Sicherung aller Geschäfte innerhalb eines bestimmten Zeitraumes. Hierbei werden zu Beginn des Sicherungszeitraumes soviele Kontrakte erworben, wie zur Absicherung der Summe aller Ursprungsgeschäfte notwendig sind:

$$\text{Anzahl der Kontrakte} = \frac{\text{Volumen aller zu hedgenden Geschäfte}}{\text{Kontraktvolumen}}$$

Als Laufzeit der Kontrakte wird bei dem Verfahren des one-off-Hedge der Monat gewählt, bis zu dem die Sicherung längstens benötigt wird. Sobald ein abgesichertes Geschäft erfüllt ist, wird die entsprechende Terminposition im Terminmarkt verkauft bzw. erworben (one off).

Diese Art des Hedgings ist bedingt durch das erhöhte Basisrisiko relativ risikoreich. Je größer der Zeitunterschied zwischen den zuerst fälligen Geschäften und dem Fälligkeitsmonat der Terminkontrakte ist, umso größer ist das Basisrisiko.[114]

Der *strip-Hedge* berücksichtigt demgegenüber die unterschiedlichen Fälligkeiten der abgesicherten Geschäfte und vermindert damit das beim one-off-Hedge bestehende Basisrisiko. Die Vorgehensweise erfolgt analog zu der einer laufzeitkongruenten Absicherung. Zu Beginn des Sicherungszeitraumes wird für jedes abzusichernde Geschäft die entsprechende Anzahl Terminkontrakte mit einem dem Erfüllungszeitpunkt entsprechenden Fälligkeitsmonat erworben. Auch hier treten die gleichen Probleme auf, wie bei der laufzeitkongruenten Absicherung eines Einzelgeschäftes.

Durch den *rolling-strip-Hedge* soll das Problem des einfachen strip-Hedge berücksichtigt werden. Bei diesem Verfahren werden zu Beginn des Sicherungszeitraumes, ebenso wie beim one-off-Hedge, sämtliche innerhalb des Sicherungszeitraumes benötigten Kontrakte erworben. Im Gegensatz zum one-off-Hedge wird als Terminmonat in der Regel der nearest-future gewählt. Kurz vor Fälligkeit der Kontrakte werden diese Terminpositionen durch einen entsprechenden Kauf oder Verkauf ausgeglichen und auf den neuen nearest-future-Termin übertragen. Hierbei wird erneut die benötigte Anzahl an Kontrakten berechnet, so daß diese gegen Ende des Sicherungszeitraumes geringer wird, da immer mehr abgesicherte Geschäfte inzwischen erfüllt wurden und die Absicherungen nicht mehr benötigt werden. Der Nachteil dieser Vorgehensweise kann in den, bedingt durch das "*rolling*" der Kontrakte, relativ hohen Kosten gesehen werden.

3.3.2.2. Optionen und Optionen auf Terminkontrakte

Als weitere Hedging-Instrumente können *börsengehandelte* Rohstoff- oder Devisenoptionen und Optionen auf Rohstoff- oder Devisenterminkontrakte eingesetzt werden.[115] Diese börsengehandelten Optionen sind, ebenso wie Terminkontrakte, bezüglich der Menge, der Laufzeit oder dem Verfallstermin, dem Erfüllungsort und bei Rohstoffen auch bezüglich der Qualität standardisiert.[116] Während Optionen das **Recht** auf den Kauf oder Verkauf von Rohstoffen oder Devisen (z. B. 10 t Kupfer) verbriefen, wird durch den Erwerb einer Option auf einen Terminkontrakt das Recht eingeräumt, einen Terminkontrakte in dem entsprechenden Rohstoff oder der Währung zu kaufen oder zu verkaufen. Die Unterschiede zwischen diesen beiden Hedging-Instrumenten können in bezug auf den Zweck dieser Arbeit als relativ gering eingestuft werden, so daß im folgenden nur allgemein von Optionen gesprochen wird.[117]

Zur Sicherung gegen die nachteilige Wirkung einer Rohstoffpreis- oder Devisenkursänderung mittels einer Rohstoff- oder Devisenoption, ist zunächst danach zu differenzieren, ob das Risiko durch steigende oder durch fallende Preise oder Kurse entsteht. Entsprechend lassen sich zwei unterschiedliche Arten von Optionen unterscheiden:

- **Kauf-Optionen (Call-Option):**
  Eine Kauf-Option räumt dem *Erwerber* der Option das Recht ein, eine festgelegte Menge eines Rohstoffs oder einer Währung zu einem festgelegten Preis (Basispreis, strike price) innerhalb eines festen Zeitraumes oder zu einem festen Zeitpunkt zu erwerben. Der *Verkäufer* (Stillhalter) der Option erhält für die Einräumung dieses Wahlrechtes eine Vergütung, die sogenannte Optionsprämie.
- **Verkauf-Optionen (Put-Option):**
  Eine Verkauf-Option räumt dem *Erwerber* der Option das Recht ein, eine festgelegte Menge einer Ware oder Währung zu einem festgelegten Preis (Basispreis, strike price) innerhalb eines festen Zeitraumes oder zu einem festen Zeitpunkt zu verkaufen. Der *Verkäufer* (Stillhalter) der Option erhält für die Einräumung dieses Wahlrechtes die Optionsprämie.

Um sich gegen einen Preis- oder Kurs**anstieg** zu sichern, muß ein Unternehmen eine Kauf-Option erwerben. Demgegenüber sichert der Erwerb einer Verkaufsoption gegen einen Rohstoffpreis- oder Devisenkurs**verfall** ab.

Wie bereits deutlich wurde, liegt für den Erwerber der Option ein wesentlicher Unterschied zwischen den **Options-** und den **Terminkontraktgeschäften** in der *Unverbindlichkeit* des Optionsgeschäftes bezüglich seiner Erfüllung.[118] Der Käufer einer Option hat das *Wahlrecht der Erfüllung* des zugrundeliegenden Geschäftes. Er kann beispielsweise bei einer Kupfer-Kaufoption entscheiden, ob er die Option ausübt und das Kupfer zum vereinbarten Preis abnimmt. Der Optionskäufer wird die Option in der Regel dann ausüben, wenn das Geschäft für ihn vorteilhaft ist.[119] Kann er beispielsweise bei Ablauf der Optionsfrist das Kupfer am Markt billiger erwerben, als dies mittels der Option möglich ist, sollte er die Option verfallen lassen. Durch die Unverbindlichkeit des Geschäftes für den Erwerber der Option bietet sich deshalb gegenüber den Terminkontrakten die Chance, von vorteilhaften Rohstoffpreis- oder Devisenkursbewegungen zu profitieren.[120]

Nachdem die zur Verfügung stehenden Rohstoff- und Devisenoptionen zunächst in bezug auf ihre Sicherungswirkung gegen steigende oder fallende in Kauf- und Verkaufoptionen unterschieden wurden, sollten sie im nächsten Schritt weiter differenziert werden. Hierzu kann als Differenzierungskriterium das Verhältnis zwischen dem Basispreis einer Option und dem aktuellen Marktpreis des entsprechenden Rohstoffs oder der entsprechenden Währung herangezogen werden. Entsprechend lassen sich **in-the-money-**, **at-the-money-** und **out-of-the-money-Optionen** unterscheiden.[121]

Eine Option wird als *out-of-the-money*-Option (*in-the-money*-Option) bezeichnet, wenn der vereinbarte Basispreis bei einer Kauf-Option über (unter) und bei einer Verkauf-Option unter (über) dem aktuellen Rohstoffpreis oder Devisenkurs liegt. Bei der *at-the-money*-Option entspricht der Basispreis in etwa dem aktuellen Preis oder Kurs.

In-the-money-Optionen sollten gewählt werden, wenn eine nachteilige Preis- oder Kursbewegung relativ sicher erwartet wird. In diesem Fall weist die *in-the-money*-Option gegenüber der *out-of-the-money*-Option den Vorteil der sofort greifenden Sicherung auf.[122] Zudem sind die Kosten (Optionsprämie ./. innerer Wert der Option) beim Erwerb einer *in-the-money*-Option regelmäßig geringer als beim Erwerb einer *at-* oder *out-of-the-money*-Option.[123]

Demgegenüber sollten *out-of-the-money*-Optionen gewählt werden, wenn zwar relativ sicher erwartet wird, daß keine nachteilige Preisbewegung eintritt, das Unternehmen sich aber dennoch gegen eine eventuelle nachteilige Rohstoffpreis- oder Devisenkursänderung absichern möchte. Als Nachteil dieses Optionstyps kann angesehen werden, daß die Kosten, verglichen mit den *at-* oder *in-the-money*-Optionen, in der Regel etwas höher sind. Vorteilhaft ist hingegen, daß der bei einer günstigen Rohstoffpreis- oder Devisenkursentwicklung durch den Verfall der Option eintretende Verlust der Optionsprämie bei der *out-of-the-money*-Option erheblich geringer als bei einer *in-the-money*-Option ist, da die Optionsprämie kein Entgelt für den inneren Wert der Option enthält.[124]

Es existieren in der Praxis eine Vielzahl von Variationen, um mittels der einzelnen Optionstypen zu hedgen.[125] Es erscheint dem Verfasser jedoch nicht sinnvoll, im Rahmen der vorliegenden Arbeit auf diese Variationen einzugehen, da sie in bezug auf die grundsätzliche Beurteilung eines Hedgings mittels Rohstoff- oder Devisenoptionen gegenüber anderen Hedging-Instrumenten keine zusätzlichen Erkenntnisse versprechen.

Ein selektiv durchgeführtes Hedging kann mittels Rohstoff- oder Devisenoptionen in der Regel nur insofern realisiert werden, als das über den Einsatzzeitpunkt dieses Instrumentes entschieden wird. Nachteilig sind vor allem der Prämienverlust bei Verfall der Option, die, bedingt durch die relativ spät greifende Sicherung, bei *out-of-the-money*-Optionen möglicherweise auftretenden Verluste sowie die im Vergleich zu anderen Hedging-Instrumenten relativ hohen Kosten.[126] Neben den bereits angesprochenen, vom Optionstyp abhängigen Kosten, müssen auch die Brokerkommission und Differenz zwischen *bid-* und *ask*-Kursen berücksichtigt werden.[127] Die bid- und ask-Kurse entsprechen den bei der Umrechnung von Devisentransaktionen üblichen Brief- und Geldkursen.

Die besonderen Vorzüge eines Hedgings gegen Rohstoffpreis- und Devisenkursrisiken mittels Optionen kann einerseits in der Möglichkeit, trotz Sicherung von einer vorteilhaften Preis- oder Kursbewegung profitieren zu können, gesehen werden. Darüber hinaus erscheint eine Sicherung mittels Optionen insbesondere dann sinnvoll, wenn das Unternehmen ein bindendes Angebot abgeben muß und sich vor Rohstoffpreis- oder Devisenkursänderungen bereits während der Angebotsphase schützen möchte.[128] Erhält das Unternehmen dann den Auftrag nicht, kann es die Option verfallen lassen. Eine Pflicht zur Erfüllung des Sicherungsgeschäft besteht nicht. Aufgrund der mit der Durchführung einer solchen Sicherung verbundenen Kosten, sollte die Annahme des Angebots allerdings relativ sicher erwartet werden.

Der Einsatz von Optionen im Rahmen des Risk Managements in kleinen und mittleren Unternehmen, kann trotz der genannten Einschränkungen als sinnvoll angesehen werden.

3.3.2.3. Wechselkursversicherung

Träger der Wechselkursversicherung ist in Deutschland der Bund. Die Hermes-Versicherung tritt als federführender Mandatar des Bundes auf und vergibt die Deckungszusage an die Unternehmen.[129] Es wird deshalb in diesem Zusammenhang auch oft von der Hermes-Wechselkursversicherung gesprochen. Mit Hilfe dieses Hedging-Instrumentes können nur **langfristige Forderungen** aus Exporten abgesichert werden. Sofern auf andere Währungen als US-Dollar, Pfund Sterling oder Schweizer Franken lautende Forderungen abgesichert werden sollen, muß die Währung frei konvertierbar sein und an deutschen Devisenbörsen notiert werden. Zudem darf sie nicht Bestandteil des ECU sein. Darüber hinaus muß der Antragsteller glaubhaft machen, daß ohne die Wechselkursgarantie oder -bürgschaft das Exportgeschäft nicht zustande käme.[130]

Vom Bund wird nur das nach einer Vorlaufzeit von zwei Jahren eintretende Devisenkursrisiko übernommen.[131] Dies resultiert aus dem Grundsatz der Hermes-Versicherung, keine Risiken abzusichern, gegen die sich der Exporteur anderweitig absichern kann.[132]

Für eine Sicherung gegen Devisenkursrisiken innerhalb der Vorlaufzeit müssen andere Instrumente, beispielsweise Devisentermingeschäfte, eingesetzt werden.

Die Übernahme des Devisenkursrisikos durch den Bund erfolgt dergestalt, daß dem Unternehmen der an der Frankfurter Devisenbörse am letzten Tag der Vorlaufzeit notierte Mittelkurs der Fremdwährung garantiert wird. Überschreiten die danach eingetretenen Währungskursverluste 3 % des gesicherten Betrages, wird in voller Höhe eine Entschädigung gezahlt. Kursgewinne müssen hingegen, sofern sie 3 % überschreiten, in voller Höhe an den Bund abgeführt werden.[133]

Die Hermes-Versicherung kann, sofern sie in kleinen und mittleren Unternehmen für den Zweck der Kurssicherung eingesetzt werden soll, als ungeeignetes Instrument eingestuft werden.[134] Die Einsetzbarkeit ist zu stark reglementiert. Zudem sind die Kosten der Absicherung relativ hoch, da zu den Kosten der Wechselkurssicherung in Höhe von 0,7 % p. a. die Kosten durch den Selbstbehalt bei Verlusten von bis zu 3 % und die Kosten für die Absicherung in den zwei Jahren Vorlaufzeit kommen.[135] Von den Devisenmärkten werden andere, wesentlich einfacher zu handhabende Instrumente angeboten, die ebenfalls zur Absicherung langfristiger Devisenkursrisiken geeignet sind und darüber hinaus auch im Rahmen eines Selektiv-Hedging die Möglichkeit der Nutzung von Gewinnchancen erlauben.

3.4. Vergleichende Beurteilung der Hedging-Instrumente

Neben der *rechtlichen Zulässigkeit*[136] werden zur Beurteilung der Eignung der einzelnen Instrumente zur Sicherung gegen Rohstoffpreis- und Devisenkursrisiken in der Literatur beispielsweise die Kriterien "**Sicherung der Kalkulationsbasis**" und "**Kongruenz der Laufzeit von Sicherungsinstrument und abgesichertem Geschäft**" genannt.[137]

Das erstgenannte Kriterium ist bei der Durchführung der Rohstoffpreis- und Devisenkurssicherung im Rahmen eines Risk Managements grundsätzlich erfüllt. Hierbei wird das Risiko einer nachteiligen Rohstoffpreis- oder Devisenkursänderung losgelöst vom Grundgeschäft behandelt. Vom Risk Manager wird ein Verrechnungspreis zur Verfügung gestellt; dadurch ist die Kalkulationsbasis in jedem Fall gesichert.

Die Kongruenz der Laufzeit von abzusicherndem Geschäft und Hedging-Instrument erscheint ebenfalls als ein wenig geeignetes Kriterium. Mehrere Geschäfte, deren Laufzeiten sich aneinander anschließen, lassen sich beispielsweise durch ein einziges Terminkontraktgeschäft absichern.

Statt dieser Kriterien wird deshalb hier vorgeschlagen, die einzelnen Hedging-Instrumente auf die Erfüllung der folgenden, in Form einer Checkliste formulierten, Kriterien zu überprüfen:[138]

1. Einsatzzeitpunkt flexibel
2. Vorzeitige Auflösung der Sicherung möglich
3. Eignung für eine isolierte Behandlung des Risikos
4. Vollständige Abdeckung des Risikos möglich
5. Wahrnehmung von günstigen Preis- oder Kursentwicklungen während der Absicherung möglich
6. Selbstbestimmend einsetzbar
7. Kapitalbindung gering
8. Absicherung von Preis- und/oder Kursrisiken auf der Beschaffungsseite
9. Absicherung von Preis- und/oder Kursrisiken auf der Absatzseite

10. Absicherung des Lagerbestandswertes
11. Anwendbar für die wichtigsten Rohstoffe
12. Anwendbar für die wichtigsten Devisen
13. Möglichkeit der langfristigen Absicherung
14. Praktikabilität
15. Absicherung in der Angebotsphase

Die Abb. 3.4 zeigt die Beurteilung, im wesentlichen eine Zusammenfassung der bereits angeführten Kritik, der einzelnen Hedging-Instrumente anhand der genannten Kriterien. Hierbei wurden die Instrumente *Währungsanlage* und *Währungskredit* zusammengefaßt und gemeinsam beurteilt. Dies erscheint sinnvoll, weil kleine und mittlere Unternehmen in der Regel nur über ein Währungskonto die abzusichernden Beträge anlegen oder aufnehmen können. Deshalb sollte, sobald ein solches Konto eingerichtet wird, dieses sowohl zur Sicherung gegen steigende als auch zur Sicherung gegen fallende Devisenkurse eingesetzt werden. Eine Kombination mit anderen Instrumenten, beispielsweise die Kombination von Währungsanlage und Devisentermingeschäften, erscheint demgegenüber weniger sinnvoll.

HEDGING-	BEURTEILUNGSKRITERIEN															
INSTRUMENT	1	2	3	4	5	6	7	8	9	10	11	12	13	14	15	Σ
Fakturierung in DM	-	-	-	o	-	-	+	+	+	-	-	+	+	+	+	0
Festpreis	-	-	-	+	-	-	+	+	+	-	+	-	+	+	+	1
Lagerhaltung	+	-	o	+	-	+	-	+	-	-	+	-	o	-	o	-2
Preisgleitklauseln	-	-	-	+	-	-	+	-	+	-	+	-	+	-	+	-3
Währungsklauseln	-	-	-	+	-	-	+	-	+	-	-	+	+	-	+	-3
Leading	+	-	-	+	-	+	-	+	-	-	-	+	o	+	-	-2
Lagging	o	-	-	-	+	o	+	+	-	-	-	+	-	+	-	-3
Netting	-	-	+	+	-	+	+	o	o	-	-	+	o	+	-	0
Fakturierung in Drittwährung	-	-	-	-	+	-	+	+	+	-	-	+	+	o	+	0
Termingeschäft	+	o	-/+ *)	+	-	+	+	+	+	-	+	+	+	+	+	8/10 *)
Währungsanlage/-kredit	+	+	+	+	-	+	+	+	+	+	-	+	+	+	+	11
Factoring	+	-	o	+	-	+	+	-	+	-	-	+	-	o	-	-1
Forfaitierung	+	-	o	+	-	+	+	-	+	-	-	+	+	o	-	1
Terminkontrakt	+	+	+	o	-	+	-	+	+	+	+	+	o	+	+	9
Option	+	o	+	+	+	+	o	+	+	+	+	+	o	+	+	12
Wechselkurs-versicherung	-	-	-	o	-	o	+	-	+	-	-	+	+	-	-	-5

*) = Rohstoffe/Devisen

Punktwerte: '-' = -1
'o' = 0
'+' = 1

Abb. 3.4: Nutzwertanalytische Beurteilung der Hedging-Instrumente (ungewichtet)

Als ungeeignet für den Einsatz im Rahmen eines Risk Managements zur Sicherung gegen Rohstoffpreis- und Devisenkursrisiken werden hier die Hedging-Instrumente eingestuft, die in bezug auf das Kriterium 3 (Eignung für eine isolierte Behandlung des Risikos) nicht positiv beurteilt wurden (K.O.-Kriterium) oder eine negative Gesamtbeurteilung erhielten. Die verbleibenden Instrumente werden im folgenden einer differenzierteren Beurteilung unterzogen (Abb. 3.5). Die Kriterien 3, 6, 12 und 14 werden jedoch nicht mehr in diese Beurteilung miteinbezogen, weil sie von allen zu bewertenden Hedging-Instrumenten gleich gut erfüllt werden.

Die gewichtete nutzwertanalytische Beurteilung zeigt, daß zur Absicherung gegen Devisenkursrisiken die Aufnahme von Währungskrediten und die Fremdwährungsanlage über ein Währungskonto mit entsprechenden Kreditlinien besonders vorteilhaft sind.

Auch die Terminkontraktgeschäfte sind als geeignet für den Einsatz in kleinen und mittleren Unternehmen, sowohl zur Absicherung gegen Rohstoffpreisrisiken als auch gegen Devisenkursrisiken, einzustufen. Sie werden deutlich höher als die Optionen bewertet.[139] Optionen sollten demgegenüber zur Absicherung dann präferiert werden, wenn

- eine relativ starke Preis- oder Kursbewegung erwartet wird, aber Unsicherheit bezüglich der Richtung herrscht,

oder

- die Größe der zu sichernden Positionen noch nicht genau determiniert werden kann, beispielsweise bei bindend abgegebenen Angeboten.[140]

HEDGINGINSTRUMENT	BEURTEILUNGSKRITERIEN											
	1	2	4	5	7	8	9	10	11	13	15	Σ
	Gewichtung in %											
	15	25	5	15	5	3	3	8	6	5	10	100
Netting	-	-	+	-	+	o	o	-	-	o	-	1,31
Devisentermingeschäft	+	o	+	-	+	+	+	-	+	+	+	2,29
Währungsanlage/-kredit	+	+	+	-	+	+	+	+	-	+	+	2,58
Terminkontrakt	+	+	o	-	-	+	+	+	+	o	+	2,5
Option	+	o	+	+	o	+	+	+	+	o	+	2,35
Punktwerte: '-' = 1; 'o' = 2; '+' = 3												

Abb. 3.5: Nutzwertanalytische Beurteilung der Hedging-Instrumente (gewichtet)

Welches dieser hier vorgeschlagenen Hedging-Instrumente im Einzelfall eingesetzt werden soll, hängt auch von den anfallenden Kosten ab. Diese Kosten lassen sich jedoch nicht pauschal bestimmen. Bei Terminkontrakten hängen diese Kosten beispielsweise wesentlich von der Basis ab. Jedes Unternehmen muß deshalb für seine eigene Struktur der zu sichernden Geschäfte entscheiden, welche dieser drei, für kleine und mittlere Unternehmen grundsätzlich geeigneten Instrumente (Terminkontrakt, Option, Währungskonto), eingesetzt werden sollen.

Nicht übersehen werden sollte jedoch beim Einsatz von Terminkontrakten oder Währungskonten als Hedging-Instrument, daß bei einem Ausfall des abgesicherten Geschäfts infolge der Absicherung eine offene Rohstoff- oder Devisenposition entsteht. Wird beispielsweise für einen erwarteten Zahlungseingang in US-Dollar der Kurs durch die Aufnahme eines Fremdwährungskredites gesichert, unterliegt diese Position beim Ausfall des Zahlungseingangs dem vollen Kursrisiko, weil der zur Rückzahlung notwendige Dollarbetrag im Rückzahlungszeitpunkt zum dann gültigen Devisenkurs beschafft werden muß.

BEMERKUNGEN:

1 Produkte und Produktionsverfahren werden als konstant angenommen. Von Seifert vorgeschlagene Instrumente zur Reduzierung des Rohstoffpreis- und Devisenkursrisikos, beispielsweise durch die Reduktion des Bedarfs durch einen höheren produktionstechnischen Ausnutzungsgrad, oder die Substitution der kritischen Rohstoffe durch weniger preissensitive, werden hier nicht betrachtet. Vgl. zu diesen Instrumenten SEIFERT, Werner G.: Risk Management: Die Zukunft ..., a. a. O., hier S. 754.

2 Vgl. ALBRECHT, Werner: Wechselkurssicherung - Die Möglichkeiten der Wechselkurssicherung und ihre Eignung für Bank- und Nichtbankunternehmen, Hamburg 1977, S. 34.

3 Vgl. ALBRECHT, Werner: Wechselkurssicherung, a. a. O., S. 36 - 37.

4 Brand vertritt beispielsweise die Auffassung, daß ein risikoaverses Unternehmen von den Rohstoffen, die einem Preisrisiko unterliegen, relativ weniger einsetzt, als von Rohstoffen ohne Preisrisiko. Vgl. BRAND, Michael: Die Bedeutung von Absatz- und Beschaffungsrisiken für Produktions- und Standortentscheidungen, Frankfurt a. M. - Bern - New York - Paris 1987, S. 6.

5 Vgl. ALBRECHT, Werner: Wechselkurssicherung, a. a. O., S. 36. Abweichend hiervon bezeichnet Hoffmann diese Vorgehensweise als *Risikovermeidung*. Vgl. HOFFMANN, Klaus: Risk Management ..., a. a. O., S. 24 - 25.

6 Vgl. ALBRECHT, Werner: Wechselkurssicherung, a. a. O., S. 37.

7 Vgl. zu dieser Begriffsauslegung BACKES, Manfred: Kurssicherungsgeschäfte, Berlin 1977, S. 55 - 56.

8 Vgl. hierzu die Ausführungen in Abschnitt 3.2.2. in diesem Kapitel.

9 In diesem Sinne verwendet auch Quick den Begriff der Risikominderung. Vgl. hierzu QUICK, Rolf H.: Informationsprozesse ..., a. a. O., S. 25 - 26.

10 Vgl. hierzu die Ausführungen zu den einzelnen risikomindernden Hedging-Instrumenten in den Abschnitten 3.2.2. und 3.3.2. in diesem Kapitel.

11 Vgl. ALBRECHT, Werner: Wechselkurssicherung, a. a. O., S. 38.

12 Vgl. ALBRECHT, Werner: Wechselkurssicherung, a. a. O., S. 39.

13 Vgl. hierzu ALBRECHT, Werner: Wechselkurssicherung, a. a. O., S. 39. Vgl. auch BÜSCHGEN, Hans E.: Das kleine Börsenlexikon, 17. Aufl., 1987, S. 177.

14 Vgl. ALBRECHT, Werner: Wechselkurssicherung, a. a. O., S. 40 - 41.

15 ALBRECHT, Werner: Wechselkurssicherung, a. a. O., S. 41.

16 Backes sieht beispielsweise das Problem der Durchsetzbarkeit von DM-Fakturierungen im Export bei erwarteter nachteiliger Kursentwicklung für den ausländischen Importeur. Sofern die Möglichkeit des Wechsels zu einem anders fakturierenden Lieferanten besteht, wird er auf der Fakturierung in seiner Währung bestehen. Vgl. hierzu BACKES, Manfred: Kurssicherungsgeschäfte, a. a. O., S. 30.

17 Vgl. ALBRECHT, Werner: Wechselkurssicherung, a. a. O., S. 41 - 42.

18 Vgl. hierzu die Ausführungen im Abschnitt 3.3. in diesem Kapitel.

19 Zu dieser Systematisierung vgl. EILENBERGER, Guido: Währungsrisiken ..., a. a. O., S. 133 i. V. m. 199.

20 Usancenbedingt entfällt bei einigen Rohstoffen diese Vereinbarung. So wird beispielsweise Rohöl auf US-Dollarbasis fakturiert. Eine DM-Fakturierung ist in diesen Fällen nicht möglich.

21 Vgl. BACKES, Manfred: Kurssicherungsgeschäfte, a. a. O., S. 30.

22 Deutsche Unternehmen ändern bei einer nachteiligen Währungskursentwicklung weniger oft den vereinbarten DM-Preis, als ausländische Unternehmen. Vgl. hierzu Tab. 5.9 im Kapitel 5.

23 Vgl. TOPRITZHOFER, Edgar - MOSER, Reinhard: Das Exportgeschäft - Seine Abwicklung und Absicherung, 5. Aufl., Wien 1987, S. 187; EILENBERGER, Guido: Währungsrisiken ..., a. a. O., S. 136 - 137.

24 Es ist stark zu bezweifeln, ob die Fakturierung in DM unter diesen Aspekten "zweifellos der Wunschtraum vieler mittelständischer Exporteure" sein kann (HIELSCHER, Udo: Instrumente zur ..., a. a. O., hier S. 536).

25 Vgl. WÖRNER, Elisabeth: Termingeschäfte ..., a. a. O., S. 61. Geschäfte, bei denen ein Vertragspartner das Geschäft bereits vorweg teilweise erfüllt, beispielsweise bei Vorauszahlungen, zählen nicht zu den Termingeschäften (vgl. ebenda, S. 61).

26 Vgl. STREIT, Manfred E.: Zur Funktionsweise von Terminkontrakten, in: Jahrbuch für Nationalökonomie und Statistik, 195. Jg. (1980), H. 6, S. 533 - 549, hier S. 536. Abzugrenzen hiervon sind die warenbezogenen Direktgeschäfte (Kassageschäfte), bei denen Leistung und Gegenleistung sofort oder innerhalb weniger Tage getauscht werden (vgl. ebenda, S. 534 - 536).

27 Andere Motive der Lagerhaltung, beispielsweise die Sicherung der Versorgung, werden in diesem Zusammenhang nicht berücksichtigt.

28 Hedging wurde definiert als die Sicherung von *gegenwärtigen* und *künftigen* Geschäften gegen Preis- und Kursrisiken.
29 Vgl. zum Spekulationsbegriff im Rohstoffeinkauf FÖRSTER, Bernward: Materialabrechnung bei variierenden Einstandspreisen, Diss., Göttingen 1986, S. 156 - 158.
30 Zu den carrying charges vgl. SMITH, Courtney: Commodity Spreads, a. a. O., hier p. 12.18 - 12.21.
31 Zur Berechnung von Preisgleitklauseln vgl. beispielsweise BACKHAUS, Klaus: Preisgleitklauseln als risikopolitisches Instrument bei langfristigen Fertigungs- und Absatzprozessen, in: ZfbF-Kontaktstudium, 31. Jg. (1979), S. 3 - 10; SCHÖNE, Jürgen: Zu Gleitpreisklauseln, in: KRP, Jg. 1978, H. 5, S. 217 - 219.
32 Vgl. dazu TOPRITZHOFER, Edgar - MOSER, Reinhard: Das Exportgeschäft ..., a. a. O., S. 26 - 27.
33 Vgl. SCHÖNE, Jürgen: Zu Gleitpreisklauseln, a. a. O., hier S. 217.
34 Vgl. VASCONCELLOS, Harald Michaelis de: Garantieklauseln und Risikoverteilung im internationalen Anlagenvertrag, Heidelberg 1988, S. 169 - 170.
35 Vgl. BACKHAUS, Klaus: Preisgleitklauseln ..., a. a. O., hier S. 9.
36 Vgl. zu den rechtlichen Beschränkungen des Einsatzes von Preisgleitklauseln BACKHAUS, Klaus: Preisgleitklauseln ..., a. a. O., hier S. 7 - 9.
37 So hatte beispielsweise Coca-Cola den Preis für das an die Abfüller gelieferte Konzentrat jahrelang an den Zuckerpreis gekoppelt (vgl. SEIFERT, Werner G.: Risk Management: Die Zukunft ..., a. a. O., hier S. 754).
38 EILENBERGER, Guido: Währungsrisiken ..., a. a. O., S. 140.
39 Vgl. HEIDEMANN, Heinrich: Währungsrisiken ..., a. a. O., S. 142.
40 Als Bezugsgröße kann statt einer Währung auch eine bestimmte Menge Feingold gewählt werden (vgl. hierzu EILENBERGER, Guido: Währungsrisiken ..., a. a. O., S. 142).
41 Vgl. EILENBERGER, Guido: Währungsrisiken ..., a. a. O., S. 143.
42 Vgl. HEIDEMANN, Heinrich: Währungsrisiken ..., a. a. O., S. 143.
43 Vgl. ALBRECHT, Werner: Wechselkurssicherung, a. a. O., S. 234 - 235.
44 Vgl. EILENBERGER, Guido: Währungsrisiken ..., a. a. O., S. 140.
45 Vgl. BACKES, Manfred: Kurssicherungsgeschäfte, a. a. O., S. 31 - 32.
46 Vgl. ALBRECHT, Werner: Wechselkurssicherung, a. a. O., S. 235. Der Abschluß von Währungsklauseln mit der DM als Vertragswährung könnte für einen Importeur sinnvoll sein, wenn das ausländische Unternehmen das Kursrisiko nicht übernehmen will. Mit der Fakturierung in der Fremdwährung läßt sich das gleiche Ergebnis erreichen, ohne daß eine Genehmigung erforderlich wäre.
47 Vgl. EILENBERGER, Guido: Währungsrisiken ..., a. a. O., S. 140.
48 Vgl. EILENBERGER, Guido: Währungsrisiken ..., a. a. O., S. 147.
49 Vgl. HEIDEMANN, Heinrich: Währungsrisiken ..., a. a. O., S. 145.
50 Vgl. zu dieser Gestaltung EILENBERGER, Guido: Währungsrisiken ..., a. a. O., S. 147.
51 Vgl. beispielsweise SCHNEIDER, Volker: Kurzfristiges ..., a. a. O., S. 136; WENTZ, Rolf-Christian: Unternehmerische Devisenkurssicherung ..., a. a. O., S. 53. Jones/Jones sehen den Einsatz dieses Hedging-Instrumentes nicht auf multinationale Unternehmen beschränkt, sondern der "lead/lag approach is most effective (and most often used) in conjunction with intercompany transactions" (JONES, Eric T. - JONES, Donald L.: Hedging Foreign Exchange ..., a. a. O., S. 39).
52 In multinationalen Unternehmen erfüllt dieses Instrument im konzerninternen Handel lediglich einen anderen Zweck. Eine Konzerneinheit erleidet immer einen Verlust während die andere einen Gewinn realisiert. Hier dient das Leading/Lagging der Gewinnverschiebung unter steuerlichen Aspekten. Vgl. EILENBERGER, Guido: Währungsrisiken ..., a. a. O., S. 148.
Eine Anwendung des Leadings oder Laggings als Kurssicherungsinstrument zwischen unabhängigen Geschäftspartnern befürwortet LIPFERT, Helmut: Devisenhandel mit Devisenoptionshandel, 3. Aufl., Frankfurt a. M. 1988, S. 118. Vgl. auch PFEIL, Enzio von: Effective Control of Currency Risks - A Practical, Comprehensive Guide, New York 1988, p. 189 - 190.
53 Vgl. zum Verfahren des Nettings in multinationalen Unternehmen EILENBERGER, Guido: Währungsrisiken ..., a. a. O., S. 149 - 150.
54 Vgl. hierzu EILENBERGER, Guido: Währungsrisiken ..., a. a. O., S. 137.
55 Zum Begriff der *cross rate* vgl. beispielsweise ARNIM, Rainer v.: Die Waren-Termin-Anlage, Bd. 1, Grundlagen und Vorgehen, 2. Aufl., Darmstadt - Haarlem - Wien - Zürich 1981, S. 189.
56 Vgl. SCHNEIDER, Volker: Kurzfristiges ..., a. a. O., S. 143.
57 Vgl. ALBRECHT, Werner: Wechselkurssicherung, a. a. O., S. 39, Fußnote 1.
58 OPEC-Staaten erzielen ihre Einkünfte regelmäßig in US-Dollar und vereinbaren entsprechend bei Käufen den US-Dollar als Fakturierungswährung (vgl. hierzu FLOCKE, Hans-Joachim: Risiken beim Internationalen Anlagenvertrag - Hinweise zu ihrer Bewertung sowie Möglichkeiten der Risikobeschränkung durch Vertragsgestaltung, Heidelberg 1986, S. 46).
59 Vgl. WERMUTH, Dieter - OCHYNSKI, Walter: Strategien an den Devisenmärkten - Eine Anleitung für die Praxis, 3. Aufl., Wiesbaden 1987, S. 147.
60 Kontrahenten für die Termingeschäfte können sowohl inländische als auch ausländische Banken sein. Vgl. hierzu EILENBERGER, Guido: Währungsrisiken ..., a. a. O., S. 153.

61 Diese Art der Devisentermingeschäfte wird auch als *Outright-Termingeschäft* bezeichnet (vgl. EILENBERGER, Guido: Währungsrisiken ..., a. a. O., S. 154 - 155). Swap-Geschäfte sind für kleine und mittlere Unternehmen in der Regel nicht von Bedeutung, da sie der Kurssicherung von Finanzkrediten dienen (vgl. zu den Einsatzmöglichkeiten der Devisen-Swaps EILENBERGER, Guido: Währungsrisiken ..., a. a. O., S. 160 - 161).

62 Vgl. EILENBERGER, Guido: Währungsrisiken ..., a. a. O., S. 154.

63 Vgl. EILENBERGER, Guido: Währungsrisiken ..., a. a. O., S. 154.

64 Vgl. HAHN, Oswald: Geld- und Devisenhandel, Stuttgart 1964, S. 49.

65 Zu den unterschiedlichen Einsatzzeitpunkten und den damit verbundenen Vor- und Nachteilen vgl. EILENBERGER, Guido: Währungsrisiken ..., a. a. O., S. 155 - 158.

66 Eine Nichterfüllung des Termingeschäfts kann beispielsweise durch die Insolvenz des Abnehmers verursacht sein. In diesem Fall kann dem Unternehmen im ungünstigsten Fall, neben dem Ausfall der Zahlung, ein Schaden durch das Termingeschäft entstehen, da dieses eine offene Terminposition darstellen würde. Notiert beispielsweise der aktuelle Kassakurs bei einem Terminkauf /-verkauf unter/über dem Terminkurs, entsteht ein Verlust in Höhe der Differenz zwischen beiden Kursen. Liegt der Kassakurs hingegen über/unter dem Terminkurs, wird ein Gewinn realisiert. Vgl. ALBRECHT, Werner: Wechselkurssicherung, a. a. O., S. 95.

67 Vgl. ALBRECHT, Werner: Wechselkurssicherung, a. a. O., S. 94 - 95.

68 Vgl. JONES, Eric T. - JONES, Donald L.: Hedging Foreign Exchange ..., a. a. O., S. 64 - 65. Die Option bezieht sich nur auf den *Zeitpunkt* der Erfüllung, nicht auf die Erfüllung an sich; diese muß in jedem Fall erfolgen (vgl. ALBRECHT, Werner: Wechselkurssicherung, a. a. O., S. 95).

69 Zur Berechnung der Kosten eines Hedgings durch Devisentermingeschäfte vgl. SOENEN, L. A. - WINKEL, E. G. F. van: The Real Costs of Hedging in the Forward Futures Market, in: Management international review, Vol. 22 (1982), No. 1, p. 53 - 59.

70 Für die Prognose der Trendentwicklungen von Zinsen und Aktienkursen können grundsätzlich die gleichen Methoden herangezogen werden, wie zur Prognose der Devisenkurs- oder Rohstoffpreis-Entwicklung. Vgl. hierzu die entsprechenden Prognosemethoden in Kapitel 4.

71 Eilenberger sieht in der Möglichkeit zur langfristigen Absicherung gegen ein Währungskursrisiko den besonderen Vorzug dieses Instrumentes gegenüber dem Abschluß von Devisentermingeschäften. Vgl. hierzu EILENBERGER, Guido: Währungsrisiken ..., a. a. O., S. 163.

72 Vgl. zum Kostenvergleich PFEIL, Enzio von: Effective Control ..., a. a. O., p. 179 - 180.

73 Vgl. TOPRITZHOFER, Edgar - MOSER, Reinhard: Das Exportgeschäft ..., a. a. O., S. 211.

74 Vgl. hierzu WITTGEN, Robert: Währungsrisiko ..., a. a. O., S. 93; ZEIDLER, Hans-Wilhelm: Unternehmensrisiko ..., a. a. O., S. 205.

75 Vgl. ALBRECHT, Werner: Wechselkurssicherung, a. a. O., S. 256.

76 Der Betrag von 50.000 DM ergibt wie folgt:

Bei *Kreditaufnahme* erhalten:

250.000 US-$	x	2,00 DM/US-$	=	500.000 DM

Zur *Rückzahlung* erforderlich:

250.000 US-$	x	1,80 DM/US-$	=	450.000 DM
Differenz:				50.000 DM

77 Vgl. PRINDL, Andreas R.: Foreign Exchange Risk, a. a. O., p. 77.

78 Vgl. hierzu PFEIL, Enzio von: Effective Control ..., a. a. O., p. 178 - 179.

79 Vgl. SÜCHTING, Joachim: Finanzmanagement - Theorie und Politik der Unternehmensfinanzierung, 3. Aufl., Wiesbaden 1980, S. 157.

80 Vgl. GMÜR, Charles: Forfaitierung - Exportfinanzierung für Investitionsgüter, in: Factoring-Handbuch - national - international, hrsg. v. K. F. Hagenmüller und Heinrich Johannes Sommer, 2. Aufl., Frankfurt a. M. 1987, S. 195 - 200, hier S. 196.

81 Die Möglichkeiten zur Ausgestaltung der Factoringverträge sind sehr vielfältig. Einen Überblick über die verschiedenen Ausgestaltungsmöglichkeiten geben beispielsweise SCHEPERS, Georg: Die Spielarten des Factoring, in: Factoring-Handbuch - national - international, hrsg. v. K. F. Hagenmüller und Heinrich Johannes Sommer, 2. Aufl., Frankfurt a. M. 1987, S. 63 - 69; MAYER, Hans Volker: Factoring als Finanzierungsinstrument, in: Factoring-Handbuch - national - international, hrsg. v. K. F. Hagenmüller und Heinrich Johannes Sommer, 2. Aufl., Frankfurt a. M. 1987, S. 43 - 54.

82 Vgl. BACKES, Manfred: Kurssicherungsgeschäfte, a. a. O., S. 54.

83 Vgl. ZEIDLER, Hans-Wilhelm: Unternehmensrisiko ..., a. a. O., S. 209. Die eigentlichen Vorteile eines Factoring liegen nicht in der beiläufig erzielbaren Währungskurssicherung. Zu diesen Vorteilen vgl. MAYER, Hans Volker: Factoring als ..., a. a. O., hier S. 46 - 53.

84 Vgl. SÜCHTING, Joachim: Finanzmanagement ..., a. a. O., S. 186 - 187.

85 Guild/Harris weisen darauf hin, daß häufig der Trugschluß besteht, die Forfaitierung sei auf Investitionsgüter beschränkt. Forfaitierungsverträge können für jede Art des grenzüberschreitenden Waren- und Dienstleistungsverkehrs abgeschlossen werden. Vgl. hierzu GUILD, Ian - HARRIS, Rhodri: Forfaitierung - Die Alternative in der Außenhandelsfinanzierung, Wiesbaden 1985, S. 25.

86 Vgl. GMÜR, Charles: Forfaitierung ..., a. a. O., hier S. 195.

87 Vgl. GMÜR, Charles: Forfaitierung ..., a. a. O., S. 195 - 196.
88 Die Absicherungskosten lassen sich mit Hilfe des Diskontsatzes, der Bereitstellungsprovision und der gegebenenfalls anfallenden Optionsgebühren und Zinsen für die Kreditgewährung an den ausländischen Importeur ermitteln. (Vgl. GUILD, Ian - HARRIS, Rhodri: Forfaitierung ..., a. a. O., S. 65 - 70.) Backes gibt die Kosten mit 6 - 12 Prozent an. (Vgl. BACKES, Manfred: Kurssicherungsgeschäfte, a. a. O., S. 52.). Nicht berücksichtigt sind die Zinsen für die Kreditgewährung an den Importeur, die allerdings nur angesetzt werden dürfen, wenn das Geschäft auch ohne Kreditgewährung zustandegekommen wäre.
89 Vgl. GUILD, Ian - HARRIS, Rhodri: Forfaitierung ..., a. a. O., S. 26. Eine beispielhafte Zusammenstellung forfaitierbarer Währungen erfolgt dort auf S. 139.
90 Zu den Vor- und Nachteilen der Forfaitierung unabhängig vom speziellen Zweck des Hedgings vgl. GUILD, Ian - HARRIS, Rhodri: Forfaitierung ..., a. a. O., S. 26 - 27.
91 Vgl. STREIT, Manfred E.: Zur Funktionsweise ..., a. a. O., hier S. 537.
92 Die Auslieferungsquote liegt oft sogar unter 2% aller gehandelten Kontrakte (vgl. STREIT, Manfred E.: Zur Funktionsweise ..., a. a. O., hier S. 537).
93 Vgl. hierzu KHOURY, Sarkis J.: Speculative Markets, New York 1983, S. 294; WERMUTH, Dieter - OCHYNSKI, Walter: Strategien ..., a. a. O., S. 147.
94 Die Devisen-Futures werden zudem am International Money Market (IMM) in Chicago, dem ältesten und bedeutendsten Börsenplatz für Devisen-Futures, nur gegen Dollar gehandelt. Will ein Unternehmen DM gegen Yen absichern, so ist hierzu ein Kontrakt DM/US-$ und ein Kontrakt Yen/US-$ erforderlich. Die Absicherungskosten steigen dadurch stark an.
95 Vgl. ARNIM, Rainer v.: Die Waren-Termin-Anlage, Bd. 1, a. a. O., S. 8; WERMUTH, Dieter - OCHYNSKI, Walter: Strategien ..., a. a. O., S. 143.
96 Diese Behauptung stellt beispielsweise WÖRNER, Elisabeth: Termingeschäfte als ..., a. a. O., S. 69, auf.
97 Vgl. BLACK, Deborah G.: Success and Failure of Futures Contracts: Theory and Empirical Evidence, New York 1986, p. 6 - 7; ARNIM, Rainer v.: Die Waren-Termin-Anlage, Bd. 1, a. a. O., S. 7 - 8.
98 An der Chicago Mercantile Exchange (CME) erfolgt beispielsweise der Handel mit lebenden Schweinen und Rindern aber auch mit Kartoffeln.
99 Zur Technik der Kompensation durch Terminkontrakte vgl. beispielsweise WERMUTH, Dieter - OCHYNSKI, Walter: Strategien ..., a. a. O., S. 145 - 146.
100 Vgl. WERMUTH, Dieter - OCHYNSKI, Walter: Strategien ..., a. a. O., S. 145.
101 Vgl. RESZAT, Beate: Devisenkurssicherung ..., a. a. O., S. 17; NIKKHAH, Shahrokh: How end user's ..., a. a. O., hier p. 66.
102 Vgl. hierzu die Ausführungen zur Wahl der Laufzeit der Hedgekontrakte im folgenden Abschnitt 3.3.2.1.2.
103 Vgl. MOSER, Reinhard - TOPRITZHOFER, Edgar: Kurssicherungsgeschäfte, in: WiSt, 6. Jg. (1977), H. 10, S. 466 - 473, hier S. 466.
104 Vgl. hierzu KÖPF, Georg: Wechselkurssicherung mit Devisentermingeschäften, in: BddW, 29. Jg. (1986), Nr. 65, S. 3.
105 Vgl. WERMUTH, Dieter - OCHYNSKI, Walter: Strategien ..., a. a. O., S. 150; RETTBERG, Udo: Warenterminbörsen immer noch unterschätzt, in: HB, Nr. 4 v. 07.01.1986, S. 20.
106 Vgl. RINEHIMER, David: Hedging, a. a. O., hier p. 9.11.
107 Vgl. RINEHIMER, David: Hedging, a. a. O., hier p. 9.12.
108 Vgl. RINEHIMER, David: Hedging, a. a. O., hier p. 9.17.
109 Vgl. hierzu PUHANI, Josef: Spekulation am Warenterminmarkt unter besonderer Berücksichtigung des Porkbelly-Marktes, Diss., München 1973, S. 67 - 68.
110 Vgl. YAMEY, B. S.: An Investigation of Hedging on an Organised Produce Exchange, in: The Manchester School of Economic and Social Studies, Vol. 19 (1951), p. 305 - 319, p. 308; In einfacherer Form vgl. BEDDIES, Carl-Heinz: Informationen und Erwartungen als Determinanten der Warenpreisentwicklung - eine Untersuchung am Beispiel ausgewählter Metalle, Diss., Gießen 1984, S. 19.
111 Zum rolling hedge vgl. FITZGERALD, Desmond: Financial Futures, a. a. O., p. 79.
112 Vgl. hierzu und zum Vorteilhaftigkeitsvergleich gegenüber einem einzelnen langlaufenden Kontrakt BEIDLEMAN, Carl R.: Financial Swaps - New Strategies in Currency and Coupon Risk Management, Homewood (Ill.) 1985, p. 64 - 65.
113 Vgl. FITZGERALD, Desmond: Financial Futures, a. a. O., p. 78 - 79.
114 Vgl. hierzu KÖRNER, Fritz - MOESSMER, Michael: Hedging, in: Financial Futures, hrsg. v. Wilhelm Bühler - Wolfgang Feuchtmüller - Michael Vogel, Wien 1985, S. 127 - 155, hier S. 145.
115 Abzugrenzen hiervon sind die individuell mit einem Kontrahenten ausgehandelten Optionsgeschäfte, in der Regel mit Banken ausgehandelten Devisen-Optionsgeschäfte (OTC-Optionen). Zum Vergleich börsengehandelter versus OTC-Optionen vgl. ROSS, Derek - CLARK, Ian - TAIYEB, Serajul: International Treasury Management, New York 1987, p. 122 - 123.
Zusammenstellungen gehandelter Rohstoff- und Devisenoptionen, mit Angabe der Börse an der die betreffenden Optionen gehandelt werden, finden sich in KOLB, Robert W. - HAMADA, Robert S.: Understanding Futures Markets, 2nd. ed., Glenview (Ill.) - Boston - London 1988, p. 436 - 441; GASTINEAU, Gary L.: The Options Manual, 3rd. ed., New York - St. Louis - San Francisco u. a. 1988, p. 254 und p. 257.

116 Vgl. ARNIM, Rainer v.: Die Waren-Termin-Anlage, Bd 2: Aktientermin-Analyse, Warenoptionen und Börsenrecht, Darmstadt - Haarlem - Wien - Zürich 1983, S. 126. Die standardisierten Optionen werden auch als fungible Optionen bezeichnet. Abzugrenzen sind hiervon die nicht-fungiblen Optionen. Vgl. hierzu ARNIM, Rainer v.: Die Waren-Termin-Anlage, Bd. 2, a. a. O., S. 135 - 139.

117 Zu den Unterschieden zwischen Optionen und Optionen auf Futures vgl. KOLB, Robert W. - HAMADA, Robert S.: Understanding Futures ..., a. a. O., p. 383 - 384.

118 Zu den Unterschieden vgl. POWERS, Mark - VOGEL, David: Inside the Financial Futures Markets, 2nd. ed., New York - Chichester - Brisbane - Toronto - Singapore 1984, p. 324 - 326.

119 Zu differenzieren ist zwischen den sogenannten *amerikanischen* und *europäischen* Optionen. Während eine europäische Option nur am Verfallstag ausgeübt werden kann, ist bei einer amerikanischen Option eine Ausübung jederzeit während der Laufzeit dieser Option möglich. Vgl. hierzu WELCKER, Johannes - KLOY, Jörg W.: Professionelles Optionsgeschäft - alles über Optionen auf Aktien, Renten, Devisen, Waren, Terminkontrakte, Zürich 1988, S. 16.

120 Zu einem beispielhaften Vergleich eines Hedges mittels eines Devisen-Terminkontraktes und einer Devisenoption vgl. WIETHOFF, Hartmut: Sicherungsmaßnahmen kompensieren Schwankungen der Kurse, in: MM, 93. Jg. (1987), S. 148 - 151, hier S. 149. Die Lufthansa AG hätte beispielsweise von einer Absicherung ihrer Flugzeugbestellung 1985 mittels Optionen in vollem Umfang vom anschließenden Dollarverfall profitieren können. Stattdessen war die Hälfte der offenen Währungsposition mittels eines herkömmlichen Devisengeschäftes gesichert worden. Vgl. RESZAT, Beate: Devisenkurssicherung ..., a. a. O., S. 45.

121 Vgl. LABUSZEWSKI, John W. - NYHOFF, John E.: Trading Options on Futures: Markets, Methods, Strategies, and Tactics, New York - Chichester - u. a. 1988, p. 160 - 163 und 168 - 170.

122 Zu der unterschiedlichen Wirkungsweise der drei Optionstypen bei alternativen Kursentwicklungen, dargestellt am Beispiel des US-Dollars, vgl. WIETHOFF, Hartmut: Sicherungsmaßnahmen ..., a. a. O., hier S. 151.

123 Der innere Wert einer Option ist die positive Differenz zwischen dem Basispreis und dem aktuellen Marktpreis. Vgl. WELCKER, Johannes - KLOY, Jörg W.: Professionelles Optionsgeschäft ..., a. a. O., S. 17.

124 Labuszewski/Nyhoff bezeichnen deshalb ein Hedging mittels in-the-money-Optionen als *aggressive* Hedgingstrategie, die Verwendung von out-of-the-money-Optionen hingegen als *konservative* Strategie. Vgl. LABUSZEWSKI, John W. - NYHOFF, John E.: Trading Options ..., a. a. O., p. 161, 169.

125 Zu den verschiedenen Optionsstrategien, wie beispielsweise Spreads und Straddles unterschiedlicher Ausprägung, vgl. SMITH, Courtney: Options Strategies - Profit-Making Techniques for Stock, Stock Index, and Commodity Options, New York - Chichester - Brisbane u. a. 1987; GASTINEAU, Gary L.: The Options Manual, a. a. O., p. 33 - 58; MAYER, Terry S.: Commodity Options - A User's Guide to Speculating and Hedging, New York 1983, p. 250 - 285; WELCKER, Johannes - KLOY, Jörg W.: Professionelles Optionsgeschäft ..., a. a. O.; COFFEE, SUGAR & COCOA EXCHANGE (ED.): Options on Coffee Futures - An Introduction & Strategy Guide, New York 1986; COFFEE, SUGAR & COCOA EXCHANGE (ED.): Options on Cocoa Futures - Strategies for Buying and Selling, New York 1986.

126 Reszat sieht darin den Grund für die immer noch ablehnende Haltung vieler Unternehmen gegenüber diesem Instrument. Vgl. RESZAT, Beate: Devisenkurssicherung ..., a. a. O., S. 21.

127 Vgl. SMITH, Courtney: Options Strategies ..., a. a. O., p. 3 - 5. Smith führt als weitere Kosten die *Opportunitätskosten* für den Optionspreis und die *slippage* an. Als slippage wird die Differenz zwischen dem bei Orderaufgabe erwarteten und tatsächlich gezahltem Optionspreis bezeichnet. Eine Limitierung der Optionsorder zur Vermeidung der slippage erscheint für den Zweck des Hedgings nicht sinnvoll, da die Gefahr besteht, daß die Option wegen Überschreitung des Limits nicht erworben wird und die Position deshalb ungehedgt bleibt.

128 Vgl. WELCKER, Johannes - KLOY, Jörg W.: Professionelles Optionsgeschäft ..., a. a. O., S. 154.

129 Neben der Hermes-Versicherung ist auch die Treuarbeit Mandatar des Bundes. Vgl. hierzu ALBRECHT, Werner: Wechselkurssicherung, a. a. O., S. 170 - 171.

130 Vgl. EILENBERGER, Guido: Währungsrisiken ..., a. a. O., S. 196. Die Abwicklung erfolgt im Auftrag des Bundes durch die Hermes-Kreditversicherungs-AG sowie die Treuarbeit AG, wobei die Federführung bei der Hermes-Kreditversicherungs-AG liegt. Vgl. ALBRECHT, Werner: Wechselkurssicherung, a. a. O., S. 170 - 171. Es wird daher im allgemeinen Sprachgebrauch auch oft von der Hermes-Wechselkursversicherung gesprochen, obwohl eigentlicher Versicherer der Bund ist. Für die Absicherung der Exportverträge mit privaten ausländischen Schuldnern werden Wechselkursgarantien, für Verträge mit ausländischen Regierungen und Körperschaften des öffentlichen Rechts hingegen Wechselkursbürgschaften übernommen. Vgl. EILENBERGER, Guido: Währungsrisiken ..., a. a. O., S. 196.

131 Die Vorlaufzeit kann auf Antrag auf 3 - 4 Jahre verlängert werden. Sinnvoll ist eine Verlängerung immer dann, wenn es dem Unternehmen gelingt, eine andere Absicherungsmöglichkeit, beispielsweise ein Devisentermingeschäft, für das 3. und 4. Jahr der Laufzeit des Geschäfts kostengünstiger zu initiieren, als dies durch die Wechselkursversicherung möglich ist. Vgl. BACKES, Manfred: Kurssicherungsgeschäfte, a. a. O., S. 42.

132 Zu den Grundregeln für das Hermes-Versicherungsgeschäft vgl. BEYFUß, Jörg: Formen staatlicher Exportförderung, in: Exporte als Herausforderung für die deutsche Wirtschaft, hrsg. v. Erwin Dichtl und Otmar Issing, Köln 1984, S. 141 - 168, hier S. 155.

133 Vgl. EILENBERGER, Guido: Währungsrisiken ..., a. a. O., S. 196.

134 Die eigentlichen Vorteile der Absicherung von Exportgeschäften durch die Hermes-Versicherung liegen in der Absicherung reiner Risiken, wie beispielsweise dem Transferrisiko. Vgl. ausführlich zu den gedeckten Risiken und den Kosten-Nutzen-Überlegungen HICHERT, Ingo: Staatliche Exportabsicherung - Die HERMES-Deckung vor dem Hintergrund der internationalen Verschuldungskrise, Köln 1986, S. 46 - 151. Gerade für kleine und mittlere Unternehmen stellen die formalen Anforderungen ein Hindernis dar. Es sind spezielle Kenntnisse notwendig, um dieses Instrument einzusetzen. Hichert empfiehlt daher, durch personelle und organisatorische Voraussetzungen eine sachgerechte Bearbeitung dieses Aufgabengebietes auch in kleinen und mittleren Unternehmen sicherzustellen (vgl. HICHERT, Ingo: Staatliche Exportabsicherung ..., a. a. O., S. 88 - 89). Eine solche Organisation kann beispielsweise in der hier vorgeschlagenen Form eines Risk Managements erfolgen.

135 Vgl. EILENBERGER, Guido: Währungsrisiken ..., a. a. O., S. 196 - 197.

136 Vgl. BÜSCHGEN, Hans E: Internationales Finanzmanagement, a. a. O., S. 184.

137 Vgl. ALBRECHT, Werner: Wechselkurssicherung, a. a. O., S. 288 - 290, 295 - 296; WENTZ, Rolf-Christian: Unternehmerische Devisenkurssicherung ..., a. a. O., S. 317 - 319.

138 Vgl. BÜSCHGEN, Hans E: Internationales Finanzmanagement, a. a. O., S. 184 - 186; WENTZ, Rolf-Christian: Unternehmerische Devisenkurssicherung ..., a. a. O., S. 307 - 329; HEIDEMANN, Heinrich: Währungsrisiken ..., a. a. O., S. 146.

139 Auch Ahmadi/Sharp/Walther kommen in ihrer Untersuchung, trotz eines anderen Bewertungsansatzes, zu dem Ergebnis, daß eine Absicherung mittels Terminkontrakten effektiver ist, als mittels Optionen. Vgl. hierzu AHMADI, Hamid Z. - SHARP, Peter A. - WALTHER, Carl H.: The Effectivness of Futures and Options in Hedging Currency Risk, in: Advances in Futures and Options Research, ed. by Frank J. Fabozzi, Vol. 1, Part B, Greenwich (Conn.) - London 1986, p. 188.

140 Vgl. hierzu BOOKSTABER, Richard M. - CLARKE, Roger G.: Option Strategies for Institutional Investment Management - A Guide for Improving Portfolio Performance, Reading (Mass.) - Menlo Park (Cal.) u. a. 1983, p. 132.

4. Ansatzmöglichkeiten zur Prognose von Rohstoffpreisen und Devisenkursen zum Zwecke des Hedgings

Neben der Wahl der richtigen Hedging-Instrumente zur Sicherung gegen nachteilige Wirkungen von Rohstoffpreis- und Devisenkursveränderungen ist die Entscheidung über den Einsatzzeitpunkt dieser Instrumente von zentraler Bedeutung für den Erfolg einer Sicherungsmaßnahme. Deshalb sollte vor der Entscheidung über die Durchführung eines Hedgings zunächst die künftige Preis- und Kursentwicklung prognostiziert werden. Daran anschließend läßt sich auf Basis dieser Prognose eine Entscheidung über die Notwendigkeit einer Sicherung treffen.

Bevor im folgenden die unterschiedlichen **Ansätze zur Preis- und Kursprognose** auf ihre Eignung für die Zwecke des Hedgings in kleinen und mittleren Unternehmen untersucht werden, erfolgt zunächst eine kritische Betrachtung der generellen Eignung von Prognosen zur Unterstützung von Hedgingentscheidungen.

4.1. Probleme von Preis- und Kursprognosen

Für die Zwecke der vorliegenden Arbeit ist es zunächst notwendig, den Begriff der Prognose näher zu bestimmen und daran anschließend die generellen Probleme aufzuzeigen, die zu Prognosefehlern führen und die Vorhersagbarkeit der Rohstoffpreis- und Devisenkursentwicklungen erschweren können.

4.1.1. Punkt- und Trendprognosen

Prognosen werden von LAUMANN als "singuläre, deskriptive, prinzipiell überprüfbare Aussagen über einen gegenwärtig weder direkt noch indirekt beobachtbaren Ausschnitt der Realität" definiert.[1] Die Nicht-Beobachtbarkeit dieser Realitätsausschnitte, die sowohl in der Vergangenheit als auch in der Zukunft liegen können, lassen sich auf technische, wirtschaftliche und zeitbezogene Gründe zurückführen.[2] GÄLWEILER differenziert die einen bestimmten Realitätsausschnitt kennzeichnenden Ereignisse nach dem Kriterium der Vorhersagbarkeit in folgende Kategorien (Abb. 4.1).[3]

GRAD DER VORHERSAGBARKEIT ZUKÜNFTIGER EREIGNISSE

- Ereignisse, deren künftige Entwicklung aufgrund bestehender Erfahrungen bekannt ist
- Ereignisse, die bei entsprechenden Kenntnissen prognostizierbar werden
- Ereignisse, die sich aufgrund eines mangelnden Erkenntnisstandes nicht vorhersagen lassen

Abb. 4.1: Kategorien der prinzipiellen Vorhersagbarkeit zukünftiger Ereignisse

Die Rohstoffpreis- und Devisenkursentwicklungen lassen sich als zukunftsbezogene und bei entsprechenden Kenntnissen prinzipiell prognostizierbare Ereignisse charakterisieren, wobei unter dem Begriffspaar "entsprechende Kenntnisse" das Wissen über preis- und kursbeeinflussende Faktoren und deren Wirkung zu verstehen sind.

Preis- und Kursprognosen können in Form von **Punkt-** oder **Trendprognosen** erstellt werden. **Punktprognosen** liefern als Ergebnis einen konkreten Rohstoffpreis oder Devisenkurs. Diese Angabe konkreter Werte spiegelt aber in der Regel nur eine höhere Genauigkeit gegenüber Trendprognosen vor, obwohl auch die Punktprognosen mit Fehlern und Ungenauigkeiten behaftet bleiben.[4] **Trendprognosen** geben hingegen nur die Richtung an, in die sich der Preis oder Kurs entwickeln wird. Zur Präzisierung der Prognose können zusätzlich Mindestpreis- oder -kursziele angegeben werden.

In der Abb. 4.2 werden die Unterschiede zwischen Punkt- und Trendprognosen zusammengefaßt.

Unterscheidungskriterium	PUNKTPROGNOSE	TRENDPROGNOSE
Prognoseergebnis	Angabe eines konkreten Preises/Kurses	nur Tendenzangabe der Preis-/Kursbewegung
Wahrscheinlichkeit der Erfüllung der Prognose	tendenziell gering, da das Eintreffen eines konkreten Prognoseergebnisses unwahrscheinlich ist	tendenziell hoch, da lediglich die Richtung der Preis- oder Kursentwicklung prognostiziert wird

Abb. 4.2: Differenzierung zwischen Punkt- und Trendprognose

In den weiteren Abschnitten dieses Kapitels werden theoretische und methodische Grundlagen für die Erstellung von Rohstoffpreis- und Devisenkurs-Trendprognosen erarbeitet.

4.1.2. Anwendungsprobleme der Preis- und Kursprognose als Mittel zur Unterstützung von Hedging-Entscheidungen

Rohstoffpreis- und Devisenkursprognosen sind, wie bereits ausgeführt, zukunftsbezogen. Über die Unsicherheit bezüglich der zukünftigen Preis- und Kursentwicklung aufgrund unvollkommener Informationen hinaus ergeben sich eine Reihe weiterer Probleme, die zu Prognosefehlern führen können und die Vorhersagbarkeit der Preis- und Kursentwicklungen erschweren.[5]

4.1.2.1. Fristigkeit von zukunftsorientierten Prognosen

Die in den Unternehmen erstellten Prognosen sollen zur Entscheidungsfindung beitragen.[6] Entsprechend der Fristigkeit der zu unterstützenden Unternehmensentscheidungen lassen sich kurz-, mittel- und langfristig orientierte Preis- und Kursprognosen unterscheiden.

Im Rahmen eines Risk Managements für die Zwecke des Hedgings sollten Prognosen die Entscheidungen über die Notwendigkeit einer Sicherung gegen Rohstoffpreis- oder Devisenkursrisiken unterstützen. Hierbei liegt der Schwerpunkt auf der Erstellung kurz- oder mittelfristig ausgerichteter Prognosen.[7] Langfristig orientierte Preis- und Kursprognosen sind demgegenüber in der Regel weniger von Interesse, weil die Unsicherheit bezüglich der die Prognose beeinflussenden Faktoren, mit wachsender zeitlicher Entfernung des zu prognostizierenden Sachverhaltes vom Zeitpunkt der Prognoseerstellung, bedingt durch den unendlichen (infiniten) Prognoseregreß, überproportional wächst.[8]

Der Einfluß dieses infiniten Regresses auf die Richtigkeit des Ergebnisses einer Prognose wird im folgenden untersucht.

4.1.2.2. Infiniter Prognoseregreß

Der infinite Prognoseregreß kann in zwei Formen auftreten. Unterscheiden lassen sich der Prognoseregreß mit *rückwärtsgerichteter* oder mit *vorwärtsgerichteter Wirkungsrichtung*.

Ein Prognoseregreß mit *rückwärtsgerichteter Wirkungsrichtung* tritt auf, wenn die der Prognoseerstellung zugrunde liegenden Einflußfaktoren ihrerseits wiederum prognostiziert werden müssen.[9] Diese Einflußfaktoren, aus denen das aktuelle Prognoseergebnis abgeleitet werden soll, sind somit in der Vorstufe selbst das Ergebnis einer Prognose. Da zur Erstellung der Prognose in der Prognosevorstufe wiederum verschiedene Einflußfaktoren zugrundegelegt werden mußten, sind diese ihrerseits wiederum das Prognoseergebnis einer noch weiter vorgelagerten Prognosestufe. Soll beispielsweise der in einem bestimmten zukünftigen Zeitpunkt gültige Kurs einer Währung prognostiziert werden, so muß hierzu unter anderem auch das politische Risiko des betreffenden Landes prognostiziert werden. Um dieses politische Risiko prognostizieren zu können, sind wiederum eine Vielzahl von Einflußfaktoren, z. B. der Ausgang einer kurz bevorstehenden Regierungswahl, zu prognostizieren.[10]

Dieser Regreßprozeß ließe sich theoretisch unendlich fortsetzen und muß aus praktischen Gründen abgebrochen werden. Hierbei stellt sich das Problem der Festlegung derjenigen Prognosestufe, auf der die Unterbrechung vorgenommen werden soll. Darüber hinaus ist die Stärke der Korrelation zwischen den prognostizierten und den eigentlich zu prognostizierenden Größen nicht in jedem Fall eindeutig zu bestimmen.

Von einem infiniten Prognoseregreß mit *vorwärtsgerichteter Wirkungsrichtung* kann demgegenüber gesprochen werden, wenn sich die Prognose, aufgrund der durch ihre Veröffentlichung induzierten Parameteränderungen der untersuchten Objekte, selbst erfüllt (Prognoseverifikation) oder zerstört (Prognosefalsifikation).[11] Die möglichen Auswirkungen der Veröffentlichung einer Prognose auf ihren Wahrheitsgehalt zeigt die Abb. 4.3.

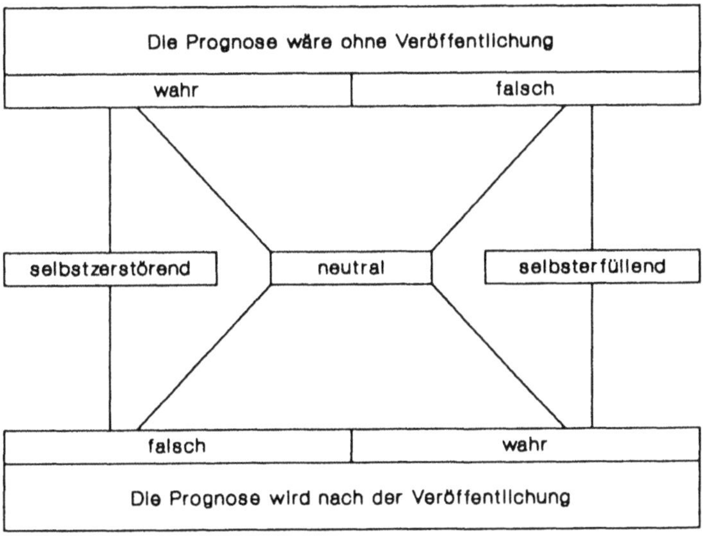

Abb. 4.3: Mögliche Wirkungen der Veröffentlichung einer Prognose auf ihren Wahrheitsgehalt

Oft läßt sich jedoch im nachhinein nicht mehr mit Sicherheit feststellen, welcher Wahrheitsgehalt der Prognose ohne die Veröffentlichung zuzumessen gewesen wäre. Bei bestimmten Prognosen liegt aber die Vermutung einer Beeinflussung des Prognoseergebnisses durch dessen Veröffentlichung relativ nahe. So wird beispielsweise eine Prognose des Zeitpunktes, bis zu dem die weltweiten Vorräte eines bestimmten nicht-agraischen Rohstoffs erschöpft sind, tendenziell eher selbstzerstörend wirken.[12] Der Sinn solcher Prognosen, die häufig das Ergebnis von Szenarien sind, ist in der Realisierung der begrenzten Verfügbarkeit dieser Rohstoffe im Bewußtsein der Konsumenten und Produzenten und den dadurch induzierten Verbrauchsänderungen zu erblicken.[13] KAHN/WIENER bezeichnen Szenarien auch treffend als Denkhilfe, deren Sinn nicht in der Richtigkeit der Voraussage eines Ereignisses an sich, sondern vielmehr in der Anregung der Phantasie liege.[14]

Aufgrund dieser Wirkung der Veröffentlichung eines Prognoseergebnisses sollte die Prognose unter Berücksichtigung der veränderten Einflußfaktoren erneut erstellt werden. KRAUS beschreibt diesen Regelkreis zwischen Prognose, Wirkung und erneuter Prognose als *forecast feedback* (Abb. 4.4).[15]

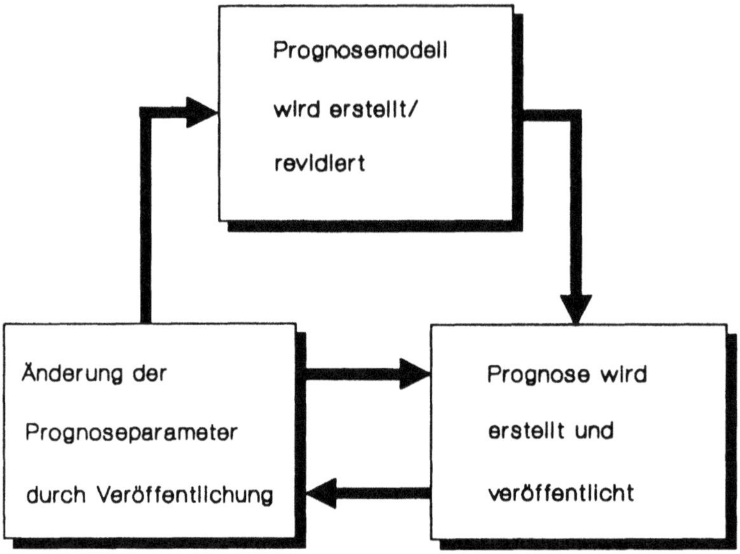

Abb. 4.4: Regelkreis Prognose - Wirkung - Prognose

GÄLWEILER sieht diesen Prozeß eher negativ, da er dokumentiere, wie unzuverlässig Prognosen sind. Zudem könne, mangels sofortiger Überprüfbarkeit, erst im nachhinein festgestellt werden, ob die korrigierte Prognose besser war.[16] Diese Sichtweise erscheint jedoch zu einseitig, da bereits 1954 von GRUNBERG/MODIGLIANI gezeigt wurde, daß sich im Rahmen sogenannter Metaprognosen die Reaktion der Marktteilnehmer auf die Prognose selbst prognostizieren läßt.[17] Das *System-Dynamics*-Modell ist beispielsweise ein solches Verfahren, bei dem Regelkreisschemata berücksichtigt werden können.[18]

Ein wesentlich einfacheres Verfahren zur Verbesserung der Genauigkeit von Prognosen stellen BRANDON/JARRETT vor. Sie ermitteln die Differenz zwischen Prognosewert und tatsächlich erreichtem Ergebnis und nutzen diese als Korrekturfaktor für zukünftige Prognosen.[19] Der Prognosefehler läßt sich hierdurch reduzieren.

Die Prognose von Rohstoffpreisen und Devisenkursen wirkt in der Regel eher selbsterfüllend, da viele Marktteilnehmer ihr Handeln an den Prognoseergebnissen ausrichten. Wird beispielsweise ein steigender Kupferpreis prognostiziert, werden viele Marktteilnehmer versuchen, das Kupfer zu den aktuellen niedrigen Preisen zu erwerben. Aufgrund der steigenden Nachfrage wird der Rohstoffpreis in der Regel tatsächlich steigen; die Prognose erfüllt sich somit selbst.

4.1.2.3. Diskontinuität von in der Vergangenheit beobachteten Ereignissen

Ein Fehler, der bei der Erstellung von Prognosen häufig begangen wird, ist die Ableitung von Gesetzmäßigkeiten auf der Basis von Vergangenheitsbeobachtungen. Diese induktive Vorgehensweise birgt die Gefahr in sich, aufgrund einer zu geringen Datenbasis falsche Hypothesen aufzustellen, die bei einer Kenntnis des Gesamtzusammenhanges als falsch erkannt werden könnten.[20] Sie läßt deshalb nicht die Formulierung einer allgemeinen Theorie aufgrund eines beobachteten Sachverhaltes zu. Bereits ein einziges Gegenbeispiel reicht aus, um die Theorie widerlegen zu können. Ein sehr schönes, bildhaftes Beispiel hierfür ist die **"Truthahn-Theorie"**, an der die Gefährlichkeit von Schlußfolgerungen ohne Kenntnis der entsprechenden sachlogischen Hintergründe deutlich wird.[21]

Die hier betrachtete Diskontinuität kommt in der Regel auch bei der Erstellung von Rohstoffpreis- und Kursprognosen zum Tragen. So wäre es beispielsweise nicht sinnvoll, allein aus der Beobachtung, daß eine sich erhöhende positive Zinsdifferenz zwischen US-Dollar-Zinsen und DM-Zinsen mit einem steigenden Dollarkurs einhergeht, zu schließen, daß dieser Zusammenhang immer gilt. Besser als diese induktive Vorgehensweise erscheint deshalb die Erstellung von Preis- und Kursprognosen, die deduktiv von bestehenden Theorien abgeleitet werden.[22]

4.1.2.4. Bestätigung von Hypothesen durch mißlungene Falsifikation (Corroboration)

Mit dem Begriff *Corroboration* wird ein Vorgang bezeichnet, bei welchem eine Hypothese einen ständig steigenden Wahrheitsgehalt allein dadurch erhält, daß sie trotz mehrfacher Falsifikationsversuche bisher nicht als falsch zurückgewiesen werden konnte.[23] Jeder nachfolgende Test wird fälschlicherweise als eine Bestätigung der Hypothese, statt einer nicht gelungenen Ablehnung, angesehen. Werden auf Basis solcher Hypothesen Preis- und Kursprognosen erstellt, ist die Gefahr groß, daß diese ebenfalls falsch sind.

4.1.2.5. Fehlentscheidungen durch einseitige Informationsselektion

Ein weiteres, relativ großes Problem ist die Beeinflussung der Rohstoffpreis- und Devisenkursprognose durch subjektive Präferenzen des Prognoseerstellers. Zur Beurteilung dieses subjektiven Einflusses ist es notwendig, die *psychologischen* Aspekte der **Informationsakquirierung** und persönlichen **Informationsverarbeitung** zu untersuchen.[24] Bereits der in Erwartung eines bestimmten Prognoseergebnisses vorgenommene Informations**akquirierungs**- und Informations**selektions**prozeß beeinflußt entscheidend das spätere Prognoseresultat.[25] Oft werden nur konsonante Informationen wahrgenommen, dissonante hingegen vernachlässigt.[26] Erwartet der Prognoseersteller beispielsweise als Ergebnis seiner Prognose einen steigenden Kupferpreis, besteht die Gefahr, daß er vorrangig nach Informationen sucht, die seine Einschätzung des Kupfermarktes bestätigen.

Diese Art der Selektion von Informationen kann bewußt oder unbewußt erfolgen. Dem *gewünschten* Prognoseresultat widersprechende Informationen werden beispielsweise häufig überhaupt nicht wahrgenommen oder bereits nach kurzer Zeit aus dem Gedächtnis verdrängt. Durch diesen **subjektiven Filter** verbleiben zum größten Teil nur Informationen im Gedächtnis des Prognoseerstellers, die das gewünschte Prognoseergebnis bestätigen.

Wird die Prognose von einer Gruppe erstellt, kann dieser Mangel durch das Aufeinanderprallen gegensätzlicher Meinungen wieder relativiert werden. Die *verdrängten Informationen* werden in der Regel wieder reaktiviert, eine objektivere Bewertung ist möglich. In kleinen und mittleren Unternehmen werden die Rohstoffpreis- und Devisenkursprognosen jedoch regelmäßig nicht in einer Gruppe, sondern durch eine einzelne Person erstellt; die Gefahr einer subjektiven Beeinflussung des Prognoseergebnisses durch einseitige Informationsselektion ist deshalb relativ groß.

Zur Vermeidung der hier beschriebenen Problematik erscheint es sinnvoll, den Risk Manager bei der Erstellung von Preis- und Kursprognosen durch den Einsatz von Computern zu unterstützen.

4.1.2.6. Durch intuitiv erstellte Prognosen bedingte Fehlentscheidungen

Während die Beeinflussung einer Preis- oder Kursprognose durch subjektive Präferenzen des Prognoseerstellers auf psychologische Ursachen zurückzuführen ist, liegt die Ursache der Fehlprognose durch intuitiv erstellte Prognosen eher in einer mangelnden systematischen Vorgehensweise des Risk Managers. Verfügbare Informationen werden häufig unkoordiniert in Prognosen und darauf basierend in Entscheidungen umgesetzt. Charakteristisch für intuitiv erstellte Prognosen ist die mangelnde Dokumentation der bei der Erstellung einer Prognose berücksichtigten Einflußfaktoren. Sie ist deshalb nicht intersubjektiv nachpüfbar.[27] Gerade in Klein- und Mittelbetrieben kommt gegenüber Großbetrieben dieser intuitiven Vorgehensweise eine relativ große Bedeutung zu. Der Formalisierungsgrad für die Erstellung von Prognosen ist, ebenso wie der Formalisierungsgrad für die Vorbereitung von Entscheidungen, in diesen Unternehmen im Vergleich zu Großunternehmen relativ schwach ausgeprägt.

Im Rahmen einer Rohstoffpreis- oder Devisenkursprognose sollten deshalb vom Risk Manager nur Prognosemethoden eingesetzt werden, deren Ergebnis sich intersubjektiv nachvollziehen läßt.

4.2. Methoden zur Preis- und Kursprognose

Nach der Analyse der grundsätzlichen Anwendungsprobleme von Rohstoffpreis- und Devisenkursprognosen werden nunmehr die einzelnen Prognosemethoden auf ihre Leistungsfähigkeit bezüglich der hier ins Auge gefaßten Problematik untersucht. Zur besseren Systematisierung der Vielzahl der in Literatur und Praxis existierenden Methoden zur Preis- und Kursprognose erscheint es sinnvoll, diese nicht einzeln miteinander zu vergleichen, sondern sie zunächst in Methodenklassen zusammenzufassen (Abb. 4.5) und daran anschließend diese Klassen einander gegenüberzustellen .

Die Fundamental-Analyse, die Technische Analyse und die Random-Walk-Theorie als mathematisch-statistische Methode werden im weiteren Verlauf dieser Arbeit auf ihre Eignung für den Einsatz im Rahmen eines Risk Managements zum Zwecke des Hedgings untersucht, weil sie zunächst als grundsätzlich geeignet erscheinen.

Im Gegensatz dazu sind sowohl die Portfolio-Techniken als auch die auf den Theorien der ökonomisch und astrologisch begründeten Wirtschafts- und Börsenzyklen basierenden Prognosemethoden für die Unterstützung eines Risk Managers als nicht oder nur wenig geeignet einzustufen. Mit Hilfe der genannten *Portfolio-Techniken* wird in der Regel das Ziel eines risikogestreuten Investments unter Berücksichtigung der erzielbaren **Rendite** verfolgt.[28] Da Rohstoffe und Devisen aber keine Rendite erbringen, lassen sich diese Techniken hier nicht einsetzen.

In der Theorie **ökonomisch** begründeter *Wirtschafts- und Börsenzyklen* wird ein wellenförmiger Wirtschaftsverlauf unterstellt. Diese Wellen entstehen durch den Wechsel zwischen Überexpansion und Zusammenbruch der Wirtschaft.[29] Die bisher beobachteten Wirtschaftszyklen sind tendenziell sehr lang und erreichen teilweise eine Zyklendauer von mehreren Jahrzehnten; der wohl bekannteste ist der Kondratieff-Zyklus mit einer Zykluslänge von 50 - 54 Jahren.[30] In anderen Untersuchungen wurden dagegen direkt die langfristigen Zyklen bei der Entwicklung verschiedener Rohstoffpreise untersucht.[31] Aufgrund des relativ langen Zeithorizontes dieser Preisprognosen und der für eine entsprechende Sicherung fehlenden Hedging-Instrumente, lassen sich diese im Rahmen des Risk Managements nicht sinnvoll einsetzen.

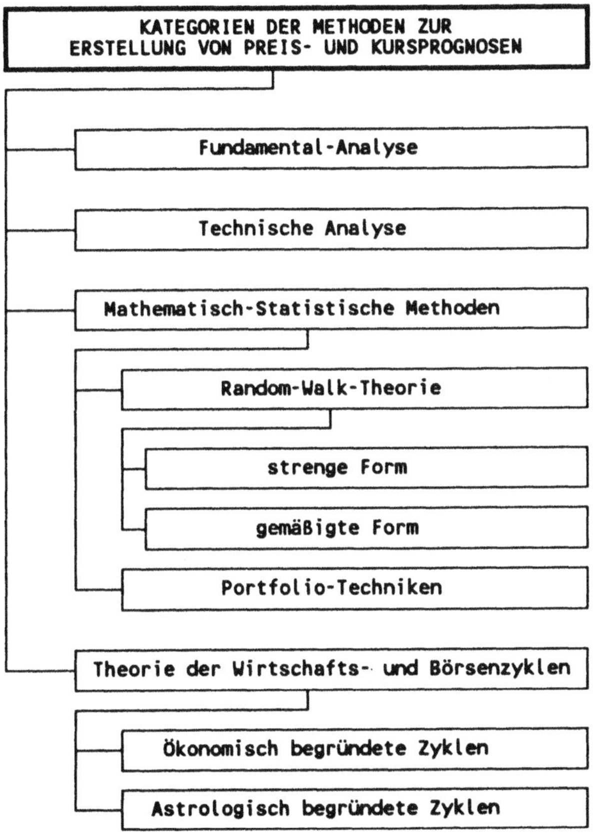

Abb. 4.5: Kategorien der Methoden zur Erstellung von Preis- und Kursprognosen

Zur Erstellung von Rohstoffpreis- und Devisenkursprognosen auf Basis **astrologischer** Daten, gibt es in der Praxis sehr konträre Einstellungen, von denen die Mehrzahl ablehnender Natur ist. Bei einer kategorischen Ablehnung dieser Vorgehensweise sollte allerdings bedacht werden, daß nicht alles, was nicht auf Anhieb zu begreifen ist, deshalb auch tatsächlich falsch sein muß. Da die Astrologie zur Zeit aber noch keine anerkannte Wissenschaft ist, wird die Möglichkeit einer Prognoseerstellung auf Basis astrologisch berechneter Börsen- und Wirtschaftszyklen in dieser Arbeit nicht weiter verfolgt. Gleichwohl sollte nicht ignoriert werden, daß große und mittlere Unternehmen in der Bundesrepublik astrologische Beratung nachfragen und in New York große Investmentbanken mit Astrologie-Computerprogrammen arbeiten.[32]

In die oben genannten Methodenklassen können die Mehrzahl der existierenden Methoden zur Preis- und Kursprognose eingeordnet werden. Darüber hinaus existieren sowohl in der Literatur als auch in der Praxis noch eine Reihe weiterer Verfahren, die sich keiner der oben genannten Kategorien zuordnen lassen, weil ihre Prognosemethodik nicht offengelegt wird.[33] Für den Einsatz im Rahmen eines Risk Managements erscheinen sie allerdings nicht geeignet, da eine intersubjektive Nachvollziehbarkeit der Prognoseergebnisse nicht gewährleistet werden kann.

Im folgenden werden deshalb nur die als grundsätzlich geeignet erscheinenden Kategorien der Preis- und Kursprognosemethoden im Hinblick auf die Eignung zur Unterstützung der Hedging-Entscheidungen in kleinen und mittleren Unternehmen untersucht. Da sich sowohl die Random-Walk-Theorie als auch die Technische Analyse nur mit der Prognose börsennotierter Rohstoffpreise und Devisenkurse beschäftigen, wird im folgenden in den entsprechenden Abschnitten nur allgemein von **Kursen** gesprochen. Die Fundamental-Analyse läßt sich demgegenüber sowohl für die Preis- bzw. Kursprognose börsennotierter als auch nicht börsennotierter Rohstoffe und Devisen einsetzen. Demzufolge wird in dem entsprechenden Abschnitt die bisherige begriffliche Trennung aufrechterhalten.

4.2.1. Random-Walk-Theorie

Die wichtigsten wissenschaftlichen Arbeiten zur Random-Walk-Theorie stammen aus den 50er und 60er Jahren.[34] In ihrem Ursprung dürfte diese Theorie allerdings auf die Arbeit des Mathematikers BACHELIER zurückzuführen sein.[35] Hieraus wird bereits der *mathematisch-statistische* Charakter dieser Arbeiten, die *ökonomische* und *verhaltenspsychologische* Überlegungen ignorieren, deutlich. Die Vertreter der Random-Walk-Theorie versuchten auf vielfältige Weise nachzuweisen, daß die Kurse einem Random-Walk folgen.[36] Bewegen sich die Rohstoff- und Devisenkurse tatsächlich rein zufallsbedingt, wäre der Fundamental-Analyse und der Technischen Analyse die Grundlage zur Prognoseerstellung entzogen.[37] Noch schärfer wird diese These von SCHMIDT formuliert, der sogar behauptet, daß die Technische Analyse nur Leerformeln enthalte und ebenso wie die Fundamental-Analyse praktisch ohne jeden Nutzen sei.[38]

Im folgenden werden Überlegungen angestellt, inwieweit die These der Random-Walk-Bewegungen von Rohstoff- und Devisenkursen aufrechterhalten werden kann, oder demgegenüber die Fundamental-Analyse und die Technische Analyse doch eine Grundlage für die Erstellung von Preis- und Kursprognosen besitzen.

4.2.1.1. Grundaussagen der Random-Walk-Theorie

Die Random-Walk-Theorie wurde aus der Theorie stochastischer Prozesse abgeleitet.[39] In bezug auf die Abhängigkeit der aufeinanderfolgenden Rohstoff- und Devisenkursnotierungen lassen sich die *strenge* und die *gemäßigte Form* der Random-Walk-Theorie unterscheiden.

Bei der *strengen Form* der Random-Walk-Theorie wird davon ausgegangen, daß sämtliche Kursbewegungen **zufallsbedingt** erfolgen und die Kurse, zu denen in der Vergangenheit ein Handel erfolgte, keinerlei Bedeutung für die künftige Entwicklung haben. Die Vertreter der Random-Walk-Theorie begründen diese Überlegung damit, daß die Kurse kein Gedächtnis besitzen und somit auch der künftige Kurs keine Präferenz für ein bestimmtes Kursniveau herausbilden kann.[40] Hieraus resultiert die Hypothese, daß die **aufeinanderfolgenden Kursänderungen voneinander unabhängig** sind.[41] Diese Hypothese ist ein konstituierendes Merkmal des Random-Walk-Ansatzes. Das zweite konstituierende Merkmal ist die Hypothese, daß die Preis- und Kursänderungen einer statistischen Verteilung folgen und der **Erwartungswert dieser Änderungen gleich Null** ist:[42]

$$\Delta P_t = P_{t+1} - P_t$$

wobei:

P_t, P_{t+1} : Preis im Zeitpunkt t bzw. t+1

ΔP_t : eine Zufallskursänderung

Für ΔP_t gilt: $E(\Delta P_t) = 0$

Wenn jedoch die Kursänderungen eines Rohstoffs oder einer Währung voneinander unabhängig sind und der Erwartungswert dieser Änderungen gleich Null ist, so bedeutet dies letztlich nichts anderes, als daß der heutige Kurs der beste Schätzer für den zukünftigen Kurs ist.

In der Realität können jedoch Kurstrends, d. h. über einen längeren Zeitraum steigende oder fallende Kurse, beobachtet werden. Bei der **gemäßigten Form** der Random-Walk-Theorie wird deshalb die Existenz von Abhängigkeiten akzeptiert. Hierzu wurde obige Schätzgröße (ΔP_t) um eine Trendkomponente (T) erweitert:[43]

$$\Delta P_t = P_{t+1} - P_t + T$$

Obwohl die Existenz von Kurstrends in der gemäßigten Form der Random-Walk-Theorie berücksichtigt wird, negieren deren Vertreter die Möglichkeit, diese Trends gewinnbringend ausnutzen zu können.[44] Der Einsatz der Fundamental-Analyse oder der Technischen Analyse wäre demzufolge nicht sinnvoll.

4.2.1.2. Kritik an der Random-Walk-Theorie

Die Kritik an der Random-Walk-Theorie kann an mehreren Punkten angesetzt werden. Zu kritisieren ist zunächst grundsätzlich die induktive Vorgehensweise im Rahmen der gemäßigten Form der Random-Walk-Theorie. Hierbei werden die Kursverläufe der Vergangenheit mit den unterschiedlichsten mathematischen und statistischen Methoden untersucht und darauf aufbauend mathematische Kursprognosemodelle formuliert. Die der Kursentwicklung eigentlich zugrundeliegenden ökonomischen Faktoren werden dagegen völlig außer acht gelassen; es wird lediglich das Zahlenmaterial untersucht.[45] Negativ beurteilt dieses Vorgehen auch SCHMIDT, der sich bei seiner Kritik auf die Arbeit von KENDALL[46] bezieht.[47] Auch GÄLWEILER weist auf die Notwendigkeit der Kenntnis kausaler Zusammenhänge von Einflußfaktoren bei der Erstellung einer Prognose hin. Diese Kenntnis läßt sich nicht durch mathematisch aufwendige Prognosemethoden ersetzen.[48]

Ein weiterer Ansatzpunkt zur Kritik ergibt sich aus der Hypothese, der aktuelle Kurs sei der beste Schätzer für den zukünftigen. Hieraus resultiert als offensichtlich sinnvolle Handelsstrategie die **Buy-and-Hold-Strategie**. Selbst wenn unterstellt wird, daß sich die Rohstoff- und Devisenkursverläufe mit Hilfe eines Random-Walk-Modells beschreiben lassen, kann die **Buy-and-Hold-Strategie** im Rahmen eines Hedgings nicht realisiert werden. Zum einen lassen sich bestimmte Rohstoffe zeitlich nicht unbegrenzt lagern, zum anderen weisen die gegen Kursrisiken zu sichernden Geschäfte nur eine eng begrenzte Laufzeit auf.[49] Wird beispielsweise heute ein bestimmter Dollarbetrag erworben, um damit in sechs Monaten den Import von Anlagen aus den USA zu bezahlen, so ist ein *Hold* dementsprechend maximal bis zum Erfüllungszeitpunkt dieses Geschäfts möglich. Es kann deshalb, aufgrund der begrenzten Zeit bis zur Erfüllung des Geschäfts, trotzdem ein hoher Verlust realisiert werden, obwohl bei sehr langfristiger Betrachtungsweise keine dauerhafte Kursänderung eingetreten wäre. Dieses Phänomen wird auch als *gambler's ruin problem* bezeichnet.[50]

Über diese Kritikpunkte hinaus, ist insbesondere die sachlogische Begründung der **Unabhängigkeitshypothese** kritisch zu beurteilen. So wird im Rahmen der Random-Walk-Theorie die Entwicklung der Rohstoff- und Devisenkurse häufig mit dem Wurf einer Roulettkugel[51], einem fairen Münzwurf[52] oder der Brown'schen Molekularbewegung[53] verglichen. Zunächst erscheint das Argument, daß die Kurse keinerlei Gedächtnis besitzen und demzufolge auch keine Präferenz für ein bestimmtes Kursniveau herausbilden können, richtig. Übersehen wird aber von den Vertretern der Random-Walk-Theorie anscheinend völlig, daß sich die Kurse nicht selbständig bilden und auch nicht physikalischen Gesetzmäßigkeiten gehorchen, sondern als ein Gleichgewichtspreis zwischen Angebot und Nachfrage zustandekommen.[54] Die einzelnen Anbieter und Nachfrager besitzen, im Gegensatz zu den Kursen, sehr wohl ein Gedächtnis. Es ist deshalb zu vermuten, daß sie sich bei ihren Kursvorstellungen für die Zukunft unter anderem auch an den in der Vergangenheit realisierten Rohstoff- und Devisenkursen orientieren.[55] Anders wäre es ansonsten kaum sinnvoll erklärbar, daß die Kursnotierung am folgenden Tag nicht wesentlich von der entsprechenden Notierung des Vortages abweicht. Diese Orientierung an den in der Vergangenheit realisierten Kursen muß nicht unbedingt bewußt, sondern kann auch unbewußt erfolgen.

Da die Hypothese der Unabhängigkeit aufeinanderfolgender Rohstoff- und Devisenkursnotierungen ein konstituierendes Merkmal der strengen Form der Random-Walk-Theorie ist, wird im folgenden versucht ausführlich zu begründen, daß das marktpsychologische Verhalten der einzelnen Marktteilnehmer entgegen dieser Annahme einen wesentlichen Einfluß auf die Kursentwicklung ausübt.

4.2.1.3. Marktpsychologisches Verhalten der Marktteilnehmer und mangelhafte Markteffizienz als Ursache für die Bildung von Kurstrends und Kursmustern

Die Rohstoff- und Devisenkurse bilden sich auf Basis der von den einzelnen Marktteilnehmern nachgefragten und angebotenen Rohstoffmengen bzw. Devisenbeträgen. Es kann deshalb vermutet werden, daß das marktpsychologische Verhalten dieser Marktteilnehmer einen entsprechenden Einfluß auf die Kursbildung ausübt. So läßt sich beispielsweise beobachten, daß Aufwärts- und Abwärtsbewegungen der Rohstoff- und Devisenkurse in der Regel nicht geradlinig verlaufen. Immer wieder werden diese Kursbewegungen unterbrochen und der Kurs bewegt sich entweder zunächst in die entgegengesetzte Richtung oder verharrt einige Zeit auf einem bestimmten Preisniveau, bevor die ursprüngliche Bewegungsrichtung wieder aufgenommen wird. Diese Art von Kursbewegungen läßt sich, wie die folgenden Ausführungen beispielhaft zeigen sollen, mit dem durch marktpsychologische Verhaltensweisen ausgelösten Verhalten der Marktteilnehmer begründen.[56]

In der Regel wächst nach dem Anstieg des Kurses auf ein bestimmtes Niveau die Bereitschaft der Marktteilnehmer zum Verkauf. Es ist deshalb zu erwarten, daß in der Folge die Kurse etwas zurückfallen. Nun werden die Marktteilnehmer, welche während des Kursanstiegs erwarteten, daß die Kurse noch weiter steigen und deshalb das Angebot zurückhielten, erkennen, daß diese Entscheidung falsch war. Offensichtlich begann bei diesem, inzwischen als vorläufigem Höchstkurs erkannten Kurs, das Angebot die Nachfrage zu überwiegen. Dieser Überhang des Angebots im Verhältnis zur Nachfrage hält solange an, bis der Kurs auf ein Niveau gesunken ist, auf dem die Nachfrage erstmals das Angebot wieder überwiegt. Infolge dessen ist zu erwarten, daß die Kurse im Zeitablauf wieder ansteigen. In dieser Situation werden etliche Käufer ihre Kaufangebote aufgrund des gestiegenen Kurses zurücknehmen. Darüber hinaus ist anzunehmen, daß die potentiell verkaufsbereiten Marktteilnehmer, die ursprünglich auf höhere Preise warteten und derzeit immer noch nicht verkauft haben, jetzt die Chance zur Realisierung eines Kurses nutzen werden, der in etwa dem Niveau des alten Höchstkurses entspricht.

Das Angebot nimmt demzufolge auf diesem Kursniveau wieder zu und wird die Nachfrage überwiegen. Es kann davon ausgegangen werden, daß es auch bei dieser Kursentwicklung potentielle Verkäufer gegeben hat, die den optimalen Verkaufszeitpunkt verpaßt haben, so daß sich dieses Wechselspiel zwischen Angebot und Nachfrage in der Regel einige Male wiederholt. In diesem Zusammenhang wird auch von der **Konsolidierung** eines Kurses gesprochen.[57] Die Phase der Kurskonsolidierung bietet allen Marktteilnehmern Gelegenheit, sich an das neue Kursniveau zu "gewöhnen".[58] In der Regel wird ein weiterer Kursanstieg erst erfolgen, wenn sich dieses neue Niveau psychologisch etabliert hat, d. h. die Kurse nicht mehr als relativ hoch, sondern als normal eingestuft werden.

Bei einem Kursanstieg über den bisherigen Höchstkurs ist zu erwarten, daß die Nachfrage relativ stark ansteigt. Die potentiellen Käufer werden in der Regel befürchten, daß sie bei einem weiteren Abwarten zukünfig noch teurer einkaufen müssen. Umgekehrt wird zumindest ein Teil der poteniellen Anbieter wieder sein Angebot verknappen, da augenscheinlich in der Zukunft höhere Kurse als zum jetzigen Zeitpunkt erzielt werden können. Der Kurs wird infolge dieses Verhaltens relativ rasch um einige Prozent über das alte Kursniveau steigen, bis die Angebotsbereitschaft wieder stärker wächst und umgekehrt das Nachfragepotential abnimmt.[59] Nähert sich der nun folgende Kursabschwung dem ursprünglichen Kursniveau an, so ist zu erwarten, daß zum einen die Marktteilnehmer, welche in der Nähe des ursprünglichen Höchstkurses verkauft und ihr Handeln inzwischen als falsch erkannt haben, ihren Fehler dadurch eleminieren wollen, daß sie die verkauften Rohstoffe oder Devisen zurückkaufen. Zum anderen werden jetzt die Marktteilnehmer kaufen, welche im Zuge des Kursaufschwungs zu zögerlich waren und den Kauf zu lange hinausgeschoben haben. Aus deren Sicht bietet sich die Gelegenheit, die Rohstoffe und Devisen nun doch noch zu relativ günstigen Kursen erwerben zu können. Darüber hinaus kann davon ausgegangen werden, daß die Anbieter aufgrund des zurückgefallenen Kurses das Angebot etwas verknappen. Infolge dieses Verhaltens der Marktteilnehmer wird, sobald der Kurs in etwa auf das Niveau des ursprünglichen Höchstkurses zurückfällt, die Nachfrage das Angebot überwiegen und somit der Kurs wieder steigen.

Durch diesen Prozeß wandelt sich das ursprüngliche Höchstkursniveau, welches auch als **Widerstandszone** bezeichnet werden kann, jetzt in eine **Unterstützungszone**. Durch die menschliche Psyche bedingt entstehen die Unterstützungs- bzw. Widerstandszonen häufig bei runden Zahlen. Eine große Zahl der Marktteilnehmer neigt dazu, glatte - auf 5 oder 0 endende - Kurse als Kauf- oder Verkaufskurse zu bevorzugen.[60]

Der hier beschriebene Prozeß konnte beispielsweise bei der Entwicklung des US-Dollarkurses im Jahr 1989 gut beobachtet werden. Es wurde zunächst von der Mehrzahl der Marktteilnehmer vermutet, daß die Zentralbanken bei einem Anstieg des Wechselkurses auf ca. 1,90 DM/US-$ intervenieren werden und demzufolge die Kurssteigerungen an dieser Kursmarke beendet sind. Es konnte beobachtet werden, daß der Kurs tatsächlich mehrmals bei dem Versuch scheiterte, dieses Kursniveau zu überschreiten. Als dies dennoch gelang, stieg er innerhalb kurzer Zeit weiter bis 2,05 DM/US-$, bevor er durch eine sogenannte **technische Reaktion** zurückfiel, allerdings nicht wesentlich unter 1,90 DM/US-$. Die alte Widerstandszone im Bereich von 1,90 DM/US-$ hatte sich jetzt in eine Unterstützungszone gewandelt, der Kurs stieg anschließend wieder an. Dieses soll als ein Beispiel dafür dienen, daß sich das Handeln der Marktteilnehmer nicht nur an rationalen Faktoren orientiert, und daß theoretische Begründungen für die Entstehung von Kursmustern und Kurstrends gefunden werden können.[61]

Neben der beschriebenen, wellenförmigen Bewegung der Kurse läßt sich häufig auch beobachten, daß die Kurse, unabhängig davon ob es sich um Rohstoffe, Devisen oder Wertpapiere handelt, schneller fallen als steigen. Der US-Dollar hat beispielsweise für die Aufwärtsentwicklung vom tiefsten Kurs von ca. 1,77 DM/US-$, der Ende 1979 erreicht wurde, bis zum höchsten Kurs von 3,47 DM/US-$ Ende Februar 1985 rund 5 $^{1}/_{4}$ Jahre benötigt. Im Rahmen der nachfolgenden Abwärtsbewegung wurde hingegen das ursprüngliche Kursniveau von 1,77 DM/US-$ bereits nach 23 Monaten erreicht. Basierend auf der Beobachtung von insgesamt wellenförmigen, in Aufwärts- und Abwärtsbewegungen jedoch mit unterschiedlicher Geschwindigkeit verlaufenden Kursbewegungen, entwickelte R. N. ELLIOTT die nach ihm benannte *Elliott-Wave-Theorie*.[62] Sie ist eine relativ komplexe Methode zur Kursanalyse, bei der die Kursentwicklung in der Vergangenheit mit Hilfe mathematischer Methoden analysiert wird.[63] ELLIOTT sieht die Entwicklung der Kurse als eine Folge von Wellen. Ein vollständiger Zyklus besteht aus 2 Zykluswellen, 8 Primärwellen, 34 Zwischenwellen und 144 kleinen Wellen. Die Zahlen 2, 8, 34 und 144 sind Fibonacci-Zahlen F(3), F(6), F(9) und F(12).[64] Nach ELLIOTT entspricht die Anzahl der jeweiligen Wellen in Haussezyklen F(n-1) und in Baissezyklen F(n-2), wobei F(n) die Gesamtzahl der jeweiligen Wellen in einem vollständigen Zyklus ist.[65] Eine Erklärung dafür, warum Aufwärtsbewegungen langsamer ablaufen als Abwärtsbewegungen, kann allerdings auch ELLIOTT nicht geben. Er bezeichnet deshalb dieses Phänomen als *"one of the secrets of the universe"*.[66]

Daß Abwärtsbewegungen auch bei Wechselkursen oftmals schneller als Aufwärtsbewegungen verlaufen, ist umso bemerkenswerter, als daß bei einer umgekehrten Betrachtung des Wechselkursverhältnisses, beispielsweise ct/DM statt DM/US-$, ein Verfall des US-Dollars auch als Anstieg der DM betrachtet werden kann. Dementsprechend ließe sich anscheinend auch genau umgekehrt interpretieren, daß der Anstieg des Wechselkurses schneller als die Abwärtsbewegung erfolgte. Rein rechentechnisch betrachtet ist diese Aussage korrekt. Auch werden die Devisen-Terminkontrakte und -Optionen an den US-Börsen auf Basis von ct/DM notiert. Entscheidend für das Auftreten des beschriebenen Phänomens dürfte allerdings sein, daß die Orientierung der Mehrzahl aller Marktteilnehmer, auch in den USA, an der Relation DM/US-$ erfolgt. Damit betrachtet die überwiegende Mehrheit die gleiche Relation und sieht demzufolge einen steigenden oder fallenden Dollarkurs und nicht eine entsprechende Bewegung der DM. Hierdurch kann zwar erklärt werden, warum das Phänomen der unterschiedlichen Geschwindigkeit von Aufwärts- und Abwärtsbewegungen der Kurse auch bei Wechselkursen zu beobachten ist, nicht jedoch seine Existenz an sich.

Als Erklärung für das Auftreten dieses Phänomens wird teilweise behauptet, daß die Mehrzahl der Marktteilnehmer, insbesondere die Gruppe der Spekulanten, nur in Erwartung steigender Rohstoff- und Devisenkurse aktiv handelt und entsprechend zuerst kauft und anschließend verkauft.[67] Die so handelnden Marktteilnehmer profitieren von steigenden Kursen. Sie werden in der Regel nach einem Kursanstieg bereit sein, ihre Rohstoffe oder Devisen mit Gewinn zu verkaufen. Durch solche Verkäufe wird die Aufwärtsbewegung der Kurse immer wieder unterbrochen.

Demgegenüber nutzen, diesem Erklärungsversuch zufolge, nur relativ wenige Marktteilnehmer die Möglichkeit eines Leerverkaufs, d. h. des Verkaufs von Rohstoffen oder Devisen auf Termin, ohne sie im Verkaufszeitpunkt zu besitzen. Als Leerverkäufer profitieren sie grundsätzlich von fallenden Kursen, da sie dann in der Zukunft zur Erfüllung ihrer aus dem Termingeschäft bestehenden Lieferverpflichtung die entsprechenden Rohstoffe oder Devisen billiger am Markt erwerben können, als sie diese verkauft haben. Würden die Marktteilnehmer so handeln, so die Überlegung im Rahmen dieses Erklärungsversuchs, müßten auch die Abwärtsbewegungen der Kurse durch entsprechende Gewinnmitnahmen gebremst werden. Da dies augenscheinlich nicht der Fall sei, könne daraus geschlossen werden, daß die Mehrzahl der Marktteilnehmer sich bei der subjektiven Erwartung fallender Preise vom Markt fernhält.

Diese Erklärung für das Phänomen unterschiedlicher Geschwindigkeiten beim Anstieg und Verfall der Rohstoff- und Devisenkurse ist nicht unumstritten und wird durch die bisherigen Untersuchungen auf den entsprechenden Märkten nicht bestätigt.[68] So kommt beispielsweise HOUTHAKKER in seiner Untersuchung zu dem Ergebnis, daß kleine Trader die Möglichkeit der Leerverkäufe (**short**) ebenso nutzen, wie große Spekulanten oder Hedger.[69] Er stellt allerdings auch einen erheblichen Unterschied in der Nutzung dieser Möglichkeit fest. Seine Untersuchung ergab, daß "the small trader were short mostly in months when prices were rising, whereas the large speculators in that market were remarkably accurate in their choice of the short side."[70] Auch die Studien von HARTZMARK (1984) und STEWART (1949) kommen zu dem Ergebnis, daß die Mehrzahl der kleinen Trader Verluste erleidet.[71] Da die hedgenden kleinen und mittleren Unternehmen in der Gruppe der kleinen Trader miterfaßt werden, kann daraus gefolgert werden, daß sie bei der Durchführung ihrer Hedginggeschäfte in der Regel zu Zeiten steigender Preise gegen fallende Preise hedgen.

Eine relativ einfache, einsichtige Erklärung für das Phänomen der unterschiedlichen Geschwindigkeit von Aufwärts- und Abwärtsbewegungen könnte demgegenüber in der Psyche des Menschen zu suchen sein. So setzen sich viele der Marktteilnehmer beispielsweise zur Realisierung eines eventuellen Gewinns ein festes, prozentuales Ziel (z. B. 10 Prozent), ohne das maximal mögliche Gewinnpotential zu prognostizieren. Steigt nun ein Rohstoffkurs beispielsweise zunächst von 50 auf 100 und fällt anschließend wieder auf 50 zurück, so betrug der Kursanstieg 100 Prozent, die entsprechende Abwärtsbewegung dagegen nur 50 Prozent. Werden gleiche prozentuale Gewinnziele unterstellt, unabhängig davon, ob es sich um einen Kauf oder Leerverkauf handelt, so ist unmittelbar einsichtig, daß die Aufwärtsbewegung durch Gewinnmitnahmen häufig unterbrochen wird und deshalb länger dauert, als die Abwärtsbewegung.

Durch die vorangegangenen Ausführungen sollte gezeigt werden, daß das Verhalten der Marktteilnehmer zu einem relativ großen Teil nur psychologisch erklärbar ist und deshalb rationales Verhalten nicht, wie dies oft unterstellt wird, die Märkte dominiert.[72] "Rationalität ist ein typisches ökonomisches Konstrukt, zur vereinfachten Beschreibung ökonomischen Verhaltens entworfen ...".[73] Statt den Marktteilnehmern ein rationales Verhalten zu unterstellen, erscheint es deshalb hier sinnvoller, ihr Entscheidungsverhalten analog zum Verhalten der Konsumenten zu betrachten. Dementsprechend wird ihr Verhalten im wesentlichen determiniert durch:[74]

1. **kognitive Restriktionen:**
   Der Entscheider besitzt nur eine begrenzte Kapazität für die Aufnahme, Verarbeitung und Speicherung von Informationen. Er folgt nicht nur den Regeln *objektiver Logik*, sondern auch einer *subjektiven Psycho-Logik*.[75]

2. **emotionale Restriktionen:**
   Richtung und Effizienz eines Entscheidungsprozesses werden durch laufendes Einwirken von Emotionen und Motiven determiniert.

Oft werden die Entscheidungen der Marktteilnehmer wesentlich durch deren Emotionen beeinflußt. So lassen sie sich beispielsweise durch die Aussagen und das Verhalten anderer Marktteilnehmer, insbesondere von Meinungsführern (z. B. Broker, Banken, Anlageberater etc.) beeinflussen.[76] Die Ausrichtung an den Meinungen und dem Verhalten anderer ist unabhängig von der Gruppe der Marktteilnehmer und entspricht dem menschlichen *Herdeninstinkt*.[77] "The emotions of fear and greed, coupled with people's perceptions of the economic scene and their own psychological predispositions, are some of the major elements that affect market behavior."[78]

Ausgehend von der Beobachtung dieses Verhaltens der Marktteilnehmer, wurde die Theorie der *contrary opinion* entwickelt.[79] BERNSTEIN bezeichnet das *contrary thinking* als "the greatest single psychological quality a trader can possess".[80] Die Theorie der contrary opinion geht davon aus, daß die Masse der potentiell am Markt Interessierten gleichgerichtet handelt.[81] In Zeiten relativ konstanter Kurse sind die Meinungen bezüglich deren künftiger Entwicklung sehr heterogen; die Spekulanten halten sich vom Markt weitgehend fern, weil sie keine Gewinnmöglichkeiten sehen.[82] Steigen oder fallen die Kurse hingegen, werden immer mehr potentielle Marktteilnehmer ihre Meinung ändern und dem Aufwärtstrend vertrauen.[83] Dementsprechend erhöht sich die Zahl derer, die weiter steigende (fallende) Kurse prognostizieren. Die emotionale Stimmung der Marktteilnehmer nähert sich dem Zustand der Euphorie (Depression).[84] Es ist aber anzunehmen, daß die Marktteilnehmer, die bezüglich der Kursentwicklung eine feste Meinung haben, auch am Markt entsprechend handeln. Besteht beispielsweise die überwiegende Meinung, daß die Kurse weiter steigen, sind in absehbarer Zeit nahezu alle Kaufwilligen am Markt engagiert. Für weitere Kurssteigerungen fehlen nun die Käufer; bereits kleine Angebotsmengen reichen in dieser Situation aus, um den Kurstrend umzukehren.[85] Die Kurse können fallen, obwohl die fundamentalen Daten eher auf einen weiter steigenden Kurstrend schließen lassen.[86] Analoge Überlegungen lassen sich in bezug auf das Ende von Abwärtstrends anstellen.

Dieses Verhalten ließ sich beispielsweise beim Kursanstieg des US-Dollars beobachten. Anfang 1985 dürfte den meisten Marktteilnehmern bewußt gewesen sein, daß der Dollar eigentlich überbewertet war. Trotzdem war es nach Meinung der überwiegenden Mehrheit keine Frage ob er steigt oder fällt, sondern lediglich die Frage, wie weit er noch steigt.[87] Es schien nur eine Frage der Zeit, bis prognostizierte Kurse von 3,80 DM/US-$ - 4 DM/US-$ erreicht sein würden.[88] Die Stimmung in dieser Phase konnte als euphorisch bezeichnet werden. Auch die Medien, die normalerweise nicht regelmäßig über die Entwicklung des Dollarkurses berichteten, meldeten in dieser Phase nahezu täglich die neuesten Dollarkurse. Der Ansatz der *contrary opinion* hilft dem Risk Manager, nicht durch den Crowd-Effekt beeinflußt zu werden, bei er der Gefahr von Euphorie- und Panikentscheidungen ausgesetzt ist. "Therefore, if you find yourself in strong agreement with most other traders, the chances are quite good that you are wrong."[89] Allerdings bleibt bei dem Anwender der Theorie der *contrary opinion* ein relativ großer Interpretationsspielraum; die korrekte Erfassung der Marktstimmung ist schwierig.[90] Negativ ist auch zu bewerten, daß der Zeitraum, in dem die Marktstimmung der Euphorie oder Depression vorherrscht, in der Regel nicht genau determiniert werden kann.[91]

Das beschriebene, psychologisch bedingte Verhalten der Marktteilnehmer führt regelmäßig zur Bildung entsprechender Kursmuster und -trends. Hieraus läßt sich schließen, daß die einzelnen aufeinanderfolgenden Kursnotierungen nicht völlig unabhängig sein können, wie dies im Rahmen der strengen Form der Random-Walk-Theorie behauptet wird. In ihrer gemäßigten Form wird zwar diese Abhängigkeit anerkannt, jedoch wird davon ausgegangen, daß sich diese Kursmuster und -trends nicht gewinnbringend nutzen lassen. Unterstellt wird hierbei, daß alle das Angebot und die Nachfrage beeinflussenden Informationen sich schlagartig ausbreiten und deshalb in vollem Umfang bereits im jeweils aktuellen Börsenkurs berücksichtigt sind; er bildet auf diese Weise quasi einen Informationspool, der kostengünstig allen Marktteilnehmern als Informationsquelle zur Verfügung steht. Aus diesem Grund werden die in dieser Arbeit betrachteten Märkte auch oft als **effiziente Märkte** bezeichnet.[92]

Im Rahmen der Hypothese eines effizienten Marktes wird ein rationales Verhalten der Marktteilnehmer unterstellt. Wie bereits dargelegt wurde, handeln sie aber nicht nur rational, sondern auch emotional. Es konnten auch in anderen Untersuchungen mit Hilfe nichtparametrischer Testverfahren statistisch signifikante Hinweise gefunden werden, daß psychologische Faktoren den Markt zumindest zeitweilig dominieren.[93] Sowohl irrationale Stimmungen als auch rationale Bewertungsfaktoren breiten sich in der Regel nicht schlagartig aus, wie es die Random-Walk-Theorie unterstellt, sondern durchdringen den Markt nur allmählich.[94] Zudem können die Marktteilnehmer über an sich preisbestimmende Informationen verfügen, ohne sofort entsprechend zu handeln. Wie bereits angeführt, gibt es Zauderer, die ihre Einschätzung des Marktes erst bestätigt sehen wollen, und deshalb nicht sofort handeln. Darüber hinaus kann es bei den Marktteilnehmern zunächst zu einer Überreaktion auf die neuen Informationen kommen, die zu einem unangemessen stark steigenden oder fallenden Kurs führt. Ein solcher Kursanstieg wird in der Regel im Zeitablauf langsam wieder korrigiert.[95] Der Markt kann aus diesen Gründen nicht als effizient bezeichnet werden;[96] die Random-Walk-Hypothese ist damit auch in ihrer gemäßigten Form zu verwerfen.[97]

Die Existenz von Kursmustern und -trends konnte durch die vorangegangenen Ausführungen belegt werden. Es kann deshalb davon ausgegangen werden, daß sich mit Hilfe der Fundamental-Analyse und der Technischen Analyse die Trendentwicklung eines Rohstoff- oder Devisenkurses prognostizieren und im Rahmen des Hedgings gewinnbringend nutzen läßt.

4.2.2. Fundamental-Analyse

Im Gegensatz zur Random-Walk-Theorie wird bei der Prognoseerstellung im Rahmen von Fundamental-Analysen unterstellt, daß die aufeinanderfolgenden Kursnotierungen voneinander abhängig sind. Darüber hinaus wird davon ausgegangen, daß sich die prognostizierten Rohstoffpreis- und Devisenkurstrends grundsätzlich gewinnbringend nutzen lassen. Allerdings erscheint es sinnvoll, diese Annahme dahingehend einzuschränken, daß sich nicht jeder prognostizierte Trend gewinnbringend nutzen läßt, sondern lediglich die Summe der mit Hilfe dieser Prognosemethode erzielten Gewinne größer als die der erlittenen Verluste ist.

4.2.2.1. Begriff der Fundamental-Analyse

Durch eine auf Basis der Fundamental-Analyse erstellten Rohstoffpreis- oder Devisenkursprognose werden so weit als möglich alle Einflußfaktoren berücksichtigt, aus denen eine Änderung des aktuellen Angebots und der aktuellen Nachfrage eines Rohstoffs oder einer Währung resultieren kann.[98] Hierbei müssen Annahmen über die Wirkung dieser Einflußfaktoren auf Angebot und Nachfrage getroffen, und bei der Erstellung der Prognose zugrunde gelegt werden. Das berechnete Angebot und die berechnete Nachfrage werden anschließend einander gegenübergestellt. Ergibt sich hierbei ein Angebots- oder Nachfrageüberhang, wird ein Rückschluß auf den Preis oder Kurs gezogen, zu dem das erwartete Angebot und die erwartete Nachfrage wieder ausgeglichen sind. Dieser Preis wird auch als der *innere Wert* eines Rohstoffs oder einer Währung bezeichnet. Der Fundamental-Analytiker unterstellt bei seinen Überlegungen, daß sich der aktuelle Preis oder Kurs dem prognostizierten inneren Wert im Zeitablauf annähern wird:

Annahme:

Im Zeitpunkt t+x gilt:

INNERER WERT = MARKTWERT

"*x*" ist dabei eine unbestimmte Zeitkomponente und bedeutet, daß keine Aussage über die zeitliche Differenz zwischen dem Prognose-*Erstellungs*zeitpunkt und dem Prognose-*Erfüllungs*zeitpunkt getroffen wird.

Dementsprechend sollte ein Unternehmen seine offenen Positionen in Abhängigkeit vom *Value-Ratio*, der Relation zwischen innerem Wert und aktuellem Marktwert, hedgen. Diese Vorgehensweise zeigt die Abb. 4.6.

Marktseite der offenen Positionen	REAKTION DES UNTERNEHMENS	
	hedgen	nicht hedgen
KAUF	$\frac{W_i}{(1+s/100)\cdot W_m} > 1$	$\frac{W_i}{(1+s/100)\cdot W_m} <= 1$
VERKAUF	$\frac{W_i}{(1-s/100)\cdot W_m} < 1$	$\frac{W_i}{(1-s/100)\cdot W_m} >= 1$
wobei: W_i : berechneter innerer Wert W_m : aktueller Marktwert s : Spesensatz für eine Hedgingtransaktion (in %)		

Abb. 4.6: Hedgen auf Basis des fundamental berechneten inneren Wertes eines Rohstoffs oder einer Währung

Die Fundamental-Analyse kann als ein dynamischer Prognoseprozeß bezeichnet werden. Revolvierend sollten alle Änderungen der im Rahmen der Prognoseerstellung zugrundeliegenden Einflußfaktoren und deren Wirkung auf Angebot und Nachfrage berücksichtigt und die prognostizierten Preise und Kurse durch eine Neuberechnung des inneren Wertes korrigiert werden.

4.2.2.2. Preis- und Kursanalyse auf Basis fundamentaler Daten

4.2.2.2.1. Erfassung fundamentaler Indikatoren

Bei der Erfassung der eine Änderung des Angebots und der Nachfrage indizierenden Faktoren sollte sinnvollerweise danach differenziert werden, ob die Prognose für eine Währung oder einen Rohstoff durchgeführt werden soll.

Zur Prognose der **Währungskursentwicklung** werden in der Literatur eine Vielzahl von Indikatoren vorgeschlagen, die sich in folgende drei Kategorien einteilen lassen:

1. An ökonomischen Daten orientierte Indikatoren.
2. An politischen Daten orientierte Indikatoren.
3. Auf Erwartungshaltungen beruhende Indikatoren.

BACKES unterscheidet nach Korth insgesamt 21 Indikatoren, die Änderungen des Wechselkurses indizieren sollen:[99]

"ECONOMIC FACTORS

1. Balance of payments inbalance
2. Monetary reserves of the government
3. Extent of foreign indebtness and willingness of foreigners to retain it
4. Temporary normal fluctuations
5. Extraordinary factors (social and political unrest)
6. Domestic inflation
7. Present and anticipated economic strength of trading partners
8. Monetary and fiscal alternatives available to the government
9. Trade, exchange and capital controls/incentives
10. Importance of the currency
11. Importance of the country in total world commerce or in certain items of the trade
12. Elasticities of supply/demand for trade, capital, tourism, errors and omissions

POLITICAL FACTORS

1. History of past changes
2. Personal philosophies of government officials
3. Party philosophies
4. Proximity of elections

EXPECTATIONAL FACTORS

1. Opinions of bankers and other businessmen
2. Forward exchange contracts
3. Interest-rate levels
4. Local investment and spending level
5. Real estate values"

Als besonders aussagekräftig bezüglich der künftigen Währungskursentwicklung werden oft der Kaufkraftparitäten-Indikator, der Zinsdifferenz- oder Zinsparitätenindikator und die Entwicklung des Leistungsbilanzsaldos eingestuft.[100]

KERSCH weist demgegenüber darauf hin, daß auch über längere Zeiträume große Abweichungen des Wechselkurses von den Kaufkraftparitäten auftreten können.[101] Diese Beobachtung gilt insbesondere für die Wechselkurse von Ländern mit relativ **geringer** Zinsdifferenz, beispielsweise der DM im Verhältnis zum US-Dollar oder zum englischen Pfund. Zur Ableitung direkter Handlungsanweisungen bezüglich der Absicherung offener Devisenpositionen in diesen Währungen erscheint die Kaufkraftparität daher ungeeignet.[102] Die Erklärungskraft der Kaufkraftparität ist hingegen umso höher, je größer die Differenzen in den Inflationsraten der beiden Länder sind.[103] Demgegenüber richtet sich der Wechselkurs bei relativ geringen Inflationsraten eher nach der **Zahlungsbilanzsituation** und innerhalb der Zahlungsbilanz insbesondere nach der **Leistungsbilanzsituation.**[104]

Der Einfluß der Zinsdifferenz auf die Entwicklung des Währungskurses läßt sich in der Regel nicht pauschal beurteilen, da er im Zeitablauf Schwankungen unterworfen sein kann. Eine steigende Zinsdifferenz muß nicht zu einer Verlagerung des Kapitals in das Land mit dem höheren Zinsniveau führen. Erwarten die Marktteilnehmer eine über die aktuelle Zinsdifferenz hinausgehende Abwertung der Währung des Hochzinslandes, werden sie nicht zur Kapitalanlage bereit sein.[105] Wird umgekehrt aufgrund anderer Faktoren ein Anstieg dieser Währung erwartet, erfolgt trotz sinkender Zinsdifferenz ein Kapitaltransfer in dieses Land. Hierdurch bedingt kann der Wechselkurs entgegen dem normalen Wirkungsmechanismus bei sinkenden/steigenden Zinsdifferenzen steigen/fallen.[106]

Neben dem Einfluß dieser Faktoren sollte auch der Einfluß der Rohstoffpreisentwicklung auf die Entwicklung einer Währung, insbesondere des US-Dollars, nicht unterschätzt werden. Viele Rohstoffe (z. B. Rohöl) werden weltweit in US-Dollar gehandelt. Steigen die Rohstoffpreise, werden zur Bezahlung dieser Rohstoffe in vermehrtem Maße US-Dollar benötigt. Durch die steigende Dollarnachfrage bedingt steigt der Wechselkurs, zumindest kurzfristig, an.[107]

Zur Prognose der Entwicklung eines **Rohstoffpreises** werden demgegenüber beispielsweise folgende Indikatoren häufig herangezogen:[108]

- Statistiken über verfügbare Mengen in den Lagerhäusern der Börsen,
- Kapazitätsauslastung der Rohstoffproduzenten,
- Zahlen über die Erweiterung, Stillegung oder Alternativnutzung von Anbauflächen bei agraischen Produkten,
- Erntezahlen.

Die Ermittlung dieser Zahlen bereitet regelmäßig keine größeren Probleme, da sie Veröffentlichungen entnommen werden können.[109] Es ist daher auch für kleine und mittlere Unternehmen möglich, diese Größen bei der Erstellung einer Rohstoffpreisprognose zugrundezulegen.

Über die genannten Indikatoren hinaus gibt es noch eine Reihe weiterer Schlüsselgrößen, die ebenfalls eine Preisänderung indizieren sollen, aber wesentlich schwerer zu erfassen sind:

- Entwicklung der Weltkonjunktur,
- Funktionsfähigkeit existierender Kartelle,
- Verbrauchsentwicklung der Güter, in die der Rohstoff eingeht,
- Produktionskosten der Rohstoffe,
- Recyclingquote[110],
- Entwicklungsstand möglicher Substitute (technische Substitution)[111],
- künftige Preisentwicklung existierender Substitute (wirtschaftliche Substitution),
- Nachfrageinduzierte Verwendung qualitativ anderer Einsatzstoffe (qualitative Substitution),
- Wetterbedingungen[112],
- politische Krisen[113],
- Finanzmittelbedarf der rohstoffexportierenden Länder.

Bei einer Verwendung dieser Indikatoren wird das Problem der Preisprognose auf die Prognose der Indikatoren verlagert. Umfangreiche Analysen, beispielsweise zur Schätzung der Produktionskosten der Rohstoffanbieter oder zur Einschätzung der konjunkturellen Entwicklung, sind für kleine und mittlere Unternehmen aus wirtschaftlichen Gründen in der Regel nicht vertretbar. Genauso wenig ist es beispielsweise für diese Unternehmensgruppe möglich, ständig die aktuellen Wetterbedingungen zu verfolgen. Während große Unternehmen in den entsprechenden Ländern eigene Informanten beschäftigen können, sind kleine oder mittlere Unternehmen im wesentlichen auf die Berichterstattung in der Wirtschafts- und Fachpresse angewiesen, die sich ihrerseits wiederum auf die Analysen anderer stützt. Durch diesen langen Informationsweg ist eine schnelle Reaktion nicht mehr möglich. Für kleine und mittlere Unternehmen sind deshalb nur die fundamentalen Daten interessant, die ihnen nach ihrem Bekanntwerden noch einen ausreichenden zeitlichen Spielraum zur Reaktion erlauben. Dies sind in der Regel die Daten, die nicht direkt einmalige Preissteigerungen auslösen, sondern im Zeitablauf zur Entwicklung von Preis- und Kurs*trends* führen.

Die Analyse der fundamentalen Daten basiert in der Regel auf **ökonometrischen Modellen** und ist daher recht aufwendig.[114] Sie erfordert einen relativ hohen personellen Aufwand und einen hohen Kenntnisstand. Diese Voraussetzungen führen dazu, daß die Fundamental-Analyse bisher in der Regel nur in Großunternehmen durchgeführt werden kann. Diese Analyseform soll deshalb im folgenden so weit vereinfacht werden, daß sie auch kleinen und mittleren Unternehmen die Erstellung von Rohstoffpreis- und Devisenkursprognosen ermöglicht.

4.2.2.2.2. Bewertung der fundamentalen Indikatoren im Rahmen einer mehrstufigen Indikatorenanalyse

Nach der Erfassung der für die Prognose eines bestimmten Rohstoffpreises oder Devisenkurses relevanten fundamentalen Indikatoren, müssen diese im nächsten Schritt bewertet werden. Die ermittelten Indikatorwerte können beispielsweise im Rahmen von ökonometrischen Modellen zur Berechnung des inneren Wertes eines Rohstoffs oder einer Währung herangezogen werden. Da Punktprognosen aber in der Regel nur scheingenau sind, wird hier auf die Berechnung eines konkreten Wertes verzichtet.[115] Stattdessen wird vorgeschlagen, im Rahmen eines nutzwertanalytischen Vorgehens eine Trendprognose zu erstellen. Dazu wird im folgenden die Indikatorenanalyse in mehreren Stufen durchgeführt.

4.2.2.2.2.1. Vorgehensweise im Rahmen der mehrstufigen Indikatorenanalyse, dargestellt am Beispiel des Rohstoffs Kupfer

Das hier vorgeschlagene Bewertungsverfahren wird als mehrstufig bezeichnet, weil eine Bewertung auf mehreren Ebenen erfolgt. Auf der obersten Bewertungsebene stehen Indikatoren, die Angebotserhöhungen und Nachfragesteigerungen indizieren (z. B. die Mengen- und Preispolitik der in der CIPEC organisierten Länder). Auf der gleichen Ebene wird auch die Kennzahl *Supply-Demand-Ratio* eingeordnet. Zur Berechnung dieser Kennzahl werden die Kennzahlenwerte für die Nachfrage (KZW_N) und das Angebot (KZW_A), deren Ermittlung im weiteren Verlauf gezeigt wird, zueinander ins Verhältnis gesetzt:

$$\text{SD-Ratio} = \frac{KZW_N}{KZW_A}$$

Um die Preiswirkung des berechneten SD-Ratios beurteilen zu können, sollte die Veränderung dieses Wertes gegenüber der Vorperiode betrachtet werden, da im aktuellen Marktpreis das alte SD-Ratio bereits berücksichtigt ist und deshalb davon ausgegangen werden kann, daß nur eine Veränderung dieser Kennzahl preiswirksam wird:

$$\text{Veränderung des SD-Ratios gegenüber der Vorperiode} := \frac{\text{SD-Ratio in t}}{\text{SD-Ratio in t-1}}$$

Bereits auf Basis dieser Verhältniskennzahl läßt sich eine Preisprognose erstellen (Abb. 4.7).

SD-Ratio-Änderung	Preisprognose
< 0,98	tendenziell sinkend
0,98 - 1,02	kaum Veränderungen
> 1,02	tendenziell steigend

Abb. 4.7: Aus der Änderung des *Supply-Demand-Ratio (SD)* resultierende Preisprognose

Das Maß der Abweichung der **SD-Ratio-Änderung** von diesen Grenzwerten kann als ein Indikator für die Intensität der prognostizierten Preisbewegung betrachtet werden. Je stärker diese Abweichung ausfällt, umso größer ist die Wahrscheinlickeit, daß die prognostizierte Preisbewegung tatsächlich eintritt und umso stärker ist die prognostizierte Preisbewegung.

Eine solche Preisprognose wird allerdings in der Regel noch mit einer relativ großen Unsicherheit verbunden sein. Dieser und die übrigen Indikatorenwerte der obersten Bewertungsebene werden deshalb zu einem Preis-Prognosefaktor aggregiert (Abb. 4.8):

Eine Gegenüberstellung des aktuell berechneten Preis-Prognosefaktors und des entsprechenden Wertes der Vorperiode ist nicht notwendig. Bei der Berechnung der einzelnen Kennzahlen wurde bereits jeweils die Veränderung innerhalb eines Zeitraumes berücksichtigt. Der Preis-Prognosefaktor ist dementsprechend eine Verhältniszahl, die direkt eine Änderung des aktuellen Preises signalisiert. Werden die gleichen Grenzwerte wie bei der Preisprognose auf Basis des SD-Ratios zugrundegelegt, so bedeutet der berechnete Wert von 1,067 einen relativ stark steigenden Kupferpreis, wobei gleichzeitig der Preisanstieg als relativ sicher eingestuft werden kann.

Über die angeführten Indikatoren hinaus lassen sich durchaus weitere finden; die Ermittlung der zur Bewertung dieser Indikatoren notwendigen Daten wird jedoch zunehmend aufwendiger. Zudem existieren zur Erstellung von Rohstoffpreis- und Devisenkursprognosen keine allgemeingültigen Indikatoren. Deshalb können die hier vorgeschlagenen Indikatoren als ausreichend für die Prognose des Kupferpreistrends angesehen werden.[116]

Die Berechnung dieser Kennzahlenwerte sollte auf monatlicher Basis durchgeführt werden. Häufigere Berechnungen führen in der Regel zu relativ geringen, nicht mehr aussagekräftigen Änderungen des Preisprognosefaktors, größere zeitliche Abstände bergen hingegen die Gefahr verhältnismäßig großer zwischenzeitlicher Veränderungen der Indikatoren.

KRITERIUM	Kennzahl	Kennzahlwert
1. Änderung des SD-Ratios	$\frac{\text{SD-Ratio in } t}{\text{SD-Ratio in } t-1}$	1,01
2. Preis- und Mengenpolitik der in der CIPEC organisierten Länder	$\frac{\text{neuer Preis}}{\text{alter Preis}}$	1,05
	$\frac{\text{alte Menge}}{\text{neue Menge}}$	1,02
3. Beabsichtigte Veränderungen der strategischen Metallbebestände von Regierungen	$\frac{\text{Bestand in } t+1}{\text{Bestand in } t}$	1,05
4. Entwicklung des Ölpreises (WTI)[117]	$\frac{\text{WTI in } t}{\text{WTI in } t-1}$	1,12
5. Allgemeine Erwartungshaltung bezüglich der Preisentwicklung	$\frac{\text{Preis in } t+1}{\text{Preis in } t}$	1,15
PREIS-PROGNOSEFAKTOR	$\frac{\Sigma \text{ Kennzahlwerte}}{\Sigma \text{ Kennzahlen}}$	1,067

Abb. 4.8: Beispielhafte Kennzahlenanalyse zur Bildung eines Preis-Prognosefaktors für den Rohstoff Kupfer

Eine Verbesserung der Aussagekraft des Preis-Prognosefaktors läßt sich durch die unterschiedliche Gewichtung der einzelnen Kennzahlen erreichen. In diesem Fall könnte beispielsweise die Kennzahl "**Allgemeine Erwartungshaltung bezüglich der Preisentwicklung**" so stark gewichtet werden, wie die übrigen Kennzahlen zusammen, da dieser Kennzahl eine besondere Bedeutung zuzumessen ist. Zur Ableitung einer eigenen Handlungsstrategie ist es notwendig, die Meinung der übrigen Marktteilnehmer zu kennen, da diese Marktteilnehmer von häufig gleichen oder ähnlichen Überlegungen ausgehen und ein ihrer Meinung entsprechendes Handeln erwartet werden kann.[118] Durch die vorgeschlagene Gewichtung ändert sich der berechnete Preis-Prognosefaktor auf *1,1*. Die Gewichtung dieser Kennzahl sollte allerdings in Abhängigkeit von der Preisentwicklung in den letzten 3 - 6 Monaten erfolgen. Sind die Rohstoffpreise oder Währungskurse in diesem Zeitraum relativ stark gestiegen oder gefallen, so sollte diese Kennzahl als *Inverse* berechnet werden:

<u>Beispiel:</u>

$$\frac{1}{1{,}15} = 0{,}87$$

Diese Berechnung der Inversen wird in gedanklicher Anlehnung an die Theorie der **contrary opinion** vorgenommen.[119] Danach kann die Einschätzung der Preisentwicklung durch die anderen Marktteilnehmer in Zeiten starker Preissteigerungen oder -senkungen als *Kontraindikator* gewertet werden. Demgegenüber sollte diese Kennzahl in Zeiten relativ gleichbleibender oder langsam steigender (fallender) Kurse *normal* berechnet und als trendanzeigender Indikator gewertet werden.

Die gleichzeitige Berücksichtigung von Preis- und Mengen-Kennzahlen innerhalb einer Rechnung erscheint unproblematisch. In obigem Beispiel ist ein Wirkungsgrad der Mengenänderung auf die Preisänderung von 100 Prozent unterstellt, d. h. 5 Prozent Mengenänderung sind gleichbedeutend mit 5 Prozent Preisänderung. Beträgt der Wirkungsgrad weniger oder mehr als 100 Prozent, ist die Preisänderung entsprechend zu relativieren. Bei einem Wirkungsgrad von 60 Prozent beträgt die Preisänderung aufgrund einer 5-prozentigen Mengenänderung nur 3 Prozent. Unter Berücksichtigung dieses Wirkungsgrades lassen sich Preis- und Mengen-Kennzahlen zu einer Preis-Prognosekennzahl aggregieren.

Der hier zunächst betrachteten obersten Bewertungsstufe, ist die Bewertung auf der zweiten Stufe vorgelagert. Auf dieser Ebene erfolgt die Ermittlung der für die Berechnung des *SD-Ratios* notwendigen Kennzahlenwerte für die Nachfrage und das Angebot. Sie werden in getrennten Berechnungen ermittelt. Der Bewertungsprozeß auf der zweiten Stufe wird im folgenden beispielhaft aufgezeigt (Abb. 4.9 und 4.10).

I N D I K A T O R	Bewertungsskala	Punktwert	Gewicht	gewichteter Punktwert
1. Entwicklung der allgemeinen Weltkonjunktur	steigend - beginnend 1 - zunehmend 3 - abflachend 2 fallend - beginnend -2 - zunehmend -3 - abflachend -1 konstant 0	2	0,2	0,4
2. Phase des Weltkonjunkturzyklusses in der kupferverarbeitenden Branche	steigend - beginnend 1 - zunehmend 3 - abflachend 2 fallend - beginnend -2 - zunehmend -3 - abflachend -1 konstant 0	2	0,2	0,4
3. Preis für Substitute[120]	steigend := 1 konstant := 0 fallend := -1	1	0,4	0,4
4. Bedarf des Rohstoffs für technische Innovationen, die bereits auf dem Markt sind oder kurz vor der Markteinführung stehen	hoch := 3 mittel := 2 gering := 1 keiner := 0	1	0,2	0,2
Σ Gewichte			1,0	
NACHFRAGEKENNZAHL				1,4

Abb. 4.9: Beispielhafte Nutzwertanalyse zur Ermittlung der *Nachfragekennzahl* für den Rohstoff Kupfer

INDIKATOR	Bewertungsskala	Punkt-wert	Ge-wicht	gewich-teter Punktwert
1. Differenz zwischen Produktions-kosten (PK) und Marktpreis (MP) be-zogen auf die durch-schnittliche Diffe-renz (DD) der letzten fünf Jahre $\frac{MP - PK}{DD}$	< 0,7 := -4 < 0,8 := -3 < 0,9 := -2 < 0,98 := -1 = 1,00 := 0 > 1,02 := 1 > 1,1 := 2 > 1,2 := 3 > 1,3 := 4	-1	0,1	-0,1
2. Änderung der Differenz in den letzten 12 Monaten $\frac{MPt - PKt}{MPt\text{-}1 - PKt\text{-}1}$	< 0,7 := -4 < 0,8 := -3 < 0,9 := -2 < 0,98 := -1 = 1,00 := 0 > 1,02 := 1 > 1,1 := 2 > 1,2 := 3 > 1,3 := 4	2	0,2	0,4
3. Grenzproduktions-kosten kleiner Kupferproduzenten im Durchschnitt der letzten 6 Monate	< akt. Preis := 1 ≈ akt. Preis := 0 > akt. Preis := -1	0	0,1	0,0
4. Produzierte Kupfer-menge in den letzten 12 Monaten im Ver-gleich zur Vor-periode	steigend := 1 konstant := 0 fallend := -1	1	0,2	0,2
5. Wochenänderung der Lagerbestände der <u>Londoner Metal Ex-change</u>	> 5 % := 2 > 1 % := 1 >-1% ^ <1% := 0 < -1 % := -1 < -5 % := -2	1	0,25	0,25
6. Gefahr von Angebots-ausfällen durch Streiks bei den Kupferproduzenten	hoch := -3 mittel := -1 gering := 0	-3	0,15	-0,45
Σ Gewichte			1,0	
ANGEBOTSKENNZAHL				<u>0,3</u>

Abb. 4.10: Beispielhafte Nutzwertanalyse zur Ermittlung der *Angebots-kennzahl* für den Rohstoff Kupfer

Zur Berechnung der Nachfrage- und Angebotskennzahlen werden Indikatoren zugrundegelegt, deren Wert wiederum prognostiziert werden muß. Diese Berechnung kann, analog zum bisherigen Vorgehen, auf einer dritten Bewertungsebene vorgenommen werden. Hier wird jedoch das Problem des rückwärts wirkenden Prognoseregresses deutlich. Aus pragmatischen Gründen sollte der Bewertungsprozß deshalb spätestens nach der dritten Ebene abgebrochen werden. Sinnvoller erscheint hingegen ein Abbruch der Bewertung bereits nach der zweiten Ebene. Die zur Ermittlung der Angebots- und Nachfragekennzahlen notwendigen Ausprägungen der einzelnen Indikatoren können stattdessen durch den Risk Manager geschätzt werden. So kann durchaus unterstellt werden, daß er relativ genau abschätzen kann, wie sich beispielsweise der Preis für Substitute entwickelt oder in welcher Phase des Konjunkturzyklusses sich die kupferverarbeitende Industrie befindet.

4.2.2.2.2.2. Beurteilung der mehrstufigen Indikatoren-Analyse

Die hier vorgestellte Indikatoren-Analyse weist die im Rahmen eines nutzwertanalytischen Vorgehens üblicherweise bestehenden, subjektiven Einflußmöglichkeiten auf. Diese Subjektivität ist beispielsweise gegeben durch die Auswahl der Indikatoren, Wahl der Wertskala und die Gewichtung der Indikatoren. Trotz dieser Subjektivität erscheint die Indikatorenanalyse für den Einsatz in kleinen und mittleren Unternehmen als nützlich, da diese Vorgehensweise eine Offenlegung der Einflußfaktoren erlaubt, aufgrund derer eine Rohstoffpreis- oder Devisenkursprognose erstellt wurde.
Insgesamt kann die fundamentale Indikatorenanalyse als ein für die Zwecke des Hedge - Risk Managements in kleinen und mittleren Unternehmen geeigneter Ersatz für die Verwendung ökonometrischer Modelle angesehen werden. Im folgenden soll versucht werden, diese Indikatorenanalyse dahingehend zu vereinfachen, daß die Bewertung lediglich auf einer Ebene durchgeführt wird.

4.2.2.2.3. Vereinfachte einstufige Bewertung fundamentaler Indikatoren zur Preisprognose

Die Durchführung einer mehrstufigen Indikatorenanalyse ist in der Regel relativ aufwendig, da hierzu eine Vielzahl von Informationen beschafft werden müssen. Daher wird im folgenden ein vereinfachter Ansatz gewählt, bei dem der eigentliche intuitive Bewertungsprozeß des Prognoseerstellers berücksichtigt wird. Prognosen werden in kleinen und mittleren Unternehmen häufig intuitiv erstellt. Es kann davon ausgegangen werden, daß der Prognoseersteller zumindest einige der oben genannten Indikatoren seiner Prognose zugrundelegt. Das Problem dieser Vorgehensweise liegt deshalb nicht in der intuitiven Prognoseerstellung an sich, sondern vielmehr in der mangelhaften Dokumentation der zugrundegelegten Indikatoren. Je nach *erwartetem* Prognoseergebnis werden oft unterschiedliche Indikatoren verwendet. Mit Hilfe des folgenden standardisierten Bewertungsverfahrens kann dieses Problem vermieden werden.

4.2.2.2.3.1. Darstellung des Bewertungsverfahrens am Beispiel des Rohstoffs Kupfer

Eine wesentlich vereinfachte Bewertung läßt sich durch die subjektive Einstufung der einzelnen Indikatoren hinsichtlich des signalisierten Preistrends (*preissteigernd* bzw. *preismindernd*) erreichen. Wird ein Indikator hinsichtlich der Preiswirkung als tendenziell eher preissteigernd (preismindernd) eingestuft, wird er mit 1 (-1) bewertet. Kann die Wirkung zur Zeit nicht eingeschätzt werden oder wird sie als neutral beurteilt, erfolgt eine Bewertung mit 0. Zur Berücksichtigung der unterschiedlichen Bedeutung der einzelnen Indikatoren, können diese gewichtet werden. Beträgt die Summe der Gewichte 1, so folgt hieraus, daß der Preisprognose-Indikator in den Grenzen [-1;1] schwanken kann. Die Abb. 4.11 zeigt beispielhaft eine Indikatorenanalyse für den Rohstoff Kupfer.

INDIKATOR	Preis-wirkung (1;0;-1)	Gewicht	gewichteter Indikatorwert
1. Subjektive, intuitive Prognose der künftigen Kupferpreisentwicklung	1	0,20	0,20
2. Entwicklung der Geschäftslage in der kupferverarbeitenden Branche	1	0,12	0,12
3. Gewinnentwicklung der bedeutendsten Kupferproduzenten	0	0,19	0,00
4. Preisentwicklung anderer metallischer Rohstoffe, die in der Regel zusammen mit Kupfer abgebaut werden	1	0,05	0,05
5. Preise von Substituten relativ zum Kupferpreis	1	0,11	0,11
6. Inflationserwartungen	0	0,06	0,00
7. Energiepreisentwicklung	0	0,07	0,00
8. Einschätzung der künftigen Preisentwicklung durch andere	1	0,20	0,20
PREISPROGNOSE-INDIKATOR (Σ Einzelindikatoren)		1,00	0,68

Abb. 4.11: Vereinfachte Indikatorenanalyse zur Preisprognose für den Rohstoff Kupfer

Im Rahmen dieses vereinfachten Indikatorenmodells erfolgt mit Hilfe des Indikators "*subjektive, intuitive Prognose der künftigen Preisentwicklung*" bewußt eine Einbindung der subjektiven Preiseinschätzung durch den Risk Manager; auf diese Weise kann sein Kenntnis- und Erfahrungspotential nutzbar gemacht werden. Hierbei wird unterstellt, daß der Risk Manager seine Einschätzung des Marktes nicht ohne sachlogischen Hintergrund herausgebildet hat, sondern stattdessen eine Vielzahl von bewertungsrelevanten Erkenntnissen eine Rolle gespielt hat, die sich nicht pauschal in Schemata fassen lassen. Durch diese Vorgehensweise soll vermieden werden, daß das Kenntnis- und Erfahrungspotential des Risk Managers unterschätzt und deshalb vernachlässigt wird.

Die Einbindung dieser intuitiven Preisprognose erscheint sinnvoll, weil kleine und mittlere Unternehmen Marktentwicklungen häufig besser als große Unternehmen einschätzen können. Ein Grund hierfür dürfte in der Bündelung von Informationen bei wenigen Personen, häufig sogar nur einer Person, zu erblicken sein. In Großunternehmen hingegen verfügen die einzelnen Personen in der Regel lediglich über Informationen zu einem eng eingegrenzten Aufgabengebiet. Großunternehmen haben daher eher als Klein- und Mittelunternehmen das Problem, durch geeignete organisatorische Maßnahmen die Zusammenführung und koordinierte Verarbeitung der zur Verfügung stehenden Informationen sicherzustellen.

Die Zugrundelegung eines die Geschäftsentwicklung der kupferverarbeitenden Branche berücksichtigenden Indikators erscheint sinnvoll, weil hieraus auf die Entwicklung des Nachfragepotentials geschlossen werden kann. So spricht beispielsweise ein hoher Auftragsbestand für eine relativ hohe künftige Kupfernachfrage und in der Folge für einen tendenziell steigenden Kupferpreis. Es sollte allerdings bei der Verwendung eines solchen Indikators beachtet werden, inwieweit die Branchenentwicklung innerhalb der Bundesrepublik repräsentativ für die Entwicklung in den wichtigsten Industrieländern ist.

Die Erfassung der Gewinnentwicklung der führenden Kupferproduzenten, beispielsweise auf Basis des Gewinns pro Aktie, kann als Anhaltspunkt für die Neigung zur Ausweitung oder Einschränkung des Angebots dienen. Steigt der Gewinn beispielsweise aufgrund steigender Kupferpreise, so ist eine Angebotsausweitung zu erwarten.[121] Das zunehmende Angebot wirkt in der Regel preissteigerungshemmend oder sogar preismindernd. Entsprechend wird dieser Indikator als *Kontra*indikator verwendet. **Steigt der Gewinn** pro Aktie auf ein Niveau, das in Relation zu vergangenen Perioden als hoch zu bezeichnen ist, beträgt der Wert des **Indikators -1** und vice versa.

Entsprechend ist der Indikator "*Preisentwicklung anderer metallischer Rohstoffe*" zu interpretieren. Kupfer wird in der Regel zusammen mit anderen Metallen abgebaut. Steigt der Preis dieser Rohstoffe, ist mit einem intensiveren Abbau zu rechnen. Da Kupfererz als Kuppelprodukt anfällt, steigt in der Folge das Kupferangebot, so daß eher mit tendenziell sinkenden Kupferpreisen zu rechnen ist.

Die Relation des Kupferpreises zu den Preisen von Substituten beeinflußt die Nachfrage. Ist der Einsatz der Substitute wirtschaftlicher als der Einsatz von Kupfer und zudem kurzfristig realisierbar, sinkt die Kupfernachfrage. Dieser Wechsel zwischen der Verwendung eines bestimmten Rohstoffs und seinen Substituten kann häufig in der Textilbranche beobachtet werden. Ist der Baumwollpreis beispielsweise relativ hoch und der Preis von Kunstfasern relativ niedrig, wird tendenziell mehr Kunstfaser und weniger Baumwolle verarbeitet.

Zwischen der Entwicklung der Energiepreise und den Inflationserwartungen besteht in der Regel, zumindest in den führenden Industrienationen, ein recht enger Zusammenhang. Steigende Energiepreise führen häufig zu einem Anstieg der Inflationserwartungen. Trotzdem können beide Indikatoren einen gegenläufigen Verlauf aufweisen. Die Wirkung steigender Energiepreise auf den Kupferpreis läßt sich nicht pauschal festlegen. Können die gestiegenen Energiekosten überwälzt werden, so steigen die Kupferpreise. Gelingt die Überwälzung hingegen nicht, treten Gewinneinbußen bei den Kupferproduzenten mit der Folge von Produktionseinschränkungen ein. Steigende Inflationserwartungen können zu Bevorratungskäufen und bedingt zu spekulativen Hortungskäufen führen.

Der die "*Preiseinschätzung durch andere*" erfassende Indikator sollte bei der Ermittlung des Preisprognose-Indikators mit einer relativ starken Gewichtung berücksichtigt werden, da hierdurch eine Vielzahl von unterschiedlichen Rohstoffpreisprognosen erfaßt werden kann. Zu beachten ist aber, daß entsprechend der Theorie der *contrary opinion* eine Analysteneinigkeit tendenziell negativ zu beurteilen und die Preiswirkung mit umgekehrtem Vorzeichen zu berücksichtigen ist.[122]

Der aus den hier vorgeschlagenen Einzel-Indikatoren ermittelte Preis-Prognoseindikator sollte bei der Prognoseerstellung nicht isoliert betrachtet werden. Aus dem im Beispiel berechneten Indikatorwert von **0,68** kann beispielsweise nicht ohne weiteres geschlossen werden, daß eine Erhöhung des Kupferpreises relativ wahrscheinlich ist. Die Einstufung des Wertes sollte vielmehr in Abhängigkeit von seiner relativen Annäherung an die Extrema bewertet werden. Rein rechnerisch betragen diese Extrema 1 und -1. Die in regelmäßigen Zeitabständen (z. B. monatlich) ermittelten Werte dieses Preis-prognoseindikators werden regelmäßig unterhalb bzw. oberhalb der rechnerischen Extrema liegen, da jede neue Bewertung der Indikatoren relativ zur alten vorhergehenden erfolgt. Einen beispielhaften Verlauf des Preis-Prognoseindikators (PPI) zeigt die folgende Abbildung:

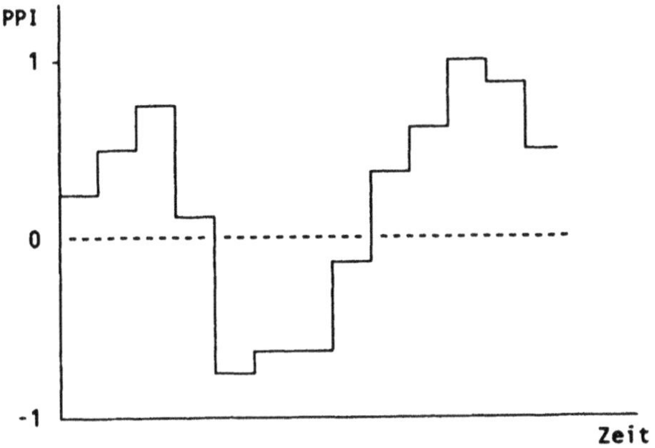

Abb. 4.12: Möglicher Verlauf eines Preisprognose-Indikators

Da ein Preistrend in der Regel nicht dauerhaft aufwärts oder abwärtsgerichtet ist, kann davon ausgegangen werden, daß mit einer zunehmenden Annäherung des aktuellen Indikatorwertes an die bisher erreichten Extrema die Wahrscheinlichkeit einer Umkehr des laufenden Preistrends steigt.

4.2.2.2.3.2. Beurteilung der vereinfachten Fundamental-Indikatorenanalyse

Die im Rahmen der vereinfachten Fundamental-Analyse vorgeschlagenen Indikatoren sind für den Risk Manager in einem kleinen oder mittleren Unternehmen relativ einfach zu erfassen. Vermutlich hätte er auch intuitiv auf Basis dieser Indikatoren gehandelt. Der Vorteil der hier gezeigten Vorgehensweise liegt insbesondere in der Dokumentation des Entscheidungsweges. Dadurch lassen sich intuitive, subjektive Überreaktionen weitgehend ausschließen. Hierin und in der relativ guten Praktikabilität dieser Art der Fundamental-Analyse sind die besonderen Vorzüge gegenüber den relativ aufwendigen ökonometrischen Modellrechnungen zu erblicken. Die Fundamental-Indikatorenanalyse eignet sich kaum zur Prognose kurzfristiger Rohstoffpreis- und Devisenkursentwicklungen, da Änderungen der Indikatorenwerte in der Regel erst mit einem Time-lag preis- bzw. kurswirksam werden. Sie dient deshalb eher einer Prognose der Preis- oder Kursentwicklung innerhalb der nächsten 3 bis 12 Monate.

4.2.2.3. Problematik der Prognose künftiger Preis- und Kursentwicklungen auf Basis der fundamentalen Marktdaten

Die hier zur Verarbeitung der fundamentalen Daten vorgeschlagene Indikatorenanalyse erscheint im Vergleich zur Verwendung ökonometrischer Modelle zunächst zu stark vereinfachend. Es soll deshalb im folgenden aufgezeigt werden, daß eine Prognoseerstellung auf Basis dieser Modelle im Rahmen der herkömmlichen Fundamental-Analyse in der Regel zu relativ großen Prognosefehlern führt.

Mit Hilfe ökonometrischer Modelle soll der innere Wert eines Rohstoffs oder einer Währung bestimmt werden. Eine solche Berechnungsmöglichkeit muß jedoch bezweifelt werden, da es bisher keinerlei Methoden zur Erstellung zuverlässiger Preis- und Kursprognosen gibt.[123] Diese von Seiten der Wissenschaft entwickelten Methoden haben sich in der Vergangenheit zu häufig als unrichtig erwiesen. Es erscheint insbesondere kritikwürdig, daß diese Prognosemodelle außerhalb des Stichprobenzeitraumes relativ große Prognosefehler aufweisen.[124]

Eine mögliche Ursache für diese Abweichungen dürfte darin zu erblicken sein, daß für die wertmäßige Beurteilung von Rohstoffen oder Währungen keine festgelegten Bewertungsverfahren existieren. Auch wenn über die einen bestimmten Rohstoffpreis oder Devisenkurs beeinflussenden Schlüsselgrößen weitgehende Einigkeit besteht, ergibt sich dennoch das Problem der Gewichtung und Verknüpfung dieser Indikatoren.[125]

Ein weiteres Problem resultiert aus der im Zeitablauf variierenden Gewichtung der einzelnen Indikatoren.[126] Gleiche fundamentale Daten können zu verschiedenen Zeitpunkten völlig unterschiedlich bewertet werden.[127] Diese Variabilität der Gewichtung der einzelnen Einflußfaktoren resultiert aus den Erwartungen, Hoffnungen, Ängsten und Wünschen der einzelnen Marktteilnehmer.[128] Insbesondere die kurzfristige Entwicklung eines Rohstoffpreises oder Devisenkurses wird oft von extremen Gewichtungen zugunsten eines singulären Einflußfaktors geprägt. Nachvollziehbare ökonomische Zusammenhänge bleiben weitgehend unbeachtet.[129] Formalisierte Modelle zur Prognose der Preise und Kurse sind in der Regel unbrauchbar, da sie diese veränderte Gewichtung der einzelnen Einflußfaktoren nicht oder nicht schnell genug erfassen.[130]

Diese variierende Gewichtung läßt sich am Beispiel des US-Dollars gut beobachten. In den Jahren 1986 - 1988 wurde bei der Bewertung des US-Dollars ein hohes Gewicht auf den neuesten Saldo der amerikanischen Handelsbilanz und die Entwicklung des Haushaltsdefizits gelegt. Lagen die entsprechenden Zahlen über oder unter dem erwarteten Wert, wurden sofort bei deren Veröffentlichung relativ große Dollarbeträge verkauft oder gekauft. Anfang 1989 zeichnete sich ein Wandel in der Gewichtung der Bewertungsfaktoren ab. Die Defizite des Haushalts und der Handelsbilanz verloren an Bedeutung und erhöhte Aufmerksamkeit wurde den Zahlen geschenkt, die einen Rückschluß auf die Inflationsentwicklung zuließen, beispielsweise der PPI (Producer Price Index), der CPI (Consumer Price Index) oder als Produktpreis das WTI (West Texas Intermediate (Öl)).

FILC bezeichnet die wechselnde extreme Gewichtung einzelner Fundamentalfaktoren als *Modewellen*.[131] "Der Analytiker oder Prognostiker ist gut beraten, diese 'Modewellen' zu beachten, auch dann, wenn er sie eher als 'Modetorheiten' bewertet. Denn dem Einzelnen wird es in diesem Fall nicht gelingen, eine Trendwende herbeizuführen, auch dann nicht, wenn gewichtige ökonomische Argumente für eine entgegengesetzte Dollarkursentwicklung sprechen."[132]

Die Fundamental-Analyse verliert in der Regel in den Marktphasen an Bedeutung, die stark von spekulativen Einflüssen geprägt sind. Der US-Dollar stieg beispielsweise Anfang 1985 unabhängig von den fundamentalen Marktdaten weiter an. Der Markt wurde wesentlich von spekulativen Einflüssen dominiert. In solchen Marktphasen reichen bereits kleine Anlässe aus, um einen bestehenden Preis- oder Kurstrend schlagartig umzukehren. Beim US-Dollar kam 1985 dieser Anlaß von politischer Seite.[133] Der amerikanische Notenbankchef Volcker äußerte, daß er der Marktentwicklung des US-Dollars eher reserviert gegenüberstehe und die Zentralbankinterventionen für zu gering halte.[134]

Im wesentlichen führte diese Äußerung einer von den Marktteilnehmern als maßgeblich erachteten Person dazu, daß sich bei **gleicher fundamentaler** Ausgangslage die Einstellung der Marktteilnehmer zum US-Dollar, rein psychologisch bedingt, über Nacht gravierend änderte.[135] In solchen Fällen versagt die Fundamental-Analyse regelmäßig.

KLOTEN weist zu Recht darauf hin, daß insbesondere die psychologischen Effekte, die politischer Natur sind, wirtschaftlich gefährlich werden können. Politisch-psychologische Markteinflüsse resultieren oftmals aus unbedachten oder durch Sensatitions- und Profilierungssucht motivierten Äußerungen und können, bedingt durch die rasche Verbreitung durch die Medien, psychologische Verstärkungseffekte erfahren, die bis zur Kurshysterie führen.[136]

Auch Währungskursreaktionen aufgrund von Wahlausgängen oder Wahlprognosen bezeichnet KLOTEN als politisch-psychologische Störungen.[137] Die Marktteilnehmer bewerten in diesem Falle Regierungen genauso wie das Management von Aktiengesellschaften. Hat das Management ein Unternehmen relativ schlecht geführt, so wird bei einem Managementwechsel, sofern die neue Unternehmensführung als kompetent für die Lösung der Probleme **angesehen** wird, der Aktienkurs bereits bei Bekanntgabe des Wechsels steigen, ohne daß sich die übrigen fundamentalen Daten verändern. Analog hierzu kann die Regierung eines Landes als dessen Management und die Währung als Gesellschaftskapital angesehen werden. Es reicht in der Regel bereits die **Erwartung**, eine neue Regierung sei zur Lösung der Probleme besser/schlechter geeignet als die vorhergehende, um den Währungskurs steigen/fallen zu lassen.[138] Ob die Erwartungen letztlich tatsächlich erfüllt werden können, spielt für einen mehr oder weniger langen Zeitraum zunächst keine Rolle. Wie lang dieser Zeitraum ist, hängt im wesentlichen von der Entwicklung der psychologischen Einstellung der Marktteilnehmer zu der Regierung ab. Je höher das Vertrauen/Mißtrauen ist, umso länger wird es vermutlich dauern, bis die einzelnen Marktteilnehmer erkennen, daß doch keine wesentliche Änderung gegenüber der alten Ausgangslage eintreten wird.

Auch auf einem wirtschaftspolitischem Kolloquium wurde unter den Teilnehmern übereinstimmend festgestellt, daß das Problem der Währungsunsicherheit und insbesondere die kurzfristigen heftigen Schwankungen aus dem *psychologischen* Verhalten der Marktteilnehmer resultiert.[139] Der Wechselkurs wird in der Regel nicht so sehr durch den inneren Wert einer Währung, der in aller Ruhe ermittelt werden kann, determiniert, sondern vielmehr durch die **Meinung** über diesen inneren Wert.[140] Es kann auch beobachtet werden, daß die Marktteilnehmer nach der Veröffentlichung bewertungsrelevanter Daten mitunter panikartig handeln. Es ist zu vermuten, daß hier häufig zuerst gehandelt und erst anschließend überlegt wird.[141]

Folgende Beispiele verdeutlichen die Gefährlichkeit des Handelns auf Basis fundamentaler Daten allgemein. In beiden Fällen verlief die Entwicklung des Rohstoffpreises bzw. Währungskurses im Gegensatz zu dem durch die Fundamental-Analyse prognostizierten Trend:

- Das BANKHAUS HERSTATT hielt 1974 bis zu seiner Schließung an der falschen Einschätzung des US-Dollars fest und stockte in der Hoffnung, daß sich der US-Dollar doch endlich in Richtung der Prognosekurse bewege, die Devisenterminpositionen auf. Der Schaden wurde dadurch ständig vergrößert.
- Der **Kakaoverarbeiter** ROWNTREE MACKINTOSH verlor im Jahre 1973 an den Kakao-Terminmärkten mehr als 120 Mio. DM, obwohl seine Händler zu den hervorragendsten Kennern des internationalen Kakaomarktes zählten. Der Preis entwickelte sich gegensätzlich zu den beobachteten fundamentalen Daten.[142]

Die Probleme dieser beiden beispielhaft genannten Unternehmen resultieren daraus, daß die Fundamental Analyse keinerlei Anhaltspunkte für die kurzfristige Preis- oder Kursentwicklung liefert.[143] So kann die Prognose steigender Preise oder Kurse längerfristig durchaus richtig sein, dennoch sind kurz- und mittelfristig entgegengesetzte Trendbewegungen möglich.

Diese Probleme führen im wesentlichen dazu, daß die Fundamental-Analyse auf Basis starrer, ökonometrischer Modelle in der Regel relativ unzuverlässige Prognoseergebnisse liefert. Es erscheint deshalb wenig sinnvoll, zur Prognose des Rohstoffpreis- oder Devisenkurstrends aufwendige Prognosemodelle einzusetzen. Deshalb sollte die oben vorgeschlagene Indikatorenanalyse, trotz der stark vereinfachenden Vorgehensweise, eingesetzt werden.

4.2.3. Technische Rohstoff- und Devisenkursanalyse

Die Technische Analyse ist eine weitere Möglichkeit zur Erstellung von Rohstoff- und Devisenkursprognosen. Ursprünglich wurde sie für die Analyse der Aktienmärkte entwickelt und läßt sich in ihrer Entstehung bis ins vorige Jahrhundert zurückverfolgen. Sie ist auf **Charles H.** DOW zurückzuführen, der die Dow-Theorie entwickelte.[144]

Eine Prognoseerstellung auf Basis der Technischen Analyse wird oft als nicht wissenschaftlich bezeichnet und insbesondere von Vertretern der Random-Walk-Theorie mehr oder weniger sachlich kritisiert. So bezeichnet beispielsweise SCHMIDT die pragmatischen Darstellungen der Technischen Analyse, die lediglich die Methodik beschreiben und keine Erklärungsansätze liefern, als "den Ausdruck eines sehr plumpen empiristischen Wissenschaftsverständnisses".[145] Statt einer sachlichen Kritik nimmt SCHMIDT immer wieder Bezug auf die gerade in diesem Bereich sehr bildhafte Sprache.[146] Diese erhebt weniger einen Erklärungsanspruch, sondern versucht vielmehr, Marktphänomene einfach und einprägsam zu beschreiben.[147] LÖDERBUSCH geht hingegen sachlich vor und versucht Gedanken der Random-Walk-Theorie und der Technischen Analyse miteinander zu verbinden. Er verwendet Modelle von Box/Jenkins zur Aktienkursprognose und kommt in seiner Arbeit u. a. zu dem Ergebnis, daß die Grundidee der Technischen Analyse bzw. Dow-Theorie durch die Untersuchung eher bestätigt denn abgelehnt wird. Auch den Vergleich der Kursentwicklung mit den Wellenbewegungen des Meeres lehnt er nicht ab.[148]

Wiederholt wird von SCHMIDT kritisiert, daß die mit Hilfe der Technischen Analyse erstellten Prognosen zuwenig konkret und empirisch nicht überprüfbar seien.[149] Eine solche pauschale Kritik kann als unsachlich bezeichnet werden. Die Prognosen sind insofern konkret, als daß steigende bzw. fallende Rohstoff- und Devisenkurstrends prognostiziert werden können. Es handelt sich somit bei den mit Hilfe der Technischen Analyse erstellten Prognosen um *Trendprognosen* In bezug auf die angeführte Kritik einer mangelnden empirischen Überprüfbarkeit muß hingegen eingeräumt werden, daß einige Prognosemethoden der Technischen Analyse sehr offen formuliert sind und dementsprechend viel Interpretationsspielraum gestatten. Diese Kritik trifft aber beispielsweise nicht auf die Point & Figure-Methode zu, die aufgrund ihrer festen Regeln bei der Prognoseerstellung relativ leicht empirisch überprüft werden kann.[150]

Im folgenden werden zunächst der Begriff der Technischen Analyse geklärt und die Übertragbarkeit dieser Analyseform auf den Devisen- und Rohstoffbereich aufgezeigt. Daran anschließend werden die wichtigsten Analysemethoden auf ihre Eignung für die Unterstützung eines Risk Managers in einem kleinen oder mittleren Unternehmen hin untersucht.

4.2.3.1. Begriff der Technischen Analyse

Mit Hilfe der Technischen Analyse wird versucht, aus den vergangenen Börsennotierungen der Rohstoffe und Devisen wahrscheinliche zukünftige Kurstrends abzuleiten. Die Börsenkurse spiegeln die individuellen Kursvorstellungen der einzelnen Marktteilnehmer wider. Hierbei wirkt die Börse vergleichbar einem Filtersystem, welches die unrealistischen Kursvorstellungen eleminiert; realisiert wird der Börsenkurs, zu dem das höchste Umsatzvolumen erzielt werden kann.

Die Vertreter der Technischen Analyse gehen davon aus, daß jeder Marktteilnehmer für sich selbst nicht in der Lage ist, **alle** den Markt beeinflussenden fundamentalen Faktoren hinsichtlich Art, Ausprägung und Wirkungsweise vollständig zu erfassen. Im Gegensatz zur Fundamental-Analyse wird im Rahmen der Technischen Analyse nicht nach einer **Erklärung** gesucht, warum sich der Kurs in die eine oder andere Richtung entwickelt.[151] Die Methoden der Technischen Analyse basieren hingegen vielmehr auf dem **Begründungszusammenhang.**[152] Es wird begründet, warum bestimmte Muster in den Kursentwicklungen durch ein gleichgerichtetes Verhalten der Marktteilnehmer in bestimmten Situationen entstehen. Die Technische Analyse kann deshalb wie folgt beschrieben werden: "The technical approach to investment is essentially a reflection of the idea that the stock market moves in trends which are determined by the changing attitudes of investors to a variety of economic, monetary, political, and psychological forces. The art of technical analysis, for it is an art, is to identify changes in such trends at an early stage and to maintain an investment posture until a reversal of that trend is indicated."[153]

Grundlegend für die Technische Analyse ist die Annahme, daß sich die Kurse in Trends bewegen und diese gewinnbringend genutzt werden können. Unterschieden werden hierbei Primär-, Sekundär- und Tertiärtrends, die sich auch als lang-, mittel- und kurzfristige Kurstrends bezeichnen lassen. Insbesondere die kurzfristigen Kurstrends entwickeln sich weitgehend zufallsbedingt und lassen sich deshalb in der Regel nicht gewinnbringend nutzen.[154] Mit Hilfe der Technischen Analyse sollen deshalb vorrangig die Primärtrends prognostiziert werden. Es ist zwar nicht zu erwarten, daß sich jeder dieser prognostizierten Trends mit Gewinn nutzen läßt, doch sollte längerfristig die Summe der Gewinne die der Verluste übersteigen.[155] "The market may not be easily beaten, but it appears to be beatable, at least if you are willing to work at it."[156]

4.2.3.2. Besonderheiten bei der Übertragung der Technischen Analyse vom Wertpapiermarkt auf Rohstoff- und Devisenmärkte

Die Technische Analyse kann grundsätzlich auch zur Analyse der Rohstoff- und Devisenmärkte eingesetzt werden.[157] Hierbei müssen allerdings folgende Aspekte beachtet werden:

1. Die Rohstoffe und Devisen müssen regelmäßig gehandelt werden. Die Liquidität der Märkte ist hingegen für den Einsatz der Technischen Analyse nicht erforderlich.[158]
2. Die Kursfeststellungen müssen veröffentlicht werden und allen Marktteilnehmern zugänglich sein.
3. An Rohstoff- und Devisenmärkten finden wesentlich häufiger Transaktionen innerhalb eines Tages statt.[159] Dadurch erhöht sich das Handelsvolumen.
4. Die Transaktionskosten sind in der Regel wesentlich geringer.

5. Die Kurse agraischer Rohstoffe unterliegen saisonalen Einflüßen.
6. Witterungseinflüsse können bestehende Kurstrends agraischer Rohstoffe ansatzlos umkehren.
7. Lieferengpässe, beispielsweise durch Streiks, können bei mineralischen Rohstoffen kurzfristig zu starken Kurssteigerungen führen.
8. Einige Rohstoffe werden sowohl in US-Dollar als auch in Englischen Pfund notiert. Hier wird bei einer der beiden Rohstoffnotierungen die eigentliche Kursbewegung durch Änderungen der Relation zwischen beiden Währungen überlagert. Für die Chartanalyse sollten die Kursnotierungen verwendet werden, zu denen die Mehrzahl der Marktteilnehmer einen Handel abschließt und die von der Mehrzahl der Marktteilnehmer beobachtet werden.
9. Die Kursnotierung einiger Rohstoffe und Währungen erfolgt 24 Stunden pro Tag. Aus Sicht deutscher Unternehmen werden beispielsweise der US-Dollar und das Gold vormittags und nachmittags in Europa, spätnachmittags bis spätabends in den USA und spätabends bis morgens in Tokio und Hongkong gehandelt, wobei sich die Marktteilnehmer bei Aufnahme des Handels an einem Börsenplatz jeweils an den letzten Kursfeststellungen des vorangehenden Handelsplatzes orientieren.
10. Das Umsatzvolumen, ein Indikator der Technischen Aktienanalyse, ist auf Rohstoff- und Devisenmärkten in der Regel nicht sinnvoll erfaßbar, da der größte Teil des Handels außerhalb der Börsen abgewickelt wird. Durch Arbitragegeschäfte werden die Umsatzvolumina vervielfacht.[160]
11. Kursbereinigungsprobleme existieren nicht.[161]

Die Technische Analyse kann unter Berücksichtigung dieser Aspekte von der Aktienanalyse auf die Analyse der Rohstoff- und Devisenkursentwicklung übertragen werden.[162]

4.2.3.3. Methoden der Technischen Analyse zur Prognose eines Rohstoff- oder Devisenkurstrends

Die Methoden der Technischen Analyse zur Prognose eines Rohstoff- oder Devisenkurstrends können in die *Methoden des Chart-Reading* und die *mechanischen Tradingstrategien* differenziert werden.

Das *Chart-Reading* umfaßt die Analyse von Line- und Bar-Charts und erfordert die subjektive Interpretation des Kursverlaufes durch den Risk Manager. Demgegenüber ist bei den *mechanischen Tradingstrategien* diese Interpretation nicht notwendig; die entsprechenden Analysemethoden lassen sich durch einen Algorithmus darstellen und eignen sich deshalb grundsätzlich für die computergestützte Kursanalyse. Als mechanische Analysemethoden werden in dieser Arbeit die Methode der gleitenden Durchschnitte, die Filtertechnik und die Point & Figure-Methode untersucht, da sie relativ oft in der Praxis eingesetzt werden.

Daneben existieren noch eine Vielzahl weiterer, teilweise sehr spezieller technischer Analysemethoden.[163] Es erscheint jedoch wenig sinnvoll, im Rahmen dieser Arbeit über die genannten Methoden hinaus auch auf diese speziellen Methoden einzugehen.

4.2.3.3.1. Line- und Bar-Chartanalyse

In *Line-Charts* werden die einzelnen aufeinanderfolgenden Börsenkursnotierungen eines Rohstoffs oder einer Währung in regelmäßigen horizontalen Abständen in ein Koordinatensystem eingetragen und in chronologischer Folge miteinander verbunden. Während die Zeitachse arithmetisch skaliert ist, kann die Kursachse entweder arithmetisch oder logarithmisch unterteilt sein. Eine halblogarithmische Darstellungsweise bietet den Vorteil, daß ohne Berechnung festgestellt werden kann, ob sich ein Kurstrend im Zeitablauf beschleunigt, verlangsamt oder konstant bleibt. Gleiche vertikale Abstände im halblogarithmischen Line-Chart bedeuten gleiche prozentuale der Veränderungen Rohstoff- oder Devisenkurse. Die Eintragung der Kurse sollte täglich erfolgen, da sonst die Kursprognosen lediglich in größeren Zeitabständen, z. B. wöchentlich, erstellt werden können. Bei einer solchen Vorgehensweise besteht die Gefahr, daß sich zwischenzeitlich der Kurstrend umgekehrt hat.

Bei der Erstellung von *Bar-Charts* erfolgt die Skalierung der Kurs- und der Zeitachse in gleicher Weise, wie bei der Erstellung der Line-Charts. Im Gegensatz zu diesen, werden hier jedoch statt einer täglich **drei** Kursnotierungen benötigt. Erfaßt werden jeweils die höchste, die niedrigste und die letzte Kursnotierung. Die höchste und die niedrigste Kursnotierung werden in den Chart eingezeichnet, miteinander verbunden und zusätzlich der Schlußkurs als kleiner Querstrich an der rechten Seite des Kursbalkens eingetragen.[164] Die Aufzeichnung kann auf Tages- oder Wochenbasis erfolgen. Eine Erstellung von Tages-Bar-Charts ist zwar aufwendiger, kann aber zusätzliche Informationen liefern, beispielsweise durch ein *Island-Reversal*.[165] Dieses Kursmuster signalisiert der Technischen Analyse zufolge das Ende eines Aufwärtstrends.[166]

Die mit Hilfe der Line- oder Bar-Chart-Technik aufgezeichneten Verläufe der Rohstoff- und Devisenkurse werden auf die Existenz von Kursmustern, den Formationen, untersucht. Unterscheiden lassen sich hierbei **trendbestätigende** und **trendumkehrende** Kursformationen.[167] Diese Formationen sind allerdings nicht eindeutig definiert und lassen sich deshalb in der Regel nicht in einem Algorithmus abbilden. Hieraus resultiert der generelle Nachteil dieser Analyse-Technik. Es ist möglich, daß gleiche Charts von verschiedenen Analysten unterschiedlich interpretiert werden.[168] Zudem läßt sie sich nur bedingt computergestützt durchführen.[169] Aus diesen Gründen wird die Möglichkeit einer Erstellung von Trendprognosen auf Basis von Line- und Bar-Charts im Rahmen dieser Arbeit nicht weiter verfolgt.

4.2.3.3.2. Methode der gleitenden Durchschnitte

Die Berechnung gleitender Durchschnitte ist in der Praxis ein recht gängiges Prognoseverfahren, das sich nicht nur zur Prognose der Entwicklung von Rohstoff- und Devisenkursen eignet, sondern beispielsweise auch zur Ermittlung des künftigen Rohstoffbedarfs herangezogen werden kann. Um auf Basis gleitender Durchschnitte Kauf-/Verkaufsignale (Signal für den Beginn eines steigenden/fallenden Kurstrends) zu ermitteln, stehen eine Reihe unterschiedlicher Varianten zur Verfügung.[170] Nach einer dieser Varianten, die in der Praxis relativ gebräuchlich ist, ergibt sich ein Kaufsignal, wenn der Kurs um mindestens y Prozent über die x-Tage-Durchschnittslinie steigt, beispielsweise um mindestens 3 % über die 200-Tage-Linie. Wenn der Kurs hingegen um mindestens y Prozent unter diese x-Tage-Durchschnittslinie fällt, wird hierdurch ein Verkaufsignal ausgelöst.

Bei dieser Vorgehensweise werden relativ häufig falsche Trendentwicklungen der Rohstoff- und Devisenkurse prognostiziert, die den Erfolg eines Handelns auf Basis dieser

Methode stark beeinträchtigen können. Die Ergebnisse lassen sich in der Regel auch nicht durch die gleichzeitige Verwendung mehrerer gleitender Durchschnittslinien verbessern. Hierbei wird ein Kaufsignal (Verkaufsignal) erst dann ausgelöst, wenn die flexiblere Durchschnittslinie, die aus relativ wenigen Kursen berechnet wurde, die trägere Durchschnittslinie von unten (oben) nach oben (unten) durchstößt.

Die Zahl der Fehlsignale soll durch eine Modifikation der Entscheidungslogik verringert werden. Durch Beobachtung wurde festgestellt, daß die Rohstoff- und Devisenkurse selten von einem Abwärtstrend in einen Aufwärtstrend übergehen, solange der gleitende 100-Tage-Durchschnitt fallend verläuft. Die Preise steigen zwar kurzfristig über den gleitenden 100-Tage-Durchschnitt an, fallen aber anschließend noch einmal zurück oder verharren auf dem erreichten Preisniveau bis die gleitende 100-Tage-Durchschnittslinie dreht, d. h. die Steigung (ST) dieser Linie annähernd gleich Null ist. Unabhängig von einem bestimmten Durchschnitt gilt:

$$ST := GD_{x,t} - GD_{x,t-1} = 0$$

$$ST := \frac{\sum_{j=0}^{x-1} P_{t-j}}{x} - \frac{\sum_{j=0}^{x-1} P_{t-1-j}}{x} = 0$$

wobei:

$GD_{x,t}$	: Gleitender x-Tage-Durchschnitt in Zeitpunkt t
$GD_{x,t-1}$	: Gleitender x-Tage-Durchschnitt in Zeitpunkt t-1
P_{t-j}	: Marktpreis im Zeitpunkt t-j
P_{t-1-j}	: Marktpreis im Zeitpunkt t-1-j

Aufgrund dieser Beobachtung wird hier vorgeschlagen, die ein Signal in Abhängigkeit von der *Steigung* des gleitenden x-Tage-Durchschnitts auszulösen.[171] Nach dieser modifizierten Entscheidungslogik wird ein Kaufsignal (Verkaufsignal) dann ausgelöst, wenn durch das letzte gültige Signal ein fallender (steigender) Kurstrend prognostiziert wurde und gleichzeitig die Steigung der x-Tage-Durchschnittslinie größer (kleiner) oder gleich Null ist.

Die Vorteilhaftigkeit einer solchen Vorgehensweise wird im Rahmen der empirischen Untersuchung für 50 - 150 Tage-Durchschnitte überprüft. Der Berechnung weniger (mehr) Tage zugrundezulegen erscheint nicht sinnvoll, da in diesen Fällen ein zu häufiger (seltener) Wechsel zwischen positiver und negativer Steigung erfolgt. Grundsätzlich vorteilhaft ist jedoch zunächst einmal, daß die Prognose eines Rohstoff- oder Devisenkurstrends computergestützt durchgeführt werden kann.

4.2.3.3.3. Filtertechnik nach ALEXANDER

Eine weitere Methode der Technischen Analyse, die sich ebenso wie die Methode der gleitenden Durchschnitte für eine computergestützte Prognoseerstellung eignet, ist die von ALEXANDER entwickelte Filtertechnik. ALEXANDER geht davon aus, daß die Kursbewegungen in längerfristigen Trends verlaufen. Allerdings sieht er diese Trends von kleinen, irregulären Kursbewegungen überlagert, die zu falschen Signalen führen können und somit den erzielbaren Gewinn mindern. ALEXANDER schlägt deshalb vor, daß "We might filter out all movements smaller than a specified size and examine the remaining movements."[172]

Dieser Filterprozeß wird dadurch erreicht, daß ein Kaufsignal erst dann ausgelöst wird, wenn der Kurs um x Prozent über den letzten Tiefstkurs steigt. Wenn der Kurs hingegen um x Prozent unter den letzten Höchstkurs fällt, ergibt sich entsprechend ein Verkaufsignal.

ALEXANDER kommt in seiner ersten Untersuchung der Vorteilhaftigkeit eines Handelns auf Basis dieser Prognosemethode zu dem Ergebnis, daß Kurstrends in der Regel existieren und diese mit Hilfe der Filtertechnik profitabel genutzt werden können.[173] Dieses Ergebnis revidiert er allerdings in seiner zweiten Untersuchung, bei der er unter Berücksichtigung der Transaktionskosten kein positives Ergebnis erzielen konnte.[174] Andere Untersuchungen, die die Filtertechnik zur Prognose der Kurstrends von Währungen einsetzten, stellten auch bei der Berücksichtigung von Transaktionskosten systematische Gewinnmöglichkeiten fest.[175]

4.2.3.3.4. Point & Figure-Analyse

Die Point & Figure-Analyse (P & F-Analyse) hat ihren Ursprung bereits im vorigen Jahrhundert und ist somit eine relativ alte Methode der Technischen Analyse. Trotzdem ist sie in der Bundesrepublik wenig populär; in den USA werden P & F-Charts hingegen relativ häufig zur Kursprognose herangezogen.[176]

4.2.3.3.4.1. Unterschiede zwischen der P & F-Analyse und der Line- und Bar-Chartanalyse

Die Aufzeichnung der vergangenen Rohstoff- und Devisenkursnotierungen in P & F-Charts unterscheidet sich gegenüber der Darstellung in Form von Line- und Bar-Charts im wesentlichen bezüglich der folgenden drei Merkmale:

1. Im Rahmen der P & F-Analyse werden die Auf- und Abwärtsbewegungen der Kursnotierungen in Form von **Säulen** dargestellt. Für die Eintragung von Aufwärtsbewegungen werden *X-Symbole* (**Point**), für Abwärtsbewegungen hingegen *O-Symbole* (**Figure**) verwendet, so daß ein P & F-Chart aus alternierenden *X-* und *O-Säulen* besteht. Um zu dokumentieren, innerhalb welcher Zeiträume die einzelnen Säulen entstanden sind, kann das erste in einem Monat einzutragende Zeichen durch die Ziffer 1, ..., 9 (Januar, ..., September) oder die Buchstaben A, B, C (Oktober, November, Dezember) ersetzt werden.
2. In Line- und Bar-Charts wird **jede** Kursbewegung erfaßt. Sie dienen damit lediglich der optischen Darstellung des Kursverlaufs; das Datenmaterial bleibt unverdichtet. In **P & F-Charts** werden hingegen alle *Kursbewegungen*, die nicht eine vorgegebene Mindestgröße erreichen, ***herausgefiltert***. Neben der optischen Darstellung des Kursverlaufs erfolgt hier gleichzeitig eine Art Vorauswertung durch die Komprimierung des Datenmaterials.
3. In Line- und Bar-Charts wird durch die **chronologische** Eintragung aller Preisnotierungen in den Chart die Zeit explizit berücksichtigt. Gleiche Abstände auf der Abszisse bedeuten einen gleichlangen Zeitraum. Bei P & F-Charts weist die Zeitachse **keine feste Einteilung** auf, da die horizontale Ausdehnung in Abhängigkeit von der Stärke der Kursschwankungen erfolgt. In der Literatur wird demgegenüber teilweise fälschlich behauptet, die Abszisse sei dimensionslos.[177]

4. Im Rahmen der P & F-Analyse werden im Gegensatz zur Line- und Bar-Chartanalyse eindeutige Kauf- und Verkaufsignale definiert. Sie läßt sich deshalb relativ einfach durch einen Algorithmus darstellen.[178] Dies hat wiederum zur Folge, daß sie sich gut für eine computergestützte Prognoseerstellung eignet.[179] Die einzelnen Kauf- und Verkaufsignale sind intersubjektiv nachvollziehbar. Eine Interpretation der P & F-Charts, verbunden mit der Gefahr unterschiedlicher Interpretationsergebnisse, ist nicht notwendig.

Durch eine völlig andere Aufzeichnungsmethodik der Kurse bedingt, weisen P & F-Charts gegenüber Line- oder Bar-Charts ein recht ungewöhnliches Erscheinungsbild auf. Im folgenden wird zunächst die sogenannte *Grundstrategie* der P & F-Analyse in bezug auf ihre Eignung zur Unterstützung des Risk Managers bei der Bestimmung der Hedgingzeitpunkte untersucht. Daran anschließend wird eruiert, inwieweit durch Modifikation dieser Methode Verbesserungen der Prognoseergebnisse erzielt werden können.

4.2.3.3.4.2. Analyse der Kursverläufe mit Hilfe der P & F-Grundstrategie

Trotz des zunächst ungewöhnlichen Erscheinungsbildes der P & F-Charts ist diese Form der technischen Analyse in ihrem Grundgedanken relativ einfach konzipiert. Sie basiert auf der Annahme, daß sich die Kurse in Trends bewegen. Von dieser Annahme gehen auch die Vertreter der gemäßigten Random-Walk-Theorie aus, allerdings behaupten sie, daß sich diese Trends unter Berücksichtigung von Transaktionskosten nicht gewinnbringend nutzen lassen, weil sie zu klein sind und nicht früh genug erkannt werden.[180]

Abb. 4.13: P & F-Chart des US-Dollars

Im Rahmen des P & F-Ansatzes wird zwischen kurzfristigen und längerfristigen Trendentwicklungen unterschieden. Die kurzfristige Trendentwicklung eines Rohstoff- oder Devisenkurses wird im Chart durch eine **Säule gleicher Symbole** dargestellt. Die längerfristigen Trends werden demgegenüber durch eine steigende oder fallende Folge von **alternierenden** Säulen repräsentiert (Abb. 4.13).

Die Eintragung der einzelnen Symbole erfolgt in eine Kästchenmatrix. Deshalb ist es bei der Konstruktion der P & F-Charts notwendig, zunächst die Kästcheneinheit festzulegen.[181] Hierfür sind zwar keine festen Regeln vorgegeben, doch erscheint es sinnvoll, diese Einheiten nicht über den gesamten Skalenbereich konstant zu halten. So besitzt beispielsweise eine Kursveränderung von 0,01 DM/US-$ bei einem Kursniveau von 1,50 DM/US-$ eine andere Bedeutung, als bei einem Kursniveau von 3 DM/US-$. In der Literatur wird deshalb zur Berücksichtigung der Kurshöhe im Verhältnis zur Kästchengröße teilweise vorgeschlagen, den Maßstab bereichsweise anzupassen.[182] Hierdurch soll annähernd der gleiche Effekt erzielt werden, der im Rahmen der Line- und Bar-Chartanalyse durch die halblogarithmische Darstellungsform erreicht wird: Die einzelnen Kursbewegungen innerhalb des Rohstoff- oder Devisen-Charts werden unabhängig vom absoluten Kursniveau miteinander vergleichbar. Folgende Kästcheneinheiten könnten zur Erreichung dieses Ziels beispielsweise gewählt werden:[183]

KURSBEREICH	Kästcheneinheit
1,0 - 1,4	0,02
1,4 - 2,9	0,05
2,9 - 6,0	0,1
6,0 - 10,0	0,2

Mit Hilfe einer solchen Einteilung können sämtliche Kursbereiche abgedeckt werden. Für Kurse von beispielsweise 400 wird die obige Tabelle mit 100 multipliziert. Die Kästcheneinheit beträgt dementsprechend 10.

Problematisch erscheint bei dieser Vorgehensweise allerdings der bruchartige Übergang von einem Bereich zum anderen. Um solche Brüche zu vermeiden wird deshalb hier vorgeschlagen, die Kästchengröße nicht absolut, sondern **prozentual konstant** festzulegen.[184] Inwieweit dadurch eine Erhöhung der Treffsicherheit der Prognose erreicht werden kann, wird im Rahmen des Kapitels 6 eruiert.

Zur Eintragung der einzelnen Kurse in den P & F-Chart muß danach differenziert werden, ob die Kursbewegungen *in* oder *gegen* die Richtung des kurzfristigen Trends erfolgte. Eintragungen von trendkonformen Kursbewegungen erfolgen nur dann, wenn ein neues Symbol eingetragen werden kann. Gegenläufige Kursentwicklungen werden demgegenüber ignoriert, solange sie nicht mindestens 3 Symbole umfassen. In diesem Zusammenhang wird auch von 3-Punkte-Umkehr-Chart gesprochen.[185] Obwohl die Anzahl der zur Signalisierung einer Trendumkehr notwendigen Kästchen grundsätzlich frei gewählt werden kann, ist die 3-Punkte-Umkehrform in der Praxis relativ weit verbreitet. Deshalb wird sie auch im Rahmen dieser Arbeit im weiteren zugrundegelegt.

Soll beispielsweise ein 3-Punkte-Umkehrchart erstellt werden, so ist zu beachten, daß ein neues Symbol erst dann eingetragen wird, wenn der betreffende Kurs **voll erreicht** wurde; dies bedeutet, daß keine Kursnotierungen gerundet werden. Besteht beispielsweise aktuell ein Abwärtstrend von 68 bis 63 und beträgt die gewählte Maßeinheit 1, so wird für 62 erst ein Symbol eingetragen, wenn die Preisbewegung diese Marke genau erreicht oder nach unten passiert hat. Eine Kursnotierung von 62,1 wird deshalb nicht eingetragen. Die Einzeichnung einer neuen Säule ist hingegen erst möglich, wenn der Preis von 63 auf mindestens 66 steigt (3-Punkte-Umkehr). In diesem Fall wird die neue Säule rechts von der alten und ein Kästchen oberhalb des zuletzt eingetragenen Symbols eingezeichnet (Abb. 4.14).

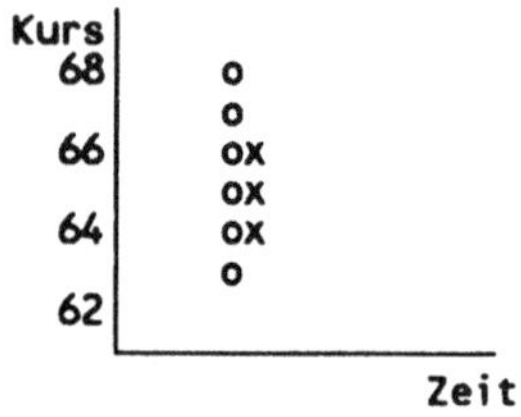

Abb. 4.14: Konstruktion eines P & F-Chart

Dieser Vorgehensweise liegt der Gedanke zugrunde, daß bestimmte Kurse eine psychologische Barriere bei den Marktteilnehmern bilden. Insbesondere beim Erreichen "*runder*" Kurse, beispielsweise 50, 60, 70, 100, 200 usw., kann dieses Phänomen beobachtet werden. Eine Erklärung hierfür ist darin zu erblicken, daß viele Marktteilnehmer zu diesem runden Kurs kaufen oder verkaufen wollen, je nach Richtung, aus der die Annäherung des Kurses an dieses Niveau erfolgt. Die Nachfrage bzw. das Angebot sind zu diesem Kurs in der Regel so hoch, daß es vom Markt nicht im Rahmen einer durchgehenden Kursbewegung absorbiert werden kann. Die Kenntnis derartiger psychologischer Einflüße wird in der Betriebswirtschaftslehre insbesondere im Bereich des Marketings genutzt. So wird beispielsweise der Preis eines Produktes mit 99,90 statt 100,00 festgelegt, da es hierdurch in den Augen der Konsumenten erheblich preisgünstiger erscheint.

Wird ein P & F-Chart entsprechend dieser Vorgehensweise konstruiert, so ist nach jeder Eintragung eines neuen Kästchens in den Rohstoff- oder Devisen-Chart die Überprüfung der bestehenden Prognose und gegebenenfalls ihre Revision notwendig. Wurde beispielsweise als letztes, derzeit noch gültiges Signal ein Verkaufsignal ermittelt und daraufhin ein fallender Kurs prognostiziert, so wird nach jeder Kurseintragung überprüft, ob hierdurch ein Kaufsignal ausgelöst wurde und deshalb für die Zukunft mit eher steigenden Kursen gerechnet werden muß. Die Vorgehensweise zur Bestimmung dieser Kauf- und Verkaufsignale basiert auf der Dow-Theorie. Deshalb wird die P & F-Analyse auch als *Dow Rule* bezeichnet.[186] Ein Kaufsignal tritt danach dann auf, wenn das letzte Signal ein Verkaufsignal war und die laufende Aufwärtsbewegung die letzte Aufwärtsbewegung um eine Kästcheneinheit übertrifft. Entsprechend ergibt sich ein Verkaufsignal, wenn das letzte Signal ein Kaufsignal war und die die laufende Abwärtsbewegung die letzte Abwärtsbewegung um eine Kästcheneinheit unterschreitet (Abb. 4.15):

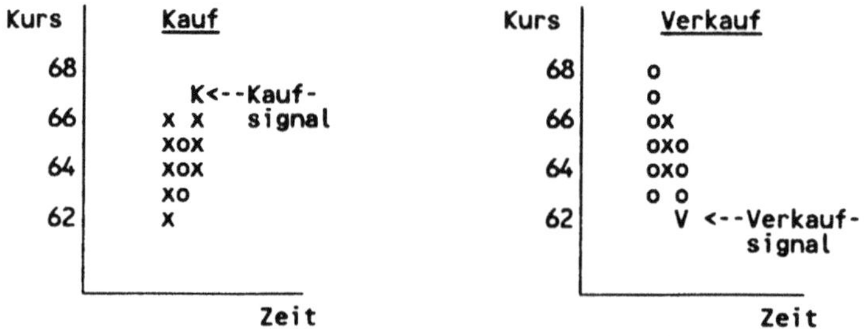

Abb. 4.15: Kauf- und Verkaufsignal nach der P & F-Grundstrategie

Aus den so ermittelten Signalen kann unmittelbar die Notwendigkeit eines Hedgings gegen steigende bzw. fallende Rohstoff- und Devisenkurse beurteilt werden. Um gegen **steigende** Kurse gesichert zu sein, wird ein Hedginggeschäft dann abgeschlossen, wenn der P & F-Chart ein **Kaufsignal** anzeigt. Tritt ein **Verkaufsignal** auf, werden bestehende Hedgingpositionen aufgelöst und neue Geschäfte **nicht gehedgt**. Entsprechend kann verfahren werden, wenn die nachteilige Wirkung einer Kursänderung aus fallenden Kursen resultiert (Abb. 4.16).

		HEDGINGVERHALTEN bei Auftreten eines	
		Kaufsignals	Verkaufsignals
nachteilige Auswirkungen durch	steigende Preise	hedgen aller laufenden Geschäfte	Auflösung der Hedgegeschäfte, keine neuen Absicherungen
	fallende Preise	Auflösung der Hedge-Geschäfte, keine neuen Absicherungen	hedgen aller laufenden Geschäfte

Abb. 4.16: Hedgingverhalten in Abhängigkeit vom P & F-Signal

Die aufgrund eines ermittelten Kauf-/Verkaufsignals erstellte Prognose eines künftig steigenden/fallenden Kurstrends, bleibt bis zum Auftreten eines gegenteiligen Signals gültig. Da zur Beurteilung der Notwendigkeit eines Hedgings feste Regeln existieren, kann die P & F-Grundstrategie auch als *mechanische Tradingstrategie* bezeichnet werden. Der Risk Manager muß hier nicht, wie beispielsweise im Rahmen der Fundamental-Analyse oder der Line- und Bar-Chartanalyse, ständig selbst an der Prognoseerstellung mitwirken, sondern kann sie mit Hilfe eines Computers erstellen lassen. Nachteilig erscheint allerdings, daß kurzzeitige, heftige, gegen den aktuellen Trend verlaufende Kursbewegungen zur Auslösung eines Signals führen können, obwohl anschließend die ursprüngliche Trendbewegung fortgesetzt wird. Da solche Fehlsignale relativ hohe Kosten verursachen (z. B. Kosten für die Auflösung bestehender Sicherungsgeschäfte und anschließend für deren Neuabschluß; Differenz zwischen dem Kurs, zudem die Auflösung erfolgte und dem Kurs, zu dem erneut gesichert wurde), soll im folgenden untersucht werden, ob möglicherweise die Treffsicherheit dieser Prognosen durch eine Modifikation der P & F-Analyse erhöht werden kann.

4.2.3.3.4.3. Modifikationen der P & F-Grundstrategie

In der Literatur existieren bereits eine Reihe von Modifikationen der Grundstrategie der P & F-Analyse.[187] Im folgenden soll deshalb zunächst untersucht werden, inwieweit die existierenden und darüber hinaus auch vom Verfasser selbst entwickelten Modifikationen zu einer theoretischen Verbesserung der Prognosesicherheit führen. Sofern der Einsatz dieser einzelnen Strategien sinnvoll erscheint, wird dann im Rahmen des 6. Kapitels untersucht, inwieweit sich die angestellten Überlegungen in der praktischen Anwendung bestätigen.

4.2.3.3.4.3.1. Interpretation von Kursformationen

Ähnlich wie bei der Formationsanalyse in Line- und Barcharts können auch im Rahmen der P & F-Analyse Kursformationen in den Prozeß der Prognoseerstellung miteinbezogen werden. Unterscheiden lassen sich Formationen, die von der Line- und Bar-Chartanalyse direkt auf die Interpretation der P & F-Charts übertragen werden, und Formationen, die speziell für die P & F-Analyse entwickelt wurden.

Auch in P & F-Charts können die gleichen Formationen wie in Line- oder Bar-Charts beobachtet werden, beispielsweise die Kopf-Schulter-Formation als Trendumkehr-Formation (Abb. 4.17) oder das Dreieck als Konsolidierungs- und Trendfortsetzungs-Formation (Abb. 4.18).[188]

Abb. 4.17: Kopf-Schulter-Formation im P & F-Chart des US-Dollars

Aufgrund dieser Beobachtung liegt der Schluß nahe, daß diese Formationen auch hier in die Prognoseerstellung miteinbezogen werden können. Eine solche Vorgehensweise erscheint allerdings wenig sinnvoll. Zum einen ergibt sich grundsätzlich auch im Rahmen der P & F-Analyse das Problem eines relativ großen Interpretationsspielraums aufgrund der mangelnden Bestimmtheit der Formationen. Die eindeutige Vorgehensweise nach der P & F-Grundstrategie wird dadurch aufgehoben und eine computergestützte Prognoseerstellung ist in der Regel nicht mehr möglich. Darüber hinaus erscheint eine Übertragung der Formationsanalyse von Line- und Bar-Charts auf Point & Figure-Charts auch deshalb problematisch, weil die Zeitachse keine feste Einteilung aufweist. Während in einem Line- oder Bar-Chart aus der Ausdehnung einer Formation, z. B. einer Dreieck-Formation, direkt auf die Dauer ihrer Entstehung geschlossen werden kann, ist dies beim P & F-Chart nicht möglich. So kann ein solches Dreieck innerhalb weniger Tage entstehen, wenn die Kursschwankungen sehr stark sind. Die gleiche Kursformation kann aber auch innerhalb eines Zeitraumes von mehreren Monaten gebildet werden, wenn die Kurse von Tag zu Tag nur relativ geringfügig schwanken. In einem Line- oder Bar-Chart wären beide Kursverläufe kaum als Dreieck zu erkennen und würden jeweils unterschiedlich interpretiert. Hier wird offensichtlich, daß die Übertragung dieser Art der Formationsanalyse aufgrund der gegenüber Line- und Bar-Charts völlig anderen Aufzeichnungstechnik in der Regel nicht sinnvoll ist. Auf die Betrachtung weiterer Kursformationen dieser Art wird daher verzichtet.

Abb. 4.18: Dreieck-Formation im P & F-Chart des Can-Dollars

Neben diesen aus der Line- und Bar-Chartanalyse übertragenen Formationen, gibt es eine Vielzahl weiterer Formationen, die speziell zur Analyse der Kursverläufe in P & F-Charts entwickelt wurden. Solche Kursformationen, die entweder einen steigenden Trend (Kaufformationen) oder einen fallenden Trend (Verkaufsformationen) signalisieren, sind in Abb. 4.19 beispielhaft zusammengestellt.[189]

```
           Kaufformationen           |          Verkaufsformationen
                         K       K   |                                X
    K     OX     K     X X X   X X   |  X X    X X X    X             XO
OX  X     OXOX  X      XOXOX   XOX   |  XOXO   XOXOXO   XOX X         XOX
OXOX      OXOXOX       XOXOX  OXOX   |  XOXO   XOXOXO   XOXOXO        XOXO
OXOX      OXOXOX       XO O   OXO    |  XO O   XOXO O   XOXOXO        XOXO
O O       O O O        X      O      |  X  V   XO   V   XO O O         O O
                                     |         X             V          V

K1        K2           K3     K4     |  V1     V2       V3            V4
```

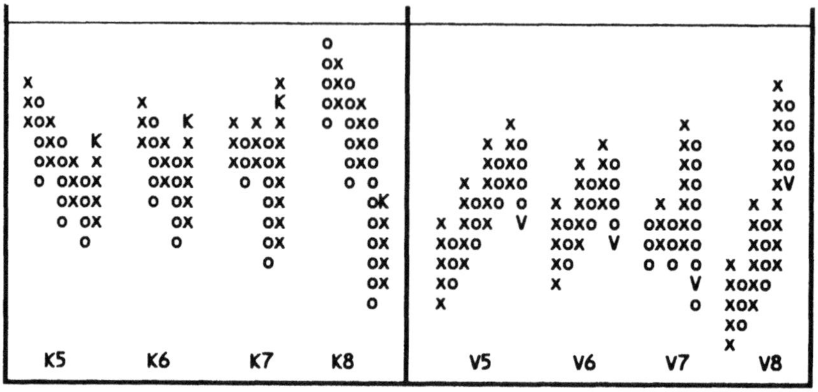

Abb. 4.19: Formationen in P & F-Charts

Im folgenden soll aufgezeigt werden, daß die Verwendung der Formationen K_1 - K_7 und V_1 - V_7 keine zusätzlichen Erkenntnisse gegenüber der Anwendung der Grundstrategie bringt und dementsprechend nicht zu einer verbesserten Entscheidungsfindung beitragen kann.

Die Kursformationen K_5 - K_7 und V_5 - V_7 sind eindeutig als Trend**wende**formationen zu interpretieren, da im Falle der Auslösung eines Kaufsignals zuvor ein fallender Kurstrend prognostiziert wurde und vice versa.[190] Demgegenüber können die Formationen K_1 - K_4 und V_1 - V_4 sowohl eine Trend**wende** als auch eine Trend**fortsetzung** anzeigen (Abb. 4.20):

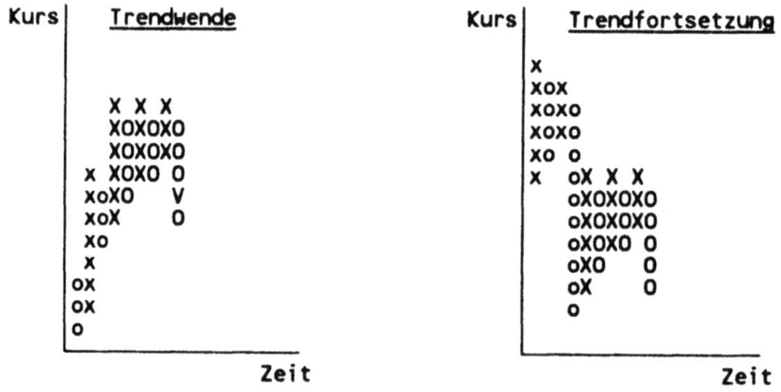

Abb. 4.20: Formation V2 als Trendwende mit Verkaufsignal und Trendfortsetzungsformation ohne Signal

Von Interesse sind für die Prognose eines Kurstrends allerdings lediglich die Formationen, die eine Trendwende signalisieren, da ansonsten ohnehin vom Fortbestand des aktuellen Trends ausgegangen wird. In diesem Fall stimmen die aus den Formationen K_1 - K_7 und V_1 - V_7 abgeleiteten Kauf- bzw. Verkaufsignale aber mit den auf Basis der P & F-Grundstrategie ermittelten Signalen überein. Sie bieten deshalb dem Risk Manager keine zusätzlichen Informationen.[191]

Demgegenüber ergibt sich durch die Formationen K_8 und V_8, die auch als tiefer bzw. hoher Pol bezeichnet werden können, ein anderes Signal als auf Basis der Grundstrategie.[192] Ein Kaufsignal (Verkaufsignal) wird danach dann ausgelöst, wenn die Rohstoff-

oder Devisenkurse um mehr als die Hälfte der vorausgegangenen starken Kursbewegung ansteigen (zurückfallen). Da der Ausdruck "**starke Kursbewegung**" wenig operational ist, sollte festgelegt werden, wieviele Kästchen eine Kursbewegung umfassen muß, um als *stark* klassifiziert werden zu können.

Die Verwendung dieser Art von Formationen im Rahmen der Analyse eines Kursverlaufs erscheint grundsätzlich sinnvoll, weil durch eine zu späte Auslösung des entsprechenden Signals ein relativ großer Teil des im Rahmen der vorhergehenden starken Kursbewegung erzielten Gewinns wieder verloren geht. Es stellt sich allerdings die Frage, ob es notwendig ist, mehr als 50 Prozent dieses Gewinns wiederaufzugeben, oder ob der Prozentsatz reduziert und damit das Gewinnpotential erhöht werden kann. Problematisch erscheint zudem, daß gerade bei sehr großen Auf- oder Abwärtsbewegungen das Verlustpotential wächst. Ergibt sich beispielsweise im P & F-Chart für den US-Dollar von 2,20 DM/US-$ bis 2,30 DM/US-$ eine durchgehende Säule mit X-Symbolen, so kann der Kurs um 0,05 DM/US-$ zurückfallen, ohne ein Verkaufsignal auszulösen. Steigt der US-Dollar hingegen in einer durchgehenden Kursbewegung von 2,00 DM/US-$ auf 2,30 DM/US-$, erfolgt ein Verkauf erst nach einem Kursrückgang um 0,16 DM/US-$.

Um den geschilderten Problemen Rechnung zu tragen, erscheint es in diesen Fällen sinnvoll, ein Kauf-/Verkaufsignal bereits dann auszulösen, wenn der Kurs um einen festen Prozentsatz gegenüber dem **Tiefst-/Höchstkurs** der vorangegangenen Kursbewegung ansteigt/zurückfällt. Da dieser gedankliche Ansatz jedoch einer Kombination der P & F-Grundstrategie mit der Filtertechnik nach ALEXANDER entspricht, wird er nicht an dieser Stelle sondern im entsprechenden Abschnitt dieses Kapitels weiter verfolgt.[193]

Über die bereits vorgestellten Formationen hinaus existieren in der Literatur zur Analyse der Kursverläufe weitere Formationen, deren Zugrundelegung bei der Erstellung einer Trendprognose jedoch zu Ungereimtheiten führt. Beispiele für solche Formationen sind die **aufgespreizte Dreifachspitze** und der **aufgespreizte Dreifachboden** (Abb. 4.21).[194]

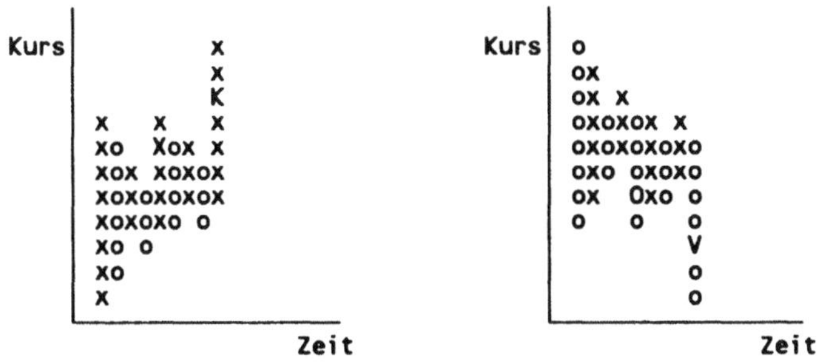

Abb. 4.21: Aufgespreizte Dreifachspitze und aufgespreizter Dreifachboden

Gegenüber den durch diese Formationen ausgelösten Kauf- und Verkaufsignalen würden die entsprechenden Signale gemäß der P & F-Grundstrategie bereits zu einem erheblich früheren Zeitpunkt erfolgen, etwa in der Mitte obiger Formationen. Sie werden jedoch ohne erkennbaren Grund ignoriert. Zu diesem Zeitpunkt läßt sich jedoch noch nicht abschätzen, ob die Kurse, statt den obigen Verlauf zu nehmen, nicht sofort weiter steigen bzw. fallen. Diese, bei der Auslösung der Signale nach der Grundstrategie durchaus möglichen, alternativen Kursverläufe zeigt die Abb. 4.22.

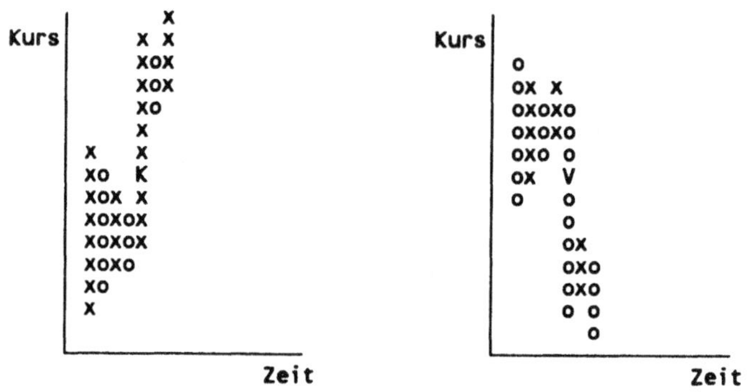

Abb. 4.22: Beispiel für die Mehrdeutigkeit einzelner Formationen

Abschließend kann festgehalten werden, daß gegenüber der P & F-Grundstrategie die Interpretation von Formationen, mit einer Ausnahme, entweder zu einer Abweichung von den festen Regeln für die Bestimmung der Kauf- bzw. Verkaufsignale führt oder einem Risk Manager keine zusätzlichen Informationen bringt. Insofern wird die Formationsanalyse im Rahmen dieser Arbeit abgelehnt.

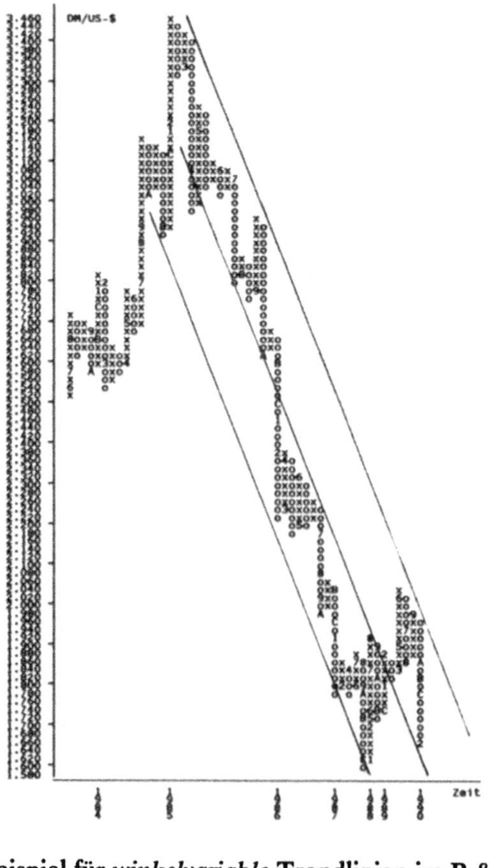

Abb. 4.23: Beispiel für *winkelvariable* Trendlinien im P & F-Chart des US-Dollars

4.2.3.3.4.3.2. Berücksichtigung von Trendlinien

Neben der Formationsanalyse ist die Berücksichtigung von Trendlinien eine weitere Möglichkeit zur Modifikation der P & F-Grundstrategie. Durch sie sollen Fehlsignale so weit als möglich ausgeschaltet werden. Zwei unterschiedliche Verfahren der Trendlinienbestimmung in P & F-Charts lassen sich unterscheiden.

Beim ersten Verfahren wird analog zur Bestimmung der Trendlinien in Line- und Bar-Charts vorgegangen.[195] Hierbei werden in einem Aufwärtstrend die Tiefpunkte der laufenden Aufwärtsbewegung miteinander verbunden. Da je nach Verlauf der Kursbewegung die Steigung der Trendlinien variiert, werden sie auch als *winkelvariabel* bezeichnet.[196] Die obere Begrenzungslinie des Trendkanals ergibt sich durch eine Parallelverschiebung der Trenduntergrenze zu einem Hochpunkt der Aufwärtsbewegung (Abb. 4.23). Zur Konstruktion der Abwärtstrendlinien ist analog vorzugehen.

Das Problem einer solchen Vorgehensweise liegt in der mangelnden Bestimmtheit der zu verbindenden Punkte während einer laufenden Kursbewegung (Abb. 4.24). Um dieses Problem zu lösen, wurde für die P & F-Analyse die Methode der *winkelstarren* Trendlinien entwickelt.[197] Danach kann eine Aufwärtstrendlinie dann bestimmt werden, wenn das erste Kaufsignal nach einem Verkaufsignal erfolgt.

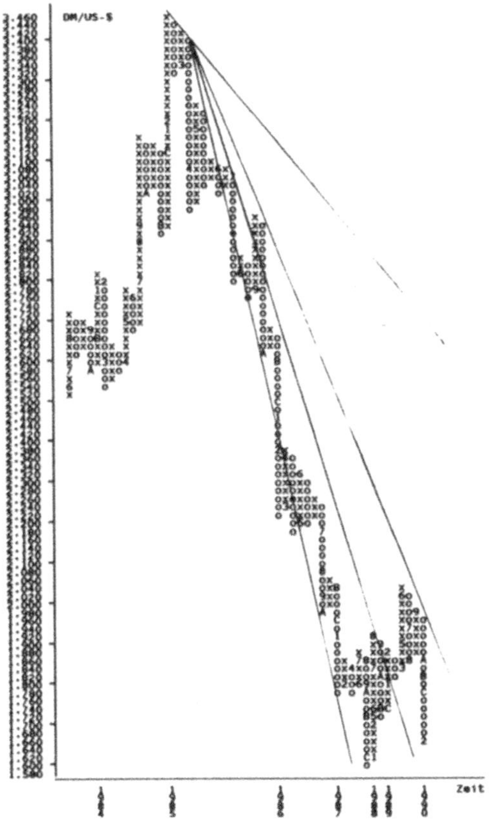

Abb. 4.24: Beispiel für mangelnde Bestimmtheit von *winkelvariablen* Trendlinien

Ausgehend vom tiefsten Kurs der vorangegangenen Abwärtsbewegung wird die Aufwärtstrendlinie ein Kästchen unterhalb dieser O-Säule begonnen und diagonal durch die Kästchen nach rechtsoben fortgeführt. Sind die Kästchen quadratisch, verläuft die Trendlinie in einem Winkel von 45-Grad. Die obere Begrenzung des Trendkanals ergibt sich durch die Einzeichnung einer Trendparallelen. Diese beginnt ein Kästchen oberhalb der ersten X-Säule, die links von der kaufsignalgebenden Säule liegt. Diese Begrenzungslinie wird auch als Hausse-**Widerstands**linie, die Aufwärtstrendlinie als Hausse-**Unterstützungs**linie bezeichnet.[198] Wird eine Hausse-Widerstandslinie nach oben durchbrochen, bildet sie im weiteren Verlauf die neue Hausse-Unterstützungslinie. Die neue Hausse-Widerstandslinie ergibt sich, indem die Begrenzungslinie nach dem beschriebenen Verfahren oberhalb der nächsten links liegenden X-Säule angelegt wird. Zur Bestimmung der entsprechenden Abwärtstrendlinien ist analog vorzugehen.

Die Kauf- und Verkaufsignale werden nur dann akzeptiert, wenn zusätzlich die entsprechende Trendlinie durchbrochen wird. Ein Verkaufsignal wird beispielsweise solange ignoriert, bis die zuletzt eingetragene Hausse-Unterstützungslinie, oberhalb derer das Signal ausgelöst wurde, durchbrochen wird. Es gilt ebenfalls als bestätigt, wenn das Signal unterhalb der Hausse-Unterstützungslinie erfolgte (Abb. 4.25).

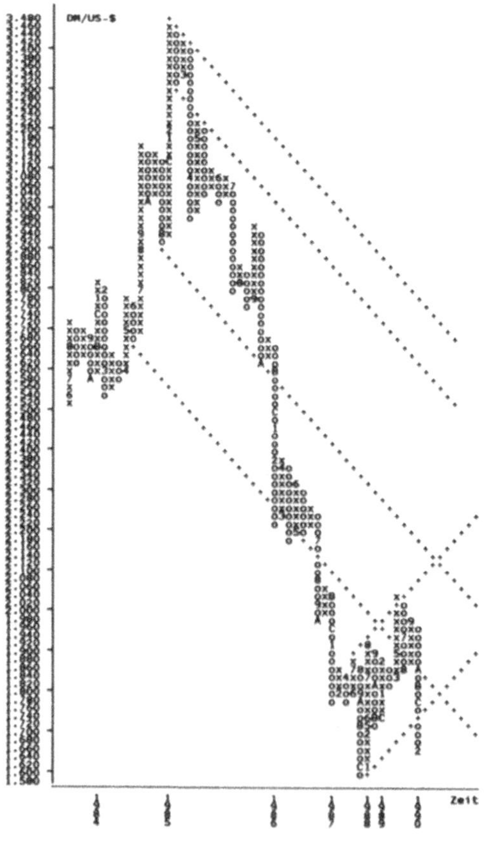

Abb. 4.25: Diagonaltrendlinien im P & F-Chart des US-Dollars

Durch dieses Verfahren der Trendlinienkonstruktion lassen sich Trendlinien zwar eindeutig festlegen und könnten deshalb in eine computergestützte Prognoseerstellung miteinbezogen werden. Problematisch erscheint allerdings, daß in Abhängigkeit von der Kästcheneinheit der Durchbruch durch eine Trendlinie jeweils zu einem anderen Zeitpunkt erfolgen kann. Wird die Kästcheneinheit beispielsweise relativ groß gewählt, so enthält der P & F-Chart nur wenige lange Säulen. Ist hingegen eine relativ kleine Einheit gewählt worden, ergeben sich viele kurze Säulen. In diesem Fall wird eine Trendlinie, bedingt durch deren starren Winkel, tendenziell eher durchbrochen. Aufgrund dessen wird auf die Verwendung von Trendlinien zur Verbesserung der Treffsicherheit der Prognose verzichtet.

4.2.3.3.4.3.3. Kombination der P & F-Analyse mit der Methode der gleitenden Durchschnitte

Zur Reduzierung der Fehlsignale, die sich bei einer alleinigen Anwendung der P & F-Grundstrategie ergeben, kombiniert HOCKMANN die P & F-Analyse mit der Methode der gleitenden Durchschnitte.[199] Diese Kombination realisiert er dadurch, daß er ein Kaufsignal (Verkaufsignal) erst dann akzeptiert, wenn gleichzeitig der **aktuelle Kurs um y Prozent oberhalb (unterhalb) des gleitenden x-Tage-Durchschnitts** liegt.

Ein solches Vorgehen wirft das Problem auf, daß durch ein kurzzeitiges Über-/Unterschreiten des gleitenden Durchschnitts Fehlsignale ausgelöst werden, die den Erfolg dieser Strategie zu einem Teil wieder reduzieren. Deshalb wird hier vorgeschlagen, die bereits angeführte Modifikation der Entscheidungslogik bei der Methode der gleitenden Durchschnitte auch hier zu berücksichtigen. Entsprechend sollte ein Kauf-/Verkaufsignal erst dann akzeptiert werden, wenn die **Steigung der x-Tage-Durchschnittslinie > = 0 bzw. < = 0** ist. Die mit Hilfe der P & F-Grundstrategie ermittelten Signale werden dementsprechend solange ignoriert, wie die Steigung des gleitenden x-Tage-Durchschnitts entgegen dem signalisierten Kurstrend verläuft.

Diese Kombination der P & F-Analyse mit einem gleitenden Durchschnitt bei normaler und modifizierter Entscheidungslogik wird im Rahmen der empirischen Analyse auf ihre Vorteilhaftigkeit hin untersucht.

4.2.3.3.4.3.4. Kombination der P & F-Analyse mit der Filtertechnik

HOCKMANN kombiniert die P & F-Analyse mit der Filtertechnik, um hierdurch eine Reduktion der falschen, mit Hilfe der Grundstrategie ermittelten, Signale zu erreichen. Er akzeptiert ein Kaufsignal erst dann, wenn der Kurs um mindestens y Prozent über den Tiefstkurs der letzten Abwärtsbewegung steigt. Entsprechend wird ein Verkaufsignal erst akzeptiert, wenn der Kurs um mindestens y Prozent unter den Höchstkurs der letzten Aufwärtsbewegung fällt.[200]

HOCKMANN erzielt bei der Kombination der Filtertechnik mit der P & F-Methode auch unter Berücksichtigung von Transaktionskosten sehr gute Ergebnisse. Er bezeichnet diese Kombination als *gewinnbringend* und stellt unter Berücksichtigung von Spesen ein um 100 % besseres Ergebnis als mit der Buy-and-Hold-Methode fest.[201]

Trotz des erzielten guten Ergebnisses erscheint bei dieser Vorgehensweise nachteilig, daß die Formationen der hohen und tiefen Pole nicht berücksichtigt werden können. Das Ziel einer reinen Reduktion der Fehlsignale hätte auch durch die Wahl prozentualer statt fester Kästcheneinheiten erreicht werden können. Wird beispielsweise als Kästchengröße in einem 3-Punkte-Umkehrchart ein Prozentsatz von 2 % gewählt, so entspricht dies einem

Filtersatz von 5,8808 Prozent ($1-0,98^3$). Soll hingegen ein Filtersatz von 10 Prozent realisiert werden, muß die Kästchengröße 3,45 Prozent betragen. Kästchengröße und Filtersatz lassen sich aufeinander abstimmen. Es handelt sich somit nicht um eine Kombination im eigentlichen Sinne.

Deshalb wird hier vorgeschlagen, nicht die Erfüllung beider Bedingungen zu fordern, d. h. die Auslösung eines Signals sowohl nach der Grundstrategie als auch nach der Filtertechnik, sondern stattdessen nur die Erfüllung einer dieser Bedingungen. Hierdurch lassen sich zusätzlich tiefe und hohe Pole berücksichtigen. Steigt der Rohstoff- oder Devisenkurs zunächst relativ stark an und fällt anschließend zurück, wird nach der Grundstrategie kein Verkaufsignal ausgelöst, wohl aber nach der Filtertechnik, sobald der festgelegte Prozentsatz überschritten wird. Diese Strategie wird auch im Rahmen des 6. Kapitels auf ihre Vorteilhaftigkeit hin untersucht.

4.2.3.4. Vergleichende Beurteilung der Methoden zur Preis- und Kursprognose

Die einzelnen Methoden zur Rohstoffpreis- und Devisenkursprognose - die Fundamental-Analyse, das Chart-Reading und die mechanischen Tradingstrategien als Formen der Technischen Analyse und die gemäßigte Form der Random-Walk-Theorie - sollen im folgenden vergleichend beurteilt werden. Als Beurteilungskriterien werden

- die mögliche Wirkung der Prognoseveröffentlichung auf das Prognoseergebnis,
- die Bedeutung des rückwärtsgerichteten infiniten Prognoseregresses bei der Prognoseerstellung,
- die Gefahr subjektiver Einflüße durch den Risk Manager auf das Prognoseergebnis,
- der Zeitaufwand für die Prognoseerstellung,
- die Anforderungen an die Qualifikation des Risk Managers,
- der Kostenaufwand für die Informationsbeschaffung,

und

- die Möglichkeit der computergestützten Prognoseerstellung

herangezogen. Die Ergebnisse der Beurteilung der Prognosemethoden anhand dieser Kriterien zeigt die Abb. 4.26.

Bei entsprechender Würdigung und gegenseitiger Abwägung der Ausprägungen der zur Bewertung herangezogenen Kriterien ergibt sich eine Vorteilhaftigkeit zugunsten der mechanischen Tradingstrategien. Die Anwendung dieser Strategien ist ein sehr kostengünstiges Verfahren zur computergestützten Erstellung von Rohstoffpreis- und Devisenkursprognosen. Sie erfordert darüber hinaus keine besonderen Fachkenntnisse und kann deshalb grundsätzlich in kleinen und mittleren Unternehmen eingesetzt werden.

Negativ fällt bei der Bewertung der Fundamental-Analyse insbesondere die relativ starke subjektive Einflußmöglichkeit ins Gewicht. Der Entscheider hat, da zur Bewertung eines Rohstoffs oder einer Währung keine eindeutigen Kriterien existieren, bereits durch die Auswahl dieser Kriterien einen großen Manipulationsspielraum, der von ihm bewußt oder unbewußt genutzt werden kann. Negativ ist auch zu beurteilen, daß der zeitliche und finanzielle Aufwand zur Erstellung fundamentaler Prognosen relativ hoch ist. Durch die im Rahmen dieser Arbeit vorgeschlagene Modifikation der Fundamental-Analyse, die vereinfachte Indikatorenanalyse, läßt sich dieser Aufwand allerdings wesentlich reduzieren.

Kriterien zur Beurteilung der Prognosemethoden	PROGNOSEMETHODEN			
	Fundamentale Analyse	Technische Analyse		Random-Walk, gemäßigte Form
		Chart-Reading	Mechanische Tradingstrategien	
Wirkung der Prognoseveröffentlichung auf das Prognoseergebnis	wirkt eher bestätigend ++	wirkt eher bestätigend ++	wirkt eher bestätigend ++	keine erkennbare Wirkung o
rückwärtsgerichteter infiniter Prognoseregreß	in der Regel gegeben -	nicht gegeben ++	nicht gegeben ++	nicht gegeben ++
Gefahr subjektiver Einflüße auf das Prognoseergebnis	durch Auswahl und Bewertung der fundamentalen Faktoren gegeben --	ausgeprägt, bedingt durch Interpretationsspielraum --	eng begrenzt, beispielsweise durch Wahl des Kästchens oder Filtersatzes +	eng begrenzt, durch die Auswahl des Random-Walk-Modells +
Zeitaufwand zur Erstellung einer Prognose	sehr hoch, bei Indikatorenanalyse geringer --	gering +	sehr gering ++	relativ hoch, geringer bei Computerunterstützung o
Anforderung an die Qualifikation des Risk Managers	relativ hoch, bei Indikatorenanalyse geringer -	gering +	sehr gering ++	relativ hoch -
Kostenaufwand für die Informationsbeschaffung	relativ hoch --	sehr gering ++	sehr gering ++	sehr gering ++
Möglichkeit einer computergestützten Prognoseerstellung	nicht möglich --	eingeschränkt möglich o	gegeben ++	gegeben ++

Abb. 4.26: Vergleichende Beurteilung der Prognosemethoden

Die gemäßigte Form des Random-Walk-Ansatzes erscheint für den Einsatz im Rahmen eines Risk Managements in kleinen und mittleren Unternehmen nicht geeignet, weil zur Bestimmung eines geeigneten Random-Walk-Modells relativ hohe Anforderungen an die Qualifikation des Risk Managers gestellt werden. Auch der Rechenaufwand ist verhältnismäßig hoch, insbesondere weil das Modell ständig den Veränderungen im Trendverlauf der Rohstoffpreise und Devisenkurse angepaßt werden muß.

Zur Erstellung von Preis- und Kursprognosen sollten deshalb unter Berücksichtigung der zuvor genannten Aspekte vorrangig mechanische Tradingstrategien eingesetzt werden. Auf die Vorteilhaftigkeit einer solchen Vorgehensweise wird in Kapitel 6 eingegangen.

4.3. Informatorische Voraussetzungen für ein Risk Management zum Zwecke der Sicherung gegen Preis- und Kursrisiken

Die Ermittlung und Bewertung der Rohstoffpreis- und Devisenkursrisikopositionen sowie die Erstellung der für ein selektives Hedging notwendigen Prognosen der Rohstoffpreis- und Devisenkursentwicklung läßt sich durch den Einsatz eines Computers mit entsprechender Analysesoftware unterstützen. Welche Anforderungen die Hard- und Software erfüllen sollte, wird im folgenden kurz aufgezeigt. Darüber hinaus wird auch eruiert, auf welche Weise der zur Erstellung der Preis- und Kursprognosen notwendige Informationsbedarf gedeckt werden kann.

4.3.1. Hard- und Softwarevoraussetzungen

Um den Risk Manager effizient durch den Einsatz von EDV zu unterstützen, bedarf es keines Großrechners. Ein Personalcomputer der neueren Generationen, beispielsweise Geräte der AT-386- oder AT-486-Kategorie, wird den Anforderungen an die Rechengeschwindigkeit vollauf gerecht. Die Hardwareseite stellt somit für kleine und mittlere Unternehmen in der Regel keine Restriktion dar; zumeist wird ein solcher Personalcomputer bereits im Unternehmen eingesetzt oder die Beschaffung ist für die nahe Zukunft ohnehin beabsichtigt.[202]

Auch die Auswahl der zur Unterstützung der Aufgaben des Risk Managers geeigneten Software bereitet in der Regel keine größeren Probleme. Der erforderliche Leistungsumfang einer solchen Software läßt sich wie folgt beschreiben:

1. Ermittlung sämtlicher offener Rohstoff- und Devisenpositionen aus den laufenden Geschäften.
2. Ermittlung der Rohstoffmengen und Währungsbeträge aus bindend abgegebenen Angeboten.
3. Ermittlung der Rohstofflagerbestände.
4. Saldierung aller offenen Rohstoff- und Devisenpositionen.
5. Festlegung des potentiell zu hedgenden Rohstoff- oder Devisenvolumens.
6. Prognose der Rohstoffpreis- und Devisenkurs-Trendentwicklung.
7. Zusammenführung der Informationen über die aktuelle Handlungsanweisung und das festgelegte Hedgevolumen.
8. Verbuchung der Hedginggeschäfte.

Diese Anforderungen werden durch integrierte Standardsoftwarepakete, beispielsweise Lotus 1-2-3, Symphony, Framework etc., weitgehend erfüllt. Zwar ist eine graphische Darstellung der P & F-Charts mit Hilfe dieser Standardsoftware nicht möglich, doch können die Kauf- und Verkaufsignale durch Berechnung ermittelt und somit der Preis- oder Kurstrend prognostiziert werden.

4.3.2. Deckung des für die Prognoseerstellung notwendigen Informationsbedarfs

Zur Deckung des für die Erstellung von Preis- und Kursprognosen auf Basis der Technischen Analyse oder der Indikatorenanalyse notwendigen Informationsbedarfs, stehen verschiedene Informationsquellen zur Verfügung. Im folgenden soll gezeigt werden, wie sich die im Rahmen der Technischen Analyse und der Fundamental-Analyse benötigten Informationen kostenlos oder zumindest kostengünstig beschaffen lassen.

4.3.2.1. Beschaffung der für eine Indikatorenanalyse notwendigen Informationen

Sehr leicht zugängliche Quellen zur Bereitstellung der für die Durchführung einer Indikatorenanalyse erforderlichen Informationen sind beispielsweise deutsche und amerikanische Wirtschaftstageszeitungen und Fachzeitschriften. In ihnen kann die Entwicklung wichtiger fundamentaler Einflußfaktoren verfolgt werden. Darüber hinaus läßt sich auch die Einschätzung der einzelnen Rohstoff- und Devisenmärkte durch andere Marktteilnehmer relativ gut erfassen. Durch eine Beschränkung des Lesens auf die relevanten Artikel, ist der tägliche Zeitbedarf für die Informationsbereitstellung relativ gering. Ein Aufwand von ca. 15 Minuten pro Tag erscheint ausreichend.

Beträgt die Lesezeit für die Artikel wesentlich mehr als 15 Minuten, kann dies als ein Indiz dafür gewertet werden, daß sich der Leser mit den Inhalten zu intensiv beschäftigt und diese bewußt zu internalisieren sucht. Dabei besteht die Gefahr einer Informationsüberflutung (information overload). Sie entsteht, wenn das Angebot an zu verarbeitenden Informationen die Grenzen der Informationsverarbeitungskapazität des betreffenden Entscheiders überschreitet.[203]

Neben den Wirtschaftszeitungen und Fachzeitschriften können als weitere Informationsquellen die von Banken herausgegebenen kostenlosen Publikationen herangezogen werden. So bietet beispielsweise die Berliner Bank AG den 14-tägig erscheinenden **"Devisenbrief"** an, in dem jeweils die Entwicklung des US-Dollarkurses prognostiziert wird.[204] Von der Commerzbank AG werden beispielsweise kostenlos die **"Außenhandelsblätter"** angeboten, in denen in größeren Zeitabständen die Weltrohstoffmärkte ausführlich analysiert werden.[205]

Diese Beispiele zeigen, daß die für eine Indikatorenanalyse notwendigen Informationen teilweise sogar kostenlos beschafft werden können. Auch der hierfür erforderliche Zeitaufwand ist relativ gering. Deshalb besteht auch für kleine und mittlere Unternehmen die Möglichkeit, Rohstoffpreis- und Devisenkursprognosen mit Hilfe der Fundamental-Analyse zu erstellen.

4.3.2.2. BTX als kostengünstiges elektronisches Datenübertragungsmedium zur laufenden Aktualisierung der Rohstoffpreise und Devisenkurse

Im Rahmen der Technischen Analyse werden zur Prognoseerstellung die Börsennotierungen der entsprechenden Rohstoffe oder Devisen benötigt. Diese können, ebenso wie die fundamentalen Einflußfaktoren, beispielsweise aus Wirtschaftstageszeitungen entnommen werden. Während die fundamentalen Einflußfaktoren aber eher der Prognose des längerfristigen Preis- oder Kurstrends dienen, werden im Rahmen der Technischen Analyse die Preis- und Kursverläufe **täglich** auf das Auftreten von Kauf- bzw. Verkaufsignalen hin untersucht, um hieraus konkrete Handlungsanweisungen ableiten zu können.[206] Deshalb erscheint es nachteilig, daß diese Informationen dem Risk Manager nur mit einem relativ großen Time-lag zur Verfügung stehen. So werden beispielsweise die Frankfurter Devisen- und die Londoner Rohstoffnotierungen mit einem Tag, die New Yorker Rohstoff- und die Chicagoer Devisennotierungen sogar mit zwei Tagen Verzögerung veröffentlicht. Deshalb sollte für die Bereitstellung der benötigten Kurse so weit als möglich die elektronische Datenfernübertragung genutzt werden.

Wird diese eingesetzt, stehen dem Risk Manager die aktuellen Börsennotierungen der einzelnen Rohstoffe und Währungen ohne wesentliche Zeitverzögerung für eine Prognoseerstellung zur Verfügung. Eine solche Datenübertragung kann auf unterschiedliche Weise realisiert werden. So ist es beispielsweise möglich, die entsprechenden Daten über einen Reuters-Monitor abzufragen, wie dies in vielen Großunternehmen realisiert ist. Für kleine und mittlere Unternehmen ist eine solche Abfrage unter Kostenaspekten in der Regel nicht sinnvoll. Auch eine Abfrage internationaler Kursdatenbanken über einen Modem ist mit relativ hohen Kosten verbunden. Diese Kosten setzen sich zusammen aus der Vergütung für den Anbieter der Daten und den Kosten für die Verbindung (Telefon, Datex-P) zu dessen Computer. Sie lassen sich allerdings stark reduzieren, wenn zur Datenübertragung das **BTX-System** genutzt wird. Hier betragen beispielsweise die Datenübertragungskosten für eine permanente Kursabfrage der New Yorker Rohstoffnotierungen oder Chicagoer Devisennotierungen von 16 - 22 Uhr (MEZ) nur wenig mehr als 8 DM/Tag.

Landesbank Schleswig-Holstein 0,00 DM

Kassadevisen ...
Amtl. Frankfurter Kurse vom 03.10.89 ...

Waehrung		Geld	Brief
1	US-$	1,8735	1,8815
1	engl-pfd.	3,023	3,037
1	ir-pfd.	2,658	2,672
1	can-$	1,5944	1,6024
100	hfl	88,450	88,660
100	sfrs	115,250	115,450
100	bfrs	4,750	4,770
100	FF	29,385	29,545

ohne Gewaehr

Zurueck 0 Fortsetzung #
Vorboerse 1
Ihre Gespraechspartner (w) 2

2323034a

Landesbank Schleswig-Holstein 0,00 DM

Kassadevisen ...
Amtl. Frankfurter Kurse vom 03.10.89 ...

Waehrung		Geld	Brief
100	dKr	25,595	25,715
100	nKr	27,025	27,145
100	sKr	29,090	29,250
1000	Lire	1,3620	1,3720
100	S	14,190	14,230
100	Ptas.	1,571	1,581
100	Esc.	1,171	1,191
100	Yen	1,3350	1,3380
100	Fmk	43,920	44,120

ohne Gewaehr

Vorboerse #
Zurueck 0
Ihre Gespraechspartner (w) 2

2323034b

Abb. 4.27: Beispiel für die im BTX kostenlos angebotenen amtlichen Frankfurter Devisenkurse

portfolio concept GmbH 0,00 DM

W a e h r u n g e n

Update: 17.03., Schluss

Waehrung	Eroeff.	Hoch	Tief	Schluss
1 Aus.Dollar	1.5349	1.5452	1.5340	1.5452
1 Br. Pfund	3.2231	3.2231	3.2163	3.2172
1 Can.Dollar	1.5712	1.5712	1.5665	1.5704
1 S. Franken	1.1686	1.1686	1.1603	1.1603
1 US-Dollar	1.8695	1.8776	1.8695	1.8776
100 Jap. Yen	1.4324	1.4324	1.4245	1.4256

0 << >> #
26161311101a

portfolio concept GmbH 0,00 DM

D e v i s e n

Update: 17.03., Schluss

Symb.	Open	High	Low	Close	Chg.
DMM	53.99	53.99	53.73	53.79	-0.23
SFM	62.92	62.92	62.42	62.49	-0.36
SFU	63.33	63.40	63.12	63.20	-0.34
JYM	77.31	77.35	76.93	76.96	-0.53
JYU	78.19	78.25	78.07	78.09	-0.47
BPM	170.56	170.66	170.06	170.30	-0.64
BPU	169.60	169.70	169.30	169.54	-0.56
CDM	83.32	83.33	83.09	83.28	0.08
ADM	80.38	80.95	80.30	80.91	0.52
ADH	81.98	82.40	81.98	82.20	0.28

0 << 6 Bezeichnungen >> #
26161323101a

portfolio concept GmbH 0,00 DM

M e t a l l e

Update: 17.03., Schluss

Symb.	Open	High	Low	Close	Chg.
GOJ	391.50	397.00	390.40	395.00	3.70
GOM	396.50	402.00	396.00	400.00	3.90
GOQ	401.00	407.20	401.00	407.00	5.40
PLJ	544.50	554.00	544.00	551.00	5.50
PLN	544.00	553.30	544.00	551.00	5.50
PAM	144.50	146.00	144.50	145.75	0.95
SVK	614.50	630.00	614.00	618.50	5.50
SVN	627.00	639.00	626.00	630.00	5.00
CPK	135.30	138.30	133.30	136.90	3.30
CPN	128.80	130.75	126.80	129.60	2.60
ALK	0.00	0.00	0.00	91.00	0.00

0 << 6 Bezeichnungen >> #
26161324101a

portfolio concept GmbH 0,00 DM

Z i n s k o n t r a k t e

Update: 17.03., Schluss

Symb.	Open	High	Low	Close	Chg.
USM	88.09	88.14	86.12	86.19	-1.23
USU	88.10	88.15	86.17	86.23	-1.20
TYM	91.30	92.03	90.20	90.27	-1.03
FYM	94.18	94.19	93.19	93.22	-0.26
TBM	90.97	90.98	90.59	90.67	-0.26
TBU	90.70	90.70	90.48	90.56	-0.24
EDM	89.41	89.44	88.94	88.98	-0.40
EDU	89.34	89.36	88.86	88.93	-0.37
GM	98.08	98.13	97.18	97.21	-0.24
LM	87.15	87.15	86.90	86.92	-0.25

0 << 6 Bezeichnungen >> #
26161325101a

portfolio concept GmbH 0,00 DM

S o f t s

Update: 17.03., Schluss

Symb.	Open	High	Low	Close	Chg.
CCK	1462.00	1500.00	1450.00	1466.00	-3.00
CCN	1405.00	1414.00	1385.00	1391.00	-19.00
CCU	1383.00	1388.00	1366.00	1371.00	-20.00
KCK	133.50	138.50	133.15	133.45	-0.25
KCN	128.50	129.35	127.60	127.80	-0.36
KCU	124.00	124.50	123.10	123.10	-0.65
SBK	12.35	12.55	12.28	12.31	-0.28
SBN	12.50	12.55	12.29	12.32	-0.23
SBV	12.25	12.27	12.06	12.12	-0.14
OJK	147.40	148.80	146.70	147.70	0.75
OJN	147.50	148.70	146.80	147.70	0.40
OJU	147.25	148.00	146.95	147.50	0.25

0 << 6 Bezeichnungen >> #
26161326101a

portfolio concept GmbH 0,00 DM

E n e r g i e

Update: 17.03., Schluss

Symb.	Open	High	Low	Close	Chg.
CLJ	19.90	20.35	19.90	20.35	0.51
CLK	19.31	19.53	19.26	19.52	0.28
CLM	18.82	18.99	18.78	18.97	0.19
HOJ	53.90	54.00	53.45	53.85	0.02
HOK	51.45	51.70	51.10	51.55	0.17
HOM	49.75	49.95	49.30	49.75	0.20
HUJ	55.80	56.40	55.40	55.80	-0.03
HUK	58.20	58.60	57.90	58.35	-0.16
HUM	58.70	59.70	58.60	59.25	0.34
SJ	150.00	150.50	149.00	150.50	1.75
SK	148.00	148.75	147.50	148.25	1.50
SM	146.00	147.50	146.00	147.00	1.50

0 << 6 Bezeichnungen >> #
26161329101a

Abb. 4.28: Beispiel der im BTX kostenlos angebotenen Rohstoff-, Devisen- und Zinskontraktkurse

Über die reinen Verbindungskosten hinaus müssen gegebenenfalls auch die Vergütungen für eine Kursabfrage bei den unterschiedlichen Informationsanbietern berücksichtigt werden. Im BTX-System werden allerdings aktuelle Kursinformationen von einigen Anbietern kostenlos angeboten, beispielsweise von der **Landesbank Schleswig-Holstein**. Sie bietet neben den ab ca. 14 Uhr verfügbaren amtlichen Devisenkursen der Frankfurter Börse (Abb. 4.27) auch um ca. 10 Uhr die vorbörslichen Devisenkurse. Sehr umfassende Rohstoff- und Devisenterminnotierungen aus den USA bietet das Unternehmen "**portfolio concept GmbH**" an (Abb. 4.28). Die hier angebotenen Kurse werden während der laufenden Börsensitzung in Zeitabständen von 15 Minuten aktualisiert.

Wie gezeigt werden konnte, lassen sich die zur Prognoseerstellung notwendigen Informationen weitgehend kostenlos bereitstellen. Insbesondere durch das BTX-System wird kleinen und mittleren Unternehmen eine Möglichkeit der Rohstoffpreis- und Devisenkursübertragung geboten, die in ihrem Umfang und ihrer Aktualität, aufgrund der bei einer Nutzung anderer Informationsanbieter entstehenden Kosten, bisher weitgehend den Großunternehmen vorbehalten war. Durch eine entsprechende Software kann die Abfrage der aktuellen Preise und Kurse über BTX vollautomatisch gesteuert werden, so daß hierdurch auch das Problem einer zeitaufwendigen Datenerfassung entfällt.

BEMERKUNGEN:

1 Vgl. zum Begriff der Prognose LAUMANN, Hans: Ansätze zur Methodologie der Prognostik, Diss., Mannheim 1980, S. 13. Laumann zeigt in seiner Arbeit die Anforderungen an rationale Prognosen auf und beurteilt verschiedene Prognoseverfahren.

2 Laumann unterscheidet lediglich zwischen technischer und zeitbedingter Nicht-Beobachtbarkeit. Vgl. LAUMANN, Hans: Ansätze zur Methodologie ..., a. a. O., S. 13. Berücksichtigung finden sollte darüber hinaus aber auch, daß nicht alle technisch und zeitbedingt beobachtbaren Realitätsausschnitte mit einem wirtschaftlich vertretbaren Aufwand beobachtet werden können. Es erscheint deshalb sinnvoll, auch in eine wirtschaftlich bedingte Nicht-Beobachtbarkeit zu differenzieren.

3 Vgl. GÄLWEILER, Aloys: Strategische Unternehmensführung, Frankfurt - New York 1987, S. 133.

4 Morgenstern spricht von einer *Scheingenauigkeit* und unterscheidet hierbei zwei Grundformen: *Irrelevanz* und *funktionelle Scheingenauigkeit*. Von *Irrelevanz* ist danach zu sprechen, wenn ein Prognoseergebnis mit mehreren Stellen im Nachkommateil angegeben wird, obwohl eine derartige rechnerische Genauigkeit für die Praxis völlig irrelevant ist. (Vgl. MORGENSTERN, Oskar: Über die Genauigkeit wirtschaftlicher Beobachtungen, 2. Aufl., Wien - Würzburg 1965, S. 61 - 64.) Mit *funktioneller Scheingenauigkeit* bezeichnet Morgenstern funktionell verfälschte Zahlenangaben. Als Beispiel nennt er die Erstellung von Statistiken auf Basis offizieller Wechselkurse in Staaten mit reglementiertem Wechselkurs, anstelle der Kurse, zu denen Markttransaktionen durchgeführt worden sind. (Vgl. ebenda, S. 64 - 68.).
Auch Gälweiler erkennt das Problem, daß Punktprognosen lediglich scheingenau sind. (Vgl. GÄLWEILER, Aloys: Strategische Unternehmensführung, a. a. O., S. 141.)

5 Vgl. GÄLWEILER, Aloys: Strategische Unternehmensführung, a. a. O., S. 135.

6 Gälweiler differenziert zwischen *Aktivprognosen* und *Passivprognosen*. Während Passivprognosen lediglich ein Mittel der Selbstbeschäftigung darstellen und keinen Handlungsbezug aufweisen, sind Aktivprognosen die für ein Unternehmen relevante Prognoseart. Bei ihnen steht das Ziel der Gewinnung von Erkenntnissen zur Entscheidungsunterstützung im Vordergrund. Vgl. GÄLWEILER, Aloys: Strategische Unternehmensführung, a. a. O., S. 139 - 140.

7 Vgl. hierzu die Ergebnisse der empirischen Untersuchung zum Sicherungsverhalten deutscher Unternehmen in Kapitel 5.

8 Die Gefahren strategischer Unternehmensentscheidungen auf Basis langfristiger Prognosen wirtschaftlicher Entwicklungen durch offizielle Stellen zeigt: BOGGS, Danny J., When government forecast, in: Future, Vol. 17 (1985), No. 5, p. 435 - 439.

9 Zum Problem des unendlichen Prognoseregresses vgl. WILD, J.: Probleme der theoretischen Deduktion von Prognosen, in: Zeitschrift für die gesamte Staatswissenschaft, 126. Jg. (1970), H. 4, S. 553 - 576, hier S. 554 und S. 565 - 567.

10 Zur Prognose politischer Risiken vgl. SIMON, Jeffrey D., Political Risk Forecasting, in: Futures, Vol. 17 (1985), p. 132 - 148.

11 Das Problem der Eigendynamik von Prognosen wurde bereits 1928 von MORGENSTERN, Oskar: Wirtschaftsprognose - Eine Untersuchung ihrer Voraussetzungen und Möglichkeiten, Wien 1928, S. 92 - 96, erkannt. Zur Beeinflussung des Prognoseergebnisses durch die Prognose selbst vgl. auch KRAUS, Michael: Energy forecasting - The epistemological context, in: Futures, Vol. 19 (1987), No. 3, p. 254 - 275, hier p. 270.

12 Im Gegensatz dazu ist die Verfügbarkeit agraischer Rohstoffe nicht allgemein, sondern lediglich in bezug auf feste Zeiträume begrenzt. Durch erneuten Anbau werden die verbrauchten Rohstoffe wieder ersetzt. Bei mineralischen Rohstoffen ist dies nur sehr begrenzt im Rahmen von Recycling-Maßnahmen zu realisieren.

13 Mit Hilfe von Szenarien werden alternative zukünftige Entwicklungen formuliert. Vgl. hierzu beispielsweise KAHN, Herman - WIENER, Anthony J.: Ihr werdet es erleben - Voraussagen der Wirtschaft bis zum Jahre 2000, Wien - München - Zürich 1968, S. 251 - 256. Zu Szenarien bezüglich der Entwicklung des Rohstoff- und Energieverbrauchs vgl. TIETZ, Bruno: Optionen bis 2030 - Szenarien und Handlungsalternativen für Wirtschaft und Gesellschaft in der Bundesrepublik Deutschland, 2. Aufl., Stuttgart 1987, S. 209 - 214; MÜLLER, Thomas: Szenarioplanung mit Personalcomputern, in: zfo, 55. Jg. (1986), H. 3, S. 195 - 198.

14 Vgl. KAHN, Herman - WIENER, Anthony J.: Ihr werdet es ..., a. a. O., S. 252 - 253.

15 Zum Regelkreis von Prognosen vgl. KRAUS, Michael: Energy forecasting ..., hier p. 270.

16 Vgl. GÄLWEILER, Aloys: Strategische Unternehmensführung, a. a. O., S. 129.

17 Vgl. hierzu GRUNBERG, E. - MODIGLIANI, F.: The Predictiability of Social Events, in: The Journal of Political Economy, Vol. 62 (1954), No. 6, p. 465 - 478. Vgl. auch KEMP, Murray C.: Economic Forecasting When the Subject of the Forecast Is Influenced by the Forecast, in: The American Economic Review, Vol. 52 (1962), No. 3, p. 492 - 496.

18 Zur Methode der *System Dynamics* vgl. beispielsweise KORTZFLEISCH, Gert von - KRALLMANN, Hermann: Industrial Dynamics, in: HWProd, hrsg. v. Werner Kern, Stuttgart 1979, Sp. 725 - 733; LABYS, Walter C. - POLLAK, Peter K.: Commodity Models for Forecasting and Policy Analysis, London - Sydney - New York 1984, S. 60 - 64.

19 Vgl. hierzu BRANDON, Charles - JARRETT, Jeffrey: Improving accuracy of forecasts by a cost-effective method, in: Futures, Vol. 18 (1986), No. 1, p. 78 - 83, hier p. 79 - 80.

20 Vgl. VUGHT, F. A. van: Pitfalls of forecasting - Fundamental problems for the methodology of forecasting from the philosophy of science, in: Futures, Vol. 19 (1987), No. 2, p. 184 - 196, hier p. 187 - 188.

21 Ein Truthahn stellt an seinem ersten Tag auf der Truthahnfarm fest, daß er um 9.00 Uhr gefüttert wurde. Da er weiß, daß er aus einer Beobachtung noch keinen induktiven Schluß ziehen kann, wartet er zunächst ab und sammelt eine große Anzahl von Beobachtungen, daß er um 9.00 Uhr gefüttert wurde. Zu diesen Beobachtungen vermerkt er sich darüber hinaus die Umstände, unter denen er um 9.00 Uhr gefüttert wurde. Er stellt hierbei fest, daß er an allen Wochentagen, an warmen und kalten Tagen, trocknen oder regnerischen Tagen gefüttert wird. Jeden Tag erweitert er seine Datensammlung um eine Beobachtung. Schließlich ist er mit dem Umfang seiner Datenbasis zufrieden und bereit einen induktiven Schluß zu ziehen. Sein Induktionschluß lautet: *"Ich werde immer um 9.00 Uhr gefüttert"*. Dieser Schluß erweist sich von trügerischer Sicherheit, denn am Weihnachtstag wird er, statt gefüttert zu werden, geschlachtet. Der induktive Schluß hat sich damit, ohne Verletzung der dem Schluß zugrundegelegten Prämissen, auf fatale Weise als falsch erwiesen. Vgl. zu diesem Beispiel CHALMERS, Alan F.: What Is This Thing Called Science? - An assessment of the nature and status of science and its methods, Milton Keynes 1976, p. 13.

22 Vgl. zu diesem Problem VUGHT, F. A. van: Pitfalls of forecasting ..., a. a. O., hier p. 191.

23 Vgl. VUGHT, F. A. van: Pitfalls of forecasting ..., a. a. O., hier p. 190.

24 Zu diesen kognitiven Prozessen vgl. WINKLER, Robert L.: Judgemental and Bayesian Forecasting, in: The Handbook of Forecasting - A Manager's Guide, ed. by Makridakis, Spyros - Wheelwhright, Steven C., 2. ed., New York - Chichester - Brisbane u. a. 1987, p. 248 - 265, hier p. 255 - 257.

25 Vgl. WRIGHT, George - AYTON, Peter: The Psychology of Forecasting, in: Futures, Vol. 18 (1986), No. 3, p. 420 - 439, hier p. 421.

26 Vgl. zur Informationsselektion nach der Dissonanztheorie SILBERER, Günter: Kognitive Prozesse - Dissonanz bei Konsumenten, in: Wirtschaftspsychologie in Grundbegriffen, hrsg. v. Carl Graf Hoyos - Werner Kroeber-Riel - Lutz von Rosenstiel - Burkhard Strümpel, 2. Aufl., München - Weinsheim 1987, S. 344 - 351, hier S. 347.

27 Zu den Gefahren intuitiv erstellter Prognosen vgl. VUGHT, F. A. van: Pitfalls of forecasting ..., a. a. O., hier p. 190 - 192.

28 Vgl. zum Bereich der Anwendung mathematisch-statistischer Verfahren zur Bildung von Aktienportfeuilles insbesondere Markowitz, Harry M.: Mean-Variance Analysis in Portfolio Choice and Capital Markets, Oxford - New York 1987; LEVY, The Relative Strength Concept of Common Stock Price Forecasting, Larchmont (N.Y.) 1968, p. 85 - 238. Vgl. auch DZIEDZINA, Michael: Mathematisch-Statistische Methoden zur Aktiendepot-Optimierung, Thun - Frankfurt a. M. 1987; KWAN, Clarence: Portfolio Analysis Using Single-Index, Multi-Index, and Constant Correlation Models: A Unified Treatment, in: Journal of Finance, Vol. 34 (1984), No. 5, p. 1469 - 1482.

29 Vgl. zur Entstehung der Wechsel zwischen Überexpansion und Zusammenbruch der Wirtschaft STERMAN, John D.: An Integrated Theory of The Economic Long Wave, in: Futures, Vol. 17 (1985), H. 2, p. 104 - 131.
30 Zum *Kondratieff-Zyklus* vgl. PRING, Martin J.: The Long-Term of Commodity Prices, in: The McGraw-Hill Handbook of Commodities and Futures, ed. by Martin J. Pring, New York - St. Louis - San Francisco 1985, p. 4.1 - 4.11.
31 Vgl. hierzu GOLDSTEIN, Joshua S.: Long Cycles - Prosperity and War in the Modern Age, New Haven - London 1988, p. 195 - 210. Goldstein führt auch weitere Autoren an, die Preiszyklen für Perioden mit bis zu 294 Jahren untersucht haben (p. 182). Bei ihm findet sich zudem eine Darstellung der Entstehung der Theorie der langfristigen Zyklen und der aktuelle Stand der Diskussion (p. 21 - 172).
Etwas kürzere als die oben angeführten Preiszyklen stellten fest: GERSTNER, Hans Joachim: Lange Wellen wirtschaftlicher Entwicklung: Empirische Analyse langfristiger Zyklen für die USA, Großbritannien und weitere vierzehn Industrieländer von 1800 bis 1900, Frankfurt a. M. - Bern - New York - Paris 1988, S. 55 - 76; COGHLAN, Richard T.: Cyclical Fluctuations in General Commodity Prices, in: The McGraw-Hill Handbook of Commodities and Futures, ed. by Martin J. Pring, New York - St. Louis - San Francisco 1985, p. 5.1 - 5.15.
32 Vgl. LENZ, Hans Gerhard: Horoskope für den Aktienanleger, in: Handelsblatt-Magazin "Aktien", Nr. 6/86, S. 36 - 40.
33 Als Beispiel für eine solche subjektive Prognosemethode vgl. OLIGMÜLLER, Kurt: Über die Berechnung der Kursverläufe von Aktien, hrsg. v. Activa SA., Corseaux o. J.. Oligmüller behauptet ein Verfahren zur Berechnung künftiger Aktienkursverläufe entwickelt zu haben; die Berechnungsformel selbst gibt er allerdings mit Hinweis auf die schwierige und langwierige Entwicklungsarbeit nicht bekannt (vgl. S. 10 des 2. Teils des Kursberechnungsberichts).
34 Den wohl entscheidenden Anstoß zur Random-Walk-Theorie in bezug auf Preisbewegungen lieferte COOTNER, Paul H. (ed.): the random character of stock market prices, Cambridge (Mass.) 1964. Die Random-Walk-Hypothese wird von ihm nicht nur auf die Kursentwicklung an den Aktienmärkten, sondern auch auf die Entwicklung der Preise auf den Rohstoffmärkten bezogen.
35 BACHELIER, Louis: Theory of Speculation, in: the random character of stock market prices, ed. by Paul H. Cootner, Übersetzung Bachelier's Diss. von A. James Boness, Cambridge (Mass.) 1964, p. 17 - 78.
36 So fanden beispielsweise Labys/Granger für die von ihnen untersuchten Rohstoffe das Random-Walk-Modell bestätigt. Vgl. LABYS, Walter C. - GRANGER, C. W. J.: Speculation, Hedging and Commodity Price Forecasting, Lexington (Mass.) 1970, p. 245 - 248.
37 Vgl. LEVY, The Relative Strength ..., a. a. O., p. 36.
38 Vgl. SCHMIDT, Reinhardt H.: Aktienkursprognose - Aspekte positiver Theorien über Aktienkursänderungen, Wiesbaden 1976, S. 421.
39 Vgl. hierzu FELLER, William: An Introduction to Probability Theory and Its Applications, Vol. 1, 3rd ed., New York - London - Sydney 1968, p. 419. Feller verwendet die Begriffe *stochastic process* und *random process* synonym. Zum Begriff stochastischer Prozesse vgl. beispielsweise auch LÖDERBUSCH, Bernhard: Modelle zur Aktienkursprognose auf der Basis der Box/Jenkins-Verfahren - Eine empirische Untersuchung, Krefeld 1985, S. 8 - 14.
40 Vgl. FAMA, Eugene F.: Random Walks in Stock Market Prices, in: Investment Analysis and Portfolio Management, ed. by Basil Taylor, New York 1970, p. 188 - 193, hier p. 189.
41 Vgl. hierzu beispielsweise GERBER, Beat: Random-Walks, Wechselkursprognose und Währungspolitik - Eine praktische Anwendung des erweiterten Random-Walk-Modells, in: Jahrbuch für Nationalökonomie und Statistik, Jg. 197 (1982), H. 2, S. 131 - 143, hier S. 131; FAMA, E. F.: The Behavior of Stock-Market-Prices, in: Journal of Business, Vol. 38 (1965), p. 34 - 105, hier p. 41.
42 Vgl. FAMA, E. F.: The Behavior of Stock-Market-Prices, a. a. O., hier p. 41; GERBER, Beat: Random-Walks, Wechselkursprognose ..., a. a. O., hier S. 131.
43 Gerber bezeichnet diesen Trend auch als *Drift*. Vgl. GERBER, Beat: Random-Walks, Exchange Rate Forecasting ..., a. a. O., hier S. 132.
44 Vgl. BENISCHEK, Edgar A.: Technische Aktienanalyse - Eine empirische Untersuchung zur theoretischen Fundierung und empirischen Überprüfung ausgewählter Methoden der Technischen Aktienanalyse, Diss., München 1974, S. 63.
45 Vgl. hierzu beispielsweise MORGENSTERN, Oskar: Über die Genauigkeit ..., a. a. O., S. 181 - 182, der sich erstaunt gibt, daß statistische Preisprognosen mit relativ vielen Schwierigkeiten verbunden seien.
46 KENDALL, M. G.: The Analysis of Economic Time-Series - Part I: Prices, in: the random character of stock market prices, ed. by Paul H. Cootner, Cambridge (Mass.) 1964, p. 85 - 99.
47 Vgl. hierzu SCHMIDT, Reinhardt H.: Aktienkursprognose ..., a. a. O., S. 254 - 256. Schmidt kritisiert die Arbeit von Kendall ausführlich und zeigt Indizien dafür auf, daß den Verfasser bei seinen Untersuchungen mehr die mathematisch-statistischen Zusammenhänge als die ökonomischen Hintergründe interessierten. Er nennt aber auch noch eine Reihe weiterer Arbeiten, die das Zahlenmaterial lediglich unter mathematisch-statistischen Aspekten verarbeiten (vgl. S. 249 - 250).
48 Vgl. hierzu GÄLWEILER, Aloys: Strategische Unternehmensführung, a. a. O., S. 141.

49 Vgl. MURPHY, John J.: Technical Analysis of the Futures Markets: A Comprehensive Guide to Trading Methods and Applications, New York 1986, p. 7.
50 Vgl. zum gambler's ruin problem FELLER, William: An Introduction ..., Vol. 1, a. a. O., p. 344 - 349.
51 Vgl. SCHWAGER, Jack D.: A Complete Guide to the Futures Markets - Fundamental Analysis, Technical Analysis, Trading, Spreads, and Options, New York - Chichester - Brisbane - Toronto - Singapore 1984, p. 325.
52 Diesen Vergleich zieht beispielsweise LÖDERBUSCH, Bernhard: Modelle zur Aktienkursprognose ..., a. a. O., S. 8.
Ausführlicher äußert sich zum Zusammenhang zwischen fairem Münzwurf und der Random-Walk-Hypothese FELLER, William: An Introduction ..., Vol. 1, a. a. O., p. 67 - 97.
53 Vgl. hierzu OSBORNE, M. F. M.: Brownian Motion in the Stock Market, in: Operations Research, Vol. 7 (1959), p. 145 - 173; OSBORNE, M. F. M.: Periodic Structure in the Brownian Motion of Stock Prices, in: Operations Research, Vol. 10 (1962), p. 345 - 379.
54 Vgl. SCHWAGER, Jack D.: A Complete Guide to the Futures Markets ..., a. a. O., p. 325.
55 Vgl. hierzu WELCKER, Johannes - ECKHARDT, Thomas: Finanzanalyse, München 1981, S. 87 - 88.
56 Vgl. zum folgenden MURPHY, John J.: Technical Analysis ..., a. a. O., p. 62 - 64; SHAW, Alan R.: Technical Analysis, in: Financial Analysts Handbook - Methods, Theory, and Portfolio Management, ed. by Sumner N. Levine, Homewood (Ill.) 1975, p. 944 - 988, hier p. 955 - 958; SELIGMAN, Daniel: Playing the Market with Charts, in: Investment Classics, ed. by Carroll D. Aby (Jr.) - Donald E. Vaughn, Santa Monica (Cal.), p. 236 - 245, hier p. 240.
57 Vgl. hierzu ARNIM, Rainer v.: Die Waren-Termin-Anlage, Bd. 1, a. a. O., S. 151.
58 Vgl. zu dem Gewöhnungsprozeß an ein erhöhtes Preisniveau: KATONA, George: Kognitive Prozesse ..., a. a. O., hier S. 331.
59 Dieser Prozeß wurde bereits 1928 von Morgenstern erkannt. Vgl. hierzu MORGENSTERN, Oskar: Wirtschaftsprognose ..., a. a. O., S. 94. Vgl. auch HOUTHAKKER, Hendrik S.: Systematic and Random Elements in Short-Term Price Movements, in: The American Economic Review, Vol. 51 (1961), p. 164 - 172, hier p. 169 - 170.
Als eine weitere Ursache für die Angebotsverknappung bei steigenden Kursen führt Ströbele den Wunsch der Rohstoffanbieter nach einem konstanten Erlösstrom an (vgl. STRÖBELE, Wolfgang: Rohstoffökonomik ..., a. a. O., S. 54 - 56). Dies bietet allerdings keine Erklärung für die schwankenden Angebotsmengen bei tendenziell steigendem/fallendem Preistrend.
60 Vgl. BENISCHEK, Edgar A.: Technische Aktienanalyse a. a. O., S. 34.
61 Die theoretische Begründbarkeit der Entstehung von Kursmustern und -trends wird in der Literatur teilweise übersehen und deshalb die Technischen Analyse kritisiert. Vgl. hierzu beispielsweise LIPFERT, Helmut: Devisenhandel ..., a. a. O., S. 113.
62 Die wesentlichen Grundaussagen der Elliott-Wave-Theorie werden beispielsweise von MURPHY, John J.: Technical Analysis ..., a. a. O., p. 371 - 413; GEHM, Fred: Who is R. N. Elliott and Why is He Making Waves?, in: Financial Analysts Journal, Vol. 39 (1983), H. 1, p. 51 - 58, dargestellt.
63 Vgl. KAUFMAN, Perry J.: The New Commodity Trading ..., a. a. O., p. 259 - 261.
64 Zur Bedeutung der Fibonacci-Zahlen und ihrer Verwendung von Elliott vgl. KAUFMAN, Perry J.: The New Commodity Trading ..., a. a. O., p. 257 - 259 und p. 262 - 263.
65 Vgl. hierzu und zur Beurteilung der Elliott-Wave-Theorie LOISTL, Otto: Computergestütztes Wertpapiermanagement, München - Wien 1989, S. 40 - 43.
66 Zitiert nach GEHM, Fred: Who is R. N. Elliott ..., hier p. 53.
67 Vgl. zu diesem Erklärungsansatz beispielsweise BELVEAL, L. Dee: Commodity Speculation - With Profits in Mind, Wilmette (Ill.) 1967, p. 84 - 85.
68 Vgl. hierzu die Untersuchung von HOUTHAKKER, H. S.: Can Speculators Forecast Prices?, in: The Review of Economics And Statistics, Vol. 39 (1957), p. 143 - 151, hier p. 146.
69 An den Futuresbörsen werden bei Überschreitung einer Meldemenge die vom Marktteilnehmer gehaltenen Positionen als *Hedge-* oder *Spekulationsposition* klassifiziert. Sofern diese Meldemenge nicht überschritten wird, erfolgt keine Unterscheidung bezüglich des Zwecks für den die Futuresposition erworben wurde.
70 HOUTHAKKER, H. S.: Can Speculators Forecast Prices ..., hier p. 146.
71 Vgl. zu den Ergebnissen dieser Studien STEIN, Jerome L.: The Economics of Futures Markets, Oxford 1986, p. 138 - 140.
72 Zur kritischen Beurteilung des Konzepts rationaler Erwartungen vgl. QUICK, Rolf H.: Informationsprozesse ..., a. a. O., S. 202 - 220.
73 KROEBER-RIEL, Werner: Konsumentenverhalten, 3. Aufl., München 1984, S. 343.
74 Zu den Restriktionen, die das Entscheidungsverhalten der Konsumenten determinieren vgl. KROEBER-RIEL, Werner: Konsumentenverhalten, a. a. O., S. 344 - 345; BEHRENS, Gerold: Konsumentenverhalten - Entwicklung, Abhängigkeiten, Möglichkeiten, Heidelberg 1988, S. 52.
75 Zum Begriff der *subjektiven Psycho-Logik* vgl. KROEBER-RIEL, Werner: Konsumentenverhalten, a. a. O., S. 292 - 298.

76 Vgl. hierzu WELCKER, Johannes: Gilde der Charttechniker betrachtet die Börsenkurse auch als ein massenpsychologisches Phänomen, in: HB, v. 28.01.86, S. B3. Vgl. auch KLAUSNER, Michael: Sociological Theory and the Behavior of Financial Markets, in: The Social Dynamics of Financial Markets, ed. by Patricia A. Adler - Peter Adler, Greenwich (Conn.) - London 1984, p. 57 - 81, hier p. 57.

77 ADLER, Patricia A. - ADLER, Peter: The Market as Collective Behavior, in: The Social Dynamics of Financial Markets, ed. by Patricia A. Adler - Peter Adler, Greenwich (Conn.) - London 1984, p. 85 - 105, hier p. 86.

78 KLAUSNER, Michael: Sociological Theory ..., a. a. O., hier p. 57.

79 Zum Begriff und der Arbeitsweise des Konzepts der *contrary opinion* vgl. insbesondere HADADY, Earl R.: Contrary Opinion - How To Use It For Profit In Trading Commodity Futures, Pasadena (Cal.) 1983; KAUFMAN, Perry J.: The New Commodity Trading ..., a. a. O., p. 254 - 256.

80 BERNSTEIN, Jacob: Jake Bernstein's Facts on Futures - Insights and Strategies for Winning in the Futures Markets, Chicago (Ill.) 1987, p. 167.

81 Vgl. BARNES, Robert M.: Taming the Pits - A Technical Approach to Commodity Trading, New York - Chichester - Brisbane - Toronto 1979, p. 117; BERNSTEIN, Jacob: Jake Bernstein's ..., a. a. O., p. 167.

82 Dieses Verhalten der Spekulanten wurde als mögliches Problem bei der Einführung des Aluminiumkontraktes in den Futureshandel gesehen. Vgl. hierzu PICINICH, John: Aluminium futures: Right contract at right time, in: Futures: The Magazine of Commodities & Options, 13. Jg. (1984), No. 1, p. 60 - 61, hier p. 61.

83 Hayden bezeichnet die Marktteilnehmer als risikoaverse Optimisten (Pessimisten). Vgl. hierzu HAYDEN, Jack J.: What makes you a winner or loser in the stock and commodity markets?, Larchmont (N.Y.) 1970, p. 13. Sie reagieren auf neue Informationen nicht sofort, sondern beobachten die Marktentwicklung zunächst. Erst wenn sie die Richtigkeit der Information erkennen, handeln sie.

84 Die stark steigenden/fallenden Preise führen deshalb in der Regel nicht zu der Erkenntnis, daß diese überhöht/untertrieben sind. Die emotionale Stimmung wirkt als selektiver Informationsfilter, so daß nur stimmungskongruente Informationsinhalte wahrgenommen werden. Vgl. hierzu BEHRENS, Gerold: Konsumentenverhalten ..., a. a. O., S. 63.

85 Vgl. HAMPEL, Björn: Integrierte Aktienanalysesysteme - Eine Methode zum Zweck zielorientierter Anlagepolitik auf dem deutschen Aktienmarkt, Frankfurt a. M. 1986, S. 24.

86 Vgl. hierzu HORN, Frederick F.: Trading in Commodity Futures, 2nd. ed., New York 1984, p. 221.

87 Welcker wertete beispielsweise die optimistische Einschätzung des Dollars durch Prof. Giersch vom Kieler Institut für Weltwirtschaft als Kontraindikator und mahnte bei Kursen von über 3 DM/US-$ weiteren Kursanstiegen mißtrauisch gegenüber zu stehen. Vgl. hierzu WELCKER, Johannes: Die Zinsen sinken - Der US-Dollar steigt, in: Börsen-Journal, 9. Jg. (1984), Nr. 19, S. 34 - 36, hier S. 35.

88 Dieses Phänomen wird in der Literatur auch als *preisdynamische Reaktion* (vgl. BREHM, Hermann: Devisenspekulation und Wechselkurserwartungen - Theoretische Überlegungen und empirische Überprüfungsversuche anhand der Entwicklung des Dollarkurses von März 1973 bis September 1979, Diss., Würzburg 1979, S. 82 - 83) oder die Bildung rationalisierter Erwartungen nach der *bubbles-Hypothese* bezeichnet (vgl. SCHÄFER, Henry: Währungsqualität, asymmetrische Information und Transaktionskosten - Informationsökonomische Beiträge zu internationalen Währungsbeziehungen, Berlin - Heidelberg - New York 1988, S. 228 - 229). Vgl. auch HAMPEL, Björn: Integrierte Aktienanalysesysteme ..., a. a. O., S. 23.

89 BERNSTEIN, Jacob: Jake Bernstein's ..., a. a. O., p. 167.

90 Vgl. hierzu BARNES, Robert M.: Commodity Profits Through Trend Trading - A Price Model and Strategies, New York - Chichester - Brisbane - Toronto - Singapore 1982, p. 77; HADADY, Earl R.: Contrary Opinion ..., a. a. O., p. 5.

91 Vgl. BARNES, Robert M.: Commodity Profits ..., a. a. O., p. 77.

92 Zu den unterschiedlichen Hypothesen der Markteffizienz vgl. GRAW, Ehrentraud: Informationseffizienz von Terminkontraktmärkten für Währungen, Frankfurt a. M. - Bern - New York 1984, S. 40 - 42; HAUGEN, Robert A.: Modern Investment Theory, Englewood Cliffs (N. J.) 1986, p. 468 - 470; HERBST, Anthony F.: Commodity Futures - Markets, Methods of Analysis, and Management of Risk, New York - Chichester - Brisbane - Toronto - Singapore 1986, p. 20 - 22.

93 Vgl. hierzu GAAB, Werner: Devisenmärkte und Wechselkurse - Eine theoretische und empirische Analyse, Berlin - Heidelberg - New York - Tokyo 1983, S. 285.

94 Vgl. HORN, Frederick F.: Trading in ..., a. a. O., p. 220; WELCKER, Johannes: Gilde der Charttechniker ..., a. a. O., S. B3.

95 Zur Überreaktion und verzögerten Reaktion der Marktteilnehmer auf neue Informationen vgl. BERNSTEIN, Leopold A.: In Defense for Fundamental Investment Analysis, in: Financial Analysts Journal, Vol. 31 (1975), No. 1, p. 57 - 61, hier p. 61; HAUGEN, Robert A.: Modern Investment ..., a. a. O., p. 477 - 478.

96 Im wesentlichen zum gleichen Ergebnis kommen auch HAUGEN, Robert A.: Modern Investment ..., a. a. O., p. 486 - 518; HERBST, Anthony F.: Commodity Futures ..., a. a. O., p. 22 - 24; BEDDIES, Carl-Heinz: Informationen und Erwartungen ..., a. a. O., S. 54 und 176; WENTZ, Rolf-Christian: Unternehmerische Devisenkurssicherung ..., S. 235 - 236; LIPFERT, Helmut: Devisenhandel ..., a. a. O., S. 106; BERNSTEIN, Leopold A.: In Defense ..., a. a. O., hier p. 61.
Zu einem anderen Ergebnis kommen hingegen GRAW, Ehrentraud: Informationseffizienz ..., a. a. O., S. 198 - 201; SCHMIDT, Martin: Wechselkursrisiko, Informationsverarbeitung und Devisenterminmarkt, Frankfurt a. M. 1985, S. 90 - 91; HINDER, Alex: Wechselkursprognose .., a. a. O., S. 252; BREHM, Hermann: Devisenspekulation ..., a. a. O., S. 299.

97 Vgl. HAUGEN, Robert A.: Modern Investment ..., a. a. O., p. 479.

98 Vgl. ARNIM, Rainer v.: Die Waren-Termin-Anlage, Bd. 1, a. a. O., S. 57.

99 BACKES, Manfred: Kurssicherungsgeschäfte, a. a. O., S. 114 - 115.

100 Vgl. BACKES, Manfred: Kurssicherungsgeschäfte, a. a. O., S. 115.
Zur Berechnung des Kaufkraftparitäten- und Zinsparitätenindikators vgl. HINDER, Alex: Wechselkursprognosen - Ansätze, Modelle und Erfolgsbeurteilung, Bern - Frankfurt a. M. - Nancy - New York 1983, S. 266 - 268.
Eine populäre, einfache Form des Kaufkraftparitäten-Indikators ist der Big Mac Index. Vgl. hierzu ANDERS, George: What Price Lunch - The Big Mac Index provides a quick guide to currency values, in: The Wall Street Journal Europe, Supplement Global Finance, v. 27.09.1988, p. 25.

101 Vgl. hierzu KERSCH, Annette: Wechselkursrisiken ..., a. a. O., S. 35.

102 Zur Eignung der Kaufkraftparität vgl. MACHLUP, Fritz: Explaining Changes in Balances of Payments and Foreign-Exchange Rates: A Polemic without Graphs, Algebra and Citations, in: Flexible Exchange Rates and the Balance of Payments, ed. by John S. Chipman und Charles P. Kindleberger, 2nd. prt., Amsterdam - New York - Oxford 1983, p. 99 - 109, hier p. 101. Machlup lehnt die Kaufkraftparität als Indikator für die Wechselkursprognose sowohl unter kurzfristigen als auch unter langfristigen Aspekten ab.

103 Vgl. hierzu SCHÄFER, Wolf: Währungen und Wechselkurse, a. a. O., S. 44 - 45; HAHN, Oswald: Geld- und Devisenhandel, a. a. O., S. 36.

104 Vgl. HAHN, Oswald: Geld- und Devisenhandel, a. a. O., S. 36. Zum Zusammenhang zwischen der Entwicklung der Leistungsbilanz und dem Kurs des US-Dollar vgl. WERMUTH, Dieter - OCHYNSKI, Walter: Strategien ..., a. a. O., S. 209 - 215.

105 Vgl. hierzu SCHÄFER, Wolf: Währungen und Wechselkurse, a. a. O., S. 46 - 47.

106 In diesem Zusammenhang wird auch von *Zinsarbitrage* und *Währungsspekulation* als den Determinanten des künftigen Devisenkurses gesprochen. Vgl. zum Einfluß dieser Komponenten auf die Bildung des Wechselkurses FLEISCHER, Peter: Bestimmungsgründe von Zahlungsbilanz und Wechselkursen in der Bundesrepublik Deutschland, Frankfurt a. M. 1986, S. 138; REGIER, Hans Jürgen: Flexible Wechselkurse und Erwartungen, Diss., Saarbrücken 1980, S. 29 - 44.

107 Vgl. zum Einfluß der Rohstoffpreisentwicklung auf die Wechselkursentwicklung KIPNIS, Gregory M.: Macroeconomic Factors in the Commodity Market Outlook, in: The Concise Handbook of Futures Markets: Money Management, Forecasting, and the Markets, ed. by Perry J. Kaufman, New York - Chichester u. a. 1986, p. 7.1 - 7.28, hier p. 7.25 - 7.27.

108 Zu den möglichen Einflußgrößen für verschiedene Rohstoffe vgl. ARNIM, Rainer v.: Die Waren-Termin-Anlage, Bd. 1, a. a. O., S. 209 - 247; HERBST, Anthony F.: Commodity Futures ..., a. a. O., p. 201 - 264.
Zum komplexen System der wechselseitigen Einflüsse dieser fundamentalen Faktoren vgl. WEYMAR, F. Helmut: The Dynamics of the World Cocoa Market, Cambridge (Mass.) - London 1968, p. 2.

109 Zu den wichtigsten Veröffentlichungen für verschiedene börsenmäßig gehandelte Rohstoffe und Währungen vgl. ARNIM, Rainer v.: Die Waren-Termin-Anlage, a. a. O., Bd. 1, S. 197 - 247.

110 Die Recyclingquoten für die Bundesrepublik beispielsweise betragen bei Blei 54 %, Kupfer 40 %, Aluminium 35 %, Zink 22 % und Zinn 12 %. Vgl. O. V.: Sommer Metallwerke - Chancen für Alu-Recycling, in: HB, Nr. 62 v. 29.03.88, S. 13.

111 Labys/Pollak differenzieren Substitution ihrer Art nach in wirtschaftliche, technische und qualitative Substitution. Vgl. LABYS, Walter C. - POLLAK, Peter K.: Commodity Models ..., a. a. O., S. 49 - 50.

112 Zum Einfluß der Wetterbedingungen auf den Preis agraischer Rohstoffe vgl. beispielhaft ROLL, Richard: Orange Juice and Weather, in: The American Economic Review, Vol. 74 (1984), No. 5, p. 861 - 880.

113 Dem Rohstoff Gold wird beispielsweise die Funktion eines wertbeständigen Speichergutes zugeschrieben. Politische Krisensituationen führten in der Vergangenheit oft zu einem Anstieg des Goldpreises, da in diesen Zeiten vermehrt finanzielle Mittel in Gold getauscht werden (Hortungskäufe). Vgl. hierzu WEILER, Rudolf: Der Weltgoldmarkt, in: GOLD: Rohstoff - Hortungsobjekt - Währungsmetall, hrsg. v. Hans Gerd Fuchs, Frankfurt a. M. 1981, S. 27 - 58, hier S. 50.

114 Zu verschiedenen ökonometrischen Modellen für die wichtigsten Rohstoffe vgl. LABYS, Walter C. (ed.): Quantitative Models of Commodity Markets, Cambridge (Mass.) 1975. Zu einem ökonometrischen Bewertungsmodell für den Rohstoff Kupfer, der bei den folgenden Ausführungen als Beispiel zugrundegelegt wird, vgl. FISHER, Franklin M. - COOTNER, Paul H. - BAILY, Martin Neil: An Econometric Model of the World Copper Industry, in: Quantitative Models of Commodity Markets, ed. by Walter C. Labys, a. a. O., p. 55 - 105.

115 Zur Scheingenauigkeit von Punktprognosen vgl. die Ausführungen in Abschnitt 4.1.1. in diesem Kapitel.

116 Keltner lehnt ebenfalls eine zu aufwendige Informationsgewinnung ab und sieht die Gefahr, daß die Sicht für die Entwicklung wesentlicher Einflußfaktoren verloren geht (vgl. KELTNER, Chester W.: How to make ..., a. a. O., p. 130).

117 Dieser Indikator ist von Bedeutung, weil der Bergbau und der Schmelz- bzw. Raffinierungsprozeß sehr energieaufwendig sind. Die Energiekosten betragen knapp 50 % der Gesamtkosten (vgl. zu den Produktionskosten für Kupfer BROWN, Martin - MCKERN, Bruce: Aluminium, Copper and Steel in Developing Countries, Paris 1987). *WTI* ist die Ölsorte *West Texas Intermediate*, als Indikator kann aber auch jede andere Energieart dienen, für die täglich eine börsenmäßige Preisfeststellung stattfindet.

118 Der Prozeß der Meinungsbildung über die Meinungsbildung anderer wirft bedingt durch die wechselseitig vermuteten Reaktionen und Gegenreaktionen das Problem des infiniten Prognoseregresses auf. Dieser infinite Prognoseregreß läßt sich nur willkürlich, durch das Treffen einer Entscheidung, abbrechen. Vgl. zu diesem Problem KIENAST, Rolf: Aktienanalyse - Möglichkeiten rationaler Anlageentscheidungen, Diss., Bern 1977, S. 87 - 89. Vgl. auch RODRIGUEZ, Rita M. - CARTER, E. Eugene: Foreign Exchange Markets and Foreign Currency Exposure, in: Handbook Of Modern Finance, ed. by Dennis E. Logue, Boston - New York 1984, p. 37.1 - 37.35, hier p. 37.23.

119 Vgl. zum Verfahren der *contrary opinion* und insbesondere der Kritik hieran die Ausführungen im Abschnitt 4.2.1.3. in diesem Kapitel.

120 Kupfer kann teilweise durch Aluminium substituiert werden. Ist der Aluminiumpreis relativ günstig im Verhältnis zum Kupferpreis, so ist zu erwarten, daß die Kupfernachfrage durch Substitution sinkt. Vgl. hierzu und zu weiteren Substitutionsmöglichkeiten GOCHT, Werner: Handbuch der Metallmärkte - Erzvorkommen, Metallgewinnung, Metallverwendung, Preisbildung, Handelsregelungen, 2. Aufl., Berlin - Heidelberg - New York - Tokyo 1985, S. 201. Zu den Möglichkeiten einer Substitution der wichtigsten mineralischen Rohstoffe vgl. BUNDESANSTALT FÜR GEOWISSENSCHAFTEN UND ROHSTOFFE - DEUTSCHES INSTITUT FÜR WIRTSCHAFTSFORSCHUNG - INSTITUT ZUR ERFORSCHUNG TECHNOLOGISCHER ENTWICKLUNGSLINIEN (Hrsg.), Versorgungslage bei Rohstoffen, Berlin - Hamburg - Hannover 1986, S. 60.

121 Bei steigenden Kupferpreisen wächst beispielweise die Wahrscheinlichkeit, daß neue Abbaustätten erschlossen oder alte wiedereröffnet werden. Im Gegensatz dazu wird bei fallenden Gewinnen häufig das Angebot eingeschränkt, weil unrentable Bergbaubetriebe geschlossen werden. Es ist allerdings zu beachten, daß einige Länder auf die Einnahmen aus dem Rohstoffverkauf dringend angewiesen sind, beispielsweise zur Deckung von Zinszahlungen an das Ausland. In solchen Fällen ist paradoxerweise trotz fallender Preise eher mit einer Erhöhung des Rohstoffangebots dieser Länder zu rechnen.

122 Vgl. hierzu die Ausführungen unter 4.2.1.3. in diesem Kapitel.

123 Die Möglichkeit einer Berechnung des inneren Wertes wird, zumindest für den Bereich der Währungskursprognose, auch von Kloten negiert. Vgl. hierzu KLOTEN, Norbert: Währungsunsicherheit, Berlin 1979, S. 51 - 52.

124 Vgl. KERSCH, Annette: Wechselkursrisiken ..., a. a. O., S. 40.

125 Vgl. BACKES, Manfred: Kurssicherungsgeschäfte, a. a. O., S. 114.

126 Vgl. hierzu KIENAST, Rolf: Aktienanalyse ..., a. a. O., S. 106 und S. 184 - 185; HEIDEMANN, Heinrich: Währungsrisiken ..., a. a. O., S. 145.

127 Dieses Phänomen beschreibt Kloten in bezug auf Währungen. (Vgl. hierzu KLOTEN, Norbert: Währungsunsicherheit, a. a. O., S. 51 - 52.) Kloten spricht davon, daß die Marktteilnehmer Urteile bezüglich der Über- oder Unterbewertung einer Währung oft innerhalb kurzer Zeit radikal ändern. Er führt dieses Verhalten auf das Fehlen eindeutiger Kriterien zur Bewertung der Währungen zurück, da sich der Einfluß von typischen fundamentalen Kriterien, beispielsweise der Zins- und Inflationsrate, nicht fassen läßt.

128 Vgl. PRING, Martin J.: Technical versus Fundamental Analysis, in: The McGraw-Hill Handbook of Commodities and Futures, ed. by Martin J. Pring, New York - St. Louis - San Francisco 1985, p. 38.3 - 38.7, hier p. 38.3; ARNIM, Rainer v.: Die Waren-Termin-Anlage, Bd. 1, a. a. O., S. 83. Flassbeck sieht in den Erwartungen der Marktteilnehmer sogar das entscheidende Problem bei der Prognose eines Wechselkurses. Vgl. FLASSBECK, Heiner: Freihandel, GATT und das internationale Währungssystem, Tübingen 1985, S. 47.

129 Vgl. FILC, Wolfgang: Fundamentalanalyse der Wechselkursentwicklung, in: Methoden und Instrumente der Zins- und Wechselkursprognose, hrsg. v. Hannes Rehm, Bonn 1988, S. 82 - 102, hier S. 94.

130 Vgl. WERMUTH, Dieter - OCHYNSKI, Walter: Strategien ..., a. a. O., S. 207 - 208.

131 Vgl. FILC, Wolfgang: Fundamentalanalyse ..., a. a. O., hier S. 94.

132 FILC, Wolfgang: Fundamentalanalyse ..., a. a. O., hier S. 94. Der einzelne Marktteilnehmer weiß, daß jede neue Information eine Reaktion der anderen Marktteilnehmer hervorruft. Er antizipiert das Verhalten der anderen Marktteilnehmer und handelt so, wie er glaubt, daß die übrigen Marktteilnehmer auf die neuen Informationen reagieren, unabhängig davon, ob er genauso gehandelt hätte (vgl. hierzu GRABBE, J. Orlin: International Financial ..., a. a. O., p. 154).

133 Das Problem der psychologischen Beeinflussung der Märkte durch Äußerungen von Politikern oder anderen hochgestellten Persönlichkeiten beschreibt auch KLOTEN, Norbert: Währungsunsicherheit, a. a. O., S. 49 - 50.

134 Vgl. O. V.: Volcker-Äußerung und konzertierte Interventionen "knackten" den Dollar, in: HB, Nr. 42 v. 28.02.1989, S. 1. Diese Äußerung war nur der letzte Auslöser des nachfolgenden Kurssturzes. Bereits einige Tage vorher wurde von Devisenhändlern darauf hingewiesen, daß nach allen Erfahrungen die hektischen Kursbewegungen auf ein Ende des Aufwärtstrends hindeuten (vgl. O. V.: Dollarkurs hat sich seit seinem Tief verdoppelt, in: HB, Nr. 41 v. 27.02.1989, S. 1).

135 Für die Mehrzahl der Marktteilnehmer sind in dieser Phase nicht wirtschaftliche Fakten für die Einschätzung der Währung entscheidend. Sie verhalten sich vergleichbar zu desorientierten Konsumenten, die leicht zu einem Stimmungsumschwung bereit sind. Sie schwanken zwischen Kauffreudigkeit und extremer Kaufzurückhaltung bzw. Verkaufsneigung. Vgl. hierzu KATONA, George: Kognitive Prozesse - Erkennen wirtschaftlicher Zusammenhänge, in: Wirtschaftspsychologie in Grundbegriffen, hrsg. v. Carl Graf Hoyos - Werner Kroeber-Riel - Lutz von Rosenstiel - Burkhard Strümpel, 2. Aufl., München - Weinsheim 1987, S. 328 - 336, hier S. 336.

136 Vgl. KLOTEN, Norbert: Währungsunsicherheit, a. a. O., S. 50.

137 Vgl. KLOTEN, Norbert: Währungsunsicherheit, a. a. O., S. 50.

138 Vgl. POWERS, Mark - VOGEL, David: Inside the Financial ..., a. a. O., p. 299.

139 Das wirtschaftpolitische Kolloquium fand 1978 in Frankfurt a. M. mit Vertretern aus Wissenschaft und Wirtschaft statt. Die Ergebnisse dieses Kolloquiums wurden zusammengefaßt in KLOTEN, Norbert: Währungsunsicherheit, a. a. O., hier S. 49. Hier werden auch Beispiele aufgeführt, die den Einfluß psychologischer Komponenten auf die Entwicklung von Währungskursen, insbesondere des US-Dollars, in den 70er Jahren aufzeigen. Die Verhaltensweisen haben sich also nicht verändert und dürften dem Menschen immanent sein. Zu klären, warum Menschen tendenziell ungern Fehler eingestehen und dadurch mitunter die Folgen der Fehler vergrößern, ist eine Aufgabe der Psychologie.

140 Vgl. hierzu KLOTEN, Norbert: Währungsunsicherheit, a. a. O., S. 49.

141 Das Problem des Handelns aufgrund von Gerüchten beschreibt ZASLOW, Jeffrey: Talk Isn't Cheap When Rumors Prompt Big Swings In Commodity Prices and Traders Must Act Quickly, in: The Wall Street Journal (Europe), Vol. 4 (1987), No. 174, p. 1 and p. 10.

142 Vgl. zu beiden Beispielen ARNIM, Rainer v.: Die Waren-Termin-Anlage, Bd. 1, a. a. O., S. 81 - 82.

143 Vgl. hierzu SCHWAGER, Jack D.: A Complete Guide ..., a. a. O., p. 139 - 140.

144 Pring beispielsweise bezeichnet Dow als "the father of technical analysis". PRING, Martin J.: Technical Analysis Explained - The Successful Investor's Guide to Spotting Investment Trends and Turning Points, 2nd ed., New York - St. Louis - San Francisco u. a. 1985, p. X. Zur *Dow-Theorie* vgl. MURPHY, John J.: Technical Analysis ..., a. a. O., p. 24 - 34; LOISTL, Otto: Computergestütztes Wertpapiermanagement, a. a. O., S. 80 - 87; ARNIM, Rainer v.: Die Waren-Termin-Anlage, Bd. 1, a. a. O., S. 83.

145 SCHMIDT, Reinhard H.: Aktienkursprognose, a. a. O., S. 185.

146 Vgl. SCHMIDT, Reinhard H.: Aktienkursprognose, a. a. O., S. 191 - 194 und S. 204 - 206.

147 Vgl. hierzu BELVEAL, L. Dee: Charting Commodity Market Price Behavior, 2nd ed., Homewood (Ill.) 1985, p. 1 - 3. Belveal verteidigt ausdrücklich die Verwendung dieser bildhaften Sprache.

148 Vgl. hierzu LÖDERBUSCH, Bernhard: Modelle zur Aktienkursprognose ..., a. a. O., S. 177.

149 Vgl. beispielsweise SCHMIDT, Reinhard H.: Aktienkursprognose, a. a. O., stellvertretend S. 223 - 227.

150 Vgl. zur empirischen Überprüfung der Point & Figure-Methode für den Aktienbereich HOCKMANN, Heinz: Prognose von Aktienkursen durch Point and Figure-Analysen, Wiesbaden 1979.

151 Keltner sieht es als Vorteil der Fundamental-Analyse, daß sie eine Erklärung für die Preis- oder Kursbewegung liefert und das natürliche Wissensbedürfnis deckt. (Vgl. KELTNER, Chester W.: How to make Money in Commodities, 6th prt., Kansas City (Miss.) 1973, p. 194). Die Unsicherheit wird jedoch nur scheinbar aufgehoben.

152 Zu den Begriffen *Erklärungs-* und *Begründungszusammenhang* vgl. WILD, Jürgen: Probleme der theoretischen Deduktion ..., a. a. O., hier S. 554 und S. 574 - 575. Wild weist darauf hin, daß es nicht in erster Linie darauf ankommt, aus welcher Prämissenmenge eine Prognose abgeleitet wird, sondern vielmehr die Begründung der objektiven Glaubwürdigkeit aufgrund von Erfahrungstatsachen und das Gewicht dieser Argumente im Vordergrund stehen.

153 PRING, Martin J.: Technical Analysis ..., a. a. O., p. 2.

154 Dies kommt sehr treffend auch in dem Börsenbonmot "Viel hin und her macht Taschen leer" zum Ausdruck.

155 Vgl. hierzu die Ergebnisse einer Evaluierung algorithmierbarer Methoden der Technischen Analyse auf Basis empirischer Daten in Kapitel 6.

156 HAUGEN, Robert A.: Modern Investment ..., a. a. O., p. 518. Vgl. auch HERBST, Anthony F.: Commodity Futures ..., a. a. O., S. 24.

157 Vgl. EDWARDS, Robert D. - MAGEE, John: Technische Analyse von Aktientrends, dt. Übersetzung der 4. Aufl. durch Walter Frühling, Darmstadt 1987, S. 268 - 272.

158 Für die Durchführung von Hedgegeschäften sind liquide Märkte hingegen sehr wohl erforderlich.

159 Vgl. PRING, Martin J.: Technical Analysis ..., a. a. O., p. 365.

160 Vgl. WITTE, Peter: Die Technische Analyse in der Praxis des Devisenhandels, in: Methoden und Instrumente der Zins- und Wechselkursprognose, hrsg. v. Hannes Rehm, Bonn 1988, S. 103 - 112, hier S. 106.

161 Üblicherweise werden Aktienkurse um Aktiensplits und Bezugsrechtsabschläge bereinigt. Dividendenabschläge werden hingegen regelmäßig nicht berücksichtigt.

162 Mayer hält die Technische Analyse für die Analyse der Rohstoffmärkte sogar für notwendig, da "enough people use it that it has become a market force of it own" (MAYER, Terry S.: Commodity Options ..., a. a. O., p. 41).

163 Vgl. beispielsweise HAMON, J. D.: Eight New Commodity Technical Trading Methods, Brightwaters (N.Y.) 1983; WILDER (JR.), J. Welles: New Concepts in Technical Trading Systems, Greensboro (N.C.) 1978; EPSTEIN, Eugene: Making Money in Commodities, New York 1976, p. 112 - 123.

164 Daneben existieren individuelle Variationen der Bar-Chart-Technik, beispielsweise die Kombination der Balken mit dem gehandelten Volumen. Vgl. zu dieser Aufzeichnungstechnik ARMS (JR.), Richard W.: Volume Cycles in the Stock Market - Market Timing through Equivolume Charting, Homewood (Ill.) 1983.

165 Eine *Insel* kann beispielsweise nach einem Aufwärtstrend entstehen, wenn die Kurse sprunghaft ansteigen und nach einem oder mehreren Tagen, ebenfalls mit einen Kurssprung, auf das ursprüngliche Niveau zurückfallen. Vgl. hierzu LOISTL, Otto: Computergestütztes Wertpapiermanagement, a. a. O., S. 121 - 122.

166 Island-Reversals sind nur in liquiden Märkten von Bedeutung; ansonsten sind sie eher Ausdruck für die Illiquidität des Marktes. Vgl. BELVEAL, L. Dee: Charting Commodity .., a. a. O., p. 130.

167 Vgl. hierzu insbesondere EDWARDS, Robert D. - MAGEE, John: Technische Analyse ..., a. a. O., S. 47 - 188; MURPHY, John J.: Technical Analysis ..., a. a. O., p. 103 - 175.

168 Levy bezeichnet diese Subjektivität als eine Hauptkritik an der Technischen Analyse. Vgl. LEVY, The Relative Strength ..., a. a. O., p. 35. Vgl. auch FREEMAN, Peter: Some Aspects of Technical Analysis, in: Investment Analysis and Portfolio Management, ed. by Basil Taylor, New York 1970, p. 194 - 204, hier p. 196.

169 Lerbinger operationalisierte das Konzept der Formationen für eine computergestützte Untersuchung. Vgl. hierzu und zu den Untersuchungsergebnissen LERBINGER, Paul: Aktienkursprognose durch Linienchart-Formationen und Trendlinien - Eine praxeologische und empirische Analyse der Effizienz von Linienchart-Formationen und Trendlinien als Bewertungsregeln für Entscheidungen bei Aktientransaktionen, München 1984, S. 87 - 248.

170 Zu den verschiedenen Möglichkeiten der Kursprognose auf Basis von Durchschnitten vgl. PRING, Martin J.: Moving Averages, in: The McGraw-Hill Handbook of Commodities and Futures, ed. by Martin J. Pring, New York - St. Louis - San Francisco 1985, p. 43.1 - 43.7; KAUFMAN, Perry K.: The New Commodity Trading Systems and Methods, New York - Chichester - Brisbane - Toronto - Singapore 1987, S. 333 - 344; MURPHY, John J.: Technical Analysis ..., a. a. O., p. 234 - 274; ARNIM, Rainer v.: Die Waren-Termin-Anlage, Bd. 1, a. a. O., S. 103 - 104.

171 Schwager und Arnim verwenden diese Modifikation ebenfalls. Allerdings prognostizieren sie den Kurstrend *nicht* allein auf Basis der Steigung des gleitenden Durchschnitts, sondern nur in Verbindung mit dem bereits beschriebenen Kriterium des Durchbruchs der Kurse durch die x-Tage-Durchschnittslinie. Vgl. SCHWAGER, Jack D.: A Complete Guide to the Futures Markets ..., a. a. O., p. 428; ARNIM, Rainer v.: Die Waren-Termin-Anlage, Bd. 1, a. a. O., S. 103.

172 ALEXANDER, Sidney S.: Price Movement in Speculativ Markets: Trends or Random Walks, in: the random character of stock market prices, ed. by Paul H. Cootner, Cambridge (Mass.) 1964, p. 199 - 218, hier p. 214.

173 Vgl. ALEXANDER, Sidney S.: Price Movement ..., a. a. O., p. 215. Alexander legte bei seiner Untersuchung Filtersätze zwischen 5 % und 50 % zugrunde.

174 Vgl. BENISCHEK, Edgar A.: Technische Aktienanalyse ..., a. a. O., S. 74.

175 Vgl. hierzu HODRICK, Robert J.: The Empirical Evidence on the Efficiency of Forward and Futures Foreign Exchange Markets, Chur - London - Paris - New York - Melbourne 1987, p. 78 - 84.

176 Vgl. LERBINGER, Paul: P & F Charts - Ein neuer Weg zum Anlageerfolg, Niederglatt/ZH 1984, S. 210.

177 Pring beispielsweise behauptet, daß "point and figure charts are concerned only with measuring price". PRING, Martin J.: Technical Analysis ..., a. a. O., p. 119.

178 Vgl. dazu WITTE, Peter: Die Technische Analyse ..., a. a. O., hier S. 107.

179 Durch die Möglichkeit der Computerunterstützung gewinnt die P & F-Analyse, zumindest in den USA, zunehmend an Popularität. Vgl. hierzu HANDMAKER, David: Point and Figure Charting In the Electronic Age, in: Wall Street Computer Review, Vol. 1 (1984), No. 8, p. 79 - 83, hier p. 79.

180 Vgl. BENISCHEK, Edgar A.: Technische Aktienanalyse ..., a. a. O., S. 63.

181 Zu den Konstruktionsprinzipien von P & F-Charts vgl. LERBINGER, Paul: P & F Charts ..., a. a. O., S. 21 - 50.

182 Vgl. WELCKER, Johannes: Technische Aktienanalyse, Die Methoden der technischen Analyse mit Chart-Übungen, Zürich 1982, S. 37.

183 Vgl. WELCKER, Johannes: Technische Aktienanalyse ..., a. a. O., S. 37.

184 In ähnlicher Form versucht Kaufman diesem Problem Rechnung zu tragen, indem er einen logarithmischen Maßstab verwendet. Vgl. hierzu KAUFMAN, Perry K.: The New Commodity ..., a. a. O., S. 329 - 330.

185 Vgl. hierzu ARNIM, Rainer v.: Die Waren-Termin-Anlage, Bd. 1, a. a. O., S. 95.

186 Vgl. hierzu SCHULMEISTER, Stephan: Währungsspekulation und Wechselkursdynamik - Versuch einer Synthese von technischer und fundamentaler Analyse, in: Methoden und Instrumente der Zins- und Wechselkursprognose, hrsg. v. Hannes Rehm, Bonn 1988, S. 118 - 141, hier S. 125 - 126.

187 Vgl. hierzu beispielsweise TÖLKE, Friedrich W.: Währungsanalyse mit Point & Figure Charts, Teil 1: Grundlagen - Trends - Trendkanäle - Formationen, 2. Aufl., Frankfurt a. M. - Bern - New York 1986; TÖLKE, Friedrich W.: Währungsanalyse mit Point & Figure Charts, Teil 2: Handelstaktik und Risikoabschätzung, Frankfurt a. M. - Bern - New York 1987; WELCKER, Johannes: Technische Aktienanalyse ..., a. a. O., S. 117 - 153.

188 Welcker interpretiert Dreiecke hingegen als Trend*wende*-Formation. Vgl. WELCKER, Johannes: Technische Aktienanalyse ..., a. a. O., S. 119.

189 Zu den aufgeführten Kauf- und Verkaufsformationen vgl. HOCKMANN, Heinz: Prognose von Aktienkursen ..., a. a. O., S. 74; WELCKER, Johannes: Technische Aktienanalyse ..., a. a. O., S. 118 - 132.

190 Welcker bezeichnet deshalb beispielsweise Formationen dieser Art auch als Hausse- bzw. Baisse-Umkehrformationen. Vgl. hierzu WELCKER, Johannes: Technische Aktienanalyse ..., a. a. O., S. 129.

191 Zusätzliche Informationen erhalten lediglich Spekulanten, die nicht auf den Handel in bestimmten Rohstoffen oder Devisen festgelegt sind, sondern vor dem Problem der Auswahl stehen. So soll beispielsweise eine Dreifachspitze bzw. ein Dreifachboden in 88 % der Fälle seines Auftretens den Kurstrend richtig anzeigen und damit zuverlässiger sein, als das einfache Grundsignal (vgl. COHEN, Amos: Point and Figure Analysis, in: The McGraw-Hill Handbook of Commodities and Futures, ed. by Martin J. Pring, New York - St. Louis - San Francisco 1985, p. 50.1 - 50.10, hier p. 50.6).

192 Welcker beschreibt nur den hohen Pol (vgl. WELCKER, Johannes: Technische Aktienanalyse ..., a. a. O., S. 131). Mit der gleichen Begründung der Entstehung eines hohen Pols kann allerdings auch die Bildung eines tiefen Pols begründet werden.

193 Vgl. hierzu Abschnitt 4.2.3.3.4.3.5.

194 Vgl. WELCKER, Johannes: Technische Aktienanalyse ..., a. a. O., S. 127.

195 Vgl. PRING, Martin J.: Technical Analysis ..., a. a. O., p. 127.

196 Vgl. hierzu LERBINGER, Paul: P & F Charts ..., a. a. O., S. 100 - 109.

197 Vgl. hierzu LERBINGER, Paul: P & F Charts ..., a. a. O., S. 109 - 125. Vgl. auch ZIEG (JR.), Kermit C. - KAUFMAN, Perry J.: Point & Figure Commodity Trading Techniques - also Stocks, Option, Bonds and International Currency, Larchmont (N. Y.) 1975, p. 74 - 79.

198 Vgl. zum Konzept der Widerstandlinien WELCKER, Johannes: Technische Aktienanalyse ..., a. a. O., S. 132 - 137.

199 Vgl. HOCKMANN, Heinz: Prognose von Aktienkursen ..., a. a. O., S. 156 - 158.

200 Vgl. HOCKMANN, Heinz: Prognose von Aktienkursen ..., a. a. O., S. 158.

201 Vgl. hierzu HOCKMANN, Heinz: Prognose von Aktienkursen ..., a. a. O., S. 158 - 159.

202 Zu der mit der computergestützten Durchführung des Risk Managements verbundenen Datenschutz- und Datensicherungsproblematik vgl. MUCKSCH, Harry: Datenschutz ..., a. a. O. Entgegen vielfach verbreiteter Meinung bedarf auch ein einzelner Personalcomputer des Schutzes gegen Datendiebstahl, insbesondere gegen den Datendiebstahl über die *kompromittierende Abstrahlung* (vgl. hierzu MUCKSCH, S. 80 - 82).

203 Vgl. hierzu RAFFEE, Hans - FRITZ, Wolfgang: Informationsüberlastung des Konsumenten, in: Wirtschaftspsychologie in Grundbegriffen, hrsg. von Carl Graf Hoyos - Werner Kroeber-Riel - Lutz von Rosenstiel - Burkhard Strümpel, 2. Aufl., München - Weinheim 1987, S. 83 - 90, hier S. 83. Es erscheint wahrscheinlich, daß ein Risk Manager durch zu viele Informationen ebenso überlastet wird, wie die Konsumenten. In einer Untersuchung ermittelte Miller, daß von einem Individuum nur ca. sieben *information chunks* (sinnvolle Informationseinheiten) gleichzeitig verarbeitet werden können. Vgl. hierzu MILLER, G. A.: The magical number seven, plus or minus two: Some limits on our capacity for processing information, in: The Psychological Review, 63 Jg. 63 (1956), p. 81 - 97.

204 Vgl. z. B. O. V.: Devisenbrief, hrsg. vom Devisenhandel und der Abteilung Volkswirtschaft der Berliner Bank AG, Ausgabe v. 20.12.1989.

205 Vgl. zu einer solchen Analyse beispielsweise O. V.: Commerzbank Außenhandelsblätter, hrsg. v. der Zentralen Abteilung Volkswirtschaft und Kommunikation der Commerzbank AG, Frankfurt a. M. 1989, 41. Jg., H. 1, S. 1 - 8.

206 Vgl. hierzu KIENAST, Rolf: Aktienanalyse ..., a. a. O., S. 187.

5. Empirische Untersuchung des Verhaltens deutscher Unternehmen bei schwankenden Rohstoffpreisen und Devisenkursen

5.1. Zielsetzung der Untersuchung

In der Literatur existieren bereits eine Reihe von empirischen Untersuchungen, die sich mit dem Verhalten von Unternehmen bei schwankenden **Wechselkursen** befassen. Die wohl umfassendste deutsche Untersuchung zu diesem Thema ist die Arbeit von SCHARRER/GEHRMANN/WETTER.[1]

Die im Rahmen der vorliegenden Arbeit durchgeführte empirische Untersuchung sollte zeigen, inwieweit die von SCHARRER/GEHRMANN/WETTER gewonnenen Erkenntnisse heute noch ihre Gültigkeit besitzen, oder ob sich das Kurssicherungsverhalten deutscher Unternehmen inzwischen grundlegend gewandelt hat. Eine solche Verhaltensänderung erscheint durchaus wahrscheinlich. SCHARRER/GEHRMANN/WETTER führten ihre Untersuchung in relativ geringem zeitlichen Abstand zum Zusammenbruch des Paritätensystems von Bretton Woods durch. Die an den Märkten angebotenen Hedging-Instrumente waren noch nicht in dem Maße entwickelt, wie sie es heute sind. Es wäre deshalb zu erwarten, daß von den Unternehmen die angebotenen Hedging-Instrumente zur Sicherung gegen die aus einer Veränderung der Devisenkurse resultierenden Risiken stärker im Sinne eines Selektiv-Hedgings genutzt werden und insbesondere die Fakturierung in DM an Bedeutung verliert.

Darüber hinaus sollte durch die vorliegende Untersuchung Aufschluß über das entsprechende Verhalten der Unternehmen bei schwankenden Rohstoffpreisen gewonnen werden. Von besonderem Interesse war auch hier, welche Hedging-Instrumente von den Unternehmen zum Zwecke der Rohstoffpreis- und Devisenkurssicherung eingesetzt werden, da sich hieraus ein Rückschluß auf deren Risikobereitschaft ziehen läßt.

Durch diese empirische Untersuchung sollte auch eruiert werden, welche Informationsquellen von den mit der Durchführung des Hedgings betrauten Mitarbeitern in den einzelnen Unternehmen genutzt werden, um sich über die für sie relevanten Märkte zu informieren und inwieweit sie auf Basis dieser Informationen die Rohstoffpreis- und Devisenkursentwicklungen prognostizieren. Neben der Klärung dieser Fragen war die Organisation der Preis- und Kurssicherung in den Unternehmen von Interesse. Hier sollte festgestellt werden, inwieweit die Unternehmen die Funktion des Hedgings dezentral oder zentral, im Sinne eines Risk Managements, organisiert haben und ob bei einer zentralen Organisation dieser Bereich als *profit center* geführt wird.

5.2. Durchführung der empirischen Untersuchung

5.2.1. Aufbau des Fragebogens

Der Aufbau des Fragebogens wurde am Aufbau des von SCHARRER/GEHRMANN/WETTER entwickelten Fragebogens orientiert.[2] Ausschlaggebend hierfür waren zwei Gründe. Zum einen sollten die im Rahmen der hier durchgeführten Untersuchung gewonnenen Erkenntnisse einen Vergleich mit den von SCHAR-

RER/GEHRMANN/WETTER ermittelten Ergebnissen gestatten. Zum anderen hatte sich dieser Fragebogenaufbau bereits im praktischen Einsatz bewährt.

Der Fragebogen wurde zur Erleichterung der Bearbeitung durch den Befragten in folgende fünf Teile untergliedert:

A. Angaben zur Unternehmung,
B. Angaben zur Beschaffungs- und Absatzsituation,
C. Angaben zur Art und Umfang der Sicherung,
D. Angaben zur Informationsbeschaffung und -verarbeitung,
E. Allgemeine Fragen.

Während die Teile A und B lediglich der größenmäßigen Einordnung des Unternehmens und der Einschätzung seiner Außenhandelsbeziehungen dienen, wird das Hedgingverhalten im Rahmen des Teils C eruiert. Um den Fragebogen trotz seines Umfangs operabel zu gestalten, wurden in den Teil C Sprungmarken eingebaut, die es den Unternehmen erlaubten, für sie nicht relevante Fragen zu überspringen. In einigen Bereichen dieses Teils wären detailliertere Fragen inhaltlich durchaus wünschenswert gewesen, beispielsweise die Frage, in welchen Entscheidungssituationen welche der insgesamt vom Unternehmen eingesetzten Hedging-Instrumente speziell gewählt werden. Der Fragebogen hätte hierdurch aber weiter an Umfang gewonnen und so die angestrebte Rücklaufquote in Frage gestellt.

Der Teil D dient der Ermittlung der verwendeten Prognosetechnik und der organisatorischen Einordnung der Sicherungsfunktion im Unternehmen. Den Abschluß der Befragung bildend, wird im Teil E die Einstellung der Unternehmen zu schwankenden Rohstoffpreisen und Währungskursen ermittelt.

Für den überwiegenden Teil der Fragen wurden Antwortkategorien vorgegeben. Aus Gründen der Praktikabilität wurden auch Einschätzungen (gering, mittel, groß, häufig, gelegentlich etc.) zugelassen. Genaue quantitative Angaben waren nur zur Beurteilung des Import- bzw. Exportanteils, der Anteile einzelner Währungen am Fakturierungsvolumen und der Dauer der Geschäftsabwicklung notwendig. Eine freie Beantwortung sollte nur bei den Fragen erfolgen, für die sich keine sinnvollen Anwortkategorien bilden ließen oder die zusätzlich eine Begründung erforderten.

5.2.2. Durchführung der Befragung

Die Erhebung des empirischen Datenmaterials wurde im März und April 1986 durchgeführt. Die Angaben der Unternehmen beziehen sich auf das Jahr 1985. Es kann nicht ausgeschlossen werden, daß die Fragen zum Verhalten bei schwankenden Währungskursen durch die Entwicklung des US-Dollar in dem entsprechenden Jahr beeinflußt wurden. Bei den persönlichen Befragungen wurde festgestellt, daß das Risiko oft erst dann ins Bewußtsein der Unternehmen rückt, wenn relativ große Rohstoffpreis- oder Devisenkursbewegungen auftreten. Dementsprechend erscheint die angesprochene Beeinflußung nicht nur möglich, sondern sogar wahrscheinlich. Solche Einflüsse lassen sich allerdings kaum ausschalten und müssen deshalb hingenommen werden.

Für die Befragung wurden Unternehmen unterschiedlicher Branche und Größe, bei denen der Geschäftszweck erkennen ließ, daß sie von Rohstoffpreis- und/oder Devisenkursschwankungen betroffen sein würden, aus Firmenverzeichnissen nach dem Zufallsprinzip ausgewählt. Die Größe der Stichprobe umfaßt 100 Unternehmen, die Rücklaufquote lag insgesamt bei 32 Prozent und damit oberhalb der angestrebten Quote von 25 Prozent.[3] Von diesen 32 Unternehmen haben 7 Unternehmen den Fragebogen unausgefüllt zurückgesandt. An dieser Stelle soll nicht einer Interpretation der empirischen Daten vorgegriffen werden, doch erscheint es sinnvoll, auf die Gründe für die Nichtbeantwortung des Fragebogens kurz einzugehen. In den Begleitschreiben der entsprechenden Unternehmen ließen sich folgende Gründe erkennen, die ausschlaggebend für die Nichtbeantwortung gewesen sind:

1. Einige Unternehmen glaubten von der angesprochenen Thematik nicht betroffen zu sein, da sie zu fast 100 Prozent in DM fakturieren (3 Unternehmen).
2. Andere Unternehmen gaben an, sich aus Zeitgründen neben ihrer Geschäftstätigkeit nicht mit diesem Bereich auseinandersetzen zu können (4 Unternehmen).

Alle 7 Unternehmen waren als **kleine oder mittlere Unternehmen** zu klassifizeren. Dies läßt den Schluß zu, daß diese Gruppe von Unternehmen ein erhebliches Kenntnisdefizit im Umgang mit Rohstoffpreis- und Währungskursrisiken hat. Es ist zu vermuten, daß die Unternehmen, die den ersten der beiden oben angeführten Gründe nannten, keine anderen Hedging-Instrumente kennen, als die Vereinbarung von DM-Festpreisen.[4] Die Schwankungen der Rohstoffpreise und Devisenkurse werden einseitig als Risiko und nicht als Chance gesehen; daraus resultiert ein hohes Sicherheitsstreben dieser Unternehmen. Kann nicht in DM kontrahiert werden, verzichten viele kleine und mittlere Unternehmen auf die Geschäftsbeziehung.[5] Demgegenüber war bei den Unternehmen, die den zweiten der obigen Gründe nannten, wohl eher die auch von SCHARRER/GEHRMANN/WETTER konstatierte *Bequemlichkeit* deutscher Unternehmen ausschlaggebend.[6]

Zusätzlich zur Datenerhebung mittels Fragebogen wurden vom Verfasser vertiefende Gespräche mit Vertretern einiger der befragten Unternehmen geführt. Diese Gespräche haben wesentlich zur Erkenntnisgewinnung beigetragen, da sich hier die Möglichkeit einer detaillierteren Befragung bot. Hierdurch wurde die Interpretation der Ergebnisse der gesamten Umfrage wesentlich gefördert. Die Ergebnisse dieser empirischen Untersuchung werden im folgenden vorgestellt.

5.3. Auswertung der Ergebnisse

5.3.1. Merkmale der an der Untersuchung partizipierenden Unternehmen

Die Verteilung der rückläufigen Fragebogen entsprach nicht der Verteilung der versandten Fragebogen. Überproportional war die Rücklaufquote aus dem Bereich der Grundstoff- und Produktionsgüterindustrie; sie betrug mehr als 50 %. Unterproportional war die Rücklaufquote aus dem Bereich der Investitionsgüterindustrie und der Verbrauchsgüterindustrie. Hier wurde lediglich eine Rücklaufquote von 8 % beziehungsweise 14 % erreicht. In den anderen Branchen entsprach diese Quote in etwa der durchschnittlichen Rücklaufquote. Die Tab. 5.1 zeigt die Verteilung der partizipierenden Unternehmen nach Wirtschaftszweigen.

Ausschlaggebend für die im Verhältnis zur Grundstoff- und Produktionsgüterindustrie unterproportionalen Rücklaufquoten aus der Investitions- und der Verbrauchsgüterindustrie ist möglicherweise, unter der Voraussetzung gleicher grundsätzlicher Auskunftsbereitschaft, daß diese Unternehmen sich mit dem Gebiet der Rohstoffpreis- und Devisenkurssicherung weniger intensiv auseinandersetzen. Diese Interpretation wird insbesondere durch die in den bereits angeführten, persönlichen Gesprächen gewonnenen Eindrücke gestützt. Demnach werden schwankende Rohstoffpreise und Devisenkurse in der Investitionsgüter- und Verbrauchsgüterindustrie tendenziell eher als **Risikofaktoren** angesehen, die den normalen Geschäftsablauf stören. In der Grundstoff- und Produktionsgüterindustrie wird der Bereich der Rohstoffpreis- und Devisenkurssicherung eher als zur normalen Geschäftstätigkeit zugehöriger Bereich angesehen. Insbesondere wird erkannt, daß den Risiken in der Regel auch entsprechende Chancen gegenüberstehen.

WIRTSCHAFTSZWEIG	Anzahl der Unternehmen	in v.H.
Grundstoff- und Produktionsgüterindustrie	11	44,0
- Chemische Industrie	3	12,0
- NE-Metallverarbeitung	4	16,0
- Mineralölverarbeitung	4	16,0
Investitionsgüterindustrie	2	8,0
- Maschinenbau	1	4,0
- Stahlbau	1	4,0
Verbrauchsgüterindustrie	5	20,0
- NE-Metallverarbeitung	2	8,0
- Textilherstellung	1	4,0
- Kautschukverarbeitung	2	8,0
Nahrungs- und Genußmittelindustrie	3	12,0
- Kaffeeverarbeitung	2	8,0
- Zuckerverarbeitung	1	4,0
Handel	4	16,0
- Großhandel	2	8,0
- Chemikalien	1	4,0
- Edelmetalle	1	4,0
- Außenhandel	2	8,0
- Rohkakaoimport	1	4,0
- Stahlexport	1	4,0
Summe aller Unternehmen	25	100,0

Tab. 5.1: Verteilung der an der Untersuchung partizipierenden Unternehmen nach Wirtschaftszweigen

Innerhalb der einzelnen Wirtschaftszweige wurden Unternehmen unterschiedlicher Größe befragt. Mindestens 19 Unternehmen sind bezogen auf deren Umsatz als Großunternehmen einzustufen, mehr als $^2/_3$ dieser Unternehmen weisen einen Umsatz von mehr als 1 Mrd. DM aus (Tab. 5.2).

Die Grenze für eine Klassifizierung als Großunternehmen wird mit einem Umsatz von 100 Mio. DM recht großzügig festgelegt. Gerechtfertigt werden kann dies dadurch, daß die Umsätze der Unternehmen in den einzelnen Branchen ohnehin nur schwer untereinander vergleichbar sind. Edelmetallverarbeitende Betriebe erreichen beispielsweise gegenüber Nahrungsmittelproduzenten relativ schnell hohe Umsätze. Durch die hier zugrunde gelegte Klassengrenze von 100 Mio. DM soll deshalb sichergestellt werden, daß kein Unternehmen vorzeitig als Großunternehmen klassifiziert wird, obwohl es beispielsweise aufgrund der Zahl der Mitarbeiter eher als Klein- oder Mittelbetrieb zu klassifizieren wäre.

UMSATZ IN MIO. DM PRO JAHR	Anzahl der Unternehmen	in v.H.
< 20	1	4,0
20 - 50	1	4,0
50 - 250	4	16,0
250 - 500	2	8,0
500 - 1000	4	16,0
> 1000	13	52,0
Summe aller Unternehmen	25	100,0

Tab. 5.2: Verteilung der Unternehmen nach Umsatzklassen

Als zweites Kriterium für die Ermittlung der Betriebsgröße wird die Zahl der Mitarbeiter herangezogen (Tab. 5.3). Auch hier wird ein deutliches Übergewicht der Großunternehmen erkennbar. So weisen insgesamt 18 Unternehmen eine Mitarbeiterzahl von mehr als 500 aus.

MITARBEITER	Anzahl der Unternehmen	in v.H.
< 50	3	12,0
50 - 100	0	0,0
100 - 250	2	8,0
250 - 500	2	8,0
500 - 2000	5	20,0
2000 - 5000	8	32,0
> 5000	5	20,0
Summe aller Unternehmen	25	100,0

Tab. 5.3: Verteilung der Unternehmen nach Mitarbeiterklassen

Eine endgültige Einordnung der einzelnen, an der Befragung partizipierenden Unternehmen, kann hier erst bei einer gemeinsamen Betrachtung des Umsatzes und der Mitarbeiterzahl vorgenommen werden. So können zwei der Unternehmen, die weniger als 50 Mitarbeiter beschäftigen, trotzdem nicht als Klein- oder Mittelunternehmen eingestuft werden, weil ihr Umsatz mehr als 250 Mio. DM beträgt. Sie üben zudem eine reine Importhandelstätigkeit aus, so daß auch unter diesem Aspekt eine Einstufung als Klein- oder Mittelunternehmen abgelehnt werden sollte, da es hierdurch zu einer Verzerrung der Umfrageergebnisse kommen kann. Es ist zu vermuten, daß Betriebe, deren Geschäftsfeld auf den reinen Rohstoffhandel ausgerichtet ist, sich in bezug auf die Sicherung gegen Rohstoffpreis- oder Devisenkursrisiken anders verhalten, als die auf anderen Geschäftsfeldern agierenden Klein- und Mittelbetriebe.

Ein weiteres Unternehmen, daß aufgrund seiner Mitarbeiterzahl von 250 - 500 als Klein- oder Mittelbetrieb klassiffiziert werden könnte, sollte eher als Großunternehmen eingestuft werden, weil sein Umsatz über 1 Mrd. DM liegt.

Insgesamt werden 4 der insgesamt 25 Unternehmen als Klein- oder Mittelbetriebe eingestuft. Ihre Mitarbeiterzahl liegt unter 500 und der Umsatz beträgt in zwei Fällen deutlich weniger als 50 Mio. DM, in zwei weiteren Fällen etwas mehr.

Die Mehrzahl der Großunternehmen ist Teil einer Unternehmensgruppe und hat ihren Hauptsitz in der Bundesrepublik Deutschland. Zwei der mittelständischen Unternehmen sind Teil einer Unternehmensgruppe zu der weitere Produktionsstätten innerhalb der

Bundesrepublik oder im Ausland (je 1 Unternehmen) gehören. Einen Überblick über die Strukturmerkmale der Unternehmen gibt die Tab. 5.4.

UNTERNEHMENS-STRUKTURMERKMALE	Anzahl der Unternehmen	in v.H.
Teil einer Unternehmensgruppe	22	88,0
Hauptsitz		
- in der Bundesrepublik	15	60,0
- im Ausland	7	28,0
Weitere zur Unternehmensgruppe gehörende Unternehmen		
- in der Bundesrepublik	20*	80,0
- im Ausland	15*	60,0
Außenhandelstätigkeit		
- Import und Export	22	88,0
- nur Import	2	8,0
- nur Export	1	4,0
*) Mehrfachnennungen möglich		
Summe aller Unternehmen	25	100,0

Tab. 5.4: Verteilung der Unternehmen nach Unternehmensstrukturmerkmalen

88 % der befragten Unternehmen sind gleichzeitig als Importeur und Exporteur tätig. Die mittelständischen Unternehmen üben alle sowohl Import- als auch Exporttätigkeiten aus. Den Anteil der Importe und Exporte am gesamten Beschaffungs- bzw. Absatzvolumen zeigt Tab. 5.5.

IMPORT-/EXPORTANTEIL	Anzahl der Unternehmen	in v.H.
Importanteil am Beschaffungsvolumen (in %)		
< 10	1	4,2
10 - 25	6	25,0
26 - 50	3	12,5
51 - 75	2	8,3
76 - 100	9	37,5
keine Angabe	3	12,5
Durchschnitt 47,6 %	24	100,0
Exportanteil am Absatzvolumen (in %)		
< 10	4	17,4
10 - 25	5	21,7
26 - 50	6	26,1
51 - 75	4	17,4
76 - 100	2	8,7
keine Angabe	2	8,7
Durchschnitt 31,5 %	23	100,0

Tab. 5.5: Import- und Exportquoten

Im Durchschnitt ist bei den befragten Unternehmen die Importquote höher als die Exportquote. Demgegenüber ist bei den kleinen und mittleren Unternehmen ein umgekehrtes

Verhältnis zwischen Import- und Exportanteil zu beobachten. Ihre durchschnittliche Importquote beträgt 23,75 %, die durchschnittliche Exportquote hingegen 38,75 %.

Die importierenden Unternehmen bevorzugen, sofern sie eine Wahl haben, mehrheitlich die DM als Kontraktwährung (Tab. 5.6). Allerdings ist eine solche Wahlmöglichkeit nicht immer gegeben. Für 6 Unternehmen bestand für zumindest einen Teil der bezogenen Rohstoffe keine Wahlmöglichkeit, da usancenbedingt bestimmte Rohstoffe (z. B. Mineralöl, Kaffee, Kakao, Edelmetalle) in fremder Währung, häufig US-Dollar oder englisches Pfund, gehandelt werden. Fremdwährungen werden hingegen in der Regel dann präferiert, wenn es sich um Weichwährungen handelt, die gegenüber der DM ständig an Wert verlieren. Auch hohe Devisenterminabschläge können einen Anreiz zur Fakturierung in fremder Währungen bieten.

BEVORZUGTE WÄHRUNG IM IMPORT	Anzahl der Unternehmen	in v.H.
Keine Wahlmöglichkeit für zumindest einen Teil der Rohstoffe	6	25,0
Vom eigenen Unternehmen präferierte Währung *)		
DM	16	66,7
Fremdwährung	6	25,0
keine Präferenzen	3	12,5
keine Angabe	1	4,2
Vom Lieferanten präferierte Währung *)		
DM	9	37,5
Landeswährung	5	20,8
Drittwährung		
US-Dollar	14	58,3
Engl. Pfund	5	20,8
Schweizer Franken	2	8,3
Franz. Franc	2	8,3
Yen	1	4,2
keine Angabe	1	4,2
*) Mehrfachnennungen möglich		
Summe der Importeure	24	100,0

Tab. 5.6: Präferierte Währung im Import

Lediglich ein Unternehmen gab an, alternative Angebote auf DM-Basis und Fremdwährungsbasis einzuholen. Hierdurch bietet sich die Möglichkeit, die Kosten für die Kontrahierung in DM zu ermitteln und dem erzielbaren Nutzen gegenüberzustellen.

Während 57 % der Großunternehmen die DM als Kontraktwährung bevorzugen, wird diese von 100 % der mittelständischen Betriebe präferiert; nur ein Unternehmen bevorzugt, in Abhängigkeit vom Lieferland (Weichwährungsland), auch Fremdwährungen.

Dieses Verhalten deutscher Importeure läßt eine relativ hohe Risikoaversion erkennen. Nur 12,5 % der Unternehmen haben keine Präferenzen in bezug auf die Kontraktwährung. Trotz der relativ großen Neigung in DM zu kontrahieren, gelingt es den deutschen Unternehmen nicht immer, diese als Kontraktwährung durchzusetzen. Von den Lieferanten wird sie nur in 37,5 % der Fälle als Kontraktwährung präferiert. Sie bevorzugen stattdessen überwiegend eine Drittwährung, in der Regel den US-Dollar oder das englische Pfund. Ihre eigene Währung präferiert nur ein geringer Teil (20,8 %) der Lieferanten. Dies wird bei Berücksichtigung der Währungen jener Länder, aus denen die Rohstoffe häufig bezogen werden, verständlich. Die entsprechenden Währungen unterliegen oft im Verhältnis zur DM einem permanenten Abwertungsdruck.

Als zweite Währung, neben der DM, ist der US-Dollar als Kontraktwährung im Import von relativ großer Bedeutung. Diesen Trend zur vermehrten Abwicklung der Importgeschäfte auf Basis des US-Dollar stellten auch SCHARRER/GEHRMANN/WETTER fest.[7]

Auch im Export versucht die Mehrzahl der deutschen Unternehmen die DM als Basis für Angebote oder Kontrakte durchzusetzen (Tab. 5.7). 95,7 % der exportierenden Unternehmen bieten, sofern die Möglichkeit besteht, auf DM-Basis an; einen fast gleichhohen Prozentsatz ermittelten SCHARRER/GEHRMANN/WETTER in ihrer Untersuchung.[8] Allerdings sind die meisten dieser Unternehmen flexibel genug, auch auf Fremdwährungsbasis anzubieten, sofern dies erforderlich ist. Hier scheint sich ein Wandel zugunsten einer erhöhten Flexibilität deutscher Unternehmen in bezug auf die Fakturierungswährung abzuzeichnen. Die Mehrzahl der Unternehmen ist nicht mehr bereit, auf die Durchführung eines Geschäftes deshalb zu ver-

ANGEBOTS- BZW. FAKTURIERUNGS-WÄHRUNG IM EXPORT	Anzahl der Unternehmen	in v.H.
DM	22*)	95,7
Fremdwährung	16*)	69,6
DM und Fremdwährung	14)	60,9
keine Angabe	1	4,3
*) Mehrfachnennungen möglich		
Summe der Exporteure	23	100,0

Tab. 5.7: Angebots- bzw. Fakturierungswährung im Export

zichten, weil die DM nicht als Fakturierungswährung durchgesetzt werden kann. Während SCHARRER/GEHRMANN/WETTER die nur auf DM-Basis anbietenden Unternehmen mit 62,4 % aller Unternehmen angeben[9], liegt der entsprechende Wert hier mit 34,8 % deutlich niedriger.

Dieses Ergebnis bedarf jedoch einer Relativierung durch eine getrennte Betrachtung der mittelständischen Unternehmen, die in der vorliegenden Untersuchung in geringerem Umfang repräsentiert sind, als in der Untersuchung von SCHARRER/GEHRMANN/WETTER.[10] Eine ausschließliche Kontrahierung auf DM-Basis erfolgt von 75 % der kleinen und mittleren Betriebe (gegenüber 26,3 % der Großunternehmen), nur 25 % dieser Unternehmen sind zusätzlich bereit auf Fremdwährungsbasis zu kontrahieren. Wird dieses Ergebnis berücksichtigt und der Anteil der an der Untersuchung partizipierenden mittelständischen Unternehmen auf einen Anteil von 50 % hochgerechnet, ergibt sich für die ausschließlich auf DM-Basis anbietenden Unternehmen ein Anteil von ca. 50 %. Auch nach dieser Relativierung ist erkennbar, daß der Anteil der ausschließlich auf DM-Basis fakturierenden Unternehmen rückläufig ist.

Sofern die Unternehmen auf Fremdwährungsbasis bieten, wird für die Kalkulation des Fremdwährungspreises oft der Terminkurs der betreffenden Währung mit oder ohne einem Risikoaufschlag (insgesamt über 80 % Nennungen) zugrundegelegt. Darüber hinaus werden zum Zwecke der Kalkulation auch andere Kurse (z. B. Kassakurse, Durchschnittskurse) herangezogen. Hier war allerdings keine besondere Präferenz der Unternehmen erkennbar.

In Übereinstimmung mit den Untersuchungsergebnissen von SCHARRER/GEHRMANN/WETTER ist im Import und Export eine relativ starke Präferenz deutscher Unternehmen für die Kontrahierung in DM zu konstatieren, die im Import noch stärker als im Export ausgeprägt ist.[11] Eine Begründung für dieses Verhalten kann darin erblickt werden, daß die Unternehmen bereits bei der Lieferantenauswahl jene präferieren, die bereit sind, auf DM-Basis zu kontrahieren. Demgegenüber sind die Unternehmen im Export selbst in der Position des Anbieters und müssen nun, sofern sie nicht die notwendige Marktmacht besitzen, ihrerseits auf die Wünsche der Käufer eingehen.

Insgesamt kann festgestellt werden, daß die Bedeutung der DM als Kontraktwährung zugunsten des US-Dollar abnimmt. Der US-Dollar ist relativ häufig eine Drittwährung, auf die sich beide Vertragspartner als Kontraktwährung geeinigt haben.

5.3.2. Verhalten bei schwankenden Rohstoffpreisen und Devisenkursen

Nicht alle befragten Unternehmen sind durch nachteilige Auswirkungen schwankender Rohstoffpreise und Währungskurse in gleicher Weise betroffen. Die Tab. 5.8 zeigt, wie die Bedeutung des Preis- oder Kursrisikos von den befragten Unternehmen eingeschätzt wird.

	Bedeutung für das Unternehmen							
RISIKOART	keine		gering		mittel		groß	
	abs.	%	abs.	%	abs.	%	abs.	%
Alle Unternehmen (25 Unternehmen)								
Preisrisiko	2	8,0	7	28,0	6	24,0	10	40,0
Währungskursrisiko	1	4,0	7	28,0	8	32,0	9	36,0
Nur Klein-/Mittelbetriebe (4 Unternehmen)								
Preisrisiko	0	0,0	2	50,0	2	50,0	0	0,0
Währungskursrisiko	1	25,0	1	25,0	2	50,0	0	0,0

Tab. 5.8: Einschätzung des Rohstoffpreis- und Währungskursrisikos durch die Unternehmen

Während von 40 % der Großunternehmen das Preisrisiko und von 36 % dieser Betriebe das Kursrisiko als groß eingestuft wird, schätzen die kleinen und mittleren Unternehmen deren Bedeutung nur als gering oder mittel ein. Es kann vermutet werden, daß diese Einstufung aus einer falschen Risikoeinschätzung resultiert. So hat beispielsweise ein der Gruppe der Klein- und Mittelbetriebe zuzuordnendes Unternehmen angegeben, daß das Währungskursrisiko für das Unternehmen ohne Bedeutung sei. Im Rahmen einer persönlichen Befragung wurde jedoch deutlich, daß diese Fehleinschätzung aus der Abwicklung der Beschaffung auf DM-Basis resultierte. Die in DM zu zahlenden Rohstoffpreise (Nickelpreis, Messingpreis) wurden nicht in die Komponenten *Weltmarktrohstoffpreis* und *Devisenkurs* differenziert.[12] Auch die Möglichkeit einer Absicherung gegen das Risiko einer nachteiligen Messingpreisänderung durch die Sicherung gegen einen Preisanstieg der im Messing enthaltenen Rohstoffkomponenten (Kupfer und Zink), war diesem Unternehmen nicht bekannt.

Durch dieses Beispiel wird deutlich, daß die Risiken nachteiliger Rohstoffpreis- und Devisenkursänderungen insbesondere von kleinen und mittleren Unternehmen, für die die eigentliche Produktionsaufgabe in der Regel im Vordergrund steht, aufgrund mangelnder Kenntnisse oft nicht richtig eingeschätzt und die aus den Preis- und Kursschwankungen resultierenden Chancen nicht genutzt werden.

Das die bereits häufig angesprochene Vereinbarung von DM-Festpreisen nicht grundsätzlich gegen das Risiko größerer Rohstoffpreis- und Währungskursschwankungen absichert, zeigt die Tab. 5.9. Die im Vertrag vereinbarten Preise haben nicht immer Bestand, sondern werden zum Teil nachträglich geändert. Auffällig sind die relativ häufigen Zugeständnisse nachträglicher Änderungen an die fremden Unternehmen. 60 % der befragten Unternehmen sehen sich gelegentlich oder häufig mit nachträglichen Änderungen der vereinbarten Preise durch den Vertragspartner konfrontiert. Dagegen setzen nur 35 % dieser Unternehmen selbst gelegentlich nachträgliche Preisänderungen durch.

NACHTRÄGLICHE PREISÄNDERUNGEN	Anzahl der Unternehmen	in v.H.
durch das eigene Unternehmen		
häufig	0	0,0
gelegentlich	7	35,0
nie	13	65,0
	20	80,0
keine Angabe	5	20,0
durch das fremde Unternehmen		
häufig	2	9,1
gelegentlich	11	50,0
nie	9	40,9
	22	88,0
keine Angabe	3	12,0
Summe aller Unternehmen	25	100,0

Tab. 5.9: Nachträgliche Änderung vereinbarter Preise

Es stellt sich hier die Frage, ob die kleinen und mittleren Unternehmen aufgrund ihrer relativ geringen Marktmacht eher als Großunternehmen zu Preiszugeständnissen bereit sein müssen. Aufgrund der Untersuchungsergebnisse kann dies jedoch nicht bestätigt werden (Tab. 5.10).

NACHTRÄGLICHE PREISÄNDERUNGEN	Anzahl der Unternehmen	in v.H.
durch das eigene Unternehmen		
häufig	0	0,0
gelegentlich	2	50,0
nie	2	50,0
durch das fremde Unternehmen		
häufig	0	0,0
gelegentlich	3	75,0
nie	1	25,0
Summe mittelständischer Unternehmen	4	100,0

Tab. 5.10: Nachträgliche Änderung vereinbarter Preise (nur Klein- und Mittelbetriebe)

50 % der mittelständischen Unternehmen setzen gelegentlich Preisänderungen durch, hingegen müssen 75 % gelegentlich ihrem Vertragspartner Preisänderungen zugestehen. Unabhängig von der Unternehmensgröße werden bei größeren Preis- und Kursänderungen Preiszugeständnisse vom Vertragspartner gefordert oder müssen gewährt werden, wobei

per Saldo die Gewährung der Zugeständnisse überwiegt. Die mittelständischen Unternehmen erreichen gegenüber den Großunternehmen sogar die bessere Quote zwischen der Anzahl gewährter und erhaltener Preiszugeständnisse.

Sofern der Eintritt einer nachteiligen Rohstoffpreis- oder Devisenkursänderung nicht erst während der Laufzeit eines Geschäftes sondern bereits vorher erwartet wird, besteht die Möglichkeit, die Durchführung dieses Geschäftes vorzuziehen. Auf eine solche erwartete Preis- oder Währungskursänderung reagierten 70 % der befragten Unternehmen häufig oder gelegentlich mit einer vorgezogenen Beschaffung. Auf der Absatzseite wurde die Beschaffung von 66,7 % der Abnehmer häufig oder gelegentlich vorgezogen (Tab. 5.11).

VORGEZOGENE BESCHAFFUNG	Anzahl der Unternehmen	in v.H.
durch das eigene Unternehmen		
häufig	4	20,0
gelegentlich	10	50,0
nie	6	30,0
	20	80,0
keine Angabe	5	20,0
durch das fremde Unternehmen		
häufig	1	4,2
gelegentlich	15	62,5
nie	8	33,3
	24	96,0
keine Angabe	1	4,0
Summe aller Unternehmen	25	100,0

Tab. 5.11: Vorzeitige Beschaffung bei günstiger Preissituation

Unter Berücksichtigung der im weiteren Verlauf dieses Abschnitts vorgestellten Ergebnisse des Einflusses schwankender Preise und Kurse auf die Lagerhaltung der Unternehmen kann geschlossen werden, daß die vorgezogene Beschaffung im wesentlichen durch die Absatzseite induziert wird.

VORGEZOGENE BESCHAFFUNG	Anzahl der Unternehmen	in v.H.
durch das eigene Unternehmen		
häufig	2	50,0
gelegentlich	2	50,0
nie	0	0,0
durch das fremde Unternehmen		
häufig	0	0,0
gelegentlich	2	50,0
nie	2	50,0
Summe mittelständischer Unternehmen	4	100,0

Tab. 5.12: Vorzeitige Beschaffung bei günstiger Preissituation (nur Klein- und Mittelbetriebe)

Während die vorgezogene Beschaffung bei Großunternehmen häufig absatzinduziert ist, wird sie von kleinen und mittleren Unternehmen eher zum spekulativen Lageraufbau genutzt. 100 % dieser Unternehmensgruppe nutzen die vorgezogene Beschaffung häufig oder gelegentlich, aber nur 50 % ihrer Abnehmer ziehen ebenfalls die Beschaffung vor (Tab. 5.12).

Ein Vergleich mit den Angaben zur Beeinflussung der Lagerhaltung durch schwankende Rohstoffpreise und Währungskurse bestätigt, daß nur 50 % der vorgezogenen Beschaffungsvorgänge von der Absatzseite induziert werden, 50 % dagegen der spekulativen Lagerhaltung dienen.

Diese Art der Lagerhaltung wird nur von 16 % aller Unternehmen zur Sicherung gegen erwartete Preis- und Kurssteigerungen eingesetzt (Tab. 5.13).

EINFLUSS DER ERWARTETEN PREIS-/KURS-ENTWICKLUNG AUF DEN LAGERBESTAND	Anzahl der Unternehmen	in v.H.
Lageraufbau/-abbau	4	16,0
Lagerhaltung vom Preis unbeeinflußt	19	76,0
keine Angabe	2	8,0
Summe aller Unternehmen	25	100,0

Tab. 5.13: Abhängigkeit des Lagerbestandes von der erwarteten Preisentwicklung

Dieses Bild ändert sich bei alleiniger Betrachtung der mittelständischen Unternehmen (Tab. 5.14).

EINFLUSS DER ERWARTETEN PREIS-/KURS-ENTWICKLUNG AUF DEN LAGERBESTAND	Anzahl der Unternehmen	in v.H.
Lageraufbau/-abbau	2	50,0
Lagerhaltung vom Preis unbeeinflußt	2	50,0
Summe mittelständischer Unternehmen	4	100,0

Tab. 5.14: Abhängigkeit des Lagerbestandes von der erwarteten Preisentwicklung (nur Klein- und Mittelbetriebe)

Die Lagerhaltung wird von 50 % der kleinen und mittleren Unternehmen als Hedging-Instrument eingesetzt. Demgegenüber nutzen nur 9,5 % der Großunternehmen dieses Instrument. Der Grund hierfür dürfte in den mit der Lagerhaltung verbundenen Nachteilen, insbesondere der hohen Kapitalbindung und der Konkurrenz mit anderen Rohstoffen um die knappen Lagerkapazitäten, zu erblicken sein. Das Problem der Entscheidung, welche Rohstoffe vorrangig gelagert werden, ist in kleinen und mittleren Unternehmen einfacher als in Großunternehmen zu lösen, da diese Entscheidung in der Regel bei **einem** Entscheidungsträger liegt.

5.3.2.1. Sicherung gegen Preisrisiken

Das aus schwankenden Rohstoffpreisen resultierende Risiko wird in 8 % der Fälle als ohne Bedeutung für das eigene Unternehmen eingestuft. Entsprechend nehmen diese Unternehmen keine Preissicherung vor. In die weiteren Untersuchungen werden deshalb nur die Unternehmen einbezogen, für die das Preisrisiko von mindestens geringer Bedeutung ist (Tab. 5.15).

PREISRISIKO	Anzahl der Unternehmen	in v.H.
Absicherung gegen Preisrisiken	15	65,2
Größere Bedeutung der Preissicherung gegenüber der Vergangenheit	9	60,0*
Bedarf nach langfristiger Sicherung	5	33,3*
*) Bezugsbasis: 15 Unternehmen		
Anzahl Unternehmen mit mindestens geringem Preisrisiko	23	100,0
Absicherung gegen Preisrisiko	6	85,7
Anzahl Unternehmen mit geringem Preisrisiko	7	100,0
Absicherung gegen Preisrisiko	9	56,3
Anzahl Unternehmen mit mindestens mittlerem Preisrisko	16	100,0

Tab. 5.15: Sicherungsverhalten bei bestehenden Preisrisiken

Lediglich 56,3 % der Unternehmen, die das Preisrisiko als von mindestens mittlerer Bedeutung einstufen, sichern sich hiergegen ab. Demgegenüber sichern sich 85,7 % der Unternehmen gegen ein Preisrisiko ab, obwohl sie dieses Risiko lediglich als gering einstufen. Die genauen Gründe für eine Nichtsicherung trotz mittleren oder großen Preisrisikos sind nicht eindeutig determinierbar. Einige Unternehmen haben erläuternd ihre Gründe für dieses Verhalten genannt:

- "Für unsere Vorprodukte existiert kein Warenterminmarkt".
- "Die Preisgestaltung erlaubt in der Regel eine Anpassung an die gegenwärtige Marktlage".
- Es ist ein "nur begrenzt funktionsfähiger Terminmarkt vorhanden und die Inlandspreise folgen den Rohstoffpreisen".

Der Überwälzbarkeit der Rohstoffpreissteigerungen dürfte in diesem Zusammenhang eine nicht unerhebliche Bedeutung zukommen. Solange die Absatzpreise angepaßt werden können, besteht bei den Unternehmen die deutliche Neigung, eine Absicherung zu unterlassen. Ebenso wird bei ausreichend großen Gewinnspannen aus *Bequemlichkeit* auf eine Absicherung verzichtet. Gestützt wird diese Interpretation auch durch die Angabe eines Unternehmens, daß der Preissicherung in jüngerer Vergangenheit deshalb eine größere Bedeutung zugemessen werden müsse, weil die Gewinnspannen ständig geringer würden.

In bezug auf die Laufzeit der Sicherungen äußerten nur 33,3 % der preishedgenden Unternehmen einen Bedarf nach einer langfristigen Sicherungsmöglichkeit, wobei sich dieser Bedarf auf einen Zeitraum von 1 - 2 Jahren beschränkte.

Im Gegensatz zu den Großunternehmen sichern sich alle befragten mittelständischen Unternehmen gegen die Preisrisiken ab (Tab. 5.16).

Für 100 % der mittelständischen Unternehmen hat die Preissicherung gegenüber der Vergangenheit an Bedeutung gewonnen, insbesondere durch sinkende Gewinnspannen; dagegen geben nur 26,3 % der Großunternehmen an, daß der Sicherung der Preise eine größere Bedeutung zukomme, als in der Vergangenheit.

PREISRISIKO	Anzahl der Unternehmen	in v.H.
Absicherung gegen Preisrisiken	4	100,0
Größere Bedeutung der Preissicherung gegenüber der Vergangenheit	4	100,0
Bedarf nach langfristiger Sicherung	3	75,0
Anzahl mittelständischer Unternehmen mit mindestens geringem Preisrisiko	4	100,0

Tab. 5.16: Sicherungsverhalten bei bestehenden Preisrisiken (nur Klein- und Mittelbetriebe)

Ein Grund für diese Entwicklung ist möglicherweise in der unterschiedlichen Risikostreuung zu erblicken. Großunternehmen stellen regelmäßig eine Vielzahl von Produkten aus unterschiedlichen Rohstoffen her. Preissteigerungen eines Rohstoffs können deshalb besser ausgeglichen werden. Die Produktion kleiner und mittlerer Unternehmen ist demgegenüber stärker auf eine geringe Zahl von Produkten ausgerichtet, die auf wenigen, gleichen Rohstoffen basieren. Steigende Preise eines bestimmten Rohstoffs belasten deshalb den Unternehmenerfolg entsprechend; eine Kompensationsmöglichkeit ist in der Regel nicht gegeben.

Bei einem Vergleich des von Großunternehmen und von Klein- und Mittelunternehmen geäußerten Bedarfs nach langfristigen Sicherungsmöglichkeiten fällt auf, daß dieser Bedarf von 75 % der Klein- und Mittelbetriebe, aber nur von 15,8 % der Großunternehmen bekundet wird. Der Grund für diesen Bedarf dürfte darin zu erblicken sein, daß Klein- und Mittelbetriebe eher als Großunternehmen gezwungen sind, ihren Stammkunden einen Festpreis nicht nur für ein einzelnes Geschäft, sondern für einen längeren Zeitraum (oft 1 - 2 Jahre) zu gewähren. Entsprechend ist es nicht ungewöhnlich, daß bei dieser Unternehmensgruppe auf der Beschaffungsseite ein Bedürfnis nach einer 1 - 2 jährigen Absicherungsmöglichkeit gegen Rohstoffpreisrisiken besteht.

Insgesamt 65,2 % der Unternehmen, die das Preisrisiko als von mindestens geringer Bedeutung einstuften, sichern sich hiergegen ab. Es stellt sich an dieser Stelle die Frage, welche Hedging-Instrumente von diesen Unternehmen zur Sicherung gegen die Rohstoffpreisrisiken vorrangig eingesetzt werden (Tab. 5.17).

PREISSICHERUNGSINSTRUMENT	Bedeutung des Instrumentes keine abs.	%	gering abs.	%	mittel abs.	%	groß abs.	%	keine Angabe abs.	%
- Preisvorbehalt	10	66,7	3	20,0	1	6,7	1	6,7	0	0,0
- Preisgleitklauseln	8	53,3	2	13,3	4	26,7	1	6,7	0	0,0
- Festpreis	2	13,3	0	0,0	1	6,7	12	80,0	0	0,0
- Warenterminhandel	7	46,7	1	6,7	2	13,3	4	26,7	1	6,7
Anzahl der preissichernden Unternehmen: 15 = 100,0 %										

Tab. 5.17: Bedeutung einzelner Hedging-Instrumente im Rahmen der Preissicherung

Das bedeutendste Hedging-Instrument ist die Vereinbarung von Festpreisen. 80 % aller Unternehmen nutzen dieses Instrument. Die Vereinbarung eines Preisvorbehalts ist für die

Mehrheit (66,7 %) der Unternehmen ohne Bedeutung, ebenso wie der Einsatz von Preisgleitklauseln (53,3 %). Dem Warenterminhandel stehen die Unternehmen gespalten gegenüber. Für 46,7 % der Unternehmen besitzt der Warenterminhandel keine Bedeutung, von der gleichen Anzahl an Unternehmen wird der Warenterminhandel eine mindestens geringe, von der Hälte dieser Unternehmen sogar eine große Bedeutung beigemessen. Die für einen Verzicht auf den Warenterminhandel als Hedging-Instrument genannten Gründe waren recht unterschiedlich:

"Warenterminhandel ist Spekulation",
"Konzernvorschrift",
"Benötigte Rohstoffe werden nicht gehandelt".

Die Tab. 5.18 gibt Aufschluß darüber, inwieweit Klein- und Mittelbetriebe andere Instrumente zur Preissicherung einsetzen, als Großunternehmen.

PREISSICHERUNGSINSTRUMENT	Bedeutung des Instrumentes: keine abs.	keine %	gering abs.	gering %	mittel abs.	mittel %	groß abs.	groß %
- Preisvorbehalt	3	75,0	0	0,0	0	0,0	1	25,0
- Preisgleitklauseln	1	25,0	1	25,0	2	50,0	0	0,0
- Festpreis	0	0,0	0	0,0	0	0,0	4	100,0
- Warenterminhandel	2	50,0	0	0,0	1	25,0	1	25,0
Anzahl der preissichernden mittelständischen Unternehmen: 4 = 100,0 %								

Tab. 5.18: Bedeutung einzelner Hedging-Instrumente im Rahmen der Preissicherung (nur Klein- und Mittelbetriebe)

Eine Abhängigkeit des Einsatzes der Hedging-Instrumente von der Unternehmensgröße ist nicht erkennbar. Die größte Bedeutung kommt auch bei der Gruppe der mittelständischen Unternehmen einer Vereinbarung von Festpreisen zu. Die Vereinbarung von Preisvorbehalten ist demgegenüber von untergeordneter Bedeutung. Der Einsatz von Preisgleitklauseln ist für 75 % der mittelständischen Unternehmen und nur für 27,3 % der Großunternehmen von Bedeutung. Hier läßt sich nicht bestätigen, daß kleine und mittlere Unternehmen solche Instrumente nicht einsetzen können, weil ihnen die entsprechende Marktmacht fehlt.

Der Einsatz des Warenterminhandels als Hedging-Instrument ist nicht typisch für Großunternehmen. Genauso gespalten wie große Unternehmen stehen kleine und mittlere Unternehmen diesem Instrument gegenüber. Während für die eine Hälfte dieses Instrument ohne Bedeutung ist, gab die andere Hälfte an, der Warenterminhandel besitze für sie eine große Bedeutung. Als Grund für den Nichteinsatz des Warenterminhandels gab ein mittelständisches Unternehmen an, daß ihm dieses Instrument nur ungenügend bekannt sei. Mangelnde Kenntnis der Einsatzmöglichkeiten dieses Instrumentes ist ein häufiger Grund für dessen Ablehnung.

Auf diese mangelnde Kenntnis dürfte auch die Bezeichnung des Warenterminhandels als Spekulation und der Erlaß von Konzernvorschriften, die den Einsatz dieses Instrumentes verbieten, zurückzuführen sein. Diese Haltung vieler Unternehmen steht in diametralem Gegensatz zum Verhalten weniger anderer Unternehmen, die sich mit den Warenterminmärkten intensiv beschäftigen. Für sie ist der Warenterminhandel ein normales Hedging-Instrument. Die Zusammenarbeit mit den Brokern wird von diesen Unternehmen in der

Regel als gut bezeichnet und die existierenden Schutzvorschriften als gut bis befriedigend beurteilt.

HEDGINGSTRATEGIE GEGEN PREISRISIKEN	Anzahl der Unternehmen	in v.H.
Routine-Hedging	4	26,7
- sofort bei Vertragsabschluß	1*	33,3[1]
- alle Rohstoffe	1*	33,3[1]
- volles Volumen	2*	66,7[1]
- keine Angabe	1	25,0
Selektiv-Hedging	10	66,7
- während der Laufzeit des Geschäftes	5*	71,4[2]
- nur bestimmte Rohstoffe	4*	57,1[2]
- Teilvolumen	5*	71,4[2]
- keine Angabe	3	30,0
keine Angabe	1	6,7
Summe der preissichernden Unternehmen	15	100,0
(* = Mehrfachnennungen möglich)	([1] = Bezugsbasis 3 Unternehmen) ([2] = Bezugsbasis 7 Unternehmen)	

Tab. 5.19: Hedgingstrategien gegen Preisrisiken

HEDGINGSTRATEGIE GEGEN PREISRISIKEN	Anzahl der Unternehmen	in v.H.
Routine-Hedging	0	0,0
Selektiv-Hedging	4	100,0
- während der Laufzeit des Geschäftes	2*	66,7[1]
- nur bestimmte Rohstoffe	1*	33,3[1]
- Teilvolumen	1*	33,3[1]
- keine Angabe	1	25,0
Summe der preissichernden mittelständischen Unternehmen	4	100,0
(* = Mehrfachnennungen möglich)	([1] = Bezugsbasis 3 Unternehmen)	

Tab. 5.20: Hedgingstrategien gegen Preisrisiken (nur Klein- und Mittelbetriebe)

Vier Unternehmen, die Warentermingeschäfte durchführen, geben an, hierdurch in der Vergangenheit gelegentlich Verluste erlitten zu haben. Drei Unternehmen bezeichneten diese Verluste als von größerem Umfang, ein Unternehmen gab den Umfang der Verluste als mittel an. Die übrigen am Warenterminhandel teilnehmenden Unternehmen erlitten ihren Angaben zufolge nie Verluste größeren Umfangs. Die gelegentliche Realisierung größerer Verluste ist nicht unbedingt negativ zu sehen, da dies auf eine aktive Nutzung des Warenterminhandels für ein selektives Hedging schließen läßt. Tatsächlich geben diese Unternehmen auch an, ein selektives Hedging durchzuführen. Bei einem Vorgehen nach dieser Strategie stehen den gelegentlich anfallenden Verlusten in der Regel entsprechende Gewinne gegenüber. Da diese Unternehmen weiterhin selektiv hedgen, ist zu vermuten, daß die Gewinne langfristig die Verluste überkompensieren.

Ein selektives Hedging wird von der Mehrzahl der preissichernden Unternehmen (66,6 %) durchgeführt (Tab. 5.19). Hierbei wird in der Regel der Einsatzzeitpunkt des gewählten Sicherungsinstrumentes flexibel gehandhabt und/oder nur ein Teil des gehandelten Volumens abgesichert. Dieses Verhalten deutet darauf hin, daß die meisten Unternehmen nicht nach einem festen Schema handeln, sondern ein bewußtes Risk Management betreiben.

Gegenüber den Großunternehmen sind Klein- und Mittelbetriebe noch flexibler. Ein Routine-Hedging wird von keinem der befragten Unternehmen aus dieser Gruppe durchgeführt, hingegen von 36,4 % der Großunternehmen (Tab. 5.20).

5.3.2.2. Sicherung gegen Devisenkursrisiken

Fast alle Unternehmen (96 %) sehen sich durch Schwankungen der Währungskurse betroffen. Während die Mehrzahl (45 %) der Großunternehmen die Bedeutung des Wechselkursrisikos als groß einstufte, bezeichneten 50 % der mittelständischen Unternehmen das Risiko als mittel (Tab. 5.21). Kein mittelständisches Unternehmen schätzte das Wechselkursrisiko als groß ein.

KURSRISIKO	Anzahl der Unternehmen	in v.H.
Absicherung gegen Kursrisiko	23	95,8
Größere Bedeutung der Kurssicherung gegenüber der Vergangenheit	12	52,2*
Bedarf nach langfristiger Sicherung	6	26,1*
*) Bezugsbasis: 23 Unternehmen		
Anzahl Unternehmen mit mindestens geringem Kursrisiko	24	100,0
Absicherung gegen Kursrisiko	6	85,7
Anzahl Unternehmen mit geringem Kursrisiko	7	100,0
Absicherung gegen Kursrisiko	17	100,0
Anzahl Unternehmen mit mindestens mittlerem Kursrisiko	17	100,0

Tab. 5.21: Sicherungsverhalten bei bestehenden Kursrisiken

Im Gegensatz zum Verhalten bei schwankenden Rohstoffpreisen sichern sich 95,8 % der befragten Unternehmen gegen ein Wechselkursrisiko ab. Lediglich ein Unternehmen, welches das Kursrisiko als gering einstufte, verzichtete auf eine Sicherung. Kosten-Nutzen-Abwägungen und die Erfahrung, daß sich Gewinne und Verluste im Zeitablauf ausgleichen, sind die Gründe für dieses Non-Hedging. Die insgesamt höhere Neigung zur Sicherung gegen Kursrisiken dürfte insbesondere auf eine bessere Verfügbarkeit der entsprechenden Hedging-Instrumente zurückzuführen sein.

Eine größere Bedeutung der Währungskurssicherung gegenüber der Vergangenheit bejahen 52,2 % der sichernden Unternehmen und ein Bedarf nach langfristiger Sicherung besteht bei 26,1 % dieser Unternehmen. Der Zeitraum, für den eine langfristige Sicherung benötigt wird, beschränkt sich, wie bei der Sicherung gegen Rohstoffpreisrisiken, auf 1 - 2 Jahre.

Im Gegensatz zu den Großunternehmen sichern sich alle Klein- und Mittelbetriebe, für die das Währungskursrisiko von mindestens geringer Bedeutung ist, gegen dieses Risiko ab (Tab. 5.22).

KURSRISIKO	Anzahl der Unternehmen	in v.H.
Absicherung gegen Kursrisiko	3	100,0
Größere Bedeutung der Kurssicherung gegenüber der Vergangenheit	1	33,3
Bedarf nach langfristiger Sicherung	0	0,0
Anzahl mittelständischer Unternehmen mit mindestens geringem Kursrisiko	3	100,0

Tab. 5.22: Sicherungsverhalten bei bestehenden Kursrisiken (nur Klein- und Mittelbetriebe)

Während das Kurssicherungsverhalten dieser Unternehmensgruppe dem Sicherungsverhalten bei Rohstoffpreisrisiken entspricht, ergibt sich ein auffälliger Unterschied bei der Einschätzung der Änderung der Bedeutung der Kurssicherung gegenüber der Vergangenheit und bei dem Bedarf nach langfristigen Sicherungsmöglichkeiten. Dieser Bedarf wurde beispielsweise von allen mittelständischen Unternehmen verneint, ein Anstieg der Bedeutung nur von einem Unternehmen bejaht.

Die einzelnen Exportgeschäfte können bereits vor ihrer vertraglichen Fixierung einem Kursrisiko unterliegen, wenn verbindliche Angebote in fremder Währung abgegeben werden. Trotz dieses Risikos ist eine Sicherung bereits zum Zeitpunkt der Angebotsabgabe oder während der Laufzeit des Angebots relativ wenig verbreitet (Tab. 5.23).

ABSICHERUNG IN DER ANGEBOTSPHASE	Anzahl der Unternehmen	in v.H.
keine Absicherung	2	8,7
Absicherung	5	21,7
nicht betroffen	7	30,4
keine Angabe	9	39,1
Exportierende Unternehmen	23	100,0

Tab. 5.23: Kurssicherung in der Angebotsphase

Insgesamt 7 Unternehmen waren von der hier angesprochenen Problematik betroffen. 28,6 % dieser Unternehmen gaben an, keine Absicherung vorzunehmen. Ein Unternehmen befand sich allerdings in einem Umdenkprozeß und bezeichnete eine Absicherung mittels Optionen als nachdenkenswert. Die übrigen 71,4 % (5 Unternehmen, davon ein mittelständisches Unternehmen) sicherten sich gegen das Risiko von Währungskursänderungen in der Angebotsphase auf recht unterschiedliche Weise ab. Als Hedging-Instrumente wurden genannt:

- Abgabe freibleibender Angebote,
- laufende Pauschalkurssicherung,

- Berücksichtigung eines Terminkurses (je nach Laufzeit) bei Angebotsabgabe,
- Kursanpassungsklauseln oder Risikoaufschläge und kurze Angebotsbindefrist,
- Verkauf oder Vorkauf von Währungsbeträgen.

Diese Instrumente zeigen, auf welche unterschiedlichen Arten sich die einzelnen Unternehmen gegen ein bestehendes Kursrisiko in der Angebotsphase sichern. Die hier ermittelten Ergebnisse stimmen in der Tendenz mit den Ergebnissen der Untersuchung von SCHARRER/GEHRMANN/WETTER überein.[13]

Ein Grund für die geringe Anzahl von Absicherungen in der Angebotsphase ist in dem ungünstigen Verhältnis zwischen abgegebenen und angenommenen Offerten zu erblicken. Wird ein kursgesichertes Angebot nicht angenommen, sind dem Unternehmen trotzdem Kosten entstanden. Es erscheint deshalb sinnvoll, eine Pauschalkurssicherung durchzuführen. Werden beispielsweise erfahrungsgemäß ca. 10 % der Offerten akzeptiert, so sollten dementsprechend 10 % des Angebotsvolumens gegen Wechselkursänderungen gehedgt werden.

Die Mehrzahl der befragten Unternehmen tätigt gleichzeitig Import- und Exportgeschäfte. Es stellt sich deshalb die Frage nach dem Umfang einer Aufrechnung der einzelnen offenen Devisenkurspositionen. Eine solche Saldierung wird nur von 39,1 % der kurssichernden Unternehmen durchgeführt. Sofern überhaupt Forderungen und Verbindlichkeiten in der gleichen Währung bestehen, scheitert eine Aufrechnung oft an der mangelnden Übereinstimmung der Termine von Zahlungszugängen und -abgängen (Tab. 5.24).

SALDIERUNG DER WÄHRUNGSPOSITIONEN	Anzahl der Unternehmen	in v.H.
Aufrechnung	9*)	39,1
Einzelsicherung	15*)	65,2
Gründe für Einzelsicherung:		
- mangelnde Übereinstimmung der Fristen	7**)	53,8
- mangelnde Übereinstimmung der Währungen	2**)	15,4
- vertragliche Bindung	1	7,7
- keine Aufrechnung möglich, da nur Forderungen oder Verbindlichkeiten	5	38,5
	13	86,7
- keine Angabe	2	13,3
Summe kurssichernder Unternehmen:	23	100,0

*) 1 Doppelnennung

**) Mehrfachnennungen möglich

Tab. 5.24: Saldierung einzelner Währungspositionen

Bei einer alleinigen Betrachtung der mittelständischen Unternehmen zeigt sich dieses Problem noch deutlicher (Tab. 5.25). Dieses Ergebnis zeigt deutlich, daß eine Saldierung der Währungspositionen in kleinen und mittleren Unternehmen kaum möglich ist. Eine Kongruenz von Zahlungszugang und -abgang ist nur in wenigen Fällen gegeben.

SALDIERUNG DER WÄHRUNGSPOSITIONEN	Anzahl der Unternehmen	in v.H.
Aufrechnung	0	0,0
Einzelsicherung	3	100,0
Gründe für Einzelsicherung:		
- mangelnde Übereinstimmung der Fristen	2	66,7
- keine Angabe	1	33,3
Summe kurssichernder mittelständischer Unternehmen	3	100,0

Tab. 5.25: Saldierung einzelner Währungspositionen (nur Klein- und Mittelbetriebe)

Das Netting ist eines der Instrumente, die zur Kurssicherung eingesetzt werden können. Ein weiteres Hedging-Instrument ist das Leading. Die Tab. 5.26 zeigt, inwieweit diese Möglichkeit von den importierenden Unternehmen genutzt wird und ob exportierende Unternehmen aufgrund einer entsprechenden Devisenkursentwicklung mit vorgezogenen Zahlungszugängen rechnen müssen.

EINFLUSS DER ERWARTETEN KURSENTWICKLUNG AUF DAS ZAHLUNGSVERHALTEN	Anzahl der Unternehmen	in v.H.
vorgezogene Zahlungen an die Lieferanten		
- häufig	0	0,0
- gelegentlich	8	33,3
- nie	16	66,7
Importierende Unternehmen	24	100,0
vorgezogene Zahlungen durch die Kunden		
- häufig	0	0,0
- gelegentlich	13	56,5
- nie	10	43,5
Exportierende Unternehmen	23	100,0

Tab. 5.26: Zahlungsverhalten in Abhängigkeit von der erwarteten Kursentwicklung

56,5 % der ausländischen Abnehmer ziehen bei entsprechender Wechselkursentwicklung die Zahlung an die deutschen Exporteure vor, hingegen reagieren nur 33,3 % der deutschen Importeure mit einer vorgezogenen Zahlung. Ein möglicher Grund für dieses unterschiedliche Zahlungsverhalten kann in der Präferenz deutscher Importeure für die DM als Kontraktwährung erblickt werden. Bei einer Kontrahierung in DM besteht für sie keine Veranlassung, aufgrund von Wechselkurserwartungen die Zahlungen vorzuziehen.

Der Einfluß einer erwarteten Währungskursänderung auf das Zahlungsverhalten kleiner und mittlerer Unternehmen unterschied sich kaum von dem Gesamtergebnis. Das ermittelte Ergebnis für die vorgezogenen Zahlungen an die Lieferanten stimmt exakt mit dem ermittelten Verhalten aller Unternehmen überein.

Neben den bereits angesprochenen Hedging-Instrumenten können von den Unternehmen eine Reihe weiterer Instrumente zur Sicherung gegen Devisenkursrisiken eingesetzt werden. Die Bedeutung dieser Instrumente für die Unternehmen zeigt die Tab. 5.27.

Das von der Mehrheit der Unternehmen genutzte Kurssicherungsinstrument ist der Abschluß von Devisentermingeschäften. Bereits an zweiter Stelle folgen Optionen, die trotz der relativ hohen Kosten von 66,7 % der Unternehmen eingesetzt werden. Die Wechselkursversicherung ist nur für ein Unternehmen überhaupt von Bedeutung; sie wurde als gering eingestuft. Dieses Ergebnis war zu erwarten, da bei den Unternehmen wenig Bedarf nach einer langfristigen Sicherung besteht und sich dieser Bedarf zudem auf einen Zeitraum von 1 - 2 Jahren beschränkt. Für diesen Zeitraum bietet die Wechselkurssicherung jedoch aufgrund der zweijährigen Vorlaufzeit ohnehin keinen Schutz gegen ein bestehendes Devisenkursrisiko.

Das Factoring ist, ebenso wie die Wechselkursversicherung, als Hedging-Instrument nur von untergeordneter Bedeutung. In der Regel wird es aus Liquiditätsgründen eingesetzt; die Sicherung des Währungskurses ist nicht eigentlicher Zweck. Gleiches gilt für die Forfaitierung der Fremdwährungsforderungen.

Während die Devisen-Termingeschäfte von relativ großer Bedeutung für die Kurssicherung sind, haben Devisen-Terminkontraktgeschäfte bisher bei den deutschen Unternehmen noch keine weite Verbreitung als Hedging-Instrument gefunden. Ein möglicher Grund hierfür kann in der Tatsache begründet liegen, daß den gehandelten Kontrakten nur US-Dollar-Wechselkurse (z. B. ct/DM, ct/£, ct/Can-$ usw.) zugrunde liegen. Eine direkte Absicherung gegen ein beispielsweise aus der Relation DM/£ resultierendes Wechselkursrisiko ist hingegen nicht möglich.

Von den drei kurssichernden **kleinen und mittleren** Unternehmen nutzt ein Unternehmen ausschließlich Devisentermingeschäfte, ein anderes setzte keines dieser Instrumente ein, sondern sicherte sich durch Leading. Das dritte Unternehmen machte keine näheren Angaben zu den eingesetzten Instrumenten.

KURSSICHERUNGSINSTRUMENT	Bedeutung des Instrumentes: keine abs.	keine %	gering abs.	gering %	mittel abs.	mittel %	groß abs.	groß %	keine Angabe abs.	keine Angabe %
- Kurssicherungsklausel	13	56,5	6	26,1	2	8,7	1	4,3	1	4,3
- Währungskredite	13	56,5	5	21,7	4	17,4	1	4,3	3	13,0
- Währungsanlage	10	43,5	8	34,8	2	8,7	0	0,0	3	13,0
- Währungswechseldiskontierung	15	65,2	3	13,0	3	13,0	0	0,0	2	8,7
- Forfaitierung	17	73,9	2	8,7	3	13,0	0	0,0	1	4,3
- Factoring	20	87,0	1	4,3	0	0,0	0	0,0	2	8,7
- Wechselkursversicherung	20	87,0	1	4,3	0	0,0	0	0,0	2	8,7
- Termingeschäfte	3	13,0	0	0,0	3	13,0	16	70,0	1	4,3
- Terminkontrakte	16	70,0	2	8,7	2	8,7	1	4,3	2	8,7
- Optionen	7	30,4	8	34,8	3	13,0	3	13,0	2	8,7
Anzahl der sichernden Unternehmen: 23 = 100,0 %										

Tab. 5.27: Bedeutung unterschiedlicher Hedging-Instrumente im Rahmen der Kurssicherung

Wie bei der Sicherung gegen Preisrisiken, führt die Mehrzahl der Unternehmen auch hier ein selektives Hedging durch (Tab. 5.28).

Über 90 % der selektiv hedgenden Unternehmen entscheidet flexibel, in Abhängigkeit von der erwarteten Kursentwicklung, über den Zeitpunkt der Sicherung. 71,4 % sichern nur bestimmte Wechselkursverhältnisse ab, für die restlichen Devisen wird keine Sicherung vorgenommen. Die hierfür angeführten Gründe sind unterschiedlich:

- "Die entsprechenden Devisenbeträge sind relativ gering",
- "die Währungen unterliegen keinen starken Schwankungen",
- "Gewinne und Verluste gleichen sich längerfristig aus".

Für die mittelständischen Unternehmen konnte gegenüber den Großunternehmen keine nennenswerte Abweichung in bezug auf die gewählte Hedgingstrategie ermittelt werden.

HEDGINGSTRATEGIE GEGEN KURSRISIKEN	Anzahl der Unternehmen		in v.H.
Routine-Hedging	7		30,4
- sofort bei Vertragsabschluß		3*	60,0[1]
- alle Devisen		3*	60,0[1]
- Gesamtvolumen		4*	80,0[1]
- keine Angabe		2	28,6
Selektiv-Hedging	15		65,2
- während der Laufzeit des Geschäftes		13*	92,9[2]
- nur bestimmte Devisen		10*	71,4[2]
- Teilvolumen		6*	42,9[2]
- keine Angabe		1	7,1
keine Angabe	1		4,3
Summe kurssichernder Unternehmen	23		100,0

(* = Mehrfachnennungen möglich) ([1] = Bezugsbasis 5 Unternehmen)
([2] = Bezugsbasis 14 Unternehmen)

Tab. 5.28: Hedgingstrategien gegen Kursrisiken

5.3.3. Beschaffung und Verarbeitung von Informationen für die Preis- und Kurssicherung

Um sich über die Entwicklung auf den Rohstoff- und Devisenmärkten zu informieren, nutzen die Unternehmen recht unterschiedliche Arten von Informationsquellen (Tab. 5.29).

ARTEN GENUTZTER INFORMATIONSQUELLEN	Anzahl der Unternehmen	in v.H.
Tageszeitungen	14	58,3
- deutschsprachig	12	85,7
- fremdsprachig	8	57,1
Fachpublikationen	9	37,5
Börsenpublikationen	5	20,8
Warenpreisindices	1	4,2
spezielle Beratungsdienste	4	16,7
Bankauskünfte	15	62,5
eigene Erfahrungsberichte	8	33,3
Reuters	8	33,3
sonstige	1	4,2
(Mehrfachnennungen möglich)		
Summe sichernder Unternehmen:	24	100,0

Tab. 5.29: Arten genutzter Informationsquellen

Um sich über die Währungskursentwicklungen und die diese Entwicklungen beeinflussenden Faktoren zu informieren, sind Bankauskünfte die wichtigste Art der Informationsquelle, die von 62,5 % der Unternehmen genutzt wird. Eine weitere wichtige Informationsquelle sind Tageszeitungen, wobei deutschsprachige Tageszeitungen dominieren.

Von immerhin einem Drittel der Unternehmen wird Reuters als Informationslieferant in Anspruch genommen. Dieser Informationsdienst wird in der Regel nur von Großunternehmen beansprucht, da ein Aufwand in Höhe von mehreren tausend Mark pro Monat für kleine und mittlere Unternehmen kaum tragbar ist.

Im Gegensatz zu den Großunternehmen werden von den befragten mittelständischen Unternehmen einige Informationsquellen-Arten überhaupt nicht genutzt (Tab. 5.30).

ART DER GENUTZTEN INFORMATIONSQUELLEN	Anzahl der Unternehmen	in v.H.
Tageszeitungen	3	75,0
Fachpublikationen	1	25,0
Börsenpublikationen	2	50,0
Bankauskünfte	1	25,0
eigene Erfahrungsberichte	2	50,0
(Mehrfachnennungen möglich)		
Summe sichernder mittelständischer Unternehmen	4	100,0

Tab. 5.30: Art der genutzten Informationsquellen (nur Klein- und Mittelbetriebe)

Darüber hinaus fällt auf, daß die Bankauskünfte bei dieser Unternehmensgruppe eine weit weniger gewichtige Stellung einnehmen, als dies bei den Großunternehmen der Fall ist. Wichtig für die Bereitstellung von Informationen sind auch für die mittelständischen Unternehmen deutschsprachige Tageszeitungen. Fremdsprachige Tageszeitungen werden dagegen von den befragten Unternehmen nicht genutzt.

Aufgrund der in den Tabellen 5.29 und 5.30 enthaltenen Mehrfachnennungen konnte bereits geschlossen werden, daß von der Mehrzahl der sichernden Unternehmen mehr als eine Informationsquellenart herangezogen wird. Einen Überblick über diese Anzahl vermittelt die Tab. 5.31.

ANZAHL GENUTZTER ARTEN VON INFORMATIONSQUELLEN	Anzahl der Unternehmen	in v.H.
1	5	20,8
2	2	8,3
3	7	29,2
4	2	8,3
5	4	16,7
mehr als 5	2	8,3
keine Angabe	2	8,3
Summe sichernder Unternehmen	24	100,0

Tab. 5.31: Anzahl der genutzten Arten unterschiedlicher Informationsquellen

62,5 % der Unternehmen nutzen mindestens drei unterschiedliche Arten von Informationsquellen. Es läßt sich somit feststellen, daß die Mehrzahl der Unternehmen die von ihnen benötigten Informationen nicht einseitig, sondern relativ breit gestreut bezieht. Hierbei ist zu beachten, daß die *Zahl* der genutzten Informationsquellen in der Regel wesentlich größer ist, als die Zahl der genutzten *Arten* von Informationsquellen. So werden beispielsweise oft mehrere deutsch- oder fremdsprachige Zeitungen als Informationslieferanten herangezogen. Häufig werden auch die Auskünfte verschiedener Banken miteinander verglichen. Hierdurch kann in der Regel ein umfassenderer Überblick gewonnen und die künftige Marktentwicklung besser eingeschätzt werden.

Die selektierten Informationen können zur Erstellung von Rohstoffpreis- und Devisenkursprognosen genutzt werden. Von 72 % der Unternehmen werden solche Prognosen selbst erstellt. Als Prognoseverfahren kommen in den befragten Unternehmen sowohl die Fundamental-Analyse als auch die Technische Analyse zum Einsatz. Die Einschätzung der Eignung einer fundamentalanalytischen Vorgehensweise für den Zweck der Erstellung von Preis- und Kursprognosen kann der Tab. 5.32 entnommen werden.

EIGNUNG DER FUNDAMENTAL-ANALYSE ZUR PROGNOSE	Anzahl der Unternehmen	in v.H.	
geeignet	3		16,7
nur eingeschränkt geeignet	8		44,4
ungeeignet	6		33,3
keine Angabe	1		5,6
Summe der Unternehmen mit eigener Prognoseerstellung	18	72,0	100,0
keine eigene Prognose	7	28,0	
Summe der Unternehmen	25	100,0	

Tab. 5.32: Einschätzung der Fundamental-Analyse als Prognoseinstrument

Die Fundamental-Analyse wird nur von 33,3 % der Unternehmen, die selbst Rohstoffpreis- und/oder Währungskursprognosen erstellen, als ungeeignet abgelehnt, dagegen von 61,1 % als geeignet eingestuft. Diese Eignung wird allerdings von 44,4 % als eingeschränkt bezeichnet. Als Gründe hierfür wurden von einigen Unternehmen genannt:

1. "Zur Prognose der Kursentwicklung der Dollarwährungen, insbesondere des US-Dollars, ist die Fundamental-Analyse nicht geeignet. Sie ist eher für die Prognose anderer Währungen, z. B. Währungen der Hochinflationsländer, geeignet".
2. "Die Fundamental-Analyse eignet sich eher zur Erstellung langfristiger Prognosen der Preis- und Kursentwicklungen".
3. "Sie eignet sich zur Abrundung der mit Hilfe der technischen Analyse gewonnenen Einschätzung der Marktbewegung".

Diese Relativierung der Eignung von Fundamental-Analysen zur Erstellung von Preis- und Kursprognosen deutet darauf hin, daß der Technischen Analyse eine nicht geringe Bedeutung für die Prognoseerstellung zukommt. Die Einschätzung deren Eignung für die Erstellung von Rohstoffpreis- und Devisenkursprognosen zeigt die Tab. 5.33.

Beide Unternehmen von denen die Technische Analyse nicht eingesetzt wird, beurteilen diese in ihrer Leistungsfähigkeit als unzureichend. Bemerkenswert erscheint zudem, daß drei Unternehmen, die keine eigene Prognoseerstellung durchführen, trotzdem die Technische Analyse als "unzureichend" (2 Nennungen) oder "ausreichend" einstufen.

Im Gegensatz zu den Großunternehmen erstellen 75 % der mittelständischen Unternehmen keine eigenen Preis- oder Kursprognosen. Da diese Unternehmen gleichzeitig aber ein selektives Hedging der Rohstoffpreis- und/oder Devisenkursrisiken durchführen und keine speziellen Beratungsdienste in Anspruch nehmen, liegt der Schluß nahe, daß die Erstellung der Prognosen intuitiv erfolgt. Ein mittelständisches Unternehmen gab dementsprechend auch im Rahmen der vom Verfasser ergänzend geführten Gespräche an, intuitiv zu handeln. Sobald der Unternehmenseigentümer den **Eindruck** gewinnt, daß die Preise künftig steigen, sichert er sich gegen dieses Risiko durch einen Lageraufbau ab. Dieses Verhalten zeigt, daß Klein- und Mittelbetriebe stärker intuitiv handeln, als Großunternehmen. Die Großunternehmen, welche keine eigenen Prognosen erstellten, sicherten entweder routinemäßig ab oder nahmen Beratungen Dritter in Anspruch.

EIGNUNG DER TECHNISCHEN ANALYSE ZUR PROGNOSE	Anzahl der Unternehmen	in v.H.
Technische Analyse wird eingesetzt	14	77,7
- gut geeignet	3	21,4
- befriedigend	5	35,7
- ausreichend	3	21,4
- unzureichend	3	21,4
Technische Analyse wird nicht eingesetzt	2	11,1
keine Angabe	2	11,1
		100,0
Summe der Unternehmen mit <u>eigener</u> Prognoseerstellung	18	72,0
keine eigene Prognose	7	28,0
Summe der Unternehmen	25	100,0

Tab. 5.33: Einschätzung der Technischen Analyse als Prognoseinstrument

Die Mehrzahl der Unternehmen, die für ihre Prognoseerstellung Charts nutzen, erstellen diese selbst (Tab. 5.34).

CHARTERSTELLUNG	Anzahl der Unternehmen	in v.H.
Eigene Aufzeichnung der Kurse	11*)	78,6
Chart-Abonnement	4)	28,6
weder Abonnement, noch eigene Aufzeichnung	1	7,1
*) Mehrfachnennungen möglich		
Summe der Unternehmen, die Charttechniken nutzen	14	100,0

Tab. 5.34: Datenquellen für die Technische Analyse

Die konventionelle Charttechnik der Line- und Barcharts wird von 78,6 % der Unternehmen angewandt. Die in Deutschland relativ wenig verbreitete Point & Figure-Charttechnik wird immerhin von 28,6 % der Unternehmen, in der Regel kombiniert mit der Line- oder Barcharttechnik, eingesetzt (Tab. 5.35).

CHARTART	Anzahl der Unternehmen		in v.H.
Line-Chart	3*)		21,4
Bar-Chart	8)		57,1
- Tagesbasis		7	87,5
- Wochenbasis		0	0,0
- Monatsbasis		1	12,5
Point & Figure-Chart	4*)		28,6
Moving Averages	2*)		14,3
sonstige	1)		7,1
keine Angabe	1		7,1
*) Mehrfachnennungen möglich			
Summe der Unternehmen, die Charttechniken nutzen	14		100,0

Tab. 5.35: Genutzte Chartaufzeichnungsform

Kein eindeutiges Bild konnte in bezug auf die Häufigkeit der Durchführung von Chartanalysen gewonnen werden (Tab. 5.36). Eindeutig ist hingegen die präferierte Prognosehäufigkeit und der Prognosezeitraum (Tab. 5.37).

ANWENDUNG DER CHARTANALYSE	Anzahl der Unternehmen	in v.H.
regelmäßig	7	50,0
nur bei bestimmten Anlässen	6	42,9
keine Angabe	1	7,1
Summe der Unternehmen, die Charttechniken nutzen	14	100,0

Tab. 5.36: Anwendung der Chartanalyse

PROGNOSEHÄUFIGKEIT /-ZEITRAUM	Anzahl der Unternehmen	in v.H.
Prognosehäufigkeit		
< 1 Monat	10	55,6
monatlich	2	11,1
quartalsweise	1	5,6
> 3 Monate	0	0,0
Prognosezeitraum*)		
< 1 Monat	6	33,3
1 - 3 Monate	6	33,3
3 - 6 Monate	1	5,6
6 - 9 Monate	1	5,6
9 - 12 Monate	3	16,7
keine Angabe	1	5,6
keine Präferenzen	5	27,8
*) Mehrfachnennungen		
Summe der Unternehmen mit eigener Prognoseerstellung	18	100,0

Tab. 5.37: Häufigkeit der Durchführung von Preis- und Kursprognosen und Prognosezeitraum

Die Mehrzahl der Unternehmen (55,6 %) präferiert eine Wiederholfrequenz von weniger als einem Monat für die Erstellung von Rohstoffpreis- und Devisenkursprognosen. Dies kann als eine Reaktion auf die dynamische Entwicklung auf den Rohstoff- und Devisenmärkten gewertet werden. Die Prognosen werden in der Mehrzahl für einen Zeitraum von bis zu 3 Monaten erstellt. Feststellen läßt sich darüber hinaus auch, daß für die Technische Analyse tendenziell eher kurze Zeiträume präferiert werden und die Fundamental-Analyse eher langfristig angelegt ist. Dies bestätigt die Einschätzung der Eignung der Technischen Analyse und der Fundamental-Analyse durch die Unternehmen. Die Mehrzahl sieht die fundamentale Analyse zur Bestimmung der längerfristigen Bewegungsrichtung der Preise und Kurse als geeignet an.

Die Preis- und Kursprognosen werden in den befragten Unternehmen von Mitarbeitern erstellt, deren Ausbildung recht unterschiedlich ist (Tab. 5. 38).

AUSBILDUNG DER FÜR DIE PROGNOSE-ERSTELLUNG ZUSTÄNDIGEN MITARBEITER	Anzahl der Unternehmen	in v.H.
betriebswirtschaftlich	12	66,7
volkswirtschaftlich	5	27,8
sonstige	4	22,2
keine Angabe	2	11,1
(Mehrfachnennungen möglich)		
Summe der Unternehmen mit eigener Prognoseerstellung	18	100,0

Tab. 5.38: Ausbildung der für die Erstellung von Preis- und Kursprognosen zuständigen Mitarbeiter

Diese Mitarbeiter sind überwiegend betriebswirtschaftlich ausgebildet. In 4 Unternehmen wurden die Prognosen von betriebs- und volkswirtschaftlich ausgebildeten Mitarbeitern gemeinsam erstellt. Nur in einem Unternehmen erfolgt die Prognoseerstellung allein durch einen volkswirtschaftlich ausgebildeten Mitarbeiter. Die sonstigen Ausbildungen wurden von 3 Unternehmen näher spezifiziert. Genannt wurden:

1. kaufmännische und händlerische Ausbildung,
2. juristische Ausbildung,
3. Bankakademie, Erfahrung im Devisenhandel.

Der Einsatz eines Mitarbeiters mit juristischer Ausbildung für die Erstellung von Währungskursprognosen erscheint ungewöhnlich. Da dieser Mitarbeiter aber seine Prognosen auf Basis der Technischen Analyse erstellt, spielt die Ausbildung für diesen Zweck eine untergeordnete Rolle. Dies zeigt, daß die Prognoseerstellung auf Basis der Technischen Analyse keine besonderen Fachkenntnisse erfordert und von einem Risk Manager unabhängig von seiner Ausbildung bewältigt werden kann.

Das im Rahmen der Prognoseerstellung erhobene Datenmaterial wird nur selten in Datenbanken abgespeichert (Tab. 5.39). Nur 22,2 % der Unternehmen, die selbst die Rohstoffpreis- oder Devisenkursentwicklungen prognostizieren, speichern erhobenes Datenmaterial in einer Datenbank ab. Obwohl auch die Speicherung fundamentaler Daten sinnvoll erscheint, sollte insbesondere die Erstellung der Charts computergestützt durchgeführt werden. Diese Charterstellung erfolgt derzeit Überwiegend noch manuell. Zu den Unternehmen, die das Datenmaterial in einer Datenbank abspeichern, gehörte auch ein mittelständisches Unternehmen.

SAMMLUNG DES FÜR DIE PROGNOSE BESCHAFFTEN DATENMATERIALS IN EINER DATENBANK	Anzahl der Unternehmen	in v.H.
ja	4	22,2
nein	14	77,8
Summe der Unternehmen mit eigener Prognoseerstellung	18	100,0

Tab. 5.39: Sammlung des für die Erstellung von Preis- und Kursprognosen beschafften Datenmaterials in einer Datenbank

Die Sicherung gegen die nachteilige Wirkung von Rohstoffpreis und Devisenkursänderungen ist in den befragten Unternehmen unterschiedlich organisiert. Die meisten Unternehmen bevorzugen eine zentrale Organisation und beschäftigen bis zu drei Mitarbeiter in dieser Abteilung (Tab. 5.40).

ORGANISATION DER SICHERUNG IM UNTERNEHMEN	Anzahl der Unternehmen	in v.H.
dezentral organisiert	4	16,7
zentral organisiert	17	70,8
- Anzahl der Mitarbeiter		
1 Mitarbeiter	2	11,8
2 - 3 Mitarbeiter	11	64,7
> 3 Mitarbeiter	3	17,6
keine Angabe	1	5,9
- Entscheidungsbefugnis		
groß	8	47,1
mittel	5	29,4
gering	2	11,8
keine	0	0,0
keine Angabe	2	11,8
- Führung als Profit Center	3	17,6
keine Angabe	3	12,5
Summe sichernder Unternehmen	24	100,0

Tab. 5.40: Organisation der Rohstoffpreis- und Währungskurssicherung im Unternehmen

Lediglich von drei Unternehmen (17,6 % der Unternehmen mit zentraler Sicherungsabteilung) wird dieser Bereich als Profit Center geführt. Alle drei Unternehmen stufen das Rohstoffpreis- *und* Währungskursrisiko als von großer Bedeutung für das Unternehmen ein. Sie führen zudem ein Selektiv-Hedging durch. Zwei dieser Unternehmen nutzen die Technische Analyse als Hilfsmittel zur Erstellung der Rohstoffpreis- und/oder Währungskursprognosen vorrangig bzw. ausschließlich. Das dritte Unternehmen machte hierzu keine Angaben.

Obwohl die einzelnen Unternehmensbereiche immer stärker durch den Einsatz von Computern unterstützt werden, ist dieser Trend derzeit für den Bereich der Rohstoffpreis- und Devisenkurssicherung noch nicht erkennbar (Tab. 5.41). $^2/_3$ aller hedgenden Unternehmen planen auch für die Zukunft keine Einführung eines computergestützten Hedgingsystems, durch das insbesondere die Erstellung von Rohstoffpreis- und Devisenkursprognosen erleichert werden kann.

ENTWICKLUNGSSTAND DER RECHNER-GESTÜTZTEN ABSICHERUNG	Anzahl der Unternehmen	in v.H.
bereits vorhanden	3	12,5
geplant	4	16,7
nicht geplant	16	66,7
keine Angabe	1	4,2
Summe sichernder Unternehmen	24	100,0

Tab. 5.41: Stand der Computerunterstützung der Sicherung

5.3.4. Organisation der Rohstoff- und Devisenmärkte

In der Bundesrepublik Deutschland existiert derzeit kein Rohstoff- und Devisen-Terminkontrakthandel. Sofern dieses Hedging-Instrument eingesetzt werden soll, müssen die entsprechenden Kontrakte über die Auslandsbörsen in London, New York oder Chicago gehandelt werden. Es stellt sich deshalb die Frage, inwieweit von den Unternehmen die Einführung eines solchen Terminkontrakthandels gewünscht wird (Tab. 5.42).

EINFÜHRUNG EINES TERMINKONTRAKT-HANDELS IN DER BUNDESREPUBLIK	Anzahl der Unternehmen	in v.H.
wird befürwortet	2	22,2
wird abgelehnt	7	77,8
	9	36,0
indifferent	15	60,0
keine Angabe	1	4,0
Summe aller Unternehmen	25	100,0

Tab. 5.42: Befürwortung der Einführung eines Terminkontrakthandels in der Bundesrepublik

Die Mehrheit (60 %) der befragten Unternehmen steht der Einführung eines Terminkontrakthandels in der Bundesrepublik indifferent gegenüber. Der Grund hierfür dürfte in der geringen Bedeutung, die der Terminkontrakthandel für diese Unternehmen besitzt, zu erblicken sein. Von den restlichen Unternehmen, die sich zur Einführung des Terminkontrakthandels eine Meinung gebildet haben, steht die Mehrheit (77,8 %) einer solchen Einführung ablehnend gegenüber. Hieraus läßt sich schließen, daß die existierenden Terminkontraktmärkte als ausreichend funktionsfähig angesehen werden, oder zumindest keine Verbesserung gegenüber dem derzeitigen Status erwartet wird. Eine Verteilung des Umsatzvolumens auf viele kleine Terminkontraktmärkte schadete vermutlich der Marktliquidität dieser einzelnen Märkte. Es erscheint deshalb sinnvoll, die entsprechenden Umsätze an wenigen, bereits etablierten Marktplätzen zu konzentrieren.

Durch internationale Rohstoffabkommen soll unter anderem eine zu große Volatilität der entsprechenden Preise verhindert werden. Es läßt sich jedoch beobachten, daß die Mehrzahl der Abkommen diesem Anspruch nicht gerecht wird. Von 70 % der Unternehmen, die sich zur Notwendgikeit einer Verbesserung der bestehenden Rohstoffabkommen eine Meinung gebildet haben, wird diese deshalb befürwortet (Tab. 5.43).

FUNKTIONSWEISE BESTEHENDER ROHSTOFFABKOMMEN	Anzahl der Unternehmen	in v.H.
Verbesserung ist notwendig	7	70,0
Verbesserung ist nicht notwendig	3	30,0
	10	40,0
indifferent	14	56,0
keine Angabe	1	4,0
Summe aller Unternehmen	25	100,0

Tab. 5.43: Notwendigkeit einer Verbesserung der Funktionsweise bestehender Rohstoffabkommen

Auch die Devisenkurse zeigen ein sehr volatiles Kursverhalten. Seit dem Zusammenbruch des Währungsparitätensystems von Bretton Woods hat sich die Volatilität der Devisenkurse stark erhöht. Durch eine Rückkehr zu einem System fester Wechselkurse könnten die möglichen Währungskursverluste eng eingegrenzt werden, allerdings entfiele hierdurch auch die Chance, von einer vorteilhaften Kursentwicklung profitieren zu können. Trotzdem zöge die Mehrheit der Unternehmen diese Sicherheit vor (vgl. 5.44).

SYSTEM FESTER WECHSELKURSE STATT EINES FLOATINGS	Anzahl der Unternehmen	in v.H.
wird befürwortet	11	61,1
wird abgelehnt	7	38,9
	18	72,0
indifferent	7	28,0
keine Angabe	0	0,0
Summe aller Unternehmen	25	100,0

Tab. 5.44: Befürwortung eines Systems fester Wechselkurse

Eine mögliche Ursache für die relativ starke Befürwortung einer Verbesserung bestehender Rohstoffabkommen und der Rückkehr zu einem System fester Wechselkurse kann in der risikoaversen Einstellung vieler deutscher Unternehmen erblickt werden. Sie sind bereit, auf die Chancen vorteilhafter Preis- und Kursentwicklungen zu verzichten, wenn sie die aus den Rohstoffpreis- und Devisenkursschwankungen ebenfalls resultierenden Risiken ausschließen können.

5.4. Schlußfolgerungen

Wie sich im Rahmen der schriftlichen Befragung und insbesondere in den ergänzend geführten Gesprächen gezeigt hat, besitzen nicht alle Unternehmen, unabhängig von der Unternehmensgröße, ausreichende Kenntnisse über sämtliche verfügbaren Sicherungsinstrumente. Es kann jedoch festgestellt werden, daß kleine und mittlere Unternehmen tendenziell neuen Erkenntnissen wesentlich aufgeschlossener gegenüberstehen. Großunternehmen beharrten demgegenüber öfter auf den bereits festgelegten Handlungsweisen. So verteidigte beispielsweise ein Großunternehmen das routinemäßige Hedging mit dem Hinweis: "Das haben wir schon immer so gemacht".[14]

Werden die hier ermittelten Ergebnisse mit den von SCHARRER/GEHRMANN/WETTER eruierten Ergebnissen verglichen, so ist festzustellen, daß diese im wesentlichen auch heute, zumindest in ihren Tendenzaussagen, noch gültig sind. Eine Veränderung ist hingegen bei der Beurteilung der Verfügbarkeit von Devisentermingeschäften erkennbar. Während viele Unternehmen in der Untersuchung von SCHARRER/GEHRMANN/WETTER angaben, daß Devisentermingeschäfte für eine Reihe von Devisen nur schwer abzuschließen seien, insbesondere wenn die Laufzeit der Geschäfte über ein Jahr hinaus gehe, wird eine fehlende Absicherbarkeit im Rahmen dieser Untersuchung nur für den portugisischen Escudo und das irische Pfund beklagt.[15] Dieser Wandel ist durchaus verständlich, weil Devisentermingeschäfte inzwischen zum täglichen Geschäft von Banken und Unternehmen gehören. Die Liquidität dieser Märkte hat erheblich zugenommen und neue Instrumente zur Sicherung, beispielsweise Devisenoptionen, sind in den Markt eingeführt worden. Die Untersuchung von SCHARRER/GEHRMANN/WETTER entstand in relativ kurzem zeitlichen Abstand zum Zusammenbruch des Systems fester Wechselkurse; seitdem haben sich die Devisenterminmärkte erheblich weiterentwickelt.

Abschließend kann festgestellt werden, daß kein typisches Sicherungsverhalten kleiner und mittlerer Unternehmen gegenüber dem Verhalten großer Unternehmen erkennbar ist. Auf beiden Seiten sind sehr differenzierte Kenntnisse, aber auch Unkenntnis vorhanden. Während große Unternehmen relativ inflexibel sind und deshalb an ihren bisherigen Vorgehensweisen festhalten, ist bei kleinen und mittleren Unternehmen durchaus die Bereitschaft zur Änderung ihres Verhaltens erkennbar. Ihnen fehlen aber oft die entsprechenden Kenntnisse, sowohl der Methoden als auch teilweise der Probleme selbst. Es erscheint deshalb notwendig, ein entsprechendes Problembewußtsein zu schaffen und geeignete Instrumente zur Lösung dieser Probleme anzubieten.

BEMERKUNGEN:

1 Vgl. hierzu SCHARRER, Hans-Eckart - GEHRMANN, Dieter - WETTER, Wolfgang: Währungsrisiko ..., a. a. O..

2 Zu dem im Rahmen dieser Arbeit entwickelten Fragebogen vgl. den Anhang. Zum Fragebogen von Scharrer/Gehrmann/Wetter vgl. SCHARRER, Hans-Eckart - GEHRMANN, Dieter - WETTER, Wolfgang: Währungsrisiko ..., a. a. O., Anhang.

3 Nicht mitgerechnet wurden rückgesandte Fragebögen von Unternehmen, die zwischenzeitlich ihre Geschäftstätigkeit eingestellt hatten oder die angaben, aufgrund kurzfristiger personeller Engpässe nicht in der vorgegebenen Zeit die Fragen beantworten zu können (5 Unternehmen).

4 Dieser Schluß wird für den Bereich der Devisenkursrisiken durch die Erkenntnis von Scharrer/Gehrmann/Wetter, daß die Neigung zur Fakturierung in DM mit abnehmender Unternehmensgröße zunimmt, gestützt. Vgl. hierzu SCHARRER, Hans-Eckart - GEHRMANN, Dieter - WETTER, Wolfgang: Währungsrisiko ..., a. a. O., S. 178 (Fakturierungsverhalten im Export) und S. 261 (Fakturierungsverhalten im Import).

5 Vgl. SCHARRER, Hans-Eckart - GEHRMANN, Dieter - WETTER, Wolfgang: Währungsrisiko ..., a. a. O., S. 216.

6 Vgl. SCHARRER, Hans-Eckart - GEHRMANN, Dieter - WETTER, Wolfgang: Währungsrisiko ..., a. a. O., S. 271.

7 Vgl. SCHARRER, Hans-Eckart - GEHRMANN, Dieter - WETTER, Wolfgang: Währungsrisiko ..., a. a. O., S. 270.

8 Der von ihnen ermittelte Prozentsatz betrug 95,6 %. Vgl. hierzu SCHARRER, Hans-Eckart - GEHRMANN, Dieter - WETTER, Wolfgang: Währungsrisiko ..., a. a. O., S. 177.

9 Vgl. SCHARRER, Hans-Eckart - GEHRMANN, Dieter - WETTER, Wolfgang: Währungsrisiko ..., a. a. O., S. 177.

10 Der Anteil kleiner und mittlerer Unternehmen betrug in deren Untersuchung ca. 50 %. Vgl. SCHARRER, Hans-Eckart - GEHRMANN, Dieter - WETTER, Wolfgang: Währungsrisiko ..., a. a. O., S. 38.

11 Vgl. hierzu SCHARRER, Hans-Eckart - GEHRMANN, Dieter - WETTER, Wolfgang: Währungsrisiko ..., a. a. O., S. 171 - 183 und S. 257 - 258.

12 Zur Notwendigkeit dieser Differenzierung vgl. Kapitel 2, Abschnitt 2.4.2.2.
13 Vgl. zum Absicherungsverhalten in der Angebotsphase SCHARRER, Hans-Eckart - GEHRMANN, Dieter - WETTER, Wolfgang: Währungsrisiko ..., a. a. O., S. 395 - 396.
14 Argumente dieser Art eruierte auch Prindl in seiner Untersuchung. Vgl. PRINDL, Andreas R.: Foreign Exchange Risk, a. a. O., p. 63.
15 Zu den entsprechenden Untersuchungsergebnissen bei Scharrer/Gehrmann/Wetter vgl. SCHARRER, Hans-Eckart - GEHRMANN, Dieter - WETTER, Wolfgang: Währungsrisiko ..., a. a. O., S. 320 - 323.

6. Untersuchung der Vorteilhaftigkeit eines computergestützten Selektiv-Hedging auf Basis mechanischer Tradingstrategien

Die im Rahmen des vierten Kapitels ausgewählten algorithmierbaren Verfahren zur computergestützten Rohstoffpreis- und Devisenkursprognose wurden einer Evaluierung auf Basis empirischer Daten unterzogen, deren wesentliche Ergebnisse im folgenden kurz vorgestellt werden.[1] Zunächst wird jedoch die Testhypothese formuliert und der Aufbau der Datenbasis beschrieben.

6.1. Testhypothese und Vorgehensweise

Die Vertreter der Technischen Analyse gehen davon aus, daß Preis- und Kurstrends existieren und sich, beispielsweise mit Hilfe der mechanischen Tradingstrategien, gewinnbringend nutzen lassen. Deshalb wird hier untersucht, inwieweit durch die Anwendung dieser Strategien tatsächlich systematische Gewinne erzielt werden können. Dazu wird, sobald durch die untersuchte mechanische Tradingstrategie ein Kauf- oder Verkaufsignal ausgelöst wird, eine Einheit Rohstoff oder Währung, z. B. ein US-Dollar, gekauft bzw. verkauft. Ermittelt wird die Summe der im Testzeitraum realisierten Gewinne auf Basis richtiger Kauf- und Verkaufsignale abzüglich der aufgrund von Fehlsignalen entstandenen Verluste. Ein Kauf-/Verkaufsignal ist ein Fehlsignal, wenn das nachfolgende Verkauf-/Kaufsignal auf einem tieferen/höheren Kursniveau erfolgt.

Für die Berechnung der jeweiligen Gewinne und Verluste wird, sofern nicht anders angegeben, der erste Kurs nach Auslösung des Handelssignals zugrunde gelegt. Transaktionskosten und Kapitalbindungskosten werden pauschal berücksichtigt.[2] Sie wurden wie folgt berechnet:

$$\text{Spesen} = \frac{\text{150 US-Dollar}}{\text{Terminkontraktgröße des Rohstoffs bzw. der Währung}}$$

In Abhängigkeit vom gewählten Hedging-Instrument können die tatsächlichen Kosten etwas höher oder niedriger sein.

6.2. Aufbau des Datenmaterials

6.2.1. Auswahl der getesteten Rohstoffe und Devisen und Länge des Untersuchungszeitraumes

Die Datenbasis umfaßt die täglich notierten Kurse verschiedener Rohstoffe und Devisen für die Zeit vom 11. April 1983 bis 28. Juli 1989. Die Länge des ausgewählten Zeitraumes von knapp 6 $^1/_2$ Jahren soll sicherstellen, daß die Kursentwicklung sowohl Hausse- und Baissephasen als auch Zeiten relativ gleichbleibender Kurse umfaßt. Dieser Zeitraum entspricht beispielsweise auch dem von HOCKMANN[3] in seiner Untersuchung gewählten Zeitraum.

Zur Evaluierung der mechanischen Tradingstrategien wurden Rohstoffe und Devisen ausgewählt, die im Rahmen der Beschaffung vieler Unternehmungen eine große Bedeutung besitzen und zudem in der Regel ein sehr unterschiedliches Kursverhalten aufweisen. Ausgewählt wurden Kupfer, Silber und Gold als NE-Metalle bzw. Edelmetalle, Kaffee, Kakao und gefrorenes Orangensaftkonzentrat aus dem Bereich der agraischen Rohstoffe sowie der US-Dollar und das englische Pfund Sterling aus dem Devisenbereich.

Die betrachteten agraische Rohstoffe weisen in der Regel eine andere Kursentwicklung auf, als beispielsweise Devisen oder Metalle. Ihre Preise können insbesondere durch Unwetter starken kurzfristigen Steigerungen unterliegen, wie sie bei metallischen Rohstoffen relativ selten und bei Devisen fast nie zu beobachten sind. Kaffee und Kakao sind zudem agraische Rohstoffe, deren Preis durch Anbieterkoalitionen in einem vorgegebenen Rahmen gehalten werden soll. Es handelt sich bei diesen Kartellen allerdings um eher schwache Kartelle, die durch ihre Uneinigkeit mitunter sogar zu relativ starken Kursausschlägen beitragen.

Kupfer, Silber und Gold wurden als Vertreter der NE-Metalle bzw. Edelmetalle ausgewählt. Im Gegensatz zu den nachwachsenden agraischen Rohstoffen ist ihr Vorrat beschränkt.

Aus dem Devisenbereich werden für die Evaluierung der US-Dollar und das englische Pfund Sterling herangezogen. Sie wurden ausgewählt, weil beide Währungen eine große Bedeutung im Welthandel besitzen und die Mehrzahl der Weltmarktpreise wichtiger Rohstoffe an den internationalen Börsen in diesen Währungen notiert werden.

6.2.2. Erfassung des Datenmaterials und das Problem von Datenfehlern

Das Datenmaterial wurde zum größten Teil manuell aus den Kursteilen der Frankfurter Allgemeine Zeitung erfaßt. Ein kleiner Teil des Datenmaterials wurde täglich automatisch über BTX eingelesen und die Kurse an die entsprechenden Rohstoff- oder Devisenkursdateien angehängt.

In beiden Fällen stellt sich das Problem von Fehlern in den Quelldaten. Bei der manuellen Datenerfassung trat zusätzlich das Problem von Erfassungsfehlern auf. Durch Sichtkontrollen der Kursverläufe wurden diese auf Kursausreißer hin untersucht und entsprechende Fehler korrigiert. Zusätzlich wurden mit Hilfe eines Computers Kursabweichungsuntersuchungen durchgeführt. Dabei wurde der prozentuale Anstieg gegenüber dem Vortageskurs berechnet und bei einer Überschreitung vorgegebener Grenzwerte der entsprechende Kurs manuell auf Korrektheit überprüft und gegebenenfalls korrigiert.

Durch diese Maßnahmen sollte sichergestellt werden, daß das Datenmaterial keine größeren Fehler enthält. Eventuell noch vorhandene, kleinere Fehler dürften die Auswertung nicht beeinflussen, da durch die mechanischen Tradingstrategien kleinere Kursschwankungen ohnehin herausgefiltert werden.

6.3. Ergebnisse der Evaluierung

Die Ergebnisse eines Handelns auf Basis mechanischer Tradingstrategien werden im folgenden getrennt nach den einzelnen Strategien vorgestellt. Im Vordergrund steht die Frage, ob sich mit Hilfe dieser Strategien systematische Gewinne, zumindest für die Mehrzahl der untersuchten Rohstoffe und Devisen, erzielen lassen. Hingegen soll nicht versucht werden, die optimale Strategie für die Prognose der Kursentwicklung eines *bestimmten* Rohstoffs oder Wechselkursverhältnisses zu bestimmen. Diese ließe sich aber relativ einfach aus den Einzelauswertungen ableiten.[4]

Jede der Auswertungen enthält im Anschluß an die Spalten mit den Untersuchungsparametern (z. B. Filtersatz, Tagezahl zur Berechnung des gleitenden Durchschnitts, Boxgröße bei Point & Figure-Charts) zwei Blöcke mit je zwei Ergebnisspalten. Der erste Ergebnisspaltenblock enthält die realisierten Gewinne bzw. Verluste ohne Berücksichtigung von Spesen, die nächste Spalte die anfallenden Spesen und der zwei Spaltenblock die Tradingergebnisse unter Berücksichtigung von Spesen. Die erste Spalte in den einzelnen Ergebnisblöcken, bezeichnet als "**Signal**", enthält die Ergebnisse eines Handelns auf Basis der betrachteten Tradingstrategien bei Zugrundelegung des Kurses, der das Signal auslöste (Signalkurse). Bei der Berechnung der Ergebnisse, die in der als "**Real**" bezeichneten zweiten Spalte in den einzelnen Ergebnisblöcken aufgeführt sind, wurden hingegen die realisierbaren Kurse (Realkurse) berücksichtigt. Diese entsprechen in der Regel der ersten Kursnotierung nach der Auslösung des Signals.[5] Bei einer Auswertung (Filtertechnik kombiniert mit modifiziert angewandtem gleitenden Durchschnitt) wurde untersucht, inwieweit sich die Ergebnisse verändern, wenn der Handel nicht am gleichen, sondern erst am nächsten Tag erfolgt.

6.3.1. Filtertechnik

Die Filtertechnik nach ALEXANDER wurde für Filtersätze von 1,0 - 10,0 % untersucht. Sie erweist sich bei Berücksichtigung der Signalkurse in jedem der untersuchten Fälle als vorteilhaft. Dies ändert sich, wenn die realisierbaren Kurse zugrunde gelegt werden. Die Filterregel liefert für den Rohstoff Kakao und die untersuchten Edelmetalle relativ schlechte Ergebnisse. Bei den übrigen untersuchten Objekten konnten hingegen gute Ergebnisse erzielt werden, wobei sich Filtersätze von ca. 1 - 5 % als am vorteilhaftesten erwiesen. Eine Ausnahme bildete Kaffee. Hier führten erst Filtersätze von mehr als 8 % zu akzeptablen Ergebnissen.

6.3.2. Methode des gleitenden Durchschnitts

Die Vorteilhaftigkeit eines Handelns auf Basis der Methode der gleitenden Durchschnitte wurde für Durchschnitte von 50 - 150 Tagen untersucht. Zuvor durchgeführte Tests hatten ergeben, daß kleinere Durchschnitte die Zahl der Fehlsignale signifikant erhöhen, größere hingegen eine Trendumkehr zu spät anzeigen. Die Auslösung der Kauf-

und Verkaufsignale erfolgte auf Basis der normalen und der modifizierten Entscheidungslogik.

Darüber hinaus wurde versucht, durch die Verwendung eines Filters zur Bestätigung des Signals die Ergebnisse zu verbessern. Ein Signal wurde demzufolge nur dann akzeptiert, wenn sich der Kurs anschließend um mindestens x Prozent in die signalisierte Richtung bewegt.

Für die Mehrzahl der untersuchten Rohstoffe und Devisen muß ein Handeln auf Basis gleitender Durchschnitte als **profitabel** bezeichnet werden. Im Mittel lassen sich die besten Ergebnisse erzielen, wenn zur Berechnung des gleitenden Durchschnitts 90 - 110 Tage zugrundegelegt werden. Enttäuschend sind auch hier wiederum die Ergebnisse für den Rohstoff Kakao und die Edelmetalle. Es konnten hier keine zufriedenstellenden Resultate erzielt werden. Beim Rohstoff Kupfer führt ein Handel auf Basis der Methode der gleitenden Durchschnitte zu einer deutlichen Ergebnisverschlechterung gegenüber der Filterregel.

Die Verwendung der Toleranzfilter zur Akzeptanz eines Signals verbessert die Ergebnisse nicht in jedem Fall. Allgemein läßt sich jedoch feststellen, daß eine Verbesserung dann zu erzielen ist, wenn die zur Berechnung des gleitenden Durchschnitts zugrundegelegte Tagezahl relativ gering ist; bei höheren Tagezahlen ist hingegen eher eine Verschlechterung zu erwarten. Wird beispielsweise als Tagezahl 50 gewählt, so sollte der Toleranzfilter 4 - 5 % betragen, bei 100 Tagen ca. 2 - 3 % und bei 150 Tagen 0 %.

Die Zugrundelegung der *modifizierten* Entscheidungslogik bringt in der Mehrzahl der Fälle bei Rohstoffen eine **wesentliche Verbesserung** der Ergebnisse. Sie trägt teilweise auch zu einer **Verstetigung** der Ergebnisse bei, da diese weniger sensitiv auf die Wahl der für die Berechnung des Durchschnitts notwendigen Tagezahl reagieren. Bemerkenswert ist auch, daß sich mit Hilfe dieser Strategie auch die Edelmetalle profitabel handeln lassen. Für den Rohstoff Kupfer sind ebenfalls positive Ergebnisse zu erzielen. Einzig für den Rohstoff Kakao ist ein profitables Handeln nicht möglich. Zwar kann auch hier eine wesentliche Ergebnisverbesserung erreicht werden, doch bleiben die Ergebnisse, unter Berücksichtigung von Spesen, negativ.

Bei Devisen sollte demgegenüber auf die Verwendung der modifizierten Entscheidungslogik verzichtet werden; die Ergebnisse lassen sich selten verbessern, sondern verschlechtern sich tendenziell eher.

Im Vergleich zu einem Handeln auf Basis der Filterregel ist festzustellen, daß Rohstoffe (ausgenommen Kupfer) profitabler auf Basis der Methode gleitender Durchschnitte mit modifizierter Entscheidungslogik gehandelt werden können, während bei Devisen die Filterregel vorgezogen werden sollte.

6.3.3. Kombination der Filtertechnik mit dem gleitenden Durchschnitt

Durch die Kombination der Filtertechnik mit einem gleitenden Durchschnitt soll die Zahl der Fehlsignale reduziert werden. Verwendet wurden zur Berechnung der gleitenden Durchschnitte wiederum Tagezahlen von 50 - 150.

Die Modifikation der Filterstrategie wurde auf zwei unterschiedliche Arten vorgenommen. So wurde bei der ersten Modifikationsform ein nach der normalen Filterstrategie ausgelöstes Kaufsignal (Verkaufsignal) erst dann akzeptiert, wenn gleichzeitig der **Kurs** um y Prozent (Toleranzfilter) **oberhalb (unterhalb) der x-Tage-Durchschnittslinie** lag. Bei der zweiten Kombinationsart wurde hingegen zur Bestätigung der Gültigkeit eines Signals gefordert, daß die x-Tage-Durchschnittslinie **nicht entgegen dem signalisierten Trend** verlaufen darf. Letzteres entspricht einer Kombination der Filtertechnik mit einem gleitenden Durchschnitt bei modifizierter Entscheidungslogik.

Durch beide Kombinationsformen lassen sich die untersuchten Rohstoffe (ausgenommen Kakao, Gold und Silber) und Devisen profitabel handeln. In der Mehrzahl der Fälle kann eine Verbesserung gegenüber den Ergebnissen eines alleinigen Handelns auf Basis der Filterregel oder der Methode der gleitenden Durchschnitte erzielt werden. Eine **signifikante** Verbesserung bringt allerdings nur die Kombination der Filterstrategie mit einem gleitenden Durchschnitt bei *modifizierter* Entscheidungslogik. Als Filtersätze sollten in der Regel Sätze von 1 - 5 % gewählt werden. Eine Ausnahme bildet wieder der Rohstoff Kaffee. Hier erscheinen Filtersätze von mehr als 6 % empfehlenswert.

Im Gegensatz zu einem sofortigen Handel nach Auslösung des Signals, kann auch leicht zeitverzögert erst am nächsten Tag gehandelt werden. Durch eine solche Strategie ergab sich überwiegend eine Verbesserung der Ergebnisse. Diese Verbesserung dürfte aus den alternierenden Bewegungen der Rohstoffpreise und Devisenkurse resultieren. So folgt relativ oft einer Aufwärtsbewegung an einem Tag eine Abwärtsbewegung am darauffolgenden Tag und vice versa.

6.3.4. Point & Figure-Grundstrategie

Die Ergebnisse eines Handelns auf Basis der Point & Figure-Strategie sind überwiegend positiv und lassen den Schluß zu, daß mit Hilfe dieser Strategie bestehende Rohstoffpreis- und Devisenkurstrends erkannt und profitabel genutzt werden können. Die Point & Figure-Strategie kann deshalb als gewinnbringend bezeichnet werden.[6]

Probleme bereitet allerdings auch bei dieser Strategie wiederum die Preisprognose für die betrachteten Edelmetalle und für den Rohstoff Kakao. Hier konnten keine zufriedenstellenden Ergebnisse erzielt werden. Ein Vergleich der Ergebnisse bei Wahl fester und kursabhängiger Kästchengrößen zeigt überraschenderweise keine Verbesserung zugunsten der Wahl **prozentual** gleicher Kästchen.

Im Vergleich zur Filterstrategie kombiniert mit gleitendem Durchschnitt bei modifizierter Entscheidungslogik kann bei den Rohstoffen keine wesentliche Verbesserung festgestellt werden. Bei einigen Rohstoffen, beispielsweise Orangensaft, ergibt sich sogar eine deutliche Verschlechterung. Eine signifikante Ergebnisverbesserung ist lediglich beim englischen Pfund Sterling zu erzielen.

6.3.5. Kombination der Point & Figure-Grundstrategie mit anderen mechanischen Tradingstrategien

6.3.5.1. Kombination mit der Filtertechnik

Eine Kombination mit der Filterregel bringt bei einigen Rohstoffen und insbesondere für die Währungstrendprognose offensichtliche Vorteile. Zur Prognose der Kaffeepreisentwicklung ist beispielsweise eine Kombination mit einem Filtersatz von 10 % gewinnbringend. Bei Kupfer ist eine Kombination mit Filtersätzen von 4 - 8 % vorteilhaft. Das Prognoseergebnis kann bei den untersuchten Wechselkursrelationen durch Filtersätze von 1 - 5 %, je nach Währung, verbessert werden. Diese Verbesserung dürfte daraus resultieren, daß sich durch diese Kombination hohe und tiefe Pole berücksichtigen lassen.

6.3.5.2. Kombination mit der Methode der gleitenden Durchschnitte

Wird die P & F-Grundstrategie, sowohl bei Verwendung fester als auch prozentualer Kästchengrößen, mit der Methode der gleitenden Durchschnitte (normale und modifizierte Entscheidungslogik) kombiniert, so reduziert sich die Anzahl der Transaktionen wesentlich. Die Veränderung der Ergebnisse gegenüber einer alleinigen Verwendung der P & F-Grundstrategie ist jedoch nicht einheitlich. In vielen Fällen konnte jedoch eine Verbesserung erzielt werden. Für folgende Rohstoffe wurde sogar eine relativ deutliche Verbesserung erreicht:

- Gold bei Verwendung einer *festen* Kästchengröße und einem *modifiziert* angewandten gleitenden Durchschnitt mit 100 - 130 Tagen oder bei Verwendung einer *prozentualen* Kästchengröße von 1 Prozent und einem modifiziert angewandten gleitenden Durchschnitt von mehr als 100 Tagen.
- Gefrorenes Orangensaftkonzentrat und US-Dollar bei Verwendung eines auf Basis relativ weniger Tage berechneten, *modifiziert* angewandten Durchschnitts.

Hingegen verschlechtern sich die Ergebnisse für den Rohstoff Kupfer wesentlich. Insgesamt kann jedoch der Vorteil dieser Strategie insbesondere in der Verstetigung der Prognoseergebnisse erblickt werden. Die Gefahr der Wahl falscher Prognoseparameter, z. B. der Kästchengröße oder der zur Berechnung des Durchschnitts notwendigen Tagezahl, wird deutlich verringert.

6.4. Schlußfolgerungen aus den Ergebnissen der Evaluierung mechanischer Tradingstrategien

Die größten Schwierigkeiten ergaben sich bei der Prognose der Preisentwicklung der Edelmetalle und des Rohstoffs Kakao. Der Preisverlauf des Rohstoffs Kakao konnte mit keiner der hier untersuchten mechanischen Tradingstrategien zufriedenstellend prognostiziert werden. Ursache hierfür ist vermutlich die von sehr starken, kurzfristigen Schwankungen geprägte Preisentwicklung (Abb. 6.1). Entsprechend können mit Hilfe der Filterregel, bei einer Zugrundelegung der Signalkurse statt der Realkurse, überragende Ergebnisse erzielt werden.

Demgegenüber konnten die Preistrends der Edelmetalle mit mindestens einem Verfahren prognostiziert werden, jedoch verbunden mit einer hohen Unsicherheit. Die Ergebnisse reagierten teilweise sehr sensitiv auf die Wahl der Prognoseparameter. Bei diesen Rohstoffen sollte kein Handel allein auf Basis der Ergebnisse der mechanischen Tradingstrategien durchgeführt werden. Inwieweit Methoden des Chart-Readings oder die Fundamental-Analyse eine Verbesserung der Prognoseergebnisse für diese Rohstoffe ermöglichen, kann hier nicht beurteilt werden.

Für die übrigen untersuchten Rohstoffe und Währungsrelationen muß ein Handeln auf Basis der mechanischen Tradingstrategien als *gewinnbringend* eingestuft werden. Da sich mit Hilfe dieser Strategien - auch unter Berücksichtigung von Transaktions- und Kapitalbindungskosten - systematisch Gewinne erzielen lassen, erscheint es für Klein- und Mittelbetriebe sinnvoll, ein **pauschales Hedging** durchführen.

Hierzu ist es zunächst notwendig, das erwartete Geschäftsvolumen für die nächsten 12 Monate zu prognostizieren. Wird zur Ermittlung der Hedgingzeitpunkte eine Strategie gewählt, bei der die Kauf- und Verkaufsignale im Durchschnitt alle drei Monate ausgelöst werden, so ist bei jedem Hedgingvorgang ein Viertel des Jahresvolumens zu sichern. Auf diese Weise läßt sich das Problem umgehen, das beim Auftreten eines Signals kein abzusicherndes Geschäft besteht oder beim Anfall eines Geschäftes das Signal zur Sicherung bereits vor längerer Zeit ausgelöst wurde und es deshalb fraglich ist, ob auf dem inzwischen erreichten Preis- bzw. Kursniveau ein Hedging überhaupt noch sinnvoll ist.

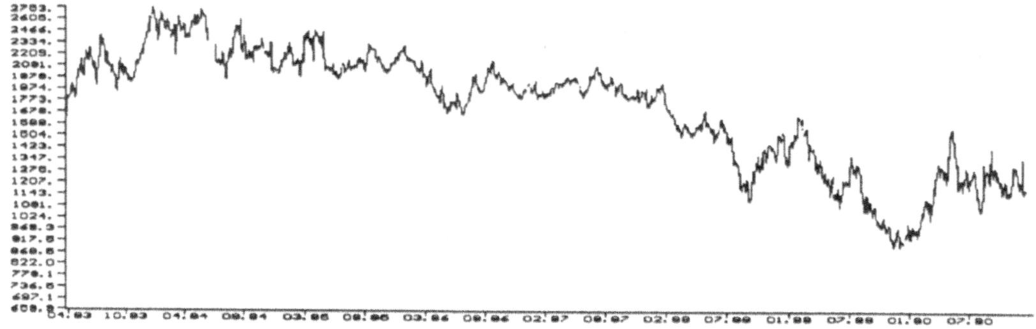

Abb. 6.1: Entwicklung des Kakaopreises (US-$/t) im Zeitraum von 1983 - 1990

Bemerkungen:

1 Das detaillierte Datenmaterial der Untersuchung kann bei Interesse direkt vom Verfasser (c/o Universität Dortmund, Abteilung Wirtschafts- und Sozialwissenschaften, Lehrstuhl Industriebetriebslehre, Postfach 500500, 4600 Dortmund 50, Tel. 0231/755-3224) bezogen werden.

2 Als Summe der Transaktions- und Kapitalbindungskosten wurden pauschal die Kosten angesetzt, die bei Abschluß eines Terminkontraktgeschäfts entstanden wären. Der Wert von 150 US-$ pro gehandeltem Terminkontrakt wurde bewußt relativ hoch angesetzt, um nicht die einzelnen zu untersuchenden Tradingstrategien "gesundzurechnen". In der Regel werden die Transaktionskosten nur ca. 50 US-$ und die Kapitalbindungskosten weit weniger als 100 US-$ betragen.

3 Vgl. HOCKMANN, Heinz: Prognose von Aktienkursen ..., a. a. O.

4 Siehe Anmerkung 1.

5 Diese Handelstaktik kann beispielsweise durch die Plazierung entsprechender Order realisiert werden. Vgl. zu der Funktion und den unterschiedlichen Formen der Order-Plazierung HORN, Frederick F.: Trading in ..., a. a. O., p. 103 - 127; MAXWELL, Joseph R.: Commodities Futures Trading with stops, Port Angels (Wash.) 1977.

6 Zu diesem Ergebnis kommen beispielsweise auch HOCKMANN, Heinz: Prognose von ..., a. a. O., S. 161 - 163; ZIEG (JR.), Kermit C. - KAUFMAN, Perry J.: Point & Figure Commodity ..., a. a. O., p. 74 - 79.

7. Schlußbetrachtung und Ausblick

Ziel der vorliegenden Arbeit war es, für kleine und mittlere Unternehmen ein Konzept zur Sicherung gegen die nachteiligen Wirkungen von Rohstoffpreis- und Devisenkursschwankungen zu entwickeln. Hierbei sollte auch beachtet werden, daß dieses Sicherungskonzept relativ kostengünstig realisiert werden kann.

Der geeignete organisatorische Rahmen, in den der Bereich der Sicherung gegen Rohstoffpreis- und Devisenkursrisiken in kleinen und mittleren Unternehmen sinnvollerweise eingeordnet werden sollte, wurde in dem Konzept des Risk Managements gefunden. Diese Zuordnung war insbesondere deshalb möglich, weil die Preis- und Kursrisiken aus ihren Entstehungsbereichen herausgelöst und im Rahmen des Hedge - Risk Managements isoliert behandelt werden können. Es wurde darüber hinaus auch gezeigt, daß sich dieser Unternehmensbereich sinnvoll als profit center führen läßt, obwohl dies in der Praxis noch wenig verbreitet ist.

Neben der Analyse und Auswahl zur Preis- und Kurssicherung in kleinen und mittleren Unternehmen geeigneter Hedging-Instrumente wurde auch gezeigt, daß sowohl die Fundamental-Analyse als auch die Technische Analyse relativ gute Instrumente zur Erstellung von Rohstoffpreis- und Devisenkursprognosen bieten. Um auch in kleinen und mittleren Unternehmen eingesetzt werden zu können, wurde die im Rahmen der Fundamental-Analyse die Indikatoren-Analyse entwickelt. Sie ermöglicht eine relativ rasche Erstellung von Prognosen auf Basis fundamentaler Einflußfaktoren. Im Rahmen der computergestützten Technischen Analyse sollten die mechanischen Tradingstrategien zur Erkennung der Preis- und Kurstrends eingesetzt werden. Es konnte gezeigt werden, daß diese Strategien durchaus gewinnbringend sind. Die Random-Walk-Hypothese wurde hingegen verworfen.

Wie in fast jeder wissenschaftlichen Arbeit wurden auch hier mit der Lösung des gestellten Problems neue Fragen aufgeworfen, die Ansatzpunkte für weitere Arbeiten sein können. Ein solcher Ansatzpunkt ergibt sich beispielsweise aus der vorgeschlagenen Relativierung der Kriterien zur Einstufung der Betriebe in Klein-, Mittel- und Großbetriebe. Hier wäre insbesondere zu untersuchen, welche Bezugsgröße zur Berechnung der Relationskennzahl gewählt werden sollte und wie die relativen Grenzen zur Klassifizierung der einzelnen Betriebe zu bestimmen sind.

Einer weiterführenden Untersuchung bedarf auch die vereinfachte Indikatorenanalyse. Hier wäre insbesondere zu eruieren, welche Indikatoren für die einzelnen Rohstoffe und Devisen am aussagekräftigsten in bezug auf die künftige Preis- bzw. Kursentwicklung sind und mit welcher Gewichtung die entsprechenden Indikatoren berücksichtigt werden sollten.

Im Zusammenhang mit der Erstellung von Preis- und Kursprognosen auf Basis fundamentaler Einflußfaktoren könnten in der Zukunft *Expertensysteme*, die die Denkprozesse von Experten simulieren, eine Lösung bieten. Mit ihrer Hilfe soll versucht werden, die Vielzahl der fundamentalen Einflußfaktoren und ihre Wirkung, sowohl wechselseitig untereinander als auch insgesamt auf die Entwicklung eines Rohstoffpreises oder Devisenkurses, möglichst vollständig zu erfassen. Ein solches System wird zur Prognose der Währungskursentwicklung bereits von **Manufacturers Hanover Trust** eingesetzt.[1] Eine Verbreitung solcher Expertensysteme zur Prognose der Rohstoffpreise und Währungskurse dürfte allerdings erst dann erfolgen, wenn die ersten "Testprognosen" relativ zufriedenstellend ausfallen.

Auch die weiterentwickelten mechanischen Tradingstrategien bieten einen Ansatzpunkt für weitergehende wissenschaftliche Untersuchungen. So ist zum Beispiel zu vermuten, daß diese Strategien auch für Spekulationszwecke im Wertpapierbereich, insbesondere für das Trading von Aktien, geeignet sind. In diesem Zusammenhang wäre auch der Vergleich mit der Buy-and-Hold-Strategie von Interesse. Diese Strategie konnte für die Zwecke des Hedgings nicht eingesetzt werden.

Abschließend kann festgestellt werden, daß durch die vorliegende Arbeit die Lücke in der deutschsprachigen Literatur zur Sicherung gegen Rohstoffpreis- und Devisenkursrisiken zu einem Teil geschlossen werden konnte. Es ist darüber hinaus zu hoffen, daß durch diese Arbeit mehr kleine und mittlere Unternehmen als bisher dazu ermutigt werden, sich mit dem Gebiet der Rohstoffpreis- und Devisenkurssicherung auseinanderzusetzen und die mit den Risiken verbundenen Chancen aktiv zu nutzen, statt sich mit einer Vereinbarung von DM-Festpreisen zufrieden zu geben.

Bemerkungen:

1 Vgl. hierzu O. V.: A Special Summary and Forecast Of Scientific Developments Affecting Business, in: Wall Street Journal of Europe, No. 63, 02.05.1989, p. 1.

Literaturverzeichnis

Monographien:

ALBRECHT, Werner: Wechselkurssicherung - Die Möglichkeiten der Wechselkurssicherung und ihre Eignung für Bank- und Nichtbankunternehmen, Hamburg 1977.

ARMS (JR.), Richard W.: Volume Cycles in the Stock Market - Market Timing through Equivolume Charting, Homewood (Ill.) 1983.

ARNIM, Rainer v.: Die Waren-Termin-Anlage, Bd. 1: Grundlagen und Vorgehen, 2. Aufl., Darmstadt - Haarlem - Wien - Zürich 1981.

ARNIM, Rainer v.: Die Waren-Termin-Anlage, Bd. 2: Aktientermin-Analyse, Warenoptionen und Börsenrecht, Darmstadt - Haarlem - Wien - Zürich 1983.

ARNOLDS, Hans - HEEGE, Franz - TUSSING, Werner: Materialwirtschaft und Einkauf, 5. Aufl., Wiesbaden 1986.

BACHER, Michael: Prognosemodell zur Devisenkurssicherung, Diss., München 1975.

BACKES, Manfred: Kurssicherungsgeschäfte, Berlin 1977.

BARNES, Robert M.: Commodity Profits Through Trend Trading - A Price Model and Strategies, New York - Chichester - Brisbane - Toronto - Singapore 1982.

BARNES, Robert M.: Taming the Pits - A Technical Approach to Commodity Trading, New York - Chichester - Brisbane - Toronto 1979.

BEDDIES, Carl-Heinz: Informationen und Erwartungen als Determinanten der Warenpreisentwicklung - eine Untersuchung am Beispiel ausgewählter Metalle, Diss., Gießen 1984.

BEHRENS, Gerold: Konsumentenverhalten - Entwicklung, Abhängigkeiten, Möglichkeiten, Heidelberg 1988.

BEIDLEMAN, Carl R.: Financial Swaps - New Strategies in Currency and Coupon Risk Management, Homewood (Ill.) 1985.

BELVEAL, L. Dee: Commodity Speculation - With Profits in Mind, Wilmette (Ill.) 1967.

BELVEAL, L. Dee: Charting Commodity Market Price Behavior, 2nd ed., Homewood (Ill.) 1985.

BENISCHEK, Edgar A.: Technische Aktienanalyse - Eine empirische Untersuchung zur theoretischen Fundierung und empirischen Überprüfung ausgewählter Methoden der Technischen Aktienanlyse, Diss., München 1974.

BERNSTEIN, Jacob: Jake Bernstein's Facts on Futures - Insights and Strategies for Winning in the Futures Markets, Chicago (Ill.) 1987.

BLACK, Deborah G.: Success and Failure of Futures Contracts: Theory and Empirical Evidence, New York 1986.

BOOKSTABER, Richard M. - CLARKE, Roger G.: Option Strategies for Institutional Investment Management - A Guide for Improving Portfolio Performance, Reading (Mass.) - Menlo Park (Cal.) u.a. 1983.

BRAND, Michael: Die Bedeutung von Absatz- und Beschaffungsrisiken für Produktions- und Standortentscheidungen, Frankfurt a. M. - Bern - New York - Paris 1987.

BRAUN, Herbert: Risikomanagement - Eine spezifische Controllingaufgabe, Darmstadt 1984.

BREHM, Hermann: Devisenspekulation und Wechselkurserwartungen - Theoretische Überlegungen und empirische Überprüfungsversuche anhand der Entwicklung des Dollarkurses von März 1973 bis September 1979, Diss., Würzburg 1979.

BROWN, Martin - MCKERN, Bruce: Aluminium, Copper and Steel in Developing Countries, Paris 1987.

BRÜHWILER, Bruno: Risk Management - eine Aufgabe der Unternehmensführung, Bern - Stuttgart 1980.

BUNDESANSTALT FÜR GEOWISSENSCHAFTEN UND ROHSTOFFE - DEUTSCHES INSTITUT FÜR WIRTSCHAFTSFORSCHUNG - INSTITUT ZUR ERFORSCHUNG TECHNOLOGISCHER ENTWICKLUNGSLINIEN (HRSG.): Versorgungslage bei Rohstoffen, Berlin - Hamburg - Hannover 1986.

BÜSCHGEN, Hans E.: Das kleine Börsenlexikon, 17. Aufl., 1987.

BÜSCHGEN, Hans E.: Internationales Finanzmanagement, Frankfurt a. M. 1986.

BÜSCHGEN, Hans E.: Zinstermingeschäfte - Instrumente und Verfahren zur Risikoabsicherung auf Finanzmärkten, Frankfurt a. M. 1988.

CHALMERS, Alan F.: What Is This Thing Called Science? - An assessment of the nature and status of science and its methods, Milton Keynes 1976.

COFFEE, SUGAR & COCOA EXCHANGE (ED.): Options on Cocoa Futures - Strategies for Buying and Selling, New York 1986.

COFFEE, SUGAR & COCOA EXCHANGE (ED.): Options on Coffee Futures - An Introduction & Strategy Guide, New York 1986.

CORDERO, Ricardo: Der Financial Futures Market, 2. Aufl., Bern - Stuttgart 1987.

DOHERTY, Neil A.: Corporate Risk Management - A Financial Exposion, New York - St. Louis - San Francisco u. a. 1985.

DZIEDZINA, Michael: Mathematisch-Statistische Methoden zur Aktiendepot-Optimierung, Thun - Frankfurt a. M. 1987.

EDWARDS, Robert D. - MAGEE, John: Technische Analyse von Aktientrends, dt. Übersetzung der 4. Aufl. durch Walter Frühling, Darmstadt 1987.

EILENBERGER, Guido: Währungsrisiken, Währungsmanagement und Devisenkurssicherung, 2. Aufl., Frankfurt a. M. 1986.

EPSTEIN, Eugene: Making Money in Commodities, New York 1976.

FELLER, William: An Introduction to Probability Theory and Its Applications, Vol. 1, 3rd ed., New York - London - Sydney 1968.

FITZGERALD, Desmond: Financial Futures, London 1983.

FLASSBECK, Heiner: Freihandel, GATT und das internationale Währungssystem, Tübingen 1985.

FLEISCHER, Peter: Bestimmungsgründe von Zahlungsbilanz und Wechselkursen in der Bundesrepublik Deutschland, Frankfurt a. M. 1986.

FLOCKE, Hans-Joachim: Risiken beim Internationalen Anlagenvertrag - Hinweise zu ihrer Bewertung sowie Möglichkeiten der Risikobeschränkung durch Vertragsgestaltung, Heidelberg 1986.

FÖRSTER, Bernward: Materialabrechnung bei variierenden Einstandspreisen, Diss., Göttingen 1986.

FRANKEN, Rolf: Materialwirtschaft, Stuttgart 1984.

GAAB, Werner: Devisenmärkte und Wechselkurse - Eine theoretische und empirische Analyse, Berlin - Heidelberg - New York - Tokyo 1983.

GANTZEL, Klaus-Jürgen: Wesen und Begriff der mittelständischen Unternehmung, Köln und Opladen 1962.

GASTINEAU, Gary L.: The Options Manual, 3rd. ed., New York - St. Louis - San Francisco u. a. 1988.

GÄLWEILER, Aloys: Strategische Unternehmensführung, Frankfurt - New York 1987.

GERSTNER, Hans Joachim: Lange Wellen wirtschaftlicher Entwicklung: Empirische Analyse langfristiger Zyklen für die USA, Großbritannien und weitere vierzehn Industrieländer von 1800 bis 1900, Frankfurt a. M. - Bern - New York - Paris 1988.

GOCHT, Werner: Handbuch der Metallmärkte - Erzvorkommen, Metallgewinnung, Metallverwendung, Preisbildung, Handelsregelungen, 2. Aufl., Berlin - Heidelberg - New York - Tokyo 1985.

GOLDSTEIN, Joshua S.: Long Cycles - Prosperity and War in the Modern Age, New Haven - London 1988.

GOSS, B. A.: The Theory of Futures Trading, London - Boston 1972.

GRABBE, J. Orlin: International Financial Markets, New York - Amsterdam - London 1986.

GRAW, Ehrentraud: Informationseffizienz von Terminkontraktmärkten für Währungen, Frankfurt a. M. - Bern - New York 1984.

GUILD, Ian - HARRIS, Rhodri: Forfaitierung - Die Alternative in der Außenhandelsfinanzierung, Wiesbaden 1985.

GÜNZEL, D.: Das betriebswirtschaftliche Größenproblem kleiner und mittlerer industrieller Unternehmen, Göttingen 1975.

HAAS, Christof: Unsicherheit und Risiko in der Preisbildung, Köln - Berlin - Bonn - München 1965.

HADADY, Earl R.: Contrary Opinion - How To Use It For Profit In Trading Commodity Futures, Pasadena (Cal.) 1983.

HAHN, Oswald: Geld- und Devisenhandel, Stuttgart 1964.

HAMON, J. D.: Eight New Commodity Technical Trading Methods, Brightwaters (N.Y.) 1983.

HAMPEL, Björn: Integrierte Aktienanalysesysteme - Eine Methode zum Zweck zielorientierter Anlagepolitik auf dem deutschen Aktienmarkt, Frankfurt a. M. 1986.

HAUGEN, Robert A.: Modern Investment Theory, Englewood Cliffs (N. J.) 1986.

HAYDEN, Jack J.: What makes you a winner or loser in the stock and commodity markets?, Larchmont (N.Y.) 1970.

HEIDEMANN, Heinrich: Währungsrisiken im internationalen Güteraustausch und ihre Ausschaltung durch Devisenoperationen dargestellt am Beispiel des Handels mit Rohstoffen und Naturprodukten, Diss., Bremen 1978.

HERBST, Anthony F.: Commodity Futures - Markets, Methods of Analysis, and Management of Risk, New York - Chichester - Brisbane - Toronto - Singapore 1986.

HEROLD, Bodo: Risiko-Management im Baubetrieb - unter besonderer Berücksichtigung analytischer Risikobegrenzung, Diss., Essen 1987.

HERTZ, David - THOMAS, Howard: Practical Risk Analysis - An Approach Through Case Histories, Chichester - New York u. a. 1984.

HICHERT, Ingo: Staatliche Exportabsicherung - Die HERMES-Deckung vor dem Hintergrund der internationalen Verschuldungskrise, Köln 1986.

HINDER, Alex: Wechselkursprognosen - Ansätze, Modelle und Erfolgsbeurteilung, Bern - Frankfurt a. M. - Nancy - New York 1983.

HOCKMANN, Heinz: Prognose von Aktienkursen durch Point and Figure-Analysen, Wiesbaden 1979.

HODRICK, Robert J.: The Empirical Evidence on the Efficiency of Forward and Futures Foreign Exchange Markets, Chur - London - Paris - New York - Melbourne 1987.

HOFFMANN, Klaus: Risk Management - Neue Wege der betrieblichen Risikopolitik, Karlsruhe 1985.

HORN, Frederick F.: Trading in Commodity Futures, 2nd. ed., New York 1984.

JACQUE, Laurent L.: Management of Foreign Exchange Risk, 2nd. prt., Lexington (Mass.) - Toronto 1979.

JEHLE, Egon - MÜLLER, Klaus - MICHAEL, Horst: Produktionswirtschaft - Eine Einführung mit Anwendungen und Kontrollfragen, 2. Aufl., Heidelberg 1986.

JONES, Eric T. - JONES, Donald L.: Hedging Foreign Exchange Risk - Converting Risk To Profit, New York - Chichester - Brisbane u. a. 1987.

KAHN, Herman - WIENER, Anthony J.: Ihr werdet es erleben - Voraussagen der Wirtschaft bis zum Jahre 2000, Wien - München - Zürich 1968.

KAMMERER, Klaus D.: Die Bestimmung von Liquiditätsgrenzen der Unternehmung als Gamblers-Ruin-Problem, Diss., Freiburg 1973.

KAUFMAN, Perry K.: The New Commodity Trading Systems and Methods, New York - Chichester - Brisbane - Toronto - Singapore 1987.

KELLERWESSEL, Paul: Führungsinformationen in Klein- und Mittelbetrieben - Arten und Möglichkeiten ihrer Beschaffung, Frankfurt a. M. - Bern - New York - Nancy 1984.

KELTNER, Chester W.: How to make Money in Commodities, 6th prt., Kansas City (Miss.) 1973.

KERSCH, Annette: Wechselkursrisiken, internationaler Handel und Direktinvestitionen, Hamburg 1987.

KHOURY, Sarkis J.: Speculative Markets, New York 1983.

KIENAST, Rolf: Aktienanalyse - Möglichkeiten rationaler Anlageentscheidungen, Diss., Bern 1977.

KLOTEN, Norbert: Währungsunsicherheit, Berlin 1979.

KNIGHT, Frank H.: Risk, Uncertainty and Profit, Chicago - London 1971 (Originalausgabe 1921).

KOLB, Robert W. - HAMADA, Robert S.: Understanding Futures Markets, 2nd. ed., Glenview (Ill.) - Boston - London 1988.

KÖPPLINGER, Herbert - WOLFRUM, Bernd: Risiken im Auslandsgeschäft: Eine theoretische und empirische Untersuchung des politischen Investitionsklimas, Nürnberg 1986.

KROEBER-RIEL, Werner: Konsumentenverhalten, 3. Aufl., München 1984.

LABUSZEWSKI, John W. - NYHOFF, John E.: Trading Options on Futures Markets, Methods, Strategies, and Tactics, New York - Chichester - u.a. 1988.

LABYS, Walter C. - GRANGER, C. W. J.: Speculation, Hedging and Commodity Price Forecasting, Lexington (Mass.) 1970.

LABYS, Walter C. - POLLAK, Peter K.: Commodity Models for Forecasting and Policy Analysis, London - Sydney - New York 1984.

LABYS, Walter C. (ed.): Quantitative Models of Commodity Markets, Cambridge (Mass.) 1975.

LANGENBUCHER, Günther: Die Umrechnung von Fremdwährungsgeschäften - Eine Untersuchung nach handels- und steuerrechtlichen Grundsätzen, Stuttgart 1988.

LAUMANN, Hans: Ansätze zur Methodologie der Prognostik, Diss., Mannheim 1980.

LERBINGER, Paul: Aktienkursprognose durch Linienchart-Formationen und Trendlinien - Eine praxeologische und empirische Analyse der Effizienz von Linienchart-Formationen und Trendlinien als Bewertungsregeln für Entscheidungen bei Aktientransaktionen, Mü

LERBINGER, Paul: P & F Charts - Ein neuer Weg zum Anlageerfolg, Niederglatt/ZH 1984.

LEVY, R. A.: The Relative Strength Concept of Common Stock Price Forecasting, Larchmont (N.Y.) 1968.

LIETAER, Bernard A.: Financial Management of Foreign Exchange - An Operational Technique to Reduce Risk, Cambridge (Mass.) - London 1971.

LIPFERT, Helmut: Devisenhandel mit Devisenoptionshandel, 3. Aufl., Frankfurt a. M. 1988.

LOISTL, Otto: Computergestütztes Wertpapiermanagement, München - Wien 1989.

LÖDERBUSCH, Bernhard: Modelle zur Aktienkursprognose auf der Basis der Box/Jenkins Verfahren - Eine empirische Untersuchung, Krefeld 1985.

MARKOWITZ, Harry M.: Mean-Variance Analysis in Portfolio Choice and Capital Markets, Oxford - New York 1987.

MAXWELL, Joseph R.: Commodities Futures Trading with stops, Port Angels (Wash.) 1977.

MAYER, Terry S.: Commodity Options - A User's Guide to Speculating and Hedging, New York 1983.

MEHR, Robert I. - HEDGES, Bob A.: Risk Management: Concepts and Applications, Homewood (Ill.) - London - Georgetown (Ontario) 1974.

MORGENSTERN, Oskar: Über die Genauigkeit wirtschaftlicher Beobachtungen, 2. Aufl., Wien - Würzburg 1965.

MORGENSTERN, Oskar: Wirtschaftsprognose - Eine Untersuchung ihrer Voraussetzungen und Möglichkeiten, Wien 1928.

MUCKSCH, Harry: Datenschutz und Datensicherung in Klein- und Mittelbetrieben, Wiesbaden 1988.

MUGLER, Josef: Risk Management in der Unternehmung, Wien 1979.

MURPHY, John J.: Technical Analysis of the Futures Markets: A Comprehensive Guide to Trading Methods and Applications, New York 1986.

NAUJOKS, W.: Unternehmensgrößenbezogene Strukturpolitik und gewerblicher Mittelstand, Göttingen 1975.

NELDNER, Manfred: Die Kursbildung auf dem Devisenterminmarkt und die Devisenterminpolitik der Zentralbanken, Berlin 1970.

NEUBÜRGER, Klaus W.: Risikobeurteilung bei strategischen Unternehmensentscheidungen - Grundlagen des Einsatzes eines Risiko-Chancen-Kalküls, Stuttgart 1980.

OELDORF, Gerhard - OLFERT, Klaus: Materialwirtschaft, 5. Aufl., Ludwigshafen (Rhein) 1987.

OLIGMÜLLER, Kurt: Über die Berechnung der Kursverläufe von Aktien, hrsg. v. Activa SA., Corseaux o. J..

OPPL-JIRSA, Vera: Risk Management in Klein- und Mittelbetrieben, Wien 1985.

PAUSENBERGER, Ehrenfried - VÖLKER, Harald: Praxis des internationalen Finanzmanagements - Eine empirische Untersuchung von Finanzierung, Kapitalstrukturgestaltung und Cash Management in internationalen Unternehmen, Wiesbaden 1985.

PERLITZ, Manfred - LÖBLER, Helge: Das Innovationsverhalten in der mittelständischen Industrie - das Risk/Return Paradoxon, Stuttgart 1989.

PFEIL, Enzio von: Effective Control of Currency Risks - A Practical, Comprehensive Guide, New York 1988.

POWERS, Mark - VOGEL, David: Inside the Financial Futures Markets, 2nd. ed., New York - Chichester - Brisbane - Toronto - Singapore 1984.

PRINDL, Andreas R.: Foreign Exchange Risk, London - New York - Sydney - Toronto 1976.

PRING, Martin J.: Technical Analysis Explained - The Successful Investor's Guide to Spotting Investment Trends and Turning Points, 2nd ed., New York - St. Louis - San Francisco u. a. 1985.

PUHANI, Josef: Spekulation am Warenterminmarkt unter besonderer Berücksichtigung des Porkbelly-Marktes, Diss., München 1973.

QUICK, Rolf H.: Informationsprozesse auf spekulativen Märkten - Eine Analyse des Terminkontrakthandels, Frankfurt a. M. - Thun 1984.

REGIER, Hans Jürgen: Flexible Wechselkurse und Erwartungen, Diss., Saarbrücken 1980.

RESCHER, Nicholas: Risk - A Philosophical Introduction to the Theory of Risk Evaluation and Management, Lanham - New York - London 1983.

RESZAT, Beate: Devisenkurssicherung und Währungsspekulation - Möglichkeiten und Grenzen der Devisenengagements von Wirtschaftsunternehmen, Hamburg 1987.

RIEKER, Helmut: Interne Überwachung im Mittelbetrieb, Diss., Erlangen/Nürnberg 1982.

ROSS, Derek - CLARK, Ian - TAIYEB, Serajul: International Treasury Management, New York 1987.

SCHARPE, William F.: Investments, 3rd. Ed., Englewood Cliffs (N.J.) 1985.

SCHARRER, Hans-Eckart - GEHRMANN, Dieter - WETTER, Wolfgang: Währungsrisiko und Währungsverhalten deutscher Unternehmen, Hamburg 1978.

SCHÄFER, Henry: Währungsqualität, asymmetrische Information und Transaktionskosten - Informationsökonomische Beiträge zu internationalen Währungsbeziehungen, Berlin - Heidelberg - New York 1988.

SCHÄFER, Wolf: Währungen und Wechselkurse, Würzburg - Wien 1981.

SCHINLE, Markus: Risiko-Management der mittelgrossen Unternehmung - ein Überlebenskonzept, St. Gallen 1987.

SCHMIDT, Martin: Wechselkursrisiko, Informationsverarbeitung und Devisenterminmarkt, Frankfurt a. M. 1985.

SCHMIDT, Reinhardt H.: Aktienkursprognose - Aspekte positiver Theorien über Aktienkursänderungen, Wiesbaden 1976.

SCHNEEWEIß, Hans: Ökonometrie, 3. Aufl., Würzburg - Wien 1978.

SCHNEIDER, Volker: Kurzfristiges Wechselkursrisiko-Management, München 1983.

SCHÖNENBORN, Friedhelm: Zur Beschaffungssituation mittelständischer Industriebetriebe - Eine empirische Analyse, Göttingen 1980.

SCHWAB, Klaus: Chancenmanagement, Düsseldorf 1976.

SCHWAGER, Jack D.: A Complete Guide to the Futures Markets - Fundamental Analysis, Technical Analysis, Trading, Spreads, and Options, New York - Chichester - Brisbane - Toronto - Singapore 1984.

SEIDEL, Andrew D. - GINSBERG, Philip M.: Commodities Trading - Foundations, Analysis, and Operations, Englewood Cliffs (N.J.) 1983.

SEIFERT, Werner G.: RISK Management im Lichte einiger Ansätze der Entscheidungs- und Organisationstheorie, Frankfurt a. M. 1980.

SIEBERT, Horst: Economics of the Resource-Exporting Country: Intertemporal Theory of Supply and Trade, Greenwich (Con.) - London 1985.

SMITH, Courtney: Options Strategies - Profit-Making Techniques for Stock, Stock Index, and Commodity Options, New York - Chichester - Brisbane u. a. 1987.

STEIN, Jerome L.: The Economics of Futures Markets, Oxford 1986.

STOCKER, Theodor: Das Börsentermingeschäft in Waren und seine wirtschaftlichen Funktionen unter besonderer Berücksichtigung der Preissicherung (hedging), Diss., Bern 1955.

STRÖBELE, Wolfgang: Rohstoffökonomik - Theorie natürlicher Ressourcen mit Anwendungsbeispielen Öl, Kupfer, Uran und Fischerei, München 1987.

SÜCHTING, Joachim: Finanzmanagement - Theorie und Politk der Unternehmensfinanzierung, 3. Aufl., Wiesbaden 1980.

TIETZ, Bruno: Optionen bis 2030 - Szenarien und Handlungsalternativen für Wirtschaft und Gesellschaft in der Bundesrepublik Deutschland, 2. Aufl., Stuttgart 1987.

TOPRITZHOFER, Edgar - MOSER, Reinhard: Das Exportgeschäft - Seine Abwicklung und Absicherung, 5. Aufl., Wien 1987.

TÖLKE, Friedrich W.: Währungsanalyse mit Point & Figure Charts, Teil 1: Grundlagen - Trends - Trendkanäle - Formationen, 2. Aufl., Frankfurt a. M. - Bern - New York 1986.

TÖLKE, Friedrich W.: Währungsanalyse mit Point & Figure Charts, Teil 2: Handelstaktik und Risikoabschätzung, Frankfurt a. M. - Bern - New York 1987.

VAN HORNE, James C.: Fundamentals of Financial Management, 6th ed., Englewood Cliffs (N.J.).

VASCONCELLOS, Harald Michaelis de: Garantieklauseln und Risikoverteilung im internationalen Anlagenvertrag, Heidelberg 1988.

VERBAND DER CHEMISCHEN INDUSTRIE E. V. (HRSG.): Ermittlung der Auswirkungen von Wechselkursänderungen auf die Unternehmen, Frankfurt a. M. 1984.

VONALT, Joachim Wilhelm: Risiken bei flexiblen Wechselkursen, Idstein 1985.

WARNKING, G.: Die Finanzierungslücke kleiner und mittlerer Unternehmen in der Bundesrepublik Deutschland sowie Möglichkeiten und Grenzen ihrer Schließung unter Berücksichtigung amerikanischer Erfahrungen, Diss., Münster 1973.

WEBER, Werner: Strategien zur Verbesserung des Managements in kleinen und mittleren Unternehmen, München 1981.

WELCKER, Johannes - KLOY, Jörg W.: Professionelles Optiongeschäft - alles über Optionen auf Aktien, Renten, Devisen, Waren, Terminkontrakte -, Zürich 1988.

WELCKER, Johannes - THOMAS, Eckhardt: Finanzanalyse, München 1981.

WELCKER, Johannes: Technische Aktienanalyse, Die Methoden der technischen Analyse mit Chart-Übungen, Zürich 1982.

WELGE, Martin: Erfahrungen mit der Profit-Center-Organisation, Frankfurt - Bern - New York 1985.

WENTZ, Rolf-Christian: Unternehmerische Devisenkurssicherung - Wechselkursrisiko, optimales Kurssicherungsverhalten und Organisation der Kurssicherungsfunktion bei Nichtbanken unter besonderer Berücksichtigung der Möglichkeit einer Devisenkursprognose,

WERMUTH, Dieter - OCHYNSKI, Walter: Strategien an den Devisenmärkten - Eine Anleitung für die Praxis, 3. Aufl., Wiesbaden 1987.

WEYMAR, F. Helmut: The Dynamics of the World Cocoa Market, Cambridge (Mass.) - London 1968.

WILDER (JR.), J. Welles: New Concepts in Technical Trading Systems, Greensboro (N.C.) 1978.

WILLIAMS, Jeffrey: The economic function of futures markets, Cambridge - New York - Melbourne 1986.

WILLIAMS (JR.), Arthur C. - HEINS, Richard M.: Risk Management And Insurance, 6th ed., New York - St. Louis - San Francisco u.a. 1989.

WILLSMORE, A. W.: Accounting for Management Control, London 1971.

WITTGEN, Robert: Währungskursrisiko und Devisenkurssicherung, Frankfurt a. M. 1975.

WONDRAK, Bernhard: Management von Zinsänderungschancen und -risiken, Heidelberg 1986.

WÖRNER, Elisabeth: Termingeschäfte als Instrumente des Zinsrisiko-Managements, Frankfurt a. M. - Bern - New York - Paris 1988.

ZEIDLER, Hans-Wilhelm: Unternehmensrisiko bei Wechselkursvariationen, Göttingen 1979.

ZIEG (JR.), Kermit C. - KAUFMAN, Perry J.: Point & Figure Commodity Trading Techniques - also Stocks, Option, Bonds and International Currency, Larchmont (N.Y.) 1975.

Aufsätze aus Sammelwerken:

ADLER, Patricia A. - ADLER, Peter: The Market as Collective Behavior, in: The Social Dynamics of Financial Markets, ed. by Patricia A. Adler - Peter Adler, Greenwich (Conn.) - London 1984, p. 85 - 105.

AHMADI, Hamid Z. - SHARP, Peter A. - WALTHER, Carl H.: The Effectivness of Futures and Options in Hedging Currency Risk, in: Advances in Futures and Options Research, ed. by Frank J. Fabozzi, Vol. 1, Part B, Greenwich (Conn.) - London 1986.

ALEXANDER, Sidney S.: Price Movement in Speculativ Markets: Trends or Random Walks, in: the random character of stock market prices, ed. by Paul H. Cootner, Cambridge (Mass.) 1964, p. 199 - 218.

ANDERSON, Leslie P. - LANG, Theodore - MELNYK, Z. Lew - ROBINS, Sidney M. - SCHIFF, Michael: Capitel Asset Planning, in: Financial Handbook, ed. by Jules I. BOGEN and Samuel S. SHIPMAN, p. 17.1 - 17.77.

ANDERSON, Leslie P. - MELNYK, Z. Lew - SHARKEY, W. Kenneth: Risk Management and Insurance, in: Financial Handbook, ed. by Jules I. Bogen and Samuel S. Shipman, 4th. ed., rev. prt., New York 1968, p. 25.1 - 25.42.

BACHELIER, Louis: Theory of Speculation, in: the random character of stock market prices, ed. by Paul H. Cootner, Übersetzung Bachelier's Diss. von A. James Boness, Cambridge (Mass.) 1964, p. 17 - 78.

BEYFUß, Jörg: Formen staatlicher Exportförderung, in: Exporte als Herausforderung für die deutsche Wirtschaft, hrsg. v. Erwin Dichtl und Otmar Issing, Köln 1984, S. 141 - 168.

BRAUN, G. E.: Organisation, in: Betriebswirtschaftslehre der Mittel- und Kleinbetriebe - Größenspezifische Probleme und Möglichkeiten zu ihrer Lösung, hrsg. v. Pfohl, H.-Chr., Berlin 1982, S. 164 - 190.

BÜHLER, Wolfgang: Steuerung von Zinsänderungsrisiken mit Hilfe synthetischer Optionen, in: Zeitaspekte in betriebswirtschaftlicher Theorie und Praxis, hrsg. v. H. Hax, W. Kern und H.-H. Schröder, Stuttgart 1988, S. 247-259.

BÜRGEL, Hans Dietmar: Risk Management aus der Sicht der Unternehmenspraxis, in: Risk Management - Strategien zur Risikobeherrschung, hrsg. v. Wolfgang Goetzke - Günter Sieben, Köln 1979, S. 39 - 52.

COGHLAN, Richard T.: Cyclical Fluctuations in General Commodity Prices, in: The McGraw-Hill Handbook of Commodities and Futures, ed. by Martin J. Pring, New York - St. Louis - San Francisco 1985, p. 5.1 - 5.15.

COHEN, Amos: Point and Figure Analysis, in: The McGraw-Hill Handbook of Commodities and Futures, ed. by Martin J. Pring, New York - St. Louis - San Francisco 1985, p. 50.1 - 50.10.

COOTNER, Paul H. (ed.): the random character of stock market prices, Cambridge (Mass.) 1964.

ENGELMANN, Ulrich: Die Rohstoffabhängigkeit der Bundesrepublik, in: Erschöpfbare Ressourcen, hrsg. v. Horst Siebert, Berlin 1980, S. 635 - 647.

FAMA, Eugene F.: Random Walks in Stock Market Prices, in: Investment Analysis and Portfolio Management, ed. by Basil Taylor, New York 1970, p. 188 - 193.

FILC, Wolfgang: Fundamentalanalyse der Wechselkursentwicklung, in: Methoden und Instrumente der Zins- und Wechselkursprognose, hrsg. v. Hannes Rehm, Bonn 1988, S. 82 - 102.

FISHER, Franklin M. - COOTNER, Paul H. - BAILY, Martin Neil: An Econometric Model of the World Copper Industry, in: Quantitative Models of Commodity Markets, ed. by Walter C. Labys, Cambridge (Mass.) 1975, p. 55 - 105.

FREEMAN, Peter: Some Aspects of Technical Analysis, in: Investment Analysis and Portfolio Management, ed. by Basil Taylor, New York 1970, p. 194 - 204.

GABLERS WIRTSCHAFTS-LEXIKON, 11. Auflage, Wiesbaden 1983, Bd. 5, Sp. 1061.

GMÜR, Charles: Forfaitierung - Exportfinanzierung für Investitionsgüter, in: Factoring-Handbuch - national - international, hrsg. v. K. F. Hagenmüller und Heinrich Johannes Sommer, 2. Aufl., Frankfurt a. M. 1987, S. 195 - 200.

HELTEN, Elmar: Strategische Unternehmensplanung und Risk Management, in: Strategische Unternehmensführung und Rechnungslegung, hrsg. v. Eduard Gaugler, Otto H. Jacobs, Alfred Kieser, Stuttgart 1984, S. 15 - 29.

HORRMANN, Hermann: Rohstoffmärkte, internationale, in: Management-Enzyklopädie, München 1971, Bd. 5, S. 184 - 194.

KATONA, George: Kognitive Prozesse - Erkennen wirtschaftlicher Zusammenhänge, in: Wirtschaftspsychologie in Grundbegriffen, hrsg. v. Carl Graf Hoyos - Werner Kroeber-Riel - Lutz von Rosenstiel - Burkhard Strümpel, 2. Aufl., München - Weinsheim 1987, S.

KENDALL, M. G.: The Analysis of Economic Time-Series - Part I: Prices, in: the random character of stock market prices, ed. by Paul H. Cootner, Cambridge (Mass.) 1964, p. 85 - 99.

KIPNIS, Gregory M.: Macroeconomic Factors in the Commodity Market Outlook, in: The Concise Handbook of Futures Markets: Money Management, Forecasting, and the Markets, ed. by Perry J. Kaufman, New York - Chichester u.a. 1986, p. 7.1 - 7.28.

KLAUSNER, Michael: Sociological Theory and the Behavior of Financial Markets, in: The Social Dynamics of Financial Markets, ed. by Patricia A. Adler - Peter Adler, Greenwich (Conn.) - London 1984, p. 57 - 81.

KÖRNER, Fritz - MOESSMER, Michael: Hedging, in: Financial Futures, hrsg. v. Wilhelm Bühler - Wolfgang Feuchtmüller - Michael Vogel, Wien 1985, S. 127 - 155.

KRELLE, Wilhelm: Unsicherheit und Risiko in der Preisbildung, in: Preistheorie, hrsg. v. Alfred Eugen Ott, 3. Aufl., Köln - Berlin 1968, 390 - 430.

LAPLANTE, J. Duncan: Growth and Organisation of Commodity Markets, in: Handbook of Futures Markets - Commodity, Financial, Stock Index, and Options -, ed. by Perry J. Kaufman, New York - Chichester - Brisbane - Toronto - Singapore 1984, p. 1.1 - 1.54.

LINDEINER-WILDAU, Klaus von: Risiken und Risiko-Management im Anlagenbau, in: Langfristiges Anlagengeschäft - Risiko-Management und Controlling, hrsg. v. Joachim Funk und Gert Laßmann, Düsseldorf - Frankfurt a. M. 1986, S. 21 - 37.

MACHLUP, Fritz: Explaining Changes in Balances of Payments and Foreign-Exchange Rates: A Polemic without Graphs, Algebra and Citations, in: Flexible Exchange Rates and the Balance of Payments, ed. by John S. Chipman und Charles P. Kindleberger, 2nd. pr

MAYER, Hans Volker: Factoring als Finanzierungs-instrument, in: Factoring-Handbuch - national - international, hrsg. v. K. F. Hagenmüller und Heinrich Johannes Sommer, 2. Aufl., Frankfurt a. M. 1987, S. 43 - 54.

MÜLLER, Wolfgang: Instrumente des Risk Management - Gestaltungsformen und Konsequenzen, in: Risk Management - Strategien zur Risikobeherrschung, hrsg. v. Wolfgang Goetzke und Günter Sieben, Köln 1979, S. 69 - 81.

PFOHL, H.-Chr. - KELLERWESSEL, Paul: Abgrenzung der Klein- und Mittelbetriebe von Großbetrieben, in: Betriebswirtschaftslehre der Mittel- und Kleinbetriebe - Größenspezifische Probleme und Möglichkeiten zu ihrer Lösung, hrsg. v. Pfohl, H.-Chr., Berlin 1982, S. 9 - 34.

PRING, Martin J.: Moving Averages, in: The McGraw-Hill Handbook of Commodities and Futures, ed. by Martin J. Pring, New York - St. Louis - San Francisco 1985, p. 43.1 - 43.7.

PRING, Martin J.: Technical versus Fundamental Analysis, in: The McGraw-Hill Handbook of Commodities and Futures, ed. by Martin J. Pring, New York - St. Louis - San Francisco 1985, p. 38.3 - 38.7.

PRING, Martin J.: The Long-Term of Commodity Prices, in: The McGraw-Hill Handbook of Commodities and Futures, ed. by Martin J. Pring, New York - St. Louis - San Francisco 1985, p. 4.1 - 4.11.

RAFFEE, Hans - FRITZ, Wolfgang: Informationsüberlastung des Konsumenten, in: Wirtschaftspsychologie in Grundbegriffen, hrsg. von Carl Graf Hoyos - Werner Kroeber-Riel - Lutz von Rosenstiel - Burkhard Strümpel, 2. Aufl., München - Weinheim 1987, S. 83 - 90.

RINEHIMER, David: Hedging, in: Handbook of Futures Markets - Commodity, Financial, Stock Index, and Options, ed. by Perry KAUFMAN, New York - Chichester - Brisbane u. a. 1984, p. 9.1 - 9.51.

RODRIGUEZ, Rita M. - CARTER, E. Eugene: Foreign Exchange Markets and Foreign Currency Exposure, in: Handbook Of Modern Finance, ed. by Dennis E. Logue, Boston - New York 1984, p. 37.1 - 37.35.

SCHEPERS, Georg: Die Spielarten des Factoring, in: Factoring-Handbuch - national - international, hrsg. v. K. F. Hagenmüller und Heinrich Johannes Sommer, 2. Aufl., Frankfurt a. M. 1987, S. 63 - 69.

SCHULMEISTER, Stephan: Währungsspekulation und Wechselkursdynamik - Versuch einer Synthese von technischer und fundamentaler Analyse, in: Methoden und Instrumente der Zins- und Wechselkursprognose, hrsg. v. Hannes Rehm, Bonn 1988, S. 118 - 141.

SEIFERT, Werner G.: Effizienzsprung durch systematische Risikopolitik, in: Risiko-Management, hrsg. v. Herbert Jacob, Schriften zur Unternehmensführung, Bd. 33, Wiesbaden 1986, S. 95 - 116.

SELIGMAN, Daniel: Playing the Market with Charts, in: Investment Classics, ed. by Carroll D. Aby (Jr.) - Donald E. Vaughn, Santa Monica (Cal.), p. 236 - 245.

SHAPIRO, Alan C. - RUTENBERG, David P.: .When to Hedge Against Devaluation, in: International Capital Markets, ed. by Edwin J. Elton - Martin J. Gruber, p. 338 - 359.

SHAW, Alan R.: Technical Analysis, in: Financial Analysts Handbook - Methods, Theory, and Portfolio Management, ed. by Sumner N. Levine, Homewood (Ill.) 1975, p. 944 - 988.

SILBERER, Günter: Kognitive Prozesse - Dissonanz bei Konsumenten, in: Wirtschaftspsychologie in Grundbegriffen, hrsg. v. Carl Graf Hoyos - Werner Kroeber-Riel - Lutz von Rosenstiel - Burkhard Strümpel, 2. Aufl., München - Weinsheim 1987, S. 344 - 351.

SMITH, Courtney: Commodity Spreads, in: The Concise Handbook of Futures Markets - Money Management, Forecasting, and the Markets, ed. by Perry J. Kaufman, New York - Chichester - Brisbane - Toronto - Singapore 1986, p. 12.1 - 12.34.

SOHN, Karl-Heinz: Finanzierung, Management und lokale Beteiligung von Investitionen deutscher Unternehmen im Rohstoffbereich, in: Internationales Rohstoffmarketing, hrsg. v. Hans Günther Meissner und Karl-Heinz Sohn, Dortmund 1981, S. 9 - 35.

VANDELL, Kerry D.: Real Estate Finance, in: Handbook Of Modern Finance, ed. by Dennis E. Logue, Boston - New York 1984, p. 33.1 - 33.57.

WALLACE, J. Roger: Commodity Trading, in: Financial Handbook, ed. by Jules I. Bogen and Samuel S. Shipman, 4th. ed., New York 1968, p. 23.1 - 23.35.

WEILER, Rudolf: Der Weltgoldmarkt, in: GOLD: Rohstoff - Hortungsobjekt - Währungsmetall, hrsg. v. Hans Gerd Fuchs, Frankfurt a. M. 1981, S. 27 - 58.

WINKLER, Robert L.: Judgemental and Bayesian Forecasting, in: The Handbook of Forecasting - A Manager's Guide, ed. by Spyros Makridakis - Steven C. Wheelwhright, 2. ed., New York - Chichester - Brisbane u.a. 1987, p. 248 - 265.

WITTE, Peter: Die Technische Analyse in der Praxis des Devisenhandels, in: Methoden und Instrumente der Zins- und Wechselkursprognose, hrsg. v. Hannes Rehm, Bonn 1988, S. 103 - 112.

ZEITEL, G.: Volkswirtschaftliche Bedeutung von Klein- und Mittelbetrieben, in: Betriebswirtschaftslehre der Mittel- und Kleinbetriebe - Größenspezifische Probleme und Möglichkeiten zu ihrer Lösung, hrsg. v. Pfohl, H.-Chr., Berlin 1982, S. 35 - 53.

Aufsätze aus Zeitschriften, Zeitungen; andere Veröffentlichungen:

ANDERS, George: What Price Lunch - The Big Mac Index provides a quick guide to currency values, in: The Wall Street Journal Europe, Supplement Global Finance, v. 27.09.1988, p. 25.

BACKHAUS, Klaus: Preisgleitklauseln als risikopolitisches Instrument bei langfristigen Fertigungs- und Absatzprozessen, in: ZfbF-Kontaktstudium, 31. Jg. (1979), S. 3 - 10.

BALDONI, Robert J.: A Currency Management Game Plan, in: Intermarket, 4. Jg. (1987), No. 10, p. 6 - 10 und p. 16.

BERNSTEIN, Leopold A.: In Defense for Fundamental Investment Analysis, in: Financial Analysts Journal, Vol. 31 (1975), No. 1, p. 57 - 61.

BLANKENBURG, Jürgen: Risiko-Management, in: Management-Enzyklopädie, Landsberg a. Lech 1984, Bd. 8, S. 218 - 226.

BLANKENBURG, Jürgen: Risikomanagement als betriebswirtschaftliche Aufgabe, in: ZfB, 48. Jg. (1978), H. 4, S. 329 - 332.

BOGGS, Danny J.: When government forecast, in: Future, Vol. 17 (1985), No. 5, p. 435 - 439.

BRANDON, Charles - JARRETT, Jeffrey: Improving accuracy of forecasts by a cost-effective method, in: Futures, Vol. 18 (1986), No. 1, p. 78 - 83.

BUELL, Barbara: Record Executives Are On Pins And Needles - They're scared that digital tape will ruin their business, in: International Business Week, No. 2984-314 from Feb. 16, 1987, p. 73.

CLEVERLY, William O.: Minimizing Price Exposure Risk Through the Commodities Markets, in: Hospital & Health Services Administration, 27. Jg. (1982), H. 5, p. 55 - 66.

DAMARY, Roy: Das Risk Management in Westeuropa - Ergebnisse eines Forschungsprogramms, in: BFuP, 30. Jg. (1978), H. 4, S. 277 - 294.

DEYSSON, Christian: Terminbörsen: Seele als Rohstoff, in: Wiwo, 43. Jg. (1989), H. 24, S. 94 - 96.

FAMA, E. F.: The Behavior of Stock-Market-Prices, in: Journal of Business, Vol. 38 (1965), p. 34 - 105.

FARNY, Dieter: Risiko-Management (Meinungsspiegel), in: BFuP, 30. Jg. (1978), H. 4, S. 324 - 340.

GAMLIN, Joanne: How the largest bus company hedges its fuel costs, in: Futures: The magazine of Commodities & Options, 13. Jg. (1984), No. 2, p. 80 - 82.

GEHM, Fred: Who is R. N. Elliott and Why is He Making Waves?, in: Financial Analysts Journal, Vol. 39 (1983), H. 1, p. 51 - 58.

GERBER, Beat: Random-Walks, Wechselkursprognose und Währungspolitik - Eine praktische Anwendung des erweiterten Random-Walk-Modells, in: Jahrbuch für Nationalökonomie und Statistik, Jg. 197 (1982), H. 2, S. 131 - 143.

GRUNBERG, E. - MODIGLIANI, F.: The Predictiability of Social Events, in: The Journal of Political Economy, Vol. 62 (1954), No. 6, p. 465 - 478.

HAHN, Dietger: Risiko-Management - Stand und Entwicklungstendenzen, in: ZfO, 56. Jg. (1987), H. 3, S. 137 - 150.

HALLER, Matthias: Risiko-Management (Meinungsspiegel), in: BFuP, 30. Jg. (1978), H. 4, S. 324 - 340.

HALLER, Matthias: Risiko-Management - Eckpunkte eines integrierten Konzepts, in: Risiko-Management, hrsg. v. Herbert Jacob, Wiesbaden 1986, S. 7 - 43.

HANDMAKER, David: Point and Figure Charting In the Electronic Age, in: Wall Street Computer Review, Vol. 1 (1984), No. 8, p. 79 - 83.

HELTEN, Elmar: Risiko-Management (Meinungsspiegel), in: BFuP, 30. Jg. (1978), H. 4, S. 324 - 340.

HELTEN, Elmar: Risk Management und Versicherung, in: VW, 32. Jg. (1977), S. 1211 - 1215.

HIELSCHER, Udo: Instrumente zur Begrenzung von Währungsrisiken, in: BFuP, 37. Jg. (1985), H. 6, S. 531 - 548.

HOUTHAKKER, Hendrik S.: Can Speculators Forecast Prices?, in: The Review of Economics And Statistics, Vol. 39 (1957), p. 143 - 151.

HOUTHAKKER, Hendrik S.: Systematic and Random Elements in Short-Term Price Movements, in: The American Economic Review, Vol. 51 (1961), p. 164 - 172.

KEMP, Murray C.: Economic Forecasting When the Subject of the Forecast Is Influenced by the Forecast, in: The American Economic Review, Vol. 52 (1962), No. 3, p. 492 - 496.

KORTZFLEISCH, Gert von - KRALLMANN, Hermann: Industrial Dynamics, in: HWProd, hrsg. v. Werner Kern, Stuttgart 1979, Sp. 725 - 733.

KOSNICK, Helmut: Risiko-Management (Meinungsspiegel), in: BFuP, 30. Jg. (1978), H. 4, S. 324 - 340.

KÖPF, Georg: Wechselkurssicherung mit Devisentermingeschäften, in: BddW, 29. Jg. (1986), Nr. 65, S. 3.

KRAUS, Michael: Energy forecasting - The epistemological context, in: Futures, Vol. 19 (1987), No. 3, p. 254 - 275.

KRIEG, Walter: Risikobewältigung, in: Management-Zeitschrift io, 47. Jg. (1978), H. 12, S. 533 - 536.

KUPSCH, Peter : Risiken als Gegenstand der Unternehmenspolitik, in: WiSt, 4. Jg. (1975), H. 4, S. 153 - 159.

KWAN, Clarence: Portfolio Analysis Using Single-Index, Multi-Index, and Constant Correlation Models: A Unified Treatment, in: Journal of Finance, Vol. 34 (1984), No. 5, S. 1469 - 1482.

LENZ, Hans Gerhard: Horoskope für den Aktienanleger, in: Handelsblatt-Magazin "Aktien", Nr. 6/86, S. 36 - 40.

MAG, Wolfgang: Risiko und Ungewißheit, in: HdWW, hrsg. v. Willi Albers u. a., Bd. 6, Stuttgart - New York 1981, S. 478 - 495.

MILLER, G. A.: The magical number seven, plus or minus two: Some limits on our capacity for processing information, in: The Psychological Review, Jg. 63 (1956), S. 81 - 97.

MOSER, Reinhard - TOPRITZHOFER, Edgar: Kurssicherungsgeschäfte, in: WiSt, 6. Jg. (1977), H. 10, S. 466 - 473.

MUGLER, Josef: Risk Management, in: HdV, hrsg. v. Dieter Farny - Elmar Helten - Peter Koch - Reimer Schmidt, Karlsruhe 1988, S. 679 - 683.

MÜLLER, Thomas: Szenarioplanung mit Personalcomputern, in: zfo, 55. Jg. (1986), H. 3, S. 195 - 198.

MÜLLER, Wolfgang - SEIFERT, Werner G.: Organisation des Risk Management, in: JfB, 28. Jg. (1978), H. 1, S. 15 - 27.

NIKKHAH, Shahrokh: How end user's can hedge fuel costs in energy markets, in: Futures: The Magazine of Commodities & Options, 16. Jg. (1987), No. 10, p. 66 - 67.

O. V.: A Special Summary and Forecast Of Scientific Developments Affecting Business, in: Wall Street Journal of Europe, No. 63, 02.05.1989, p. 1.

O. V.: Commerzbank Außenhandelsblätter, hrsg. von der Zentralen Abteilung Volkswirtschaft und Kommunikation der Commerzbank AG, Frankfurt a. M. 1989, 41. Jg., H. 1.

O. V.: Computerchips: Starke Preisschwankungen sollen nivelliert werden, in: HB, Nr. 103 v. 01.06.1989, S. 33.

O. V.: B. Rothfos AG: Das Geschäftsjahr 1986 brachte einen Rekordverlust, in: HB, Nr. 87 v. 07.05.1987, S. 16.

O. V.: Devisenbrief, hrsg. vom Devisenhandel und der Abteilung Volkswirtschaft der Berliner Bank AG, Ausgabe v. 20.12.1989, Berlin 1989.

O. V.: Devisengeschäfte - Studie stellt Zurückhaltung deutscher Unternehmen bei neuen Produkten fest, in: HB, Nr. 197 v. 12.10.88, S. 11.

O. V.: Die Bundesrepublik Deutschland in Zahlen, hrsg. von COMMERZBANK AG, Frankfurt 1988.

O. V.: Dollarkurs hat sich seit seinem Tief verdoppelt, in: HB, Nr. 41 v. 27.02.1989, S. 1.

O. V.: Eigengeschäfte der VW-Devisenhändler, in: FAZ, Nr. 119 v. 26.05.89, S. 17.

O. V.: FAZ, Nr. 295 v. 19.12.1988, S. 14.

O. V.: Sommer Metallwerke - Chancen für Alu-Recycling, in: HB, Nr. 62 v. 29.03.88, S. 13.

O. V.: Teure Kurssicherung Für Lufthansa-Flugzeuge, in: FAZ, Nr. 43 v. 20.02.1986, S. 15.

O. V.: Volcker-Äußerung und konzertierte Interventionen "knackten" den Dollar, in: HB, Nr. 42 v. 28.02.1989, S. 1.

OSBORNE, M. F. M.: Brownian Motion in the Stock Market, in: Operations Research, Vol. 7 (1959), p. 145 - 173.

OSBORNE, M. F. M.: Periodic Structure in the Brownian Motion of Stock Prices, in: Operations Research, Vol. 10 (1962), p. 345 - 379.

PICINICH, John: Aluminium futures: Right contract at right time, in: Futures: The Magazine of Commodities & Options, 13. Jg. (1984), No. 1, p. 60 - 61.

RADZIO, Heiner: Klöckner & Co. - Peter Henle nimmt zu dem riesigen Rohölspekulationsverlusten Stellung, in: HB, Nr. 199 v. 14./15.10.89, S. 23.

RETTBERG, Udo: Warenterminbörsen immer noch unterschätzt, in: HB, Nr. 4 v. 07.01.1986, S. 20.

ROLL, Richard: Orange Juice and Weather, in: The American Economic Review, Vol. 74 (1984), No. 5, p. 861 - 880.

SCHNORBUS, Axel: Die Zähmung des Computers, in: Frankfurter Allgemeine Zeitung, Nr. 250 v. 28.10.1986, S. 13.

SCHÖNE, Jürgen: Zu Gleitpreisklauseln, in: KRP, o. Jg. (1978), H. 5, S. 217 - 219.

SEIFERT, Werner G.: Risk Management: Die Zukunft hat noch kaum begonnen, in: VW, 36. Jg. (1981), H. 11, S. 746 - 759.

SIMON, Jeffrey D.: Political Risk Forecasting, in: Futures, Vol. 17 (1985), p. 132 - 148.

SOENEN, L. A. - WINKEL, E. G. F. van: The Real Costs of Hedging in the Forward Futures Market, in: Management international review, Vol. 22 (1982), No. 1, p. 53 - 59.

SPREMANN, Klaus: Produktion, Hedging, Spekulation - zu den Funktionen von Futures-Märkten, in ZfbF, 38. Jg. (1986), H. 6, S. 443 - 464.

STERMAN, John D.: An Integrated Theory of The Economic Long Wave, in: Futures, Vol. 17 (1985), H. 2, p. 104 - 131.

STREIT, Manfred E.: On the Use of Futures Markets for Stabilization Purposes, in: Weltwirtschaftliches Archiv, Bd. 116 (1980), S. 493 - 513.

STREIT, Manfred E.: Zur Funktionsweise von Terminkontrakten, in: Jahrbuch für Nationalökonomie und Statistik, 195. Jg. (1980), H. 6, S. 533 - 549.

STREMITZER, Heinrich: Risiko-Management (Meinungsspiegel), in: BFuP, 30. Jg. (1978), H. 4, S. 324 - 340.

STREMITZER, Heinrich: Risikopolitik und Risk Management, in: Versicherungsrundschau, 32. Jg. (1977), H. 1/2, S. 22 - 36.

VIEHÖVER, Ulrich - LEMMER, Ruth: Währungsmanagement - Vorsicht Schieflage, in: WiWo, 42. Jg. (1988), Nr. 7, S. 54 - 60.

VUGHT, F. A. van: Pitfalls of forecasting - Fundamental problems for the methodology of forecasting from the philosophy of science, in: Futures, Vol. 19 (1987), No. 2, p. 184 - 196.

WARTENSLEBEN, Herbert: Risikomanagement, in: ZfB, 48. Jg. (1978), H. 4, S. 322 - 328.

WELCKER, Johannes: Die Zinsen sinken - Der US-Dollar steigt, in: Börsen-Journal, 9. Jg. (1984), Nr. 19, S. 34 - 36.

WELCKER, Johannes: Gilde der Charttechniker betrachtet die Börsenkurse auch als ein massenpsychologisches Phänomen, in: HB, v. 28.01.86, S. B3.

WIETHOFF, Hartmut: Sicherungsmaßnahmen kompensieren Schwankungen der Kurse, in: MM, 93. Jg. (1987), S. 148 - 151.

WILD, J.: Probleme der theoretischen Deduktion von Prognosen, in: Zeitschrift für die gesamte Staatswissenschaft, Jg. 126 (1970), H. 4, S. 553 - 576.

WORKING, Holbrook: New Concepts Concerning Futures Markets and Prices, in: The American Economic Review, Vol. 52 (1962), No. 3, p. 431 - 459.

WRIGHT, George - AYTON, Peter: The Psychology of Forecasting, in: Futures, Vol. 18 (1986), No. 3, p. 420 - 439.

YAMEY, B. S.: An Investigation of Hedging on an Organised Produce Exchange, in: The Manchester School of Economic and Social Studies, Vol. 19 (1951), p. 305 - 319.

ZASLOW, Jeffrey: Talk Isn't Cheap When Rumors Prompt Big Swings In Commodity Prices and Traders Must Act Quickly, in: The Wall Street Journal (Europe), Vol. 4 (1987), No. 174, p. 1 and p. 10.

FRAGEBOGEN ZUR ERUIERUNG DES SICHERUNGSVERHALTENS DEUTSCHER UNTERNEHMEN

A. ANGABEN ZUR UNTERNEHMUNG

1. **Branche Ihres Unternehmens**

a) Wirtschaftszweig, in dem Ihr Unternehmen schwerpunktmäßig tätig ist (bitte ankreuzen)

Energie	Grundstoff- und Produktionsgüterindustrie	Investitionsgüterindustrie	Verbrauchsgüterindustrie	Nahrungs- und Genußmittelindustrie	Handel		
					Einzelhandel	Großhandel	Außenhandel

b) Wirtschaftsbereich: . . . .
(bitte ein Stichwort angeben, z.B. Gummiverarbeitung, Kaffeeröster)

2. Angaben zur Unternehmensgröße

a) Umsatz (in Mill. DM) (bitte ankreuzen)

bis 20	20 - 50	50 - 250	250 - 500	500 - 1000	über 1000

b) Anzahl der Mitarbeiter (bitte ankreuzen)

bis 50	50 - 100	100 - 250	250 - 500	500 - 2000	2000 - 5000	über 5000

3. Unternehmensstruktur

Ist das Unternehmen Teil einer Unternehmensgruppe? ja ☐ nein ☐

Der Hauptsitz (Konzernzentrale) befindet sich in der Bundesrepublik Deutschland ☐ im Ausland ☐

Zur Unternehmensgruppe gehören weitere Produktionsunternehmen
in der Bundesrepublik Deutschland ☐ im Ausland ☐

B. ANGABEN ZUR BESCHAFFUNGS- UND ABSATZSITUATION

I. Fragen zur Beschaffung

1. Auf welchem Markt beschaffen Sie Ihre Einsatzstoffe/Waren und wie hoch ist ungefähr der prozentuale Anteil?
Inlandsmarkt ☐ ca. . . . . . % Anteil Auslandsmarkt ☐ ca. . . . . . % Anteil

2. Welches sind Ihre wichtigsten Lieferländer bei der Beschaffung auf dem Auslandsmarkt?
. . . .

3. Welches sind Ihre wichtigsten Beschaffungsgüter?

a) Nahrungs- und Genußmittelrohstoffe
Getreide ☐ Öle, Fette, Ölsaaten ☐
Kaffee ☐ Zucker ☐
Kakao ☐ Orangensaft ☐
sonstige . . . .

b) Textilstoffe
Baumwolle ☐
Seide ☐
Wolle ☐
sonstige . . . .

c) Gummirohstoffe
Kautschuk ☐
sonstige . . . .

d) Energiestoffe
Rohöl ☐
Gasöl/Heizöl ☐
sonstige . . . .

e) Nichteisen-Metalle
Aluminium ☐ Nickel ☐
Blei ☐ Zink ☐
Kupfer ☐ Zinn ☐
sonstige . . . .

f) Edelmetalle
Gold ☐ Silber ☐
Palladium ☐ sonstige
Platin ☐ . . . .

g) sonstige wichtige Beschaffungsgüter . . . .

4. Durchschnittliche Geschäftsabwicklungsdauer:

Beschaffungs-gut	Durchschnittliche Länge des Zeitraumes zwischen	
	Vertragsabschluß und Lieferung	Lieferung und Zahlung

5. Wenn Sie die Wahl haben, bevorzugen Sie im Import Angebote bzw. Kontrakte auf Basis
DM ☐ Fremdwährung ☐ keine generellen Präferenzen ☐
Bemerkungen und Erläuterungen: . . . .

6. Bevorzugen Ihre ausländischen Lieferanten Angebote bzw. Kontrakte auf Basis
DM ☐ Landeswährung ☐ Drittwährung:
a) US-Dollar ☐ c) Schweizer Franken ☐
b) Brit. Pfund ☐ d) sonstige . . . .
Bemerkungen und Erläuterungen: . . . .

7. Welche Währungen sind von besonderer Bedeutung im Rahmen Ihrer Beschaffungstätigkeit und wie hoch ist ungefähr ihr prozentualer Anteil an Ihrem Fakturierungsvolumen?

Währung		Anteil am Fakturierungsvolumen	Währung		Anteil am Fakturierungsvolumen
a) D-Mark	☐	ca. . . . . %	f) Franz. Franc	☐	ca. . . . . %
b) US-Dollar	☐	ca. . . . . %	g) Lira	☐	ca. . . . . %
c) Kanadischer-Dollar	☐	ca. . . . . %	h) Yen	☐	ca. . . . . %
d) Schweizer Franken	☐	ca. . . . . %	i) sonstige		ca. . . . . %
e) Brit. Pfund	☐	ca. . . . . %			

8. Kam es bei starken Weltmarktpreisveränderungen Ihrer Beschaffungsgüter und/oder Wechselkursveränderungen bei bereits abgeschlossenen Kaufverträgen nachträglich zu Preiskorrekturen?

a) durch Ihr Unternehmen: häufig ☐ gelegentlich ☐ nie ☐
b) durch Ihren Lieferanten: häufig ☐ gelegentlich ☐ nie ☐

9. Ziehen Sie bei günstigem Marktpreis die Beschaffung Ihrer Einsatzstoffe/Waren zeitlich vor?
häufig ☐ gelegentlich ☐ nie ☐

II. Fragen zum Absatz

1. Auf welchem Markt setzen Sie Ihre Produkte ab und wie hoch ist ungefähr der prozentuale Anteil?
Inlandsmarkt ☐ ca. . . . . % Anteil Auslandsmarkt ☐ ca. . . . . % Anteil

2. Welches sind Ihre wichtigsten Absatzländer beim Absatz auf dem Auslandsmarkt?

....

3. Welches sind Ihre wichtigsten Absatzgüter?

....

4. Durchschnittliche Geschäftsabwicklungsdauer:

Absatz-gut	Durchschnittliche Länge des Zeitraumes zwischen		
	Angebotsabgabe und Vertragsabschluß	Vertragsabschluß und Lieferung	Lieferung und Zahlung

5. In welchen Währungen bieten Sie an bzw. fakturieren Sie?

auf DM-Basis ☐ auf Fremdwährungsbasis ☐

6. Wenn Sie Offerten in Fremdwährung abgeben, welchen Wechselkurs legen Sie Ihrer Kalkulation zugrunde?

a) Tages-Kassakurs ☐
b) Terminkurs ☐
c) Durchschnittskurs ☐
d) bisheriger Tiefstkurs ☐
e) Kassa- oder Terminkurs plus Risikoaufschlag ☐
f) erwarteter Kurs ☐
g) sonstige ....

7. Kam es in Ihrem Unternehmen vor, daß Ihre Kunden bei voraussehbaren Preis- und/oder Wechselkursänderungen Aufträge an Sie zeitlich vorzogen?

häufig ☐ gelegentlich ☐ nie ☐

C. ANGABEN ZU ABSICHERUNG

I. Allgemeine Fragen

1. Für welche betrieblichen Planungs- und Kakulationsbereiche sehen Sie Probleme, die durch Preis- und/oder Wechselkursschwankungen verursacht werden?

a) Angebotskalkulation ☐
b) Programmplanung ☐
c) Eigenfertigung/Fremdbezug ☐
d) Preisgrenzenbestimmung ☐
e) Umsatzplanung ☐
f) Kostenplanung ☐
g) Erfolgsplanung ☐
h) sonstige ....

2. Welche Bedeutung messen Sie den nachstehenden ökonomischen Risikoarten bei?

Risikoart	Bedeutung für Ihr Unternehmen			
a) Preisrisiko	keine ☐	gering ☐	mittel ☐	groß ☐
b) Wechselkursrisiko	keine ☐	gering ☐	mittel ☐	groß ☐

3. Erfolgt im Ihrem Unternehmen eine Absicherung gegenüber dem Preisrisiko (i. S. v. Warenpreisänderungsrisiko) und/oder dem Wechselkursrisiko? ja ☐ nein ☐

Wenn nein, welche Gründe sind daür maßgebend?

a) Kosten-Risikoüberlegungen ☐
b) Kompensation von Verlusten und Gewinnen ☐
c) kalkulatorische Berücksichtigung von Preis und Wechselkursrisiken ☐
d) Zahlungs- und/oder Liefertermine zu sichern ☐
e) keine Absicherungsmöglichkeit ☐
f) fehlende personelle Kapazitäten ☐
g) bewußtes Spekulieren auf Preis-/Kursgewinne ☐
h) keine Notwendigkeit zur Absicherung ☐
i) sonstige . . . .

Bearbeitungshinweis: bei "nein" weiter mit Teil E

4. Beeinflußt die Tatsache, daß Sie sich gegenüber dem Preis- und/oder Wechselkursrisiko absichern, Ihre Lagerhaltung?

ja ☐ nein ☐

Wenn ja, wie? . . . .

5. Welche der nachstehenden Kriterien legen Sie bei der Auswahl Ihrer Preis- und/oder Kurssicherungsinstrumente zugrunde?

a) Verfügbarkeit der Instrumente ☐
b) Fristigkeit ☐
c) Laufzeitkongruente Absicherungsmöglichkeit ☐
d) Flexibilität in der Zeitpunktwahl des Einsatzes ☐
e) Sicherung der Kalkulationsbasis/Absicherung gegen Verluste ☐
f) Sicherungskosten ☐
g) spezielle Nebenwirkungen (z.B. Auswirkungen auf das Marketing) ☐
h) sonstige . . . .

II. <u>Fragen zur Preissicherung</u>

1. Sichern Sie Ihre Einsatzstoffe/Waren gegen Preisrisiken ab? ja ☐ nein ☐

Wenn nein, skizzieren Sie bitte stichwortartig Ihre Gründe: . . . .
. . . .

Bearbeitungshinweis: bei "nein" weiter mit Teil C. III

2. Kommt dem Instrumentarium der Preissicherung im Rahmen Ihrer Risikopolitik heute eine größere Bedeutung zu als in der Vergangenheit? ja ☐ nein ☐

3. Besteht bei Ihnen ein Bedarf nach langfristiger Preissicherung? ja ☐ nein ☐

Wenn ja, für welchen Zeitraum?

a) 1 - 2 Jahre ☐ c) 3 - 5 Jahre ☐ e) 7 - 10 Jahre ☐
b) 2 - 3 Jahre ☐ d) 5 - 7 Jahree) ☐ f) > 10 Jahre ☐

4. Welche Strategie verfolgt Ihr Unternehmen bei Ihrer Preissicherungpolitik?

a) regelmäßige (routine) Absicherung ☐ unregelmäßige (selektive) Absicherung ☐
b) alle Einsatzstoffe/Waren ☐ nur bestimmte Einsatzstoffe/Waren ☐
c) in vollem Umfang (Vollsicherung) ☐ nur teilweise (Teilsicherung) ☐

Bemerkungen: . . . .
. . . .

5. Sichern Sie Ihre Einsatzstoffe/Waren gegen Preisänderungsrisiken durch <u>vertraglich vereinbarte Maßnahemn</u> ab?

häufig ☐ gelegentlich ☐ nein, überhaupt nicht ☐

Bearbeitungshinweis: bei "nein" weiter mit Teil C. II., Frage 7

6. Welche der nachstehenden Preissicherungsinstrumente verwenden Sie zur Absicherung Ihrer Einsatzstoffe/Waren und welche Bedeutung messen Sie den einzelnen Instrumenten bei?

Absicherungsinstrumente	Bedeutung für Ihre Unternehmen			
a) Vereinbarung eines Preisvorbehalts	keine ☐	gering ☐	mittel ☐	groß ☐
b) Vereinbarung von Preisänderungsklauseln	keine ☐	gering ☐	mittel ☐	groß ☐
c) Abschluß eines Festpreises	keine ☐	gering ☐	mittel ☐	groß ☐

7. Sichern Sie Ihre Einsatzstoffe/Waren gegen Preisänderungsrisiken durch Warentermingeschäfte ab?

häufig ☐ gelegentlich ☐ nein, überhaupt nicht ☐

Wenn nein, skizzieren Sie bitte Ihre Gründe: . . . .

> Bearbeitungshinweis:
> bei "nein" weiter mit Teil C. III.

8. Welche Bedeutung messen Sie dem Preissicherungsinstrument Warentermingeschäft bei?

Absicherungsinstrument	Bedeutung für Ihr Unternehmen			
Warentermingeschäft	keine ☐	gering ☐	mittel ☐	groß ☐

9. Für welche von Ihnen benötigten Waren/Einsatzstoffe und/oder Laufzeiten gibt es nach Ihren Erfahrungen keine oder keine ausreichende Terminsicherungsmöglichkeit?

. . . .

. . . .

10. Sichern Sie Ihre Einsatzstoffe/Waren jeweils sofort bei Abschluß des Kaufvertrages ab ☐
oder zu einem späteren Zeitpunkt nach Abschluß des Kaufvertrages ☐ ?

11. An welcher Börse führen Sie Ihre Warentermingeschäfte durch?

a) Chicago Board of Trade	☐	e) London Metal Exchange	☐
b) Chicago Mercantile Exchange	☐	f) London Commodity Exchange	☐
c) Commodity Exchange Inc. New York	☐	g) sonstige	
d) New York Mercantile Exchange	☐		

12. Wie beurteilen Sie die Zusammenarbeit mit Ihren Brokerfirmen?

gut ☐ befriedigend ☐ ausreichend ☐ unzureichend ☐

13. Wie beurteilen Sie die Schutz- und Kontrolleinrichtungen beim Warenterminhandel?

gut ☐ befriedigend ☐ ausreichend ☐ unzureichend ☐

14. Reagieren Sie bei einer unerwarteten Preisentwicklung durch zusätzliche Kontraktkäufe bzw. Kontraktverkäufe bei einer bereits eingegangenen Sicherungsposition für das Grundgeschäft?

häufig ☐ gelegentlich ☐ nie ☐

15. Kam es durch Ihr Engagement am Warenterminmarkt in der Vergangenheit zu Verlustgeschäften im größerem Umfang?

häufig ☐ gelegentlich ☐ nie ☐

III. Fragen zu Wechselkurssicherung

1. Sichern Sie Ihre Fremdwährungspositionen gegen Wechselkursrisiken ab? ja ☐ nein ☐

Wenn nein, skizzieren Sie bitte stichwortartig Ihre Gründe: . . . .

. . . .

> Bearbeitungshinweis:
> bei "nein" weiter mit Teil D.

2. Nehmen Sie eine interne Aufrechnung Ihrer Fremdwährungsforderungen und -verbindlichkeiten vor oder sichern Sie jedes Geschäft einzeln ab?

Aufrechnung ☐ Einzelgeschäft ☐ entfällt, da nur Forderungen oder Verbindlichkeiten ☐

Wenn Sie keine interne Aufrechnung vornehmen, welche Gründe sind dafür maßgebend?

a) mangelnde Übereinstimmung der Fristen ☐
b) mangelnde Übereinstimmung der Währungen ☐
c) sonstige . . . .

3. Wie sichern Sie sich bei Angeboten in Fremdwährung gegen Wechselkursrisiken im Zeitraum zwischen Angebotsabgabe und (unsicherem) Vertragsabschluß?

. . . .

4. Kommt dem Instrumentarium der Wechselkurssicherung im Rahmen Ihrer Risikopolitik heute eine größere Bedeutung zu als in der Vergangenheit? ja ☐ nein ☐

5. Besteht bei Ihnen ein Bedarf nach langfristiger Wechselkurssicherung? ja ☐ nein ☐

Wenn ja, für welchen Zeitraum?

a) 1 - 2 Jahre ☐ c) 3 - 5 Jahre ☐ e) 7 - 10 Jahre ☐
b) 2 - 3 Jahre ☐ d) 5 - 7 Jahre ☐ f) > 10 Jahre ☐

6. Ziehen Sie bei günstigem Wechselkurs Zahlung an Ihre Lieferanten zeitlich vor?

häufig ☐ gelegentlich ☐ nie ☐

7. Ziehen Ihre Kunden bei entsprechender Wechselkursentwicklung Zahlungen an Sie vor?

häufig ☐ gelegentlich ☐ nie ☐

8. Welche Strategie verfolgt Ihr Unternehmen bei Ihrer Wechselkurssicherungspolitik?

a) regelmäßige (routine) Absicherung ☐ unregelmäßige (selektive) Absicherung ☐
b) alle Devisen ☐ nur bestimmte Devisen ☐
c) in vollem Umfang (Vollsicherung) ☐ nur teilweise (Teilsicherung) ☐

9. Sichern Sie Ihre Fremdwährungspositionen gegen Wechselkursrisiken durch vertraglich vereinbarte Maßnahmen und/oder andere Maßnahmen (außer Termingeschäften) ab?

häufig ☐ gelegentlich ☐ nein, überhaupt nicht ☐

Bearbeitungshinweis:
bei "nein" weiter mit Teil C. III., Frage 1

10. Welche der nachstehenden Kurssicherungsinstrumente verwenden Sie zur Absicherung Ihrer Fremdwährungspositionen und welche Bedeutung messen Sie den einzelnen Instrumenten bei?

Absicherungsinstrument	Bedeutung für Ihr Unternehmen			
a) Kurssicherungsklauseln	keine ☐	gering ☐	mittel ☐	groß ☐
b) Aufnahme von Fremdwährungskrediten	keine ☐	gering ☐	mittel ☐	groß ☐
c) Anlage von Finanzmitteln in Fremdwährung	keine ☐	gering ☐	mittel ☐	groß ☐
d) Diskontierung von Fremdwährungswechseln	keine ☐	gering ☐	mittel ☐	groß ☐
e) Forfaitierung von Fremdwährungsforderungen	keine ☐	gering ☐	mittel ☐	groß ☐
f) Export-Factoring	keine ☐	gering ☐	mittel ☐	groß ☐
g) Staatliche Wechselkurssicherung	keine ☐	gering ☐	mittel ☐	groß ☐

11. Sichern Sie Ihre Fremdwährungspositionen gegen Wechselkursänderungsrisiken durch Termingeschäfte ab?

häufig ☐ gelegentlich ☐ nein, überhaupt nicht ☐

Wenn nein, skizzieren Sie bitte Ihre Gründe: . . . .
. . . .

Bearbeitungshinweis:
bei "nein" weiter mit Teil D

12. Welche der nachstehenden Kurssicherungsinstrumente verwenden Sie zur Absicherung Ihrer Fremdwährungspositionen und welche Bedeutung messen Sie den einzelnen Instrumenten bei?

Absicherunginstrument	Bedeutung für Ihr Unternehmen			
a) Devisentermingeschäfte	keine ☐	gering ☐	mittel ☐	groß ☐
b) Optionsgeschäfte auf Devisen	keine ☐	gering ☐	mittel ☐	groß ☐
c) Devisenterminkontraktgeschäfte	keine ☐	gering ☐	mittel ☐	groß ☐

13. Für welche von Ihnen benötigten Währungen und/oder Laufzeiten gibt es nach Ihren Erfahrungen keine oder keine ausreichende Terminsicherungsmöglichkeit? . . . .

. . . .

14. Sichern Sie Ihre Fremdwährungspositionen jeweils sofort bei Abschluß des Kaufvertrages ab ☐
oder zu einem späteren Zeitpunkt nach Abschluß des Kaufvertrages ☐ ?

D. ANGABEN ZUR INFORMATIONSBESCHAFFUNG UND -VERARBEITUNG

1. Worin sehen Sie die nützlichsten Informationsquellen für die Beobachtung des Marktgeschehens auf Kassa- und Terminmärkten?

a) deutschsprachige Tageszeitungen ☐
b) fremdsprachige Tageszeitungen ☐
c) Fachpublikationen ☐
d) Börsenveröffentlichungen ☐
f) spezialisierte Beratungsfirmen ☐
g) Bankauskünfte ☐
h) eigene Erfahrungsberichte ☐
i) sonstige . . . .

2. Sehen Sie in der Fundamentalanalyse ein geeignetes Instrument zur Analyse und Prognose der allgemeinen Markttendenz?

ja ☐ nein ☐

Bemerkungen: . . . .

3. Führt Ihr Unternehmen selbst eine Aufzeichnung der Kursnotierungen mit Hilfe von Kursschaubildern durch?

ja ☐ nein ☐ entfällt, da Kursschaubild-Abonnement ☐

Wenn ja, in welcher Form führen Sie diese Aufzeichnungen durch?

a) Schlußkursschaubild ☐
b) Tagesbalkenschaubild ☐
c) Wochenbalkenschaubild ☐
d) Monatsbalkenschaubild ☐
e) point-and figure-Schaubild ☐
f) sonstige . . . .

4. Wie beurteilen Sie die Aussagefähigkeit von Kursschaubildern in bezug auf zukünftige Kursentwicklungen?

gut ☐ befriedigend ☐ ausreichend ☐ unzureichend ☐

5. Nutzen Sie die Kursschaubildtechnik zur Analyse und Prognose von Kursentwicklungen?

ja ☐ nein ☐

entfällt, da Analysen und Prognosen von Fachinstituten/Serviceunternehmen bezogen werden ☐

wenn ja, regelmäßig ☐ nur bei bestimmten Anlässen ☐

6. Welche Präferenzen hat Ihr Unternehmen in bezug auf Prognosehäufigkeit und -zeitraum?

a) Prognosehäufigkeit	b) Prognosezeitraum	c) keine Präferenzen ☐
< 1 Monat ☐	< 1 Monat ☐	
monatsweise ☐	1 - 3 Monate ☐	
quartalsweise ☐	3 - 6 Monate ☐	
halbjährlich ☐	6 - 9 Monate ☐	
jährlich ☐	9 - 12 Monate ☐	
> 1 Jahr ☐	> 12 Monate ☐	

7. Waren Sie in der Vergangenheit mit den ermittelten/erworbenen Prognoseergebnissen zufrieden?

häufig ☐ gelegentlich ☐ nie ☐

Bemerkungen: . . . .

8. Welche Ausbildung besitzen die für die Kursprognose zuständigen Mitarbeiter?
betriebswirtschaftliche Ausbildung ☐ volkswirtschaftliche Ausbildung ☐
sonstige . . . .
entfällt, da keine selbständige Prognoseerstellung ☐

9. Wird in Ihrem Unternehmen das erhobene/erworbene Datenmaterial in einer Datenbank abgespeichert?
ja ☐ nein ☐

10. Erfolgt in Ihrem Unternehmen die Absicherungsentscheidung und -realisation zentral oder dezentral?
zentral ☐ dezentral ☐

Wenn zentral, wieviele Mitarbeiter umfaßt diese "Sicherungsabteilung"?
1 Mitarbeiter ☐ 1 - 3 Mitarbeiter ☐ > 3 Mitarbeiter ☐

Welche Entscheidungsbefugnis besitzt diese "Sicherungsabteilung"?
keine ☐ gering ☐ mittel ☐ groß ☐

11. Wird in Ihrem Unternehmen diese "Sicherungsabteilung" als selbständiger Erfolgsbereich (Profit Center) betrachtet?
ja ☐ nein ☐ entfällt, da dezentral ☐

E. ALLGEMEINE FRAGEN

1. Würden Sie die Einführung des Terminkontrakthandels in der Bundesrepublik Deutschland befürworten?
ja ☐ nein ☐ indifferent ☐

Bemerkungen: . . . .
. . . .

2. Sollte Ihrer Meinung nach die Funktionsweise von internationalen Rohstoffabkommen verbessert werden?
ja ☐ nein ☐ indifferent ☐

3. Würden Sie ein System fester Wechselkurse mit gelegentlichen Auf- oder Abwertungen gegenüber dem Floating vorziehen?
ja ☐ nein ☐ indifferent ☐

4. Planen Sie die Einführung eines rechnergestützten Absicherungssystems in bezug auf das Preis- und Wechselkursrisiko?
ja ☐ nein ☐ bereits vorhanden ☐

Sachregister:

Wirtschaftswissenschaftliche Beiträge

Band 28: Ingo Heinz und Renate Klaaßen-Mielke
Krankheitskosten durch Luftverschmutzung
1990. 147 Seiten. Brosch. DM 55,-
ISBN 3-7908-0471-1

Band 29: Brigitte Kalkofen
Gleichgewichtsauswahl in strategischen Spielen
1990. 214 Seiten. Brosch. DM 65,-
ISBN 3-7908-0473-8

Band 30: Klaus G. Grunert
Kognitive Strukturen in der Konsumforschung
1990. 290 Seiten. Brosch. DM 75,-
ISBN 3-7908-0480-0

Band 31: Stefan Felder
Eine neo-österreichische Theorie des Vermögens
1990. 118 Seiten. Brosch. DM 49,-
ISBN 3-7908-0484-3

Band 32: Götz Uebe (Hrsg.)
Zwei Festreden Joseph Langs
1990. 116 Seiten. Brosch. DM 55,-
ISBN 3-7908-0487-8

Band 33: Uwe Cantner
Technischer Fortschritt, neue Güter und internationaler Handel
1990. 289 Seiten. Brosch. DM 75,-
ISBN 3-7908-0488-6

Band 34: Wolfgang Rosenthal
Der erweiterte Maskengenerator eines Software-Entwicklungs-Systems
1990. 275 Seiten. Brosch. DM 75,-
ISBN 3-7908-0492-4

Band 35: Ursula Nessmayr
Die Kapitalsituation im Handwerk
1990. 177 Seiten. Brosch. DM 59,-
ISBN 3-7908-0495-9

Band 36: Henning Wüster
Die sektorale Allokation von Arbeitskräften bei strukturellem Wandel
1990. 148 Seiten. Brosch. DM 55,-
ISBN 3-7908-0497-5

Band 37: Rudolf Hammerschmid
Entwicklung technisch-wirtschaftlich optimierter regionaler Entsorgungsalternativen
1990. 239 Seiten. Brosch. DM 68,-
ISBN 3-7908-0499-1

Band 38: Peter Mitter / Andreas Wörgötter (Hrsg.)
Austro-Keynesianismus
1990. 102 Seiten. Brosch. DM 55,-
ISBN 3-7908-0514-9

Band 39: Alfred Katterl/ Kurt Kratena
Reale Input-Output Tabelle und ökologischer Kreislauf
1990. 114 Seiten. Brosch. DM 55,-
ISBN 3-7908-0515-7

Band 40: Anette Gehrig
Strategischer Handel und seine Implikationen für Zollunion
1990. 174 Seiten. Brosch. DM 65,-
ISBN 3-7908-0519-X

Band 41: Gholamreza Nakhaeizadeh/ Karl-Heinz Vollmer (Hrsg.)
Anwendungsaspekte von Prognoseverfahren
1990. 169 Seiten. Brosch. DM 59,-
ISBN 3-7908-0519-X

Band 42: Claudia Fantapié Altobelli
Die Diffusion neuer Kommunikationstechniken in der Bundesrepublik Deutschland
1991. 319 Seiten. Brosch. DM 79,-
ISBN 3-7908-0525-4

Band 43: Josef Richter
Aktualisierung und Prognose technischer Koeffizienten in gesamtwirtschaftlichen Input-Output Modellen
1991. 376 Seiten. Brosch. DM 89,-
ISBN 3-7908-0529-7

Band 44: Elmar Spranger
Expertensystem für Bilanzpolitik
1991. 228 Seiten. Brosch. DM 69,-
ISBN 3-7908-0532-7

Band 45: Frank Schneider
Corporate-Identity-orientierte Unternehmenspolitik
1991. 295 Seiten. Brosch. DM 79,-
ISBN 3-7908-0533-5

Band 46: Beat Gygi
Internationale Organisationen aus der Sicht der Neuen Politischen Ökonomie
1991. 258 Seiten. Brosch. DM 75,-
ISBN 3-7908-0537-8

Band 47: Ludwig Hennicke
Wissensbasierte Erweiterung der Netzplantechnik
1991. 194 Seiten. Brosch. DM 55,-
ISBN 3-7908-0544-0

Band 48: Torsten Knappe
DV-Konzepte operativer Früherkennungssysteme
1991. 176 Seiten. Brosch. DM 55,-
ISBN 3-7908-0545-9

Band 49: Peter Welzel
Strategische Handelspolitik
1991. 207 Seiten. Brosch. DM 69,-
ISBN 3-7908-0546-7